KB137091

신자유주의의 **테러리즘**
Against the Terror
of Neoliberalism

신자유주의의 **테러리즘**

헨리 지루 지음 | **변종헌** 옮김

인간사랑

역자 서문

21세기의 강력한 이데올로기 가운데 하나인 신자유주의가 중대한 기로에 서 있다. 신자유주의는 워싱턴 컨센서스(Washington Consensus)를 바탕으로 시장의 가치와 질서를 정당화하고 확산시켜 왔다. 하지만 시장의 효율성을 강조하며 규제의 완화와 공공부문의 축소를 주창한 신자유주의가 지난해 세계를 휩쓴 금융위기의 여파로 쓰러지면서 엄청난 충격과 재앙을 안겨주고 있다. 이것이 지금 우리가 목도하고 있는 전 지구적 현실이며, 미국 사회의 모습이고, 우리의 자화상이자 또한 불편한 진실이다. 오늘날 세계는 자유로운 시장의 우월성에 사로잡힌 경제관계 체계로서 신자유주의가 처한 모습을 지켜보고 있다.

하지만 보다 중요한 문제는 신자유주의가 경제적 권력관계의 체계일 뿐만 아니라 지배와 설득의 정치적 프로젝트이며 또한 하나의 상식이 되고 있다는 점이다. 신자유주의의 시장질서와 관계가 경제적 영역만이 아니라 우리의 삶 전반에 큰 영향을 끼치고 있다. 그것은 정치와 사회, 교육과 문화 등 거의 모든 영역에서 우리의 세계관과 가치관을 형성하는 원리가 되어 왔다. 이러한 맥락에서 신자유주의가 민주주의의 이상과 가치에 대한 가장 강력한 도전이라는 주장에 주목할 필요가 있다. 신자유주의가 추구하는 시장경제 법칙이 공공 영역을 위축시키고 시민들의 비판적 기능을 제약하면서 민주정치를 위협할 수 있다는 것이다. 신자유주의는 권력이 정부나 시민들이 아닌 시장과 기업의 몫이라고 주장한다. 여기서 시민성은 시장의 가치에 의해 좌우되며, 우리는 소비를 통해 우리가 된다. 이 점이 바로 저자가 주목하고 있는 신자유주의의 핵심적 측면이며 또한 가장 우려하는 부분이기도 하다. 하지만 절망의 그림자와 희망의 빛은 공존하기 마련이다.

이 책은 헨리 지루(Henry A. Giroux)의 *Against the Terror of Neoliberalism : Politics Beyond the Age of Greed*(Boulder, CO : Paradigm Publishers, 2008)를 우리말로 옮긴 것이다. 이는 *Terror of Neoliberalism*(Boulder, CO : Paradigm Pub-lishers, 2003)의 개정판이다. 2008년 개정판을 통해 지루는 우리의 일상을 규정하고 규제하는 원리로서의 신자유주의의 정체를 분명히 밝히는 가운데 어떻게 하면 신자유주의의 해악을 막고 민주주의에 대한 위협을 극복할 수 있는가를 보여주고 있다. 신자유주의에 저항하고 도전할 수 있을 때 민주주의의 미래가 담보될 수 있으며, 우리는 시장에 파묻힌 군상이 아닌 광장의 참여적 주체로 행동할 수 있을 것이다. 여기서 중요한 것이 바로 민주주의의 생명력을 지키기 위한 공공 영역의 회복과 확대, 그리고 이를 가능하게 하는 교육 사이트들의 재건과 교육자의 사명감이다. 신자유주의가 확산되면서 방기되거나 간과되어 왔던 공적 쟁점들에 대한 관심과 비판적 성찰, 공동체를 이루는 타인들과의 공존과 대화, 참여하는 주체적 시민성과 사회적 행위의 회복을 위한 전향적 태도와 적극적 노력이 우리에게 요청되는 정언명법이다. 이 책은 신자유주의의 전면적 공세에 맞서 사회적 가치와 관계, 그리고 시민으로서의 행위자 의식을 회복하는 가운데 어떻게 민주주의를 지켜나갈 수 있는가를 보여주고 있다.

또한 이 책의 상당부분은 부시(George W. Bush) 행정부에 대한 신랄한 비판으로 가득하다. 부시 행정부가 터한 이념적 기반으로서의 신자유주의, 그리고 그에 따른 국내외 정책에 대한 평가를 일관된 논지와 생동감 넘치는 필치로 전달하고 있다. 부시 행정부 하에서 진행되어 온 권위주의와 군사주의화, 유색 인종이나 가난한 계층 또는 소수집단 등을 상대로 한 처벌국가의 현실, 그리고 교육현장과 문화영역을 지배하고 있는 상업화의 담론을 통해 신자유주의에 접근하고 있다. 하지만 지루가 던지는 메시지는 신자유주의 이데올로기와 정책들로 가득찬 부시 행정부에 대한 평가와 비판을 넘어 우리 사회에도 시사하는 바가 많다. 더욱이 우리의 삶 가운데 마치 전통적 지혜나 상식과도 같은 위상을 확보하고 있는 신자유주의에 대한 비판적 성찰이라는 차원에서 우리 사회의 이념적 좌표와 지향점을 되짚어 볼 수 있는 소중한 기회가 될 수 있을 것이다.

번역이 결코 쉬운 작업이 아님을 이번에도 실감한다. 물론 저자의 생각에 전적으로 동의하는 것은 아니라 할지라도, 적어도 저자의 호흡을 따라가는 가운데 미세한 목소리 하나하나를 놓치지 않고 정확하게 전달하는 것이 용이한 일은 아니었다. 더욱이 지루는 숨이 찰 정도의 길고도 빠른 호흡으로 자신의 주장을 펼치고 있다. 그리고 미국의 현대사와 정치, 경제, 문화, 교육 등의 영역을 넘나드는 가운데 부시 행정부의 구석구석에서 신자유주의의 구체적인 흔적과 폐해를 면밀하게 관찰하고 폭로하고 있다. 박제된 이념에 기초한 추상적인 논변보다는 충격적인 사실과 다양한 논거들을 토대로 시장을 넘어 정치와 문화, 교육 등 우리의 구체적 일상에 깊이 스며든 신자유주의의 현상과 실체를 낱낱이 파헤치고 있다.

원고의 출판을 안식년을 지내는 미국에서 보게 되었다. 늘 그렇듯 따스한 관심으로 모든 과정을 지켜봐 준 아내 연미, 그리고 이곳에서도 많은 시간을 아빠에게 양보해 준 사랑하는 딸 정현과 현지에게 고마운 마음을 전한다. 또한 바쁜 가운데서도 꼼꼼하게 문장을 다듬고 한 권의 책으로 엮어 준 인간사랑 편집팀에게 감사의 마음을 표한다.

2009년 4월

채플힐에서 **변종헌**

감사의 글

이 책은 미국 역사상 가장 우울한 시기에 쓰여졌다. 분노와 희망 속에서 신자유주의가 국내외적으로 민주주의에 대한 위협이라는 사실을 분명히 밝히고, 어떻게 하면 신자유주의가 우리의 삶에 미치는 해악을 막을 수 있는가를 보여주고자 하는 것이 이 책을 쓰게 된 이유다. 21세기 가장 강력한 이데올로기의 하나인 신자유주의는 군사주의, 탐욕스런 이윤추구, 반대자에 대한 감시뿐만 아니라 민주주의가 권력과 자원의 공유에 관한 것이라는 기본 전제를 무너뜨리는 새로운 정치적 · 종교적 근본주의의 온상이 되어왔다. 사실상 오늘날 민주주의는 실현가능한 이상이라기보다는 과거의 잊혀진 이데올로기처럼 보인다. 부시 행정부는 다른 어떤 정부보다도 미국의 민주주의를 무력화시키는 데 앞장서 왔다. 수백만 명의 국민이 극심한 빈곤에 허덕일 때 부유층은 엄청난 세제혜택을 누리고 있다. 미래 세대의 안보를 위한다는 오만함을 드러내면서 국가

채무가 수십억 달러나 늘어났다. 민주주의를 고양시키는 대신에 국내에서는 테러리즘과 공포, 그리고 해외에서는 죽음과 파괴를 더욱 조장했다. 사회에서 진행되고 있는 군사주의화에 의해 강화된 총체적 테러와 영구적 전쟁은 생각하고 논쟁하는 비판적 존재들이 깊이가 없고 처벌받아야 되는 대상으로 간주되거나 아니면 더욱 극단적인 경우에는 말 그대로 사라져 버리고 마는 반정치(anti-politics)를 암시하고 있다. 결사의 권리, 프라이버시, 적정한 절차와 같은 시민의 자유가 쓸모없어지거나 침해되면서 민주주의는 점점 시들어 가고 있다. 테러와 확실성이 모든 것을 지배하게 되면서 처벌국가(punishing state)가 사회적 국가(social state)를 대체해 왔다. 그리고 이것은 미국 사회의 기초가 되는 민주적 가치와 이상, 그리고 관계 등을 웃음거리로 만들고 있다. 미국 정부는 민주주의의 이상을 심화시키는 대신에 중앙정보국(CIA)이 운영하는 비밀수용소(Gulag)를 만들었다. 적법한 절차도 거치지 않은 채 사람들을 관타나모 만(Guantanamo Bay)에 가두고, 이라크와 아프가니스탄 그리고 이른바 블랙사이트(black sites)에 수감된 사람들에게 고문을 가했다. 그리고 심한 경우에는 국가의 적들을 쥐도 새도 모르게 없애버리기까지 했다. 법정도 예외가 될 수 없으며, 그 결과 제왕적 대통령제가 확장된 것처럼 보인다. 그리고 편파주의(cronyism)와 정치적 부패가 국정 전반에 어두운 그림자를 드리우고 있다. 이러한 상황 속에서 미국이 민주주의 국가라는 주장은 위선에 불과할 뿐이다.

전쟁과 공포가 미국 사회의 영구적 장착물이 되면서 미국의 힘은 내부적으로는 안보국가를 만들고 외부적으로는 제국을 건설하는 데 사용되었다. 수많은 인명이 이라크에서 쓸모없이 희생되는 동안에 집단안보가 와해되고 있다. 그리고 빈부의 격차가 더욱 커지고 수많은 사람들이 가난과 실업, 불안과 절망의 나락으로 떨어지면서 인간으로서 겪는 고통이 더욱 더 심각해지고 있다. 비밀주의, 감시 그리고 불법이 정부의 징표가 되면서 활기 넘치는 민주주의 국가가 아닌 권위주의 국가와 유사한 모습을 보여주고 있다. 국내 문제에 좀 더 눈을 돌려보면 놀랄 정도로 수감비율이 높아지고 있는 유색인종을 상대로 조용한 전쟁이 진행되고 있다. 학문의 자유는 점점 침해되고 있으며, 보수적인 대법원은 여성에게서 출산의 권리를 빼앗고, 제왕적 대통령제의 명령을 정당화하는 데 여념이 없어 보인다. 그리고 환경은 신자유주의 전사들의 공격을 끊임없이 받고 있으며, 거대 기업은 이전보다 훨씬 더 많은 이윤을 챙기는 데 바쁘다.

다행스럽게도 권력은 지배자, 종교적 광신자 또는 정치적 부패의 손에 완전히 넘어가지 않았다. 또한 이 권력은 민주주의를 지나친 것으로 보거나 하나의 부담으로 생각하는 사람들의 수중에 있는 것도 아니다. 학생, 노동자, 페미니스트, 교육자, 작가, 환경주의자, 기성세대 그리고 예술가를 포함한 국내와 전 세계의 개인과 집단들이 미국이 국내외에서 민주주의를 위협하는 권위주의로 빠질 수 있는 위험한 질주를 막기 위해 결집하고 있다. 이 책은 바로 이들과 민주주의에 대한 끔찍한 공격이 다시 일어나게 해서는 안 될 다음 세대 젊은이들과의 연대로 이루어졌다.

　　이 책의 제2판은 귀중한 비평과 지지를 보내준 몇몇 친구의 도움이 없었다면 어려웠을 것이다. 특히 맥클레넌(Sophia A. McClennen), 로빈스 (Christopher Robbins), 하비브(Jasmin Habib), 클라크(David Clark), 아노위츠 (Stanley Aronowitz), 사이몬(Roger Simon), 솔트만(Ken Saltman), 마세도(Donald Macedo), 폴락(Grace Pollack), 맥케나(Brian McKenna), 카샤니(Tony Kashani), 모리스(Doug Morris), 쇼어(Ira Shor), 비어켄캠프(Dean Birkenkamp)에게 고마운 마음을 표한다. 특히 조교인 사바도스(Maya Sabados)에게 감사의 마음을 전하고 싶다. 그리고 늘 그렇듯 이 책의 중요한 아이디어 대부분은 동반자인 수잔(Susan Searls Giroux)과의 교감 속에서 다듬어진 것이다. 또한 힘들 때마다 자극과 힘이 되어준 절친한 친구 카야(Kaya)에게도 고마움을 전한다. 두말한 나위 없이 이 책의 모든 책임은 나에게 있다. 이 책의 일부 내용은 다른 곳에 이미 발표한 것이다. 제1장은 "The Emerging Authoritarianism in the United States : Political Culture Under the Bush/Cheney Administration," in *Symploke* 14 : 1-2(2007), pp. 98-151에서 전재한 것이다. 제2장은 "Spectacles of Race and Pedagogies of Denial," in *Communication Education* 52 : 3/4(July/October, 2003), pp. 191-211에 게재되었고, http://www.tandf.co.uk/journals/titles/03634523.asp에서도 찾

아볼 수 있다. 그리고 제6장은 *JAC* 27 : 1 (2007), pp. 11–61에 이미 발표된 바 있다.

헨리 A. 지루

차례

서론

베들레헴을 향해 절하기

1945년이나 1950년에 당신이 만일 오늘날 신자유주의의 기준에 해당하는 생각이나 정책을 정식으로 제안했다면 아마도 웃음거리가 되었거나 정신병동으로 보내졌을지 모른다 … . 시장이 주요한 사회적·정치적 결정을 내려야 한다는 생각, 즉 국가가 알아서 경제에 대한 영향력을 줄여야 하고, 기업에게 전적인 자유가 보장되어야 하며, 노동조합은 규제되어야 하고, 시민들에 대한 사회적 보장이 축소되어야 한다는 그러한 생각은 그 당시에는 매우 생소한 것이었다. 설령 누군가가 이러한 생각에 동의한다 할지라도 공공연하게 그와 같은 입장을 취하거나 자신과 생각이 같은 사람을 찾는 것이 쉽지 않았을 것이다.

— 수잔 조지(Susan George)[1]

미국에서 신자유주의의 등장을 분석하는 많은 이론가들은 신자유주의가 경제적 권력관계의 체계일 뿐만 아니라 새로운 형태의 주관성과 독특한 행위양식을 만들어내고자 하는 지배와 설득의 정치적 프로젝트라는 사실을 종종 간과하고 있다.[2] 나는 신자유주의의 경제적 메커니즘 그리고 주관화와 자율의 문화정치 사이의 밀접한 연관성을 분석하는 가운데 이와 같은 쟁점을 발전시키고자 한다. 그리고 이를 위해서 "모든 잔혹성의 체계는 자신만의 극장을 요구한다"는 미디어 이론가 콜드리(Nick Couldry)의 이론적 통찰에서 시작하고자 한다. 극장은 규범, 가치, 제도 그리고 사회적 관행을 정당화하기 위해 일상의 의식(rituals)을 이용한다.[3] 신자유주의는 그와 같은 잔혹성의 체계를 대표한다. 이는 상식의 지배를 통해, 그리고 교육정책의 영향을 받는 시민의 영혼에서부터 제국의 관행에까지 이르는 좁은 의미의 정치적 합리성을 통해 매일 재생산된다.[4] 시장이 모든 정치적·사회적·경제적 결정을 위한 원칙이 되어야 한다는 확고한 믿음 위에서 신자유주의는 민주주의, 공공 제도, 공공선 그리고 상업화되지 않은 가치들에 대해 끊임없는 공격을 가하고 있다. 신자유주의 아래에서 모든 것은 판매를 위한 것이거나 아니면 이윤을 얻기 위한 착취의 대상이다. 공유지는 벌목회사와 기업 농장주에 의해 파괴되었고, 정치가들은 공익을 무시한 채 공중파를 기꺼이 방송사나 거대 기업에게 넘겨주고 있다. 기업들이 국가의 에너지 정책을 결정하고 있고, 정부가 경쟁 입찰 없이 계약서에 서명하면서 군수산업체가 막대한 이윤을 챙기고 있다. 정부가 기업의 환경파괴를 용이하게 하는 법안을 통과시킴으로써 환경은 이윤추구라는 미명 하에 오염되고 황폐화되었다. 대기업의 세금 부담을 낮추기 위해서 공공 서비스는 엉망이 되고 있다. 학교는 점차 쇼핑몰이나 감옥과 같은 모습이 되어가고 있으며, 교사들은 학급 물품 구입에 필요한 재원 조달을 강요받고 있는 가운데 마치 서커스의 호객꾼과 같은 일을 하고 있다. 이것이 학생들의 시험 성적을 끌어올리는 것 이외에 교사들이 하는 일이다. 끊임없이 시장의 가치를 추구하는 신자유주의 경제가 모든 인간관계로 확대되고 있다. 시장이 일상생활의 원동력으로 칭송받으면서 큰 정부는 무능하거나 개인적 자유에 대한 위협으로 폄하되고 있다. 신자유주의는 권력이 정부나 시민이 아닌 시장과 기업의 수중에 있어야 한다고 주장한다. 시민성은 점점 시장가치에 의해 좌우되고 있다. "규제철폐, 사유화 그리고 기타 신자유주의적 조치들을 통해 기업이 사회적 통제로부터 자유로워지면서" 정치의 틀이 새롭게 짜여지고 있다.[5]

다행스럽게도 전 세계의 학생, 노동자, 지식인, 공동체 활동가 그리고 수많은 개인과 집단들이 신자유주의의 기업 자본주의에 도전해 왔다. 이들은 다국적 기업, 국제적 정치기구, 기업 사기꾼 그리고 기업의 이익과 이윤추구에 기꺼이 동조하는 국내 정치가들의 결탁으로 민주주의가 매매되는 것을 원치 않는다. 시애틀(Seattle)에서 다보스(Davos)까지 세계화에 반대했던 많은 사람들이 한 목소리로 신자유주의에 도전하고 있다. 또한 신자유주의에 대한 저항의 의미를 되새기는 가운데 그들이 활동한 곳곳에 새로운 활력을 불어넣고 있다. 오늘날 정치문화는 전 지구적인 것이 되고 있으며 학생과 노동자, 교사와 학부모, 지식인과 예술가의 연대에서 보듯이 반대와 저항도 다양한 형태로 나타나고 있다. 댐을 건설하기 위해 산을 파괴하고 농민을 탄압하는 인도 정부에 맞서 싸우는 단체들이 뉴욕 시의 착취공장에 반대하는 젊은이들과 연대하고 있는 것이 오늘의 세계다. 환경운동가들이 제3세계의 국가 부채에 반대하는 단체뿐만 아니라 노동자 단체와도 밀접한 유대를 맺고 있다. 엔론(Enron) 기업에서 시작된 분식회계, 기업 파산과 더불어 신자유주의의 전시장과도 같은 아르헨티나의 붕괴는 신자유주의의 패권과 지배의 균열을 그대로 보여주고 있다. 라틴 아메리카의 경우에 세계화와 신자유주의 구조조정

정책에 반대하는 새로운 저항의 물결이 칠레, 페루, 아르헨티나, 베네수엘라 등지에서 나타났다.[6] 게다가 신자유주의적 자본주의에 대한 다양한 형태의 저항은 특수한 권리와 이해관계에 초점을 맞추는 정체성의 정치(identity politics)에만 국한되지 않고 있다. 오히려 정체성의 정치가 확대되면서 정치문화와 민주주의의 보다 광범위한 위기에 주목하고 있다. 그 결과 공공생활의 기업화와 군사주의화를 복지국가의 붕괴와 시민적 자유에 대한 공격과 연계해서 파악하고 있다. 이러한 운동의 핵심은 비전, 의미, 교육 그리고 정치적 행위와 관련된 더 큰 위기 속에서 신자유주의를 이해해야 한다는 것이다. 이러한 관점에서 민주주의는 경제적 자원이나 권력을 둘러싼 투쟁에 국한되지 않는다. 그것은 또한 개인이 자율적으로 행동하는 데 필요한 기술, 능력, 지식을 지닌 정치적 행위자로서 교육될 수 있는 공공 영역의 창조를 포함하고 있다. 나는 신자유주의에 반대하는 모든 형태의 저항이 민주화(본질적·포괄적 민주주의를 위한 투쟁)와 지구적 공공 영역 사이의 관계를 둘러싼 광범위한 투쟁의 일부로서 정치적 행위와 시민교육 그리고 문화정치(cultural politics)에 대한 담론을 다루어야 한다고 주장함으로써 이러한 논쟁의 범위를 확장할 것이다.

우리는 사적 이익, 제국의 건설, 복음주의적 근본주의의 융합으로 민주적 과정의 본질이 의문시되는 시대에 살고 있다. 신자유주의의 지배하에서 자본과 부가 전반적으로 상층부로 분배되었다. 반면에 자유시장이 우리의 모든 일상을 규정하는 모델이라는 천박한 찬사가 시민적 덕성의 기반을 무너뜨렸다. 공공생활이 사유화, 리스크, 규제철폐 그리고 상업화의 양태 속에서 이루어지면서 정치문화는 점차 민주적 가치를 상실해 왔으며, 신자유주의 옹호자들은 "미래가 달성되는 것이 아니라 구입될 수 있다는 그릇된 생각"을 심어주었다. 마찬가지로 그들은 "이성적

회의(resonable doubt)를 이데올로기적 확실성"으로 대체시켰고, 정치적 지성이라는 국가적 자산을 고갈시켰다.[7] 의료보험, 주택, 고용, 대중교통 및 교육기회의 제공 등과 같은 사회적 장치의 확장과 공공선의 확대를 강조하는 사회계약이 공격받고 있다. 이러한 사회적 약속은 제한적이기는 하지만 매우 중요한 사회적 안전망이다. 뿐만 아니라 민주주의를 경험하고 비판적 시민성이 자리할 수 있는 일련의 조건을 보장하고 있다. 책임을 공유하는 문화가 아니라 공포와 감시 그리고 통제에 기초한 국가안보의 관념이 이를 대신하고 있다. 자기 성찰과 집단적 권한 배분이 자기 선동과 사적 이익으로 전락하고 말았다. 그리고 매일 밤 TV를 통해 보게 되는 새롭고도 거침없는 사회적 다윈이즘(Social Darwinism)이 이것을 정당화하고 있다. 사회적 다윈이즘은 다운사이징의 '자연스러움', 극도의 남성다움(hyper-masculinity)에 대한 찬양, 최소한의 연대성과 집합적 투쟁관념조차도 무시되는 아무런 견제도 받지 않는 경쟁적 개인주의를 암묵적으로 조장하고 있다. 시장, 금융 및 투자자에 대한 찬양과 함께 신자유주의는 "미래에 대한 새로운 신념을 요구하고 있다. 말하자면 지금이 바로 투자의 시점이며, 미래를 지금 누려야 한다는 것이다."[8] 더 나은 미래에 대한 자본주의의 약속은 모두 사라져 버렸다. 남은 것은 만인에 대한 전쟁과도 같은 야만상태이며, 절망과 냉소로 가득 찬 미래뿐이다.

신자유주의에 기초한 국내의 재구조화 그리고 워싱턴 컨센서스 (Washington Consensus)의 외교정책 이니셔티브 하에서 국내외적으로 자유시장 민주주의와 자유무역에 대한 복음주의적 신념에 고무된 미국은 지난 30여 년 동안 공공선, 헌신, 민주정치의 언어에서 핵심이 되는 담론, 사회형태, 공공제도 그리고 비상업적 가치들을 제거해 왔다. 기업이 공공 영역을 사유화하며 권력을 평등, 사회정의, 시민적 책임 등의 쟁점과 분리하고 있는 상황에서 오늘날 시민적 관여는 너무나 무기력해 보인다. 민주적 책임성에서 벗어난 신자유주의는 소수의 기업들로 하여금 그들의 이윤을 극대화하기 위해서 사회생활을 최대한 통제할 수 있도록 허용해 주었다.

해외에서 신자유주의 세계 정책은 탐욕스런 자유무역협정을 추구하는 한편 서구의 금융 및 상업적 이익을 확장하는 데 기여했다. 세계은행, 세계무역기구(WTO), 국제통화기금(IMF) 등은 억압적이고 권위적인 정책들을 통해 자원과 자본을 통제하는 가운데 이를 빈국과 저개발국가로부터 부유한 강대국과 자본주의 옹호자들에게로 이전시켜 왔다.[9] 제3세계와 라틴 아메리카, 아프리카, 아시아의 반주변부 국가들은 미국이 주도하는 부유국의 고객 국가가 되었다. 은행이나 여타 금융기구 등을 통한 차관 때문에 "건강보험, 교육 그리고 노동조건을 명시한 법률 등의 사회복지 프로그램"에 심각한 혼란과 부정적 결과를 초래했다.[10] 예를 들어, 국제통화기금과 세계은행이 차관을 제공받는 국가에 제시한 조건은 자본주의적 가치를 강요할 뿐만 아니라 포괄적·본질적 민주주의의 가능성을 침해하고 있다. 그 결과는 나이지리아의 경제붕괴에서 볼 수 있듯이 엄청난 재앙이 아닐 수 없다. 그리고 이는 "전 세계 노동력의 1/3에 해당하는 10억 이상의 인구가 실업이나 불완전 고용상태에 있다"는 사실에서도 여실히 나타나고 있다.[11] 《멀티내셔널 모니터(*The Multinational Monitor*)》는 세계은행과 국제통화기금으로부터 차관을 들여온 26개국의 사례를 추적하여 그후 나타난 결과를 다음과 같이 소개하고 있다.

—— 공공 서비스의 규모 축소, 일시 해고를 동반한 정부 소유 기업의 민영화,

노동 유연성의 증대, 즉 정부나 사적 기업이 노동자를 해고할 수 있도록 하는 규제개혁, 임금 삭감 또는 최소임금 삭감이나 동결, 그리고 공기업체 고용인과 관리자 사이의 임금 격차 확대, 민영화를 포함해서 노동자들의 사회보장 혜택을 줄이는 연금개혁 조치들[12]

국내에서 기업들은 점점 경제분야를 넘어 정부의 구석구석에 영향을 미치는 법률과 정책을 커다란 반대 없이 결정하기도 한다. 기업의 영향력이 정치과정을 압도하면서 많은 혜택이 부유층과 권력층에 집중되고 있다. 부유층의 세금 부담을 중산층, 노동자 계층 그리고 공기업으로 전가시키는 개혁정책들이 이러한 추세를 보여주고 있다. 역진세(regressive tax)의 형태로 재산세(금융소득, 배당금, 부동산에 대한 과세)를 근로세로 전환하는 것이 대표적인 예이다. 2002-2004 회계연도 동안에 감세로 인한 1,973억 달러의 세금우대 혜택이 상위 1% 부유층(연간 소득이 337,000 달러 이상인 가구)에게 돌아간 반면에, 주정부는 2,000억 달러의 재정적자를 보충하기 위해 세금을 증액했다.[13] 놀라운 사실은 최근 의회의 조사 연구결과 2000년에 전체 기업의 63%가 세금을 내지 않았고, "기업 수익률이 기록적 성장세를 보였던 1996년에서 2000년까지 5년 동안조차도 10개 기업 가운데 6개 기업이 납세의무를 면제받았다"는 사실이다.[14] 부유층이 막대한 감세혜택을 누리는 동안 국방부는 "하루 약 2억 달러, 매달 약 60억 달러"를 이라크 전쟁에 쏟아부었다.[15] 더욱이 공공수혜를 줄여나가기 위해 부시 행정부는 정부가 제공하는 서비스와 소득 및 의료혜택을 삭감했다. 게다가 아동을 위한 프로그램과 공공주택을 위한 재정을 줄이거나 없애는 것은 물론 메디케어(Medicare)와 퇴역 군인의 수혜를 축소시켰다. "국가의 적절한 기능이 약화되고, 경제에서 세금과 임금비용이 축소되고, 더 많은 사회적 비용을 시민사회와 가정이 담당하게 되었다."[16] 그에 따라 신자유주의 정책은 개인적 책임에 호소함으로써 사회적 서비스의 사유화를 정당화하고 있다. 건강의료 비용이 치솟고 있고, 다섯 명 가운데 한 명의 아동이 최저 빈곤선 아래 놓여 있으며, 4,700만 명의 미국인들이 건강보험의 혜택을 충분히 받지 못하고 있다. 이러한 상황에서 많은 사람들이 겪고 있는 인간적 고통이 사회질서를 잠식하고 있다. 2007년 부시 대통령은 당시 매우 성공적이라고 평가를 받았던 주정부의 아동 건강보험 프로그램(State Children's Health Insurance Program : S-chip)에 350억 달러의 자금을 제공하는 법안에 거부권을 행사했다. 이와 관련해서 부시는 모든 쟁점이 미디어의 신화에 불과하다는 어리석은 변명은 물론 이 프로그램이 '사회화된 유형의 의료'를 확대하고, 사보험에 부정적 영향을 미치며, 막대한 재원이 필요하다는 등의 다분히 이데올로기적인 주장을 통해 자신의 태도를 정당화하고자 했다. 실제로 법안에 소요되는 재원은 흡연가의 흡연을 억제하기 위해 담배 및 기타 담배 관련 상품에 부과하는 연방 소비세를 한 갑당 61센트 증액해서 충당할 예정이었다. 게다가 이 프로그램의 운영 주체는 서비스를 제공하는 보험업자와 의사 그리고 간호사였다. 이 법안은 보험혜택을 받지 못하는 저소득층 가정 380만 명의 아동들에게 건강보험을 제공하고자 한 것이었다. 거부권 행사 이외에도 부시 행정부는 무보험 상태에 있는 900만 명의 아동, 그리고 보험혜택을 충분히 받지 못하고 있는 수많은 사람들의 어려움을 덜어줄 수 있는 대체 프로그램을 제공하지 않았다. 대통령으로서의 무능과 도덕적 무관심을 보여주는 이처럼 터무니없는 행동에서 분명히 드러나는 것은 확신에 찬 신자유주의 투사인 부시가 복지국가의 모든 흔적을 없애버리고 기업친화적이고 시장중심적인 근본

주의를 조장하기 위해 가난한 수백만 아동들의 건강을 기꺼이 희생시키고자 했다는 점이다.[17]

공적 자금의 고갈과 사회적 국가의 훼손은 통치의 실패 그 이상의 결과를 낳고 있다. 그것은 또한 국민의 삶을 위험에 빠뜨리고 있다. 우리가 보듯이 이란과 아프가니스탄 전쟁에서 부상을 입고 월터 리드 종합병원(Walter Reed Hospital)으로 귀환한 장병들을 정부가 적절하게 보살피지 못하고 있는 것이 현실이다. 신자유주의는 공공 프로그램과 서비스를 고갈시키는 동시에 민주주의를 국가안보 상태로 변화시키는 데 개입하고 있다. 여기서는 노동자들을 처벌하고, 불만을 잠재우며, 노동조합과 진보적 사회운동의 정치적 영향력을 약화시키기 위해 강압적 경찰력과 군대−교도소−교육−산업복합체를 활용할 수 있는 군사적·정치적 권력을 반복해서 이용하고 있다.

신자유주의 담론에서는 개인적 불행이 민주주의 자체와 마찬가지로 근본적 억제가 지나치거나 아니면 부족한 상태로 간주하고 있다. 대체로 기업의 영향력을 통해 공고해진 미디어는 모든 문제가 본질적으로 사회적인 것이기보다는 사적인 것이라고 보는 신자유주의의 중심적 교의를 강조하고 있다. 그리고 가난한 사람들이 얼마나 형편없는가를 상기시켜 주기 위해 정기적으로 우파 고위층 인사나 정치가를 위한 무대를 제공하고 있다. 보수주의 칼럼니스트인 콜터(Ann Coulter)는 잔혹한 복수심에 사로잡힌 빈민층의 감정에 대해 이야기하고 있다. 그녀는 "지금 우리에게는 희망과 가능성을 지닌 가난한 사람 대신에 사생아를 낳을 것이냐 아니면 복지전표(welfare checks)를 모을 것이냐의 선택 속에서 폭력을 휘두르며 범죄자를 열망하는 영원한 하층민이 있을 뿐"이라고 지적하고 있다.[18] 라디오 토크쇼 진행자인 사비지(Michael Savage) 또한 윤리와 정의가 도외시되는 신자유주의 체제 하에서 출현하고 있는 가증스런 인종차별주의와 광신성을 잘 보여주고 있다. 라디오 정치 토크 프로그램의 91%가 보수주의 성향인 우파 미디어 문화의 지지 속에서[19] 사비지는 의레 비백인 국가를 '더러운 국가(turd world nations)', 동성애를 '변태나 성도착증', 그리고 총기사고로 희생된 어린이를 '더러운 가난뱅이(ghetto slime)'라고 부르고 있다.[20]

제임슨(Fredric Jameson)이 『시간의 씨앗(The Seeds of Time)』에서 주장하듯이 오늘날은 자본주의의 종식보다는 세계의 종말을 상상하는 것이 더 쉬워졌다.[21] 매스 미디어, 우파 지식인 그리고 정부에 의해 설파되고 있는 시장 합리성의 전 지구적 차원의 승리에 대한 열변이 민주적 가치에 대한 전면적 공격으로 구체화되고 있다. 그리고 이는 떨쳐버릴 수 없는 극심한 가난, 실업, 부적절한 건강의료, 도시 구석구석에서 벌어지고 있는 인종차별 그리고 부자와 빈자 사이의 불평등의 심화 등과 같은 사회적 문제 속에서도 여실히 드러나고 있다. 이러한 사안들은 공적 담론과 사회정책 목록에서 사라지고 있거나 아니면 공공 영역이 단지 개인적 이해관계와 감정을 표출하는 무대로 변질되는 토크쇼의 소재로 전락하고 있다.

공적 상상력을 억누르는 신자유주의 담론에서는 시민생활, 비판적 시민성 그리고 본질적 민주주의의 핵심이 과연 무엇인가에 대해 이야기하는 것이 점점 어려워지고 있다. 보편법, 중립성, 선택적 과학 연구에 대해 모호한 입장을 취하는 신자유주의는 "비판적 사고의 가능성 자체를 제거하고 있다. 비판적 사고가 없다면 민주적 논쟁은 불가능하다."[22] 노동력의 무자비한 다운사이징, 사회적 서비스의 희생, 주정부의 경찰지서로의 축소, 직업 안정성의 지속적 파괴, 적정한 사회적 임금의 제거, 미숙런 노동자로 구성된 사회 그리고 지속적 불안과 공포문화의 출현 등을 조장하는 신자유주의 정책은 상식과 불변의 자연법칙에 호소함으로써 그 실체를 숨기고 있다.

노골적인 이데올로기적 호소가 이성과 상상력을 긴장시키게 될 때 종교적 믿음이 불만을 잠재우기 위해 요청된다. 오늘날 사회는 민주주의에 필요한 근본적 가치와 관계를 조성하기 위한 공간이 아니다. 사회는 "미국 패권주의(American supremacy)라는 이데올로기를 위해 종교적 근본주의와 시장 근본주의가 결합하는" 이데올로기적·정치적 영역으로 옹호된다.[23] 이와 유사하게 공적 관계 지식인들은 미국의 제국주의적 야망을 제국 건설을 위한 책무의 일환으로 정당화하고 있다. 그리고 이것은 오늘날 지구상의 나머지 국가들을 문명화시키는 과정으로 찬미되고 있다. 오늘날 '전면적 지배'의 관념에 의해 지지되는 힘의 문화와 테러와의 전쟁이 "자유와 민주주의를 확산시키는 데 기여하고" 있는 것처럼 보인다.[24] 네오콘이 신자유주의자 그리고 종교적 근본주의자들과 손을 잡고 지구상에 미국의 승리를 전파하고 있다. 여기서 미국은 오만하게도 '세계사에서 가장 위대한 강대국'으로 규정된다.[25] 돈, 이윤 그리고 공포가 새로운 시장을 개척하고 내부적 불만을 차단하기 위한 가장 강력한 이데올로기적 요소들이 되었다. 이와 같은 시나리오에서는 "권위를 부여받은 권력만이 신뢰할 수 있는 권력으로 인정을 받고 … 공포에 호소하는 것만이 복종을 위한 효과적 토대가 되기" 때문에 새로운 종류의 강압적 국가가 등장하게 된다.[26] 이러한 사실은 미국 애국법(USA PATRIOT Act), 2006년 군사위원회법(Military Commissions Act)과 같은 억압적 법률의 통과뿐만 아니라 프럼(David Frum)이나 퍼얼(Richard Perle) 등과 같은 저명한 네오콘의 활동에서도 분명하게 나타난다. 그들은 "자유사회가 경찰의 단속이 없는 사회가 아니라 스스로 규제하고 단속하는 사회(self-policed society)"라고 주장한다.[27] 마치 아담 스미스(Adam Smith)와 조지 오웰(George Orwell)이 종교적 의식으로 결합된 것과 같은 곳에서 시장은 신성불가침의 성역으로 보호받아 왔다. 반면에 시민들은 신의 군대에 징집되어 서로를 감시하도록 강요당하고 있으며, 불만은 점차 범죄로 간주되고 있다.[28] 동시에 민주정치는 자유시장 근본주의와 군사주의가 결합되면서 점차 그 궤도에서 이탈하고 있다.[29] 그 결과를 우리는 부시 행정부가 실행한 반테러리즘(anti-terrorism) 정책, 요컨대 반테러리즘이 제거하고자 하는 바로 그 테러리즘을 그대로 흉내낸 정책에서 찾아볼 수 있다. 매우 포괄적인 성격을 지닌 반테러리즘 정책은 도덕적 절대성, 군사주의, 복수 그리고 공적인 비난행위 등을 통해 스스로를 파괴하고 있다. 그리고 정치를 종교적 관점에서 구성하고 모든 시민과 미국 내의 거주자를 잠재적 테러리스트로 규정함으로써 공동체로부터 민주적 가치를 박탈하고 있다. 시민들이 권력의 순종적 수용자로 전락하고 권력자를 어쩔 수 없이 신뢰하여 명령을 따르는 데 만족하게 되면서 정치는 공허한 것이 되고 있다. 사이비 애국심(psedo-patriotism)의 미명 하에 아랍인과 유색인종을 미개한 존재로 간주하는 인종차별주의가 만연하면서 내부적 불만은 쉽게 억제된다. 이라크의 아부 그라이브(Abu Ghraib) 교도소에서 미국 병사가 저지른 고문과 인권침해에 대한 미국 정부의 일관된 부인은 하나의 적절한 사례가 될 수 있다.[30] 아랍인 죄수를 대하는 미국 병사의 극도의 잔인성, 인종차별적 태도, 비인간성이 카메라와 비디오에 포착되어 공개되었을 때 림바우(Rush Limbaugh)나 칼 토머스(Cal Thomas) 등 영향력 있는 우파 정치가들은 기본적으로 그와 같은 행위를 악의 없는 골탕먹이기나 젊은 혈기의 '화풀이' 정도로 변호하거나 아니면 무슨

림 죄수들이 마땅히 당할 짓을 했다는 식으로 옹호했다. 이보다 한 술 더 떠서 깅리치(Newt Gingrich)와 공화당 상원의원인 인호프(James Inhofe)는 그와 같은 일에 관심을 갖는 것 자체가 이라크에 주둔하고 있는 미군의 사기를 떨어뜨리는 비애국적 행동이라고 주장했다. 2007년에 범죄행위로 기소된 고위 공직자가 전혀 없다는 사실로 미루어 볼 때, 이와 같은 주장은 정부 고위층의 속내를 어느 정도 드러낸 것처럼 보인다. 미군이 사담(Saddam)의 구감옥에서 행한 고문과 성적 학대를 변호하는 것은 단순히 무감각한 정치적 자세만을 보여주는 것이 아니다. 요컨대 그것은 이 나라의 리더십이 민주주의로부터 과연 얼마나 멀리 벗어났는가를 증명하는 것이기도 하다. 2007년 10월 《뉴욕타임스(*New York Times*)》에서 지적한 것처럼 부시 행정부는 미국을 "사람을 고문할 뿐만 아니라 세계를 혼란스럽게 하며 미국 유권자들 앞에서 책임을 회피하기 위해 궤변을 일삼는 나라"로 만들어 버렸다. "부시와 그의 참모진은 고문과 비밀 감옥에서의 학대를 묵인했을 뿐만 아니라(비밀 감옥의 기술은 이집트, 사우디아라비아, 구소련의 지하 감옥을 본뜬 것이다) 미국 의회와 미국인, 그리고 전 세계를 상대로 미국의 정책을 호도하기 위한 체계적 캠페인을 펼치기도 했다."[31]

　　정치 자체의 본질은 아니라 해도 정치문화는 지난 20여 년 동안 가히 혁명적 변화를 겪어왔다. 그리고 그것이 부시 행정부의 제왕적 대통령제 아래서 가장 저급한 상태에 이르렀다는 점은 분명하다. 이러한 정치문화 속에서 민주주의는 시장의 규칙에 예속되었다. 그리고 경제가 그것이 사회에 미치는 결과와 분리되었듯이 기업의 결정 또한 영토상의 제약과 공적 의무의 요구로부터 자유로워졌다. 바우만(Zygmunt Bauman)은 권력, 정치 그리고 사회적 의무 사이의 관계에 대한 새로운 사실을 다음과 같이 지적하고 있다.

> ── 자본과 돈을 '투자하는 사람들'이 획득한 이동성이 의미하는 바는 다양한
> 의무, 즉 피고용인에 대한 의무, 젊은 세대와 약자에 대한 의무, 아직 태
> 어나지 않은 세대에 대한 의무 그리고 모두가 삶의 환경을 스스로 재생산
> 해야 하는 의무로부터 권력이 분리되었다는 점이다. 의무와 권력의 분리
> 는 과거에는 볼 수 없었던 새로운 현상이다. 요컨대 이것은 매일의 삶과
> 공동체의 존속에 기여해야 하는 의무로부터의 자유이다 … . 결과에 대한
> 책임을 방기하는 것, 그것이 바로 새로운 이동성이 자유롭게 떠다니는,
> 지역에 얽매이지 않는 자본에게 선사한 가장 소중한 이득이다.[32]

정치적 제약에서 자유로워진 기업들은 지배문화에 대한 교육적 영
향력을 통해 권력을 행사하고 있다. 교육을 통해 철저하게 사유화된 행위
의 관념을 심어주게 되면서 시민들은 집단행동의 변혁적 힘은 물론 민주
주의를 공공선으로 생각하는 것조차 어렵게 되었다. 시민적 언어가 점차
빈약해지고 있는 가운데 학교, 신문, 대중문화, TV 네트워크 및 기타 공
공 영역 등 민주적 학습과 논쟁, 대화를 위한 공간들이 재정적 어려움을
겪으면서 사라지거나 사유화되고 있다. 또는 이러한 공간들이 기업의 소
유로 전락하게 되면서 민주정치가 비효율적인 것이 되고 있다. 신자유주
의 정치와 문화 아래서 사회는 점점 가난한 사람들, 이민자, 반대자 그리
고 다른 소수계층(연령, 성, 인종, 민족과 피부색에 따른)에 대한 폭력의 생
산을 위해 동원되고 있다. 제6장에서 지적하고 있듯이 신자유주의의 중
심에는 철저한 배제를 통해서 작동하고 있는 미국의 새로운 정치형태가
자리 잡고 있다. 새로운 정치의 일차적 관심사는 평등, 정의, 자유가 아니
다. 그보다는 공포, 감시, 경제적 박탈을 특징으로 하는 문화 속에서 가장
교활한 자의 생존에 더 큰 관심이 있다. 수잔 조지(Susan George)의 주장

처럼 오늘날 신자유주의적 '민주주의'를 규정하는 질문은 "누가 살 수 있는 권리가 있고 누가 없는가?" 하는 것이다.[33]

이 책의 핵심적 주장 가운데 하나는 신자유주의가 엄밀한 수학적 정식화를 통해 다루어지거나 논쟁의 여지가 없는 과학규칙에 기대어 옹호될 수 있는 하나의 중립적이고 경제적인 담론과 논리 그 이상의 것이라는 점이다. 신자유주의는 "최적의 효율성, 급속한 경제성장과 혁신, 열심히 일하고 기회를 십분 활용하고자 하는 사람들의 성공을 위한 최적의 루트"를 제공하는 경제적 합리성의 전형이라기보다는[34] 오히려 민주정치의 예술을 시장경제의 탐욕스런 법칙에 예속시키는 하나의 이데올로기이다.[35] 더욱 중요한 것은 신자유주의가 가시적이고, 비판적으로 관여될 필요가 있으며, 또한 최근 국가 안팎의 삶에 미치는 영향력과 분리될 수 없는 역사적·사회적으로 구성된 이데올로기라는 사실이다.[36] 하나의 공교육이자 정치 이데올로기로서 하이예크(Freidrich Hayek)와 프리드만(Milton Friedman)의 신자유주의[37]는 18-19세기 스미스(Adam Smith)와 리카도(David Ricardo)에 의해 발전된 고전적 자유주의 경제 이론보다 더욱 무자비하다.[38] 신자유주의는 민주국가의 주권과 공공선보다 시장의 주권을 지지했던 미국 역사의 과거—19세기 호황기(Guilded Age)—로 회귀하고 있다는 점에서 현대의 보수적 혁명이라고 할 수 있다.[39] 신자유주의는 먼 과거의 이미지 속에서 미래를 재생산하는 가운데 70여 년 전 뉴딜(New Deal)이 기업의 영향력을 억제하고 사회계약의 자유주의적 본질에 충실하기 위해 시행했던 모든 정책들을 거꾸로 되돌리려고 하고 있다. 부르디외(Pierre Bourdieu)는 신자유주의의 새로운 특징을 다음과 같이 지적한 바 있다.

―――― 신자유주의는 복고를 정당화하기 위해 진보, 이성 그리고 과학(여기서는
경제학)에 호소하고 있는 새로운 종류의 보수주의 혁명이다. 신자유주의
는 실천규범, 즉 이상적 규칙이 되며 경제생활의 실제 규칙은 그 자체의
논리, 말하자면 시장법칙에 위임된다. 신자유주의는 이른바 금융시장의 지
배, 즉 이윤 극대화 이외의 다른 법칙이 없는 일종의 급진적 자본주의, 달
리 말하자면 '사업경영'과 같은 근대적 관리형태, 그리고 시장조사나 광
고와 같은 조작기법의 도입으로 경제적 효율성의 한계에까지 내몰린, 아
무런 숨김이 없고 아무런 제약을 받지 않는 자본주의로의 회귀를 구체화
하고 찬미한다.[40]

　　사실상 신자유주의는 공적 관심을 제거하고, 복지국가를 청산하며,
정치를 전적으로 시장중심적 프로젝트로 만들기 위해 구안된 매우 폭넓
은 기반을 지닌 정치적·문화적 운동이 되었다.[41] 신자유주의는 계급과
인종, 권력에 있어서 최고의 특권계층에게 부와 자원을 분배하고 있다.
하지만 신자유주의는 시장을 정치 전달의 원리(informing principle of poli-
tics)[42]로 만드는 것 그 이상의 일을 하고 있다. 요컨대 신자유주의 정치
문화와 교육적 실천은 또한 권위주의의 야만적 관념을 지지하는 사회
영역과 문화적 전망을 낳고 있다. 권위주의는 시민적 자유를 유예시키고,
처분가능한 사람들을 감금하며, 민주주의가 성장할 수 있는 공간을 파괴
하고 있는 종교와 시장 근본주의 그리고 반테러리즘 법안이 결합된 상
황에서 작동하고 있다. 또한 민주주의를 전쟁과 미국 이상주의의 혼합으
로 새롭게 규정하고 있다. 그리고 대중을 '테러리즘과의 전쟁'에 동원할
목적으로 매스 미디어를 통해 폭력장면을 수시로 전달함으로써 우리가
보고 듣는 세계가 점점 군사주의화되었다. 신자유주의는 군사주의화된
공공 영역, 경제적 불평등, 사악한 권력관계와 부패한 정치체계를 산출

할 뿐만 아니라 국가 시민성과 시민적 참여로부터의 엄격한 배제를 조장하고 있다. 리사 더건(Lisa Duggan)의 지적처럼 "신자유주의는 인종 관계나 성(gender) 또는 정치체(body politic)의 문화적 측면과 분리해서 생각할 수 없다. 그것을 정당화하는 담론, 사회관계 그리고 이데올로기에는 인종, 성, 종교, 민족 등이 깊이 스며들어 있다."[43] 신자유주의는 자유, 안보, 생산성의 의미에 관한 권위주의적 해석을 위협하는 집단이나 운동에 대항하여 국내외에서 제국주의적 전쟁을 수행하고 있는 다양한 부류의 신보수주의 및 종교적 근본주의와 태도를 같이하고 있다.

대기업, 특히 미디어 제국이 어떻게 신자유주의의 가치와 반동적 정책, 그리고 이것을 생산하는 정치인들을 지지하고 지원하는가를 보여주는 하나의 사례가 바로 2004년 싱클레어 방송 그룹(Sinclair Broadcast Group)의 경우이다. 메릴랜드(Maryland) 주에 기반을 두고 7개 ABC 지국을 포함해서 62개 TV 방송국을 소유한 미디어사인 싱클레어 방송 그룹은 당시 테드 코플(Ted Koppel)이 진행하는 「나이트라인(*Nightline*)」 특별방송을 거절했다. 코플이 이라크에서 사망한 721명의 미국군 명단을 읽고 그들의 사진을 보여주겠다고 한 것이 싱클레어를 불편하게 만들었던 것이다. 코플이 전쟁의 가장 고통스런 결과에 주의를 돌리게 함으로써 미국의 전쟁 노력을 침해하는 정치적 주장을 펼치고 있다는 판단이 싱클레어가 ABC 방송국에서 「나이트라인」의 방영을 거부한 이유였다. 그리고 이와 같은 방송 검열행위를 정당화하기 위한 명분으로 싱클레어는 그렇다면 「나이트라인」에서 2001년 9월 11일 테러리스트의 공격으로 희생된 수많은 시민들의 명단을 또한 읽어야 할 것이라고 주장했다. 그런데 여기서 문제가 되는 것은 이라크 전쟁 전사자의 경우와는 달리, 싱클레어 방송 네트워크가 9·11 사건 발생 1년 후에 실제로 9·11 희생자

명단을 방송했다는 점이다. 싱클레어가 언급하지 않은 사실은 자사가 공화당을 후원해 왔으며 더 많은 방송국을 소유할 수 있도록 하는 정책의 입안을 위해 로비를 벌여왔다는 점이다. 싱클레어는 부시 행정부를 긍정적으로 묘사하는 뉴스를 선호하며, 전쟁비용에 관해서는 자세히 알 필요가 없다고 믿고 있는 많은 우파 기업 연합과 같은 이념을 지니고 있다. 뉴스의 검열은 기업에게 돌아오는 막대한 이익을 위해서 얼마든지 지불할 용의가 있는 푼돈과도 같다. 실질적 민주주의의 핵심이 되는 정의와 인간 존엄성의 원칙들을 방기하는 가운데 대기업과 큰 정부가 서로 원하는 이윤체계, 자금체계, 시장가치 및 권력체계를 영속화하기 위한 이데올로기적·정치적 환경을 강화함으로써 자유시장 근본주의는 기업권력과 정치적 편파주의의 상호 결속을 더욱 손쉽게 하고 있다.[44]

앞에서도 주장했던 것처럼 신자유주의를 하나의 경제 이론뿐만 아니라 강력한 공교육 및 문화정치로 이해하고 이에 도전해야 한다는 것이 이 책의 핵심적 주장이다. 요컨대 신자유주의를 비판하기 이전에 그것의 정체를 분명히 밝히고 비판적으로 이해할 필요가 있다. 신자유주의의 역사적 불가피성을 정당화하고 있는 상식적 전제를 명확히 검토함으로써 그것이 인간 실존의 모든 차원에서 야기하고 있는 사회적 폐해를 분명히 밝혀내야 한다. 따라서 여기서는 신자유주의와 밀접한 관련이 있는 강력한 이데올로기들을 살펴보는 가운데 이를 비판적으로 검토할 것이다. 그리고 문화정치와 공교육의 관념을 신자유주의에 대한 투쟁에 있어서 가장 중요한 요소로 간주할 것이다. 왜냐하면 무엇보다도 교육과 문화가 동의를 확보하고 자본을 생산하는 데 있어서 매우 중요한 정치적·경제적 역할을 수행하고 있기 때문이다. 사실상 나의 이러한 입장은 "문화적 지배를 정치적·경제적 지배만큼이나 중요하게, 그리고 이를 정치적·경제적 지배의 조건으로 인식하는 것이 우리의 사고에서 진정한 '진보(advance)'"라고 보는 벅 모스(Susan Buck-Morss)의 주장과 유사하다.[45] 물론 이러한 입장은 경제적·제도적 투쟁을 부인하기 위한 것이라기보다는 문화정치로 이것을 보완하기 위한 것이다. 문화정치는 상징적 권력과 그것의 교육적 실천을 구체적 권력관계와 연결시켜 준다. 또한 여기서는 신자유주의 정책들이 사유화의 언어와 계층, 인종, 성, 젊음, 민족 등의 문화형태를 통해 일상 수준에서 어떻게 작용하고 있는가를 분석할 것이다. 그리고 각 장마다 비판과 가능성, 관여 그리고 희망의 언어를 사용할 것이다. 이것은 민주주의를 대표, 참여, 공유된 권력의 문제에 관한 격렬한 투쟁 사이트로 간주하기 위한 광범위한 프로젝트의 일환이기도 하다.

이 책의 핵심은 토레인(Alain Touraine)의 주장처럼 신자유주의적 세계화가 "정치적 행동을 위한 우리의 능력을 와해시키지 못했다"는 믿음이다.[46] 그러한 행동은 다양한 집단들—평화운동, 반세계화 운동, 인권운동, 환경정의 운동—이 국가 내에서, 그리고 국경을 넘어 유대를 형성할 수 있는 능력에 달려 있다. 이러한 유대 속에서 지구적 정의, 공동체 그리고 연대성의 문제를 중심으로 공동의 상징적 공간과 다양한 공공 영역이 형성된다. 그리고 여기서 바로 새로운 정치적 언어와 문화 그리고 일련의 관계를 발전시키기 위해 규범이 창출되고, 논의되며, 관여가 이루어진다. 이러한 노력은 지배에 저항하기 위한 것이다. 하지만 더 나아가 민주적 공공 영역과 서비스를 강화하고, 새로운 권리 및 권력 공유 방식을 요구하며, 지구적 수준에서 민주주의를 상상하고 유지할 수 있는 집단적 투쟁 형태의 창출에 적합한 사회정의를 구현하기 위해 노력하는 모든 사회적 진보를 지켜내기 위한 광범위한 시도의 일환으로 이해해야 할 것이다. 알렉스 칼리니코스(Alex Callinicos)의 통찰처럼 기업적 세계화에 반대하는 투쟁의 슬로건인 "또 다른 세계가 가능하다!"는 강력한 일체감과 연대성을 요구하는 새로운 사회적 논리를 필요로 하고 있다.

───── 또 다른 **세계**, 즉 새로운 사회적 논리에 기초한 세계는 오늘날과는 다른 우선순위에 따라 움직인다. 그러한 대안적·사회적 논리에 꼭 필요한 것들을 구체적으로 나열하는 것은 쉬운 일이다. 말하자면 사회정의, 경제적 효율성, 환경의 지속가능성, 민주주의 등이 그것이다. 하지만 이러한 조건들을 포괄하는 사회체계를 어떻게 건설할 수 있는가 하는 것은 훨씬 어려운 문제다. 이와 같은 두 가지 질문, 즉 자본주의의 대안은 무엇인가, 그리고 어떠한 전략이 필요한가에 대한 답은 얼마든지 다를 수 있다. 하지만 반자본주의 운동(anti-capitalist)이 배워야 할 것 가운데 하나는 반자본주의 운동의 가장 매력적 요인 가운데 하나인 강력한 일체감을 해치지 않으면서 위와 같은 쟁점들을 둘러싼 차이를 어떻게 극복해 나가느냐 하는 것이다.[47]

칼리니코스의 주장은 신자유주의적 자본주의에 대한 투쟁이 "지구적 공공 영역의 변화된 환경 내에서 정치의 전체 프로젝트를 재고해야 한다는 것을 시사하고 있다. 또한 서로 다른 정치적 언어를 사용하고는 있지만 같은 목표(지구적 평화, 경제적 정의, 법적 평등, 민주적 참여, 개인적 자유, 상호존중)를 공유한 사람들로서 민주적인 방식으로 투쟁해야 한다"는 점을 암시하고 있다.[48] 사실상 지식인, 사회운동가, 교육자 그리고 포괄적·본질적 민주주의를 신뢰하는 사람들이 직면하고 있는 가장 중요한 과업 가운데 하나는 신자유주의의 강력한 영향에서 벗어나 미래를 설계하기 위한 하나의 방법으로서 정치의 언어와 가능성을 재고할 수 있는 이론을 활용하는 것이다. 이러한 담론 속에서 비판적 성찰과 사회적 행위는 지구적 공공 영역의 범주가 국지적 저항의 경계를 넘어서 정치의 공간을 어떻게 확장하고 있는가를 인식해야 한다. 지구적 문제는 지구적 제도, 지구적 차원의 반대 양식, 지구적인 지적 작업, 그리고 지구적 사회운동을 필요로 한다.

　제1장에서는 미국에서 점증하고 있는 권위주의(특히 2004년 부시 대통령의 재선 이후)를 둘러싼 다양한 논쟁들을 검토할 것이다. 이를 위해 신자유주의 이데올로기가 어떻게 새로운 유형의 권위주의적 지배를 위한 조건들을 재생산하는 데 관여하고 있는가에 관해 집중적으로 살펴보고자 한다. 그리고 민주주의에 대해 회의적일 뿐만 아니라 민주주의의 본질적 내용을 파괴하며 민주주의의 기본적 가치와 원리를 침해하고 있는 세력들을 시기별로 정리할 것이다. 제2장에서는 신자유주의 담론이 복지국가에 대한 광범위한 공격의 일환으로 가난한 흑인이나 유색인종을 악마처럼 취급하거나 처벌하는 가운데 어떻게 인종의 언어를 사유화하는가를 보여줄 것이다. 여기서는 공적 관심이 사유화되어 취향, 성격 그리고 개인적 책임의 문제로 간주되는 가운데 인종차별적 배제와 폭력의 문제를 공적 쟁점이나 고려사항으로부터 분리시키는 하나의 범주인 인종에 초점을 맞출 것이다. 제3장에서는 가난한 백인과 유색인종 아동을 상대로 한 전쟁에 관해 살펴볼 것이다. 그리고 이러한 전쟁이 어떻게 공립학교 학생들의 교육과 그들의 미래에 대한 재정적이고 지적인 투자가 아닌 처벌에 초점을 맞추고 있는가를 검토할 것이다. 여기서는 일상생활의 다양한 측면에서 진행되고 있는 군사주의화와 기업화의 문제를 탐구할 것이다. 특히 이러한 추세가 젊은이들에게 어떠한 영향을 미치고 있는가를 살펴볼 것이다. 제4장에서는 신자유주의를 공교육의 형태로 이해하는 것이 무엇을 의미하는가에 관해 검토할 것이다. 그리고 이러한

관점이 사회질서, 일, 교육 그리고 지구적 공공 영역에 관한 신자유주의의 기본 전제와 맞서 싸우기 위한 전략을 마련하는 데 얼마나 이론적으로 유용한가 하는 문제를 다룰 것이다. 제5장에서는 지식인들이 신자유주의에 대해 저항해야 할 뿐만 아니라 민주적 공공 생활의 미래에 관해 계몽된 관념을 회복할 것을 요구하고자 한다. 끝으로 제6장에서는 신자유주의적 상식이라는 이데올로기를 분석할 것이다. 그리고 이것이 일상생활 속에서 어떻게 다양한 수준의 동의를 확보하는 문화정치와 공교육의 형태로 기능하고 있는지 살펴볼 것이다. 또한 신자유주의 통치의 무자비한 결과인 이른바 처분가능성의 정치(politics of disposability)의 출현, 그리고 이것과 사회적 국가의 붕괴와의 연관성을 검토할 것이다. 그리고 신자유주의 이데올로기를 넘어 미래를 구상하기 위한 민주적 도전에 관해 살펴볼 것이다.

제1장

미국의 권위주의
부시/체니 행정부의 정치문화

—— 전체주의 체제는 비밀주의에 대한 지나친 의존, 일반 국민에 대한 의도적
인 공포의 조장, 외교적 접근이 아닌 군사적 방식을 통한 대외정책의 해
결, 맹목적 애국심의 조장, 인권의 경시, 법치의 위축, 자유언론에 대한 적
대감과 개인의 프라이버시에 대한 체계적인 침해 등을 주된 특징으로 하
고 있다.[1)

서론

미국의 이라크 침공에 대한 말도 되지 않는 거짓말, 중산층과
저소득층의 희생을 대가로 최상위층에게만 혜택이 돌아가
는 세제개혁 정책, 그리고 지구상의 다른 국가들을 못 살게 구는 것과 다
를 바 없는 외교정책 등에도 불구하고 우리는 2004년 부시(George W.

Bush)의 재선을 어떻게 설명할 수 있을까? 수많은 미국의 젊은이들을 실업이나 불완전 고용 상태, 빈곤과 좌절에 빠지게 했고, 공공 의료와 환경보호 법안에 대해 거부권을 행사했을 뿐만 아니라, 미국 사회가 가장 소중히 간직해 온 시민적 자유를 파괴하는 공포문화를 조장했음에도 불구하고 부시가 재선을 위한 대중적 지지를 받게 된 이유는 과연 무엇인가? 비록 필립 로스(Philip Roth)와 같은 픽션 작가들은 일찍이 미국이 권위주의로 향하는 것을 감지한 것처럼 보이지만,[2] 부시의 재선은 좌파와 우파의 주도적 지식인들 모두가 인정하고 싶지 않았던 바로 그와 같은 사실을 분명하게 보여주고 있다. 미국은 단순히 국민의 필요와 의지에 무관심한 중도 우파 정당이 통치하는 국가가 아니다. 미국은 자유민주주의를 위협하고 침해하는 권위주의 형태로 빠르게 이동하고 있다. 비록 완전한 형태는 아니라 해도 민주주의의 환상에 사로잡힌 사람들은 이라크와의 전쟁, 제왕적 대통령제, 기록적인 무역수지 적자, 치솟는 예산결손, 군산복합체의 영향력 증대, 이민자와 유색인종에 대한 부당한 대우, 시민적 자유에 대한 공격, 부유한 엘리트 기업에 대한 과도한 부의 집중 등을 민주주의에 가장 해로운 쟁점들로 보고 있다. 하지만 이러한 쟁점들이 민주주의에 대한 위협으로 보이기는 해도 이것이 권위주의의 등장을 위한 토대가 될 수 있다는 점은 대체로 간과하고 있다. 제1장에서는 일련의 반민주적(anti-democratic) 경향이 새로운 형태의 권위주의를 위한 조건을 제공하고 있고, 따라서 이를 무시하는 것은 어리석은 짓이라는 것을 보여주고자 한다.

존경받는 박애주의자이자 억만장자인 조지 소로스(George Soros)와 같은 비판가는 "공화당이 일단의 극단주의자들에게 사로잡혀 있다"고 믿고 있다.[3] 뉴렘베르크(Nuremberg)의 나치 전범을 기소한 페렌츠

(Benjamin Ferencz)는 조지 부시가 전쟁 범죄자로 법정에 서야 한다고 주장한 바 있다.[4] 반면에 《뉴욕타임스》의 제임스 트랍(James Traub)과 같은 자유주의 옹호자는 미국이 권위주의로 향하고 있다는 주장에 대해 다른 견해를 가지고 있다. 트랍에 의하면 부시 행정부와 파시즘을 비교하는 것 자체는 "근대사의 최악의 사건을 지나치게 사소한 것으로 만드는" 것이다.[5] 그는 파시즘(*fascism*)이라는 말이 1960년대에 좌파에 의해 남용된 용어로서 최근에 다시 부시 행정부를 비판하는 사람들에 의해 아무렇게나 사용되고 있다고 주장한다. 트랍에 따르면 파시즘은 그것이 출현했던 상황이나 조건과는 상이한 맥락에 적용될 수 없는 역사적으로 특수한 하나의 운동이다. 요컨대 트랍은 미국이 파시스트 국가가 되고 있다는 것은 상식에 맞지 않는 터무니없는 주장이라고 보고 있다. 미국이 어떠한 문제를 지니고 있건 그것은 권위주의의 확대와는 무관하다는 것이 트랍의 생각이다. 하지만 우리는 소수의 극단주의자들이 권력을 장악하고 있는 모습을 목격하고 있다. 이들은 정치적 예외주의와 골치 아픈 정치체의 성장을 잘 보여줄 뿐만 아니라, 미국 민주주의와 국가 정체성의 의미를 구성하는 가치들과는 거의 관계가 없다. 미국 대다수의 지배적 미디어와 마찬가지로 트랍은 권위주의의 정도와 단계에 대한 인식이 부족할 뿐만 아니라 상이한 아이디어, 관행 그리고 주장을 통해 스스로를 재구성할 수 있는 이데올로기서의 파시즘에 대한 이해도 결여하고 있다. 대신에 트랍은 파시즘에 대한 환원주의적 이해, 그리고 하나의 국가를 권위주의 국가 아니면 민주주의 국가로 범주화하는 단순한 이원론에 사로잡혀 있다. 따라서 이들 두 가지 정치체계의 혼합 가능성을 설명할 길이 없다. 말하자면 권위주의 형태가 더욱 업데이트된 체제나 아니면 공식적 정치의 영역을 넘어 미국의 문화 속에 더욱 교묘하게 투영되어 있

는 파시즘의 요소에 관해 설명할 수가 없다. 트랍이 간과한 것은 전체주의의 요소들이 우리와 계속해서 함께 하고 있으며, 그래서 역사 속으로 사라져 버리기보다는 "지금 현재의 전체주의적 요소들이 얼마든지 새로운 형태로 구체화될 수 있다"는 아렌트(Hannah Arendt)의 통찰력 있는 경고이다.[6]

미국 권위주의의 요소들

영장 없이 미국인을 감시할 수 있는 국가안보국(National Security Agency)의 설립을 승인한 부시 행정부의 결정에 대한《뉴욕타임스》의 보도, 중앙정보국(CIA)이 전 세계 8개 국가에 만든 이른바 블랙사이트(black sites)로 알려진 비밀 감옥 네트워크에 대한《워싱턴포스트(*Washington Post*)》의 폭로, 일상화된 전쟁, 부시 행정부 고위 정치인이 연루된 수많은 부정부패, 허리케인 카트리나(Katrina)의 비극적 참사를 대하는 미 행정부의 정치적·도덕적 해이, 이라크와 아프가니스탄에서 자행된 광범위한 학대와 고문, 이러한 것들이 바로 유력 언론을 통해 보도된 미국인의 삶 속에서 권위주의가 증대되고 있음을 여실히 보여주는 요소들이다. 허쉬(Seymour M. Hersh), 비달(Gore Vidal), 케네디 주니어(Robert Kennedy Jr.) 등과 같은 저명하고 용기 있는 비판가들이 지적한 바와 같이 부시 행정부는 정부 고위직을 부도덕한 기업가들로 채웠고, 소수 부유층에게 도움이 되고 가난한 계층을 처벌하는 정책을 추진하는 데 정치권력을 사용했으며, 시장의 논리에 지배되지 않았던 공공 영역을 무력화시켜 왔다. 클린턴(Clinton) 전 대통령의 상임 고문이었던 블루멘탈(Sydney Blumenthal)

은 부시 행정부가 "고문, 불법 억류, 비밀 감옥, 도청으로 얼룩진 마치 국가안보 상태(national security state)"에 상응하는 정부를 만들어냈다고 주장하고 있다.[7]《뉴욕타임스》의 허버트(Bob Herbert)는 부시 행정부의 비밀스런 여러 가지 행동이 미국인들에게 '전체주의로 가는 로드맵'을 제공하고 있을 뿐이라고 주장한다.[8]

클린턴 행정부가 재무부에 주안점을 두었다면 부시 행정부는 국제 정치의 정책 개발을 위해 체니(Cheney), 게이츠(Gates), 라이스(Rice) 등과 같은 국방 전문가들에 의존했다. 전쟁이 부시 행정부 외교정책의 토대가 되면서 실제적이거나 상징적인 폭력이 반민주적 경향과 결합되었다. 그 결과 세계는 더욱 위험해지고 있으며, 현재의 역사적 상황 속에서 전 지구적 차원의 민주주의에 대한 꿈은 멀어지고 있다.[9] 오늘날 모든 사람들은 처분될 수 있는 대상으로 보인다. 국가의 주권은 더 이상 삶을 위한 투쟁에 봉사하기보다는 지칠 줄 모르는 탐욕스런 자본의 축적에만 몰두하고 있다. 이는 무벰베(Achille Mbembe)가 말하는 이른바 '죽음의 정치(necropolitics)' 또는 인간 육체의 파멸을 초래하고 있다.[10] "파시스트적 이상과 원리가 대중을 사로잡고 부활"하는 가운데 애국적 행위와 종교적 열광이 사회정의와 평등의 언어를 대신하기 시작했다.[11]

미국에서 권력, 통제 그리고 지배의 본질이 어떻게 변화하고 있는지, 그리고 그러한 변화가 위기에 처한 민주주의에 어떠한 도전이 되고 있는지를 탐구하는 데 있어서 파시즘과 권위주의가 매우 중요한 범주라는 사실을 강조하고자 한다. 하지만 이것은 미국이 특정한 인종에 대한 종족 살해의 테러 과정에 매여 있다고 주장하는 것이 아니라는 점을 분명히 할 필요가 있다. 물론 지난 10여 년 동안 흑인들을 처벌하는 교도소-산업-군대복합체의 증가와 함께 유색인종에 대한 경찰의 가혹행위

가 2배 정도 증대되었다는 사실을 무시할 수는 없다.[12] 죄 없는 많은 아
랍인, 무슬림, 이민자들에 대한 미국 정부의 점증하는 권리침해는 공항
터미널에서 외국인들이 지문을 날인하고 사진을 찍고 심사를 받는, 마치
교도소를 닮아가는 모습 속에서 일종의 일그러진 전체주의 이미지와 다
를 것이 없어 보인다.[13] 이민자들의 억류가 미국 사회에서 가장 빠르게
증가하고 있는 감금유형이 되고 있고, 미국 내에서 감금되거나 투옥된
사람의 수가 220만 명을 넘어섰다. 저널리스트인 번슈타인(Nina Bernste-
in)의 지적처럼 이민자들의 억류나 감금이 기록적인 수치를 나타내고 있
을 뿐만 아니라 '적절한 의료혜택의 결여', 그리고 '법률적 지원, 자살
예방 프로그램 및 적절한 관리 감독'의 부족이 이들을 죽음으로 내몰고
있다.[14] 미국 전역의 구석구석으로 확산된 비밀 감금 센터, 사설 교도소,
지역 감옥 등의 네트워크에 수많은 사람들을 잡아 가두고 있는 수용소
(Gulag)를 《뉴욕타임스》 사설에서는 "미국을 가로지른 관타나모(Gitmos
Across America)"라고 부르기도 했다.[15] 이와 같은 상황에서 미국이 점점
더 권위주의에 사로잡혀 가고 있다고 주장하는 것은 어려운 일이 아닐
것이다. 그럼 이제부터는 이와 같은 권위주의의 특징을 하나씩 살펴보도
록 하자.

파시즘은 특정한 역사적 시기에 동결된 이데올로기적 기제라기보
다는 어떻게 민주주의가 전복될 수 있는가를(비록 파멸까지는 아니라 할지
라도) 이해할 수 있는 하나의 이론적·정치적 표지판이라고 할 수 있다.
1985년에 그로스(Bertram Gross)는 『우호적 파시즘(*Friendly Fascism*)』에서
만일 파시즘이 미국에 출현한다면 아마도 그것은 과거 파시즘의 유산과
관련이 있는 파시스트적인 특징을 드러내지는 않을 것이라고 주장한 바
있다. 미국의 파시즘에는 뉴렘베르크(Nuremberg)의 봉기도 없고 인종적

우월성의 교의, 정부 검열에 따른 서적의 파쇄, 죽음의 수용소, 헌법의 폐지 등도 없을 것이다. 말하자면 파시즘은 상이한 역사적 조건을 가진 다른 나라에 단순히 다운로드되는 과거의 이데올로기적 틀을 취하지는 않을 것이다. 그로스는 파시즘이 우리에게 영속적 위험이 될 것이라고 주장한다. 파시즘은 사회의 전통과 경험 그리고 정치적 관계와 잘 어울리는 친숙한 사고방식을 취함으로써 새로운 상황에서도 얼마든지 당면한 사회문제나 일상생활과 관련을 맺게 될 것이다.[16] 에코(Umberto Eco) 또한 '영원한 파시즘(Eternal Fascism)'에 대한 논의를 통해 모든 업데이트된 파시즘은 역사적 파시즘의 망토를 공개적으로 걸치지는 않을 것이고, 오히려 새로운 형태의 권위주의는 파시즘의 요소 가운데 일부를 도용하게 될 것이라고 주장했다. 그로스와 마찬가지로 에코는 파시즘이 미국에 출현한다면 그것은 민주주의에 큰 해를 끼치게 될 것이지만 과거와는 다른 모습을 취할 것이라고 보고 있다.

───── 영원한 파시즘(Ur-Fascism)은 여전히 우리 주위에 있으며, 때로는 아주 평범한 모습을 하고 있다. 누군가 "아우슈비츠(Auschwitz)를 다시 열 것이고, 이탈리아 광장에서 검은 셔츠를 입고 퍼레이드를 벌일 것이다"라고 말하면서 세계에 모습을 드러낸다면 문제는 훨씬 쉬울 것이다. 삶은 그렇게 간단치 않다. 영원한 파시즘은 가장 순결한 모습을 하고 다시 올 수 있다. 우리의 의무는 그것을 들추어내는 것이며, 매일 세상 구석구석에서 파시즘의 새롭고 구체적인 모습들을 분명히 밝혀내는 것이다. 1938년 11월 4일 루즈벨트(Franklin Roosevelt)가 했던 유명한 말을 상기하는 것은 충분한 가치가 있다 : "미국의 민주주의가 평화적 수단을 통해 미국 시민의 운명을 풍요롭게 하는 하나의 생명력으로서 더 이상 앞으로 나아가지 못한다면 파시즘이 우리 땅에서 크게 자랄 것이다." 자유는 우리의 지난한 과제이나.[17]

오래된 파시즘과 새로운 형태의 파시즘을 구분하기 위해서 여기서는 미국에서 출현하고 있는 권위주의를 **프로토 파시즘**(*proto-fascism*)이라고 부르고자 한다. 왜냐하면 이 용어가 파시즘을 재구성하는 일단의 상이한 요소와 형태들을 잘 보여줄 뿐만 아니라 "친숙미가 있으며, 많은 경우에 파시즘을 새로운 상황에 적합하게 만들기 위한 정교한 시도를 잘 드러내기 때문이다."[18] 여기서 중요한 것은 오래된 파시즘이 지닌 본질적 특성과 영향력, 또는 결과 등에서 나타나는 독특성을 무색하게 만드는 것이 아니다. 그보다는 오래된 파시즘의 일부 핵심적 요소들이 어떻게 미국의 현대적 형태에 반영되어 나타나게 되었는가를 조명하는 것이다. 파시즘의 의미에 관한 정교한 설명이 풍부하며 그 특성이 변화되고 있는 상황을 고려할 때, 여기서는 파시즘에 관한 보편성을 띤 엄격한 개념 정의를 내리지는 않을 것이다. 그러나 대다수 학자들은 파시즘을 실패한 민주주의에서 출현하는 하나의 대중운동이며, 극도의 반자유적·반민주적·반사회적 이데올로기라고 보고 있다. 이것은 또한 "인간 실존의 모든 측면을 포괄하는, 그리고 강력한 천년왕국의(메시아적 또는 종교적) 요소를 포함하는 정교한 이데올로기"라고 할 수 있다.[19] 정치철학으로서의 파시즘은 개인보다 민족과 인종 또는 정화된 형태의 국가정체성의 가치를 중시하고, 집중된 독재권력을 지지하며, 대중의 맹목적 복종을 요구하고, 위로부터의 혁명을 조장한다. 사회질서로서의 파시즘은 일반적으로 다음과 같은 요소들을 그 특징으로 하고 있다 : 명백한 국가의 적을 향한 직접적 공포의 체계, 매스 미디어의 독점적 통제, 확장된 교도소 체계, 무기에 대한 국가의 독점, 특권계급과 집단의 존재, 제한된 사람에 의한 경제의 통제, 구속받지 않는 코포라티즘(corporatism), "이성보다는 감정이나 신화에 대한 호소, 민족적 대의명분을 위한 폭력의 미화, 시민사회의 동원과 군사주의화, 민족의 위대함을 고양하기 위한 팽창주의적 외교정책."[20]

팩스톤(Robert Paxton)은 파시즘의 반민주적 성격과 파시즘의 과거와 현재를 연결하는 요소를 잘 보여주는 하나의 조작적 정의를 제시하고 있다. 그의 진정한 의도는 파시즘에 관한 정확한 개념 정의에 있는 것이 아니라 파시즘을 작동하게 하고 장차 그것이 전개될 수 있게 하는 조건들을 이해하는 데 있다.

——— 파시즘은 공동체의 쇠퇴, 치욕 또는 피해의식 등의 강박관념 그리고 통일성, 에너지, 순수성의 보상의식을 특징으로 하는 정치행위의 한 형태이다. 여기서 민족주의적 투사를 중심으로 하는 대중정당은 전통적 엘리트와 불편하지만 효과적으로 협력하는 가운데 민주적 자유를 포기하며, 윤리적이거나 법적인 제약 없이 폭력을 통해 내부적 정화와 외부적 팽창이라는 목표를 추구하게 된다.[21]

내가 보건대 파시즘이라는 유령은 우리가 살아온 사회질서의 관계 속에, 그리고 그러한 관계들이 불평등의 물질적 조건을 악화시키고, 개인적·사회적 행위자 의식을 약화시키며, 민주적 가치를 강탈하고, 깊은 절망감과 냉소주의를 조장하는 방식 속에 자리 잡고 있다. 아렌트(Hannah Arendt)는 책임을 물을 수 없는 기업의 영향력과 정치적 권력에 직면해서 우리가 정치체에 대해 가지는 이와 같은 깊은 절망감을 잘 포착하고 있다. 전체주의의 중심에는 정치를 가능하게 하는, 즉 사고하고 논쟁하며 자기 주장을 펴는 시민이 존재하지 않는다. 이데올로기 그리고 일관된 사회적 관행으로서의 파시즘은 미래를 혁명화하기 위해 반근대적(anti-modernist) 과거를 해방시키는 혁명을 요청하는 가운데 현재를 경멸하는 그와 같은 사회적 관계의 모순 속에서 모습을 드러낸다. 니클로스(Mark Neocleous)는 뉴 라이트의 전형이라고 할 수 있는 '반동적 모더니즘'에 관한 논의를 통해 파시스트 이데올로기의 반근대적 특성에 대해 언급하고 있다.

> —— 뉴 라이트는 과거 민족의 영광(신화적이고 모순적이지만 강력한 이미지)이라는 관점에서 현존 질서, 즉 복지주의 그리고 자본주의의 의사 조합주의적 관리에 관한 전후의 합의에 대항해 싸웠다. 뉴 라이트 정치의 핵심적 요소들—공격적 리더십, 법과 질서에 관한 타협 없는 자세, 일반적인 도덕적 문제 그리고 인종이나 이민 등과 같은 특정의 정치적 문제에 관한 비자유주의적 태도, 노동운동에 대한 비판과 사유재산의 보호, 분명한 민족주의적 태도 등—은 모두가 반동의 정치로 결합된다. 요컨대 뉴 라이트는 근대 사회의 **존재 이유**인 사유재산과 자본축적의 원리에 대한 주장, 그리고 시민사회를 규율할 수 있는 강력한 국가권력을 요구하는 권위주의적 도덕주의로 나타난다. 뉴 라이트가 '전통적' 보수주의와 구별되는 것이 있다면 그것은 뉴 라이트가 우리 시대의 반동적 모더니즘이라는 점이다.[22]

민주주의의 장래를 위협하는 미국 프로토 파시즘의 출현은 파시즘의 오래된 형태 및 그와 같은 특성을 부여하는 일련의 현대적 상황과 관련된 몇몇 특징을 살펴봄으로써 잘 이해할 수 있다. 여기서는 부시 행정부 하에서 프로토 파시즘의 특징적 요소들을 찾아 분석한 후 어떻게 신자유주의가 프로토 파시즘의 중심적 추세를 낳고 정당화하는 독특한 조건을 제공하고 있는지 살펴보고자 한다.

반동적 모더니즘과 결합된 전통주의의 의식(cult)이 프로토 파시즘의 핵심적 특징 가운데 하나다. 그리고 이는 부시 행정부의 미국에서 뚜렷하게 나타났다. 네오콘, 극단적 복음주의 기독교인 그리고 자유 시장 옹호자로 구성된 우파 정치 연대는 맥킨리(William Mckinley) 대통령 시기의 사회질서와 이른바 노상강도 귀족(robber barons)의 가치를 꿈꾸고 있다. 맥킨리는 1897-1901년의 재임기간 동안 "진력을 다해 기업의 영향력과 제국주의적 권력에 봉사하고자 했다."[23] 흑인, 여성, 이민자, 소수계층이 '그들의 분수를 알았던' 시대였으며, 큰 정부는 배타적으로 독점적 기업가의 이해관계를 위해 봉사했다. 복지는 사적인 사업이었고, 노동조합은 국가의 강압적 권력에 의해 통제되었다. 이와 같은 모든 상황이 공화당 통치 하에 재현되었으며, 2006년 선거 이전까지 거의 모든 정부분야를 휩쓸었다. 그라이더(W. Greider)는 《네이션(The Nation)》에서 부시 행정부 내의 전통주의와 반모더니즘(anti-modernism) 의식, 요컨대 지독한 불평등,[24] 기업가적 탐욕, 과도한 상업주의, 정치적 타락, 경제적·정치적 민주주의에 대한 극도의 경멸 등으로 규정될 수 있는 과거로의 회귀를 지적하고 있다.

오래된 파시즘과 업데이트된 파시즘을 연결하는 두 번째 특징은 계속되고 있는 시민사회의 기업화와 공공 영역(public space)의 위축이다. 공공 영역의 위축은 사적 영역이 민주적인 공공 영역을 침해하고 있으며, 규범을 창출하는 의사소통의 공간이 점점 사라지고 있다는 것을 의미한다. 공공 영역을 숙고, 논쟁, 대화 등 시민 중심의 과정을 북돋우기 위한 핵심적인 민주적 영역이 아닌 하나의 경제적 투자로 바라봄으로써 사유화와 상업화의 무자비한 추세 속에서 공공 영역이 크게 위축되었다.[25] 사회적 영역이 시민성을 고양하기 위해 활용될 수 있다는 중요한 관념이 거의 전적으로 소비자의 생산에만 관련이 있는 새로운 '상식'에 의해 대체되었다.[26] 이러한 논리는 민주주의가 자랄 수 있는 공간을 제공하는 것이 더 이상 우선시될 수 없다는 생각과 밀접한 관련이 있다. 하버마스(Jürgen Habermas)나 하비(David Harvey) 등이 주장한 것처럼 비판적 시민성의 아이디어는 공공 영역이 실재하지 않고서는 번성할 수 없다.[27] 요컨대 "시민성을 위한 공간은 시민성에 대한 생각만큼이나 중요하다."[28] 정치적 범주로서의 공간(space)은 권력이 어떻게 순환하며, 관행이 어떻게 형성되고, 사회적 통제가 어떻게 이루어지는가를 비판적으로 이해하는 데 있어서 매우 중요하다. 더욱이 콘(Margaret Kohn)이 급진적 공간에 관한 획기적 연구를 통해서 지적하고 있듯이 "공간 훈련은 변혁적 정치(transformative politics)에 기여한다."[29] 정치적 범주로서의 공간은 아이디어를 실제적 투쟁과, 이론을 구체적 실천과, 정치적 작용을 일상의 관심사와 연결시키는 데 있어 매우 중요한 이론적 과업을 수행하고 있다. 공공 영역이 없다면 개인이 스스로를 정치적 행위자로 상상하거나 또는 시민적 제도를 보호할 수 있는 담론을 발전시켜야 하는 필요성을 이해하기 어려울 것이다. 공공 영역은 개인과 집단들이 공적 주장을 펼침으로써 시민적 자유와 시장적 자유를 구분할 수 있다는 생각을 심어준다. 시민성은 사회적인 것을 엄격한 경제적 범주로 개념화하지 않고 정치적 개념으로 받아들일 것을 요구한다. 미국 생활에서 시청이나 광장이 지닌 고결한 가치는 시민성이 비상업적 영역에서 길러져야 한다는 결정적인 인식에 기초하고 있다. 실제로 민주주의 자체는 민주주의의 조건인 교육이 발전할 수 있는, 그리고 사람들이 만날 수 있고 민주적 정체성과 가치, 관계를 '키우고 가꿀 수 있는' 시간을 제공해 주는 공공 영역을 필요로 한다.[30] 바우만(Zygmunt Bauman)은 시민적 담론과 관여하는 시민을 육성하기 위한 공공 영역의 역사적 중요성을 강조하고 있다. 또한 개인이 자신의 결정에 따른 윤리적이고 구체적인 결과에 대해 직접 책임을 질 수 있는 매우 의미 있는 공간인 비상업화된 영역이 최근 사라지면서 나타나는 결과에 대해 주목하고 있다 :

──── 이러한 미팅 장소 … 공공 영역들, 즉 아고라와 다양한 형태의 포럼들, 의제가 결정되고 사적인 일이 공적인 것이 되는 장소들은 또한 **규범이 만들어지는** 장소이기도 했다. 그래서 정의가 행해지고, 이야기 좋아하는 사람들을 하나의 **공동체**로 만들었으며, 이것은 공유된 가치기준에 따라 모이고 흩어지기도 했다. 따라서 공공 영역이 없는 영토는 규범에 관한 논쟁을 벌이고, 가치가 충돌하고, 격론과 타협이 이루어질 기회가 거의 없다. 옳고 그름, 아름다움과 추함, 적절함과 부적절함, 유용함과 무익함에 관한 결정이 오직 위로부터, 가장 호기심 많은 눈으로도 간파할 수 없는 영역으로부터 내려질 것이다. 어떠한 의문도 심판관에게 의미 있게 전달될 수 없으며, 또한 심판관은 주소를 남기지 않고—심지어 이메일 주소조차도—누구도 그가 어디에 있는지 도저히 알 수 없기 때문에 그 결정은 의심의 여지가 없다. '지역의 여론 주도층'을 위한 여지는 없다. '지역의 여론'과 같은 것을 위한 여지가 없는 것이다.[31]

상업적 이해관계와 상품화에 대한 모든 규제를 없애야 한다는 전체주의적 신념은 "인간 삶의 모든 영역이 시장의 영향력에 개방되어야 한다"는 신념과 그대로 통한다.[32] 시장의 가치와 금융자본의 무자비한 위력이 사회 구석구석을 구성하는 기본적 틀이 되었다.

프로토 파시즘의 세 번째 특징은 계속되고 있는 공포문화의 형성 그리고 맹렬한 민족주의와 선택적 대중주의를 조장하기 위해 고안된 올바른 애국적 행위 사이의 관계이다.[33] 공포는 테러리즘과의 전쟁 그리고 "시민의 실존이 아니라 단지 주권을 위협하는 적과의 전투를 위해 민주적 감시 없이 작동하는 야만적이고 폭력적인 권력의 야생지대를 낳는 '비상사태(state of emergency)'의 선포"를 통해 동원된다.[34] 아노위츠(Stanley Aronowitz)의 지적처럼 "국가안보 상태는 내부의 테러리즘이 외부 테러리즘의 위협과 결합"되어 형성되었으며, '최고의 억압적 기능'을 강화하기 위해 작용하고 있다.[35] 싸워야 하는 전통적 국가나 적들이 없기 때문에 외부 테러리즘의 위협은 전쟁의 규칙을 새롭게 규정하고 있다. 그 결과 가운데 하나는 모든 미국 시민과 외국인들이 잠재적 테러리스트로 간주되고 있으며, 국가안보 상태에 대한 동의나 동참을 통해 자신의 결백을 증명해야 한다는 점이다. 이와 같은 상황에서 애국적 열정은 테러리스트와 테러리스트가 아닌 사람을 구분하는 경계가 된다.

저명인사, 저널리스트 그리고 저녁 TV 뉴스 앵커의 미사여구를 통해 지속적으로 과시되고 있는 맹목적 애국심이 정부 최고위층, 미디어 그리고 사회 전체를 통해 동원되었다. 이것은 여러 모토와 슬로건, 노래뿐만 아니라 끊임없는 성조기의 물결—자동차, 트럭, 옷, 집 그리고 TV 앵커의 양복 깃—속에서 지지되고 있다. 불만을 잠재우기 위한 수사학적 의도에서 애국심이 활용된다. 정부의 권력과 권위를 자극하는 내부의 어떠한 시도는 물론 민족주의에 호소해서 해외에 제국을 건설하려는 미국 정부의 그릇된 열정에 대해 의문을 품는 모든 행위는 비애국적인 것으로 간주된다. 이와 같은 유형의 반자유주의적 사고는 비판적 탐구를 전혀 신뢰하지 않으며, 반대를 배반으로 이해하고, 선과 악의 조야한 이원론적 시각과 우리와 그들이라는 도덕적 절대성을 통해 정치를 구성하며, 민주주의와 차이를 국민적 합의와 국가정체성에 대한 위협으로 치부한다. 이러한 애국주의적 열정은 국제법의 권위를 거부할 뿐만 아니라 지구상에 무궁한 미국의 환상을 투영하기 위해 예방전쟁(preventive war)의 관념에 의존하는 군사화된 통제체계를 더욱 부채질하고 있다. 존슨(Chalmers Johnson), 바세비치(Andrew Bacevich), 폴크(Richard Falk)가 주장하듯이 미국 행정부가 취한 전 지구적 파시즘의 위협을 야기한 것은 바로 이러한 유형의 제국주의적 지배, 즉 지구상에서 그 무엇과도 비교될 수 없는 군사적 우월성에 대한 욕망으로 지탱되는 제국주의적 지배와 국내에서 활용하고 있는 권위주의적 통제양식이다.

> ── 왜 파시스트인가? … 무엇보다도 도전이 불가능할 정도의 군사적 우월성, 그리고 국제법과 유엔의 영향력에 대한 미국 정부의 거부 입장이 결합되었다는 점이다 … . 둘째로, 미국 정부는 테러리즘과의 전쟁에서 숨어 있는 알 카에다(Al Qaeda) 조직망을 척결할 수 있는 강력한 권력을 주장했다. 이러한 권력에는 비밀 감금, 미국 시민을 아무런 권리도 없는 '요원'으로 지명할 수 있는 권한, 고문의 허용가능성에 대한 긍정적 태도, 무슬림 신도에 대한 감시, 장소에 관계없이 발견된 테러 용의자에 대한 암살, 일반 국민에 대한 수많은 프라이버시 침해 등이 포함되어 있다 … . 국내에서의 파시즘으로의 경도는 이러한 관행에 의해 명백히 드러나고 있다. 하지만 이는 또한 무비판적이고 국수주의적인 애국심, 구체적으로 밝혀지지 않은 임박한 테러리스트의 공격에 대한 주기적인 경고, 그리고 법무장관 애쉬크로프트(John Ashcroft)에 의해 더욱 심화되었다. 그는 권위주의적인 법 집행을 매우 좋아하는 것처럼 보인다.[36]

프로토 파시즘의 네 번째 특징은 정부규제, 공고화된 기업 소유권 또는 이에 공감하는 미디어 거물과 대변인을 통해 매스 미디어를 통제하고자 하는 시도이다. 정부규제의 활용은 부시가 지명한 연방통신위원회(Federal Communications Commissions)가 미디어의 독점을 지지하는 법안을 통과시키려 했다는 사실에서 분명하게 나타나고 있다. 이 법안의 목적은 반대를 불식시키며, "광범위한 사회적·문화적 설득력을 지닌 기관을 모세혈관처럼 네트워크화해서" 동의를 조직화하는 데 있다.[37] 실제로 미국에서 미디어 규제는 미디어 소유권의 강화를 제한하기보다는 이를 증진시켜 왔다. 강력한 형태의 공교육으로서 지배적 미디어는 어떠한 정보가 포함되고 배제되어야 하는가 하는 아젠다를 규정한다. 미디어는 과거와 현재를 이해할 수 있도록 설명해 주고, 높은 수준의 지식과 낮은 수준의 지식을 구별해 준다. 요컨대 정체성의 양식을 제공하고, 특정 가치 등을 정당화하며, 사람들이 미래를 규정하는 데 큰 영향력을 발휘한다. 미디어는 단지 동의만 형성하는 것이 아니라 뉴스를 만들며, 시민이 생활하고 민주주의를 규정하는 지식과 기술, 가치 등을 구체적으로 명시하기도 한다. 이 과정에서 미디어는 광범위한 지식과 정보를 접함으로써 사회를 구성하고 통치하는 데 참여할 수 있는 시민들을 길러내기 위한 조건을 제공하는 중요한 역할을 해왔다. 좀 과장해서 말한다면 21세기 미디어 문화는 현존 제도에 의문을 제기하며 민주주의를 작동하게 만들 수 있는—또는 정반대의 역할을 할 수 있는—시민과 사회적 행위자를 길러내는 데 있어서 가장 중요한 교육적 영향력을 발휘해 왔다.

불행하게도 최근 매스 미디어의 영향력은 그것이 설정하는 아젠다와 더불어 소수의 초국가 기업의 수중에 점점 더 집중되고 있다. 맥체스니(Robert McChesney)와 니콜스(John Nichols)는 "미국의 미디어 시스템이 디즈니(Disney), 타임워너(AOL TimeWarner), 뉴스 코퍼레이션(News Corporation), 비아콤(Viacom), 비벤디 유니버설(Vivendi Universal), 소니(Sony), 리버티(Liberty), 베텔즈만(Bertelsmann), 에이티엔티(AT&T Comcast)와 제너럴 일렉트릭(General Electric(NBC))을 포함한 10여 개의 초국적 거대 기업에 의해 지배되고 있다"고 주장한다.[38] 1996년 텔레커뮤니케이션 법(Telecommunications Act)이 도입되기 이전에는 단일 회사가 미국 전역에 걸쳐 28개 이상의 라디오 방송국을 소유할 수 없었다. 하지만 이 법안이 통과되고 이러한 제한 조치가 느슨해지면서 수백여 개의 방송국이 팔려나가고 방송산업에 큰 변화가 나타났다. 그 결과 지금은 3개의 회사가 라디오 청취자 절반 이상에게 결정적 영향을 미치고 있다. 이 가운데 하나인 클리어 채널 커뮤니케이션스(Clear Channel Communications)는 미국 내에 1,225개의 라디오 방송국과 39개 TV 방송국을 소유하고 있으며, 전 세계적으로 240개가 넘는 라디오 방송국 주식을 소유하고 있다. 라디오 방송국을 통해 미국 대중 70% 이상에게 다가가고 있으며, 빌보드, 가판대, 차량광고 등을 포함해서 전 세계적으로 대략 776,000개의 옥외광고를 내보내고 있다. 소스 와치(Source Watch)에 따르면 "이 회사는 라이브 엔터테인먼트 이벤트 사업 분야에서 주도적 위치를 점하고 있고, 굴지의 운동 관리 및 마케팅 회사들을 소유하고 있다."[39] 클리어 채널은 부시 집안의 친구가 소유하고 있으며, 우파 정치운동에 크게 기여하고 있다. 이 회사는 보수적 정치성을 숨기지 않고 있다. 실제로 자사의 방송국으로 하여금 전쟁을 지지하는 집회를 후원하도록 할 뿐만 아니라 딕시칙스(Dixie Chicks)의 노래나 존 레논(John Lennon)의 「이매진(*Imagine*)」 등 200곡 이상의 평화 관련 노래의 방송을 금지함으로써 악명을 떨쳐왔다. 2004년 2월 라디오 방송 「나우(*NOW with Bill Moyers*)」에서 실시한 서베이에 의하면 "미국 전역에 걸쳐 유수의 토크 라디오 방송국이 보수주의적 성향의 대화를 매일 310시간 방송한 반면에 우파적 견해가 아닌 대화는 단지 5시간만 방송한 것으로 나타났다."[40] 우파의 이해관계에 따른 미디어의 집중과 미디어 소스의 장악은 사람들이 접근할 수 있는 의견의 범위를 심각하게 제한하고 있다. 그리고 그에 따라 시민들의 왕성한 논쟁, 비판적인 의견 교환, 시민적 관여의 가능성을 차단함으로써 민주주의를 질식시키고 있다.

프로토 파시즘 하에서 아이디어 시장은 활기찬 민주주의를 형성하고 유지할 수 있는 적극적인 참여자가 되기 위해 시민이 반드시 알아야 하는 것과는 전혀 관계가 없다. 이와는 반대로 미디어는 대체로 관객을 광고의 목표물로 삼고, 정치 엘리트의 반민주적 이데올로기를 사주하며, 기업의 이익이라는 상투적 지혜를 강화하고, 유명인사의 스캔들과 경박한 인포테인먼트(infotainment)의 홍수 속에서 표류하는 대중의 냉소적 반응을 조장하기 위해 애쓰고 있다. 프로토 파시즘 국가에서 미디어는 기본적으로 상업주의, 선전 그리고 엔터테인먼트의 결합으로 타락한다. 부시 행정부는 어떠한 대가를 지불해서라도 권력을 유지하기 위해 비판자들을 무책임하거나 미국인답지 않다고(un-American) 비난했다. 그뿐만 아니라 뉴스를 날조하고, 국내외에서 부시의 세계관을 지지하는 이야기를 전파하며, 윌리암스(Armstrong Williams)나 라이언(Karen Ryan) 같은 보수주의 저널리스트를 매수하고 정부의 무능과 실패, 실정, 거짓 등을 감추기 위해 폭스 뉴스(Fox News)에 단순히 의존해 왔다. 바스토우(David Barstow)와 로빈 슈타인(Robin Stein)은 《뉴욕타임스》를 통해 "기록과 인터뷰에서 보듯이 국방부와 상무부 통계국(Census Bureau)을 포함해 최소한 20개의 연방기구가 지난 4년 동안 TV 뉴스의 일부를 제작 배포했다 … . 결과적으로 이 가운데 상당수는 정부가 제작과정에서 어떠한 역할을 했는지조차 모르는 상태에서 미국 전역의 방송국에서 방영되었다. [더욱이 부시 행정부는] 첫 번째 재임기간 동안 2억 5,400만 달러를 공공 관계 계약에 사용했다"고 보도했다.[41] 이와 같은 상황에서 미디어는 공공선의 이해관계에 따라 작동하지 않을 뿐만 아니라, 비판적 시민들을 길러내고 활기찬 민주주의를 지키는 데 필요한 교육적 환경을 제공해 주지도 않는다. 대신에 맥체스니(Robert McChesney)와 니콜스(John Nichols)

가 지적하고 있듯이 집중된 주류 미디어는 정치문화를 탈정치화하고, 시민들을 상업적으로 무차별 공격하며, 공적 생활을 타락시키고 있다.[42] 지배적 미디어는 본질적인 공공 서비스를 수행하는 대신에 시민들에게 잘못된 지식과 정보가 전달되고 공적 담론의 질이 저하된 동의와 일치의 문화를 조장하는 기본적 교육수단이 되었다.

심지어는 대학이나 미디어 또는 다른 교육 사이트 등 비판적 사고가 나타나는 곳에서조차도 우파의 위협적 캠페인, 무책임한 공포와 안전에 대한 호소 또는 비판을 미국인답지 않다거나 더 나아가 배반으로 간주하는 사악한 방식 등을 통해 비판적 사고를 공격하거나 무장해제시키곤 했다. 연구결과의 비판적 성격 때문에 마사드(Joseph Massad), 핀클슈타인(Norman Finkelstein), 아부 엘하(Nadia Abu El-Haj) 등과 같은 명망 있는 학자들은 우파 미디어에서 웃음거리가 되거나 아니면 그들의 학자적 능력이나 자질과는 무관하게 정년 보장을 거부당했다.[43] 이와 유사하게 정부 내의 비판자들은 주기적으로 이른바 '스위프트 보우팅(Swift Boating)', 즉 악의적으로 비판자의 명성을 더럽히기 위한 인신공격성의 무자비한 인격살해를 당하기도 했다. 리치(Frank Rich)의 지적처럼 "가장 잘 알려진 명예훼손의 희생자는 매케인(John McCain), 클랜드(Max Cleland), 케리(John Kerry) 등 영웅적인 베트남전 전력을 지닌 부시의 반대자들이었다. 그러나 부시 행정부의 공격대상은 한때 반테러리즘 권위자였던 클락(Richard Clarke)에서부터 무장 장갑차 문제와 관련해서 럼스펠드(Donald Rumsfeld)를 공개적으로 비판했던 해병대 군사 전문가인 윌슨(Thomas Wilson) 등에 이르기까지 광범위하다."[44] 특히 부시 행정부는 "내부 고발자인 윌슨(Joseph Wilson)에 대해 매우 신랄한 공격을 가했는데, 윌슨은 조지 부시의 아버지인 전 부시 대통령이 1991년 미국인 인질을 구출하기 위해 사담과 맞선 용기 있는 진정한 미국의 영웅이라고 찬사를 보낸 외교관이다."⁴⁵⁾ 부시 행정부는 전직 대사인 윌슨이《뉴욕타임스》에서 이라크 전쟁에 관한 미국 정부의 주요 주장이 거짓이라는 것을 폭로했다는 이유로 그를 응징하고자 했다. 이를 위해 부시 행정부는 윌슨의 부인인 플램(Valerie Plame)의 이름을 보수주의 칼럼니스트인 노박(Robert Novak)에게 누설했고, 노박은 그녀가 중앙정보국(CIA) 요원이라는 사실을 폭로했다. 윌슨에 대한 공격과 윌슨의 부인에 관한 정보 유출은 결과적으로 2007년 리비(I. Lewis Libby)의 유죄판결로 이어졌다. 부통령 체니의 수석 보좌관이었던 리비는 중앙정보국(CIA) 정보 유출과 관련된 정부 조사에서 위증을 한 혐의로 4건의 기소 처분을 받은 바 있다.

마찬가지로《뉴욕타임스》가 미국 시민들에 대한 영장 없는 도청을 위해 부시 행정부가 국가안보국을 활용한다는 사실을 폭로하자 부시는 이와 같은 보도를 '부끄러운 짓'이라고 폄훼했고, 인권침해를 들추어낸 내부 취재원을 찾아내기 위한 법무부 조사를 요청했다. 이와 같은 논리에서 보면 사실상 죄가 되는 것은 다양한 경로를 통해 밝혀진 불법과 절대권력의 남용이 아니라 정부의 잘못을 폭로한 것이 된다. 부시 또한 불법 도청을 비판하는 사람은 알 카에다(al Qaeda)를 도와주는 죄를 짓고 있다는 식의 반응을 보이기도 했다.《네이션(The Nation)》에서 지적했듯이 만일 이것이 사실이라면 "현재 공화당 지도자들이 배반자 대열에 포함되며,《뉴욕타임스》의 불법 도청 보도는 정치판의 지각변동을 예고하는 것이기도 하다."⁴⁶⁾ 이와 같은 비판에 대해 테러리즘과 거침없는 전쟁을 벌인 부시 행정부는 '국가의 적과 일반 시민'의 경계를 허물었으며, 그 과정에서 20세기 후반 페루와 같은 나라에서 행한 독재에 필적하는 일들을 자행했다.⁴⁷⁾ 선과 악으로 양분되는 부시의 마니교적 세계(Manichaean world)에서는 "절대성에 대한 호소가 개방적 탐구와 진정한 사고로 나아가는 길을 봉쇄하고 있다."[48]

프로토 파시즘의 다섯 번째 요소는 미국에서 이른바 오웰판 뉴스피크(Orwellian version of Newspeak)가 부상했다는 점이다. 에코(Umberto Eco)는 이것을 '영원한 파시즘(Eternal Fascism)'의 언어라고 명명하고 있는데, "그 목적은 빈약한 어휘와 기본적인 문장을 사용함으로써 복잡하고 비판적인 추론을 할 수 있는 수단을 제한하는 것이다."[49] 부시 행정부 하에서는 특히 9·11 참사 이후로 언어, 소리 및 이미지 도구들이 점점 미국 시민들의 비판적 사고능력을 감소시키는 방향으로 활용되었다. 언어의 비판적 힘이 공식 담론에서 의사소통의 흉내로 위축되면서 미국 국민들이 비판적 논쟁에 관여하고, 개인적 고려사항을 공적인 관심사로 전환하거나 부시의 정부 정책 상당 부분에 내재된 왜곡과 거짓을 인지하는 것이 더욱 어려워졌다. 공식적 뉴스피크(Newspeak)가 등장하면서 비판적 언어가 어떻게 되었는가 하는 것은 부시 행정부와 그 지지자들이 보여준 다양한 언행 속에서 찾아볼 수 있다. 그들은 정부 정책을 제대로 보여주거나 전달하지 않았으며, 자신들의 퇴행적 정치와 정책을 덮어버리는 거짓말에 가담했다.[50]

많은 사람들은 부시가 영어를 망치고 있다고 지적한다. 하지만 이는 언어와 권력 사이의 훨씬 더 중요한 쟁점을 사유화하는 가운데 눈에 보이는 것만을 단순히 반복할 뿐이다. 부시의 산만하고 어리석어 보이는 어투는 심야 코미디 프로의 소재가 될 수 있지만, 그와 같은 분석은 부시 행정부가 얼마나 전략적으로 담론을 조종했는가 하는 중요한 쟁점을 놓치고 있다. 예를 들어 부시는 자신을 '개혁가'라고 칭하면서도 기업의 복지를 확대하고, 세금혜택을 부자에게 돌려주며, "가장 최소한의 복지

기능을 수행할 수 있는 국가의 재정능력을 바닥내는" 정책을 강화했다.[51] 그는 자신을 '온정적 보수주의자(compassionate conservative)'라고 규정하고 있지만 "빈곤층에 대한 식량 지원(food stamp)과 아동 영양 프로그램, 가난한 계층의 건강의료에 충당할 수십억 달러를 삭감하는 정책을 시행했다."[52] 종종 미디어의 조롱거리가 된 부시의 대중 연설은 브룩스(Renana Brooks)가 말하는 이른바 '공허한 언어(empty language)'로 가득 차 있다. 즉 단순한 용어를 사용해서 반동적인 이데올로기적 입장을 종종 강화하는 것 이외에는 상대적으로 무의미한 추상적 진술들이다. 브룩스는 의료과실 소송과 치솟는 의료보험료 사이의 복잡한 관계에 관한 부시의 코멘트를 예로 들고 있다. 여기서 부시는 "어느 누구도 소송을 통해 치료된 적이 없다"는 식으로 복잡한 본질을 피해가고 있다. 이와 같은 코멘트에서 부시 자신의 이데올로기적 입장은 분명해진 반면에 쟁점의 복잡성은 철저하게 사소한 것으로 취급되면서 공적 논의에서 사라지고 말았다. 부시는 그의 행동에 내포된 진지하고 엄숙한 헌법적 의미는 덮어버리는 반면에 그가 내린 결정이 대체로 자애로운 것임을 은연중에 내비치는 언어를 사용했다. 불법 도청 프로그램에 대한 비판에 대해 언급하면서 부시는 "알 카에다 또는 알 카에다의 동료들이 미국 밖에서 미국으로 전화를 걸 때 우리는 그 이유를 알고 싶어한다"는 식의 반응을 보인다.[53] 고문을 사용함으로써 미국 정부가 국제법을 위반했다는 비난에 직면해서 부시는 "새로운 형태의 전쟁에서는 적을 전쟁터에서 찾아냈을 때 그를 기꺼이 심문할 수 있어야 한다"고 말한다.[54] 물론 오늘날 '전쟁터'는 버스 정류장, 거리, 회교 사원 등 지구상의 모든 곳이 될 수 있다. 또 다른 경우 연설상의 실수가 분명한 경우에 부시는 간단히 그러한 주장을 한 적이 없다고 말한다. 부시 행정부가 전쟁을 벌일 생각이 있었으며 더욱이 이라크가 대량살상무기를 보유하고 있고 이라크와 알 카에다가 연계되어 있다는 전쟁 이전의 여러 주장이 사실이 아니라는 것을 분명하게 보여주는 다우닝 가 메모(Downing Street Memo) 사건이 터졌을 때, 부시는 단순하게 이는 그가 한 일이 아니라고 말하면서 관련 의혹을 비껴가곤 했다. 예를 들어, 2006년 한 공개 포럼에서 부시는 9·11과 사담 후세인 사이에 직접적 관련이 있다고 말한 적이 없다고 주장했으나 이것은 명백한 거짓말이다. 부시는 그와 같은 말을 수없이 했다.[55] 미디어 가드(media guard)가 애국적 행위를 유발하기 위해 보여주는 공식적 언어의 왜곡 역시 빠뜨릴 수 없다. 그 가장 전형적인 사례 가운데 하나가 공영라디오 방송(National Public Radio) 프로그램인 「후레시 에어(*Fresh Air*)」의 진행자인 그로스(Terry Gross)와 조세개혁을 위한 미국인 모임(Americans for Tax Reform)의 대표이고 부시 대통령의 세금정책 입안자로 알려진 노퀴스트(Grover Norquist) 사이의 인터뷰이다. 토론 주제는 연방상속세(estate tax)였다. 비록 이를 폐지한다고 해서 대다수 미국인들이 영향을 받게 되는 것은 아니지만 보수주의 엘리트들은 연방상속세 폐지를 위한 대중적 지지를 얻기 위해 이를 '사망세(death tax)'라고 비난했다. 그로스는 연방상속세가 200만 달러 이상의 상속재산을 물려받는 단지 소수의 사람에게만 영향을 주기 때문에 그것을 폐지하는 법안은 미국 중산층이 아니라 부유층에게 특권을 주는 것이라고 주장했다. 이에 대해 노퀴스트는 그로스의 주장에 내재된 도덕성이 홀로코스트에서 수많은 유대인의 죽음을 가져온 것과 동일한 형태의 도덕성에 비길 만하다고 응수했다. 그로스가 이처럼 그럴싸해 보이는 비유에 대해 재차 공격하자 노퀴스트는 연방상속세를 지지하는 '사람들'('자유주의자'를 말하는 것으로 보이는)은 600만 명 이상의 유대인을 살해한 나치와 동일한 도덕적 토대 위에 서게 될 것이라는 비논리적인 주장을 펼쳤다.[56] 이러한 논리에 따르면 소수집단, 특히 부자들에 대한 비판은 인류 역사상 최악의 집단적 살해를 범한 가해자가 저지른 차별에 비길 만한 것으로 간주될 수 있다. 물론 이 속에는 나치가 인류에 대한 범죄행위로 뉴렘베르크(Nuremberg)에서 처벌받은 것처럼 자유주의적 비판자들도 그들의 견해 때문에 처벌받아야 한다는 의미가 내포되어 있다. 여기서 중요한 것은 상대의 주장을 헐뜯기 위해서 무모한 논리를 사용하지 않아야 한다거나 아니면 다른 사람들의 비판을 왜곡해서 묵살하지 말아야 한다는 것이 아니다. 정작 문제는 '틀린(wrong)' 견해를 지닌 사람들을 실제로 악마처럼 취급하고 있다는 것이다. 노퀴스트의 입장은 종종 이와 같은 유형의 언어를 구사하고 있는 근본주의를 드러내는 하나의 왜곡이다.

공식적 뉴스피크는 또한 국민들을 맹목적인 정치적 의존 상태와 아무런 의심을 하지 않는 이데올로기적 지지 상태로 조종하기 위해 공포의 수사학을 도입하고 있다. 공포와 그에 수반된 도덕적 공황을 이용해서 다른 의제를 조장하는 수사학적 우산을 만들 뿐만 아니라 정치체 전체를 통해 무력감과 냉소주의를 산출해낸다. 부시가 첫 임기 동안 테러와 안전에 대한 경고를 제기한 방식과 재임기간 전체에 걸쳐 그가 심리적 공황을 유발하는 9·11에 의존한 것 등은 거의 언제나 절대선과 악으로 양분되는 마니교적 언어의 틀을 취하고 있다. 부시의 겉과 속이 다른 말(doublespeak)은 그 자신의 생각이나 지혜가 신과의 직접적인 교통에서 얻어진 것이라는 암시를 십분 활용하는 복음주의 담론을 받아들이고 있다. 부시의 위상은 시나이 산(Mount Sinai)의 모세(Moses)와 다르지 않고, 평범한 일반 국민들이 감히 도전할 수 없는 것이었다.[57]

모든 정부가 때때로 오보와 거짓에 의존하기는 하지만 부시 행정부는 이것을 정치권력을 유지하고 미디어와 국민들을 조종하는 가장 핵심적 수단으로 활용했다. 이러한 맥락에서 볼 때 무엇을 말하기 위해 언어가 사용되지만 실제로는 정반대를 의미하게 된다.[58] 이러한 유형의 담론은 오웰(George Orwell)의 『1984』에 나오는 디스토피아 세계(dystopian world)를 모방하고 있다. 여기서 진실부(Ministry of Truth)는 실제로는 거짓말을 만들어내고 사랑부(Ministry of Love)는 실제로 사람들을 고문한다. 로젠(Ruth Rosen)은 부시 행정부가 바로 그 오웰의 소설 속에 나오는 것과 같은 겉과 속이 다른 말들을 하고 있다고 지적한다. 예를 들어 부시의 산림보호안(Healthy Forest Initiative)은 "야생보호구역에 대한 벌목을 더욱 더 허용하고 있고, 대기오염방지안(Clear Skies Initiative)은 더 많은 산업공해를 용인하고 있다."[59] 부시 행정부는 대기오염방지법(Clear Skies Act)을 제정함으로써 '더 깨끗한 공기'를 마실 수 있다는 것을 알리기 위해 스페인어 공공 서비스 광고를 제작했지만, 실제는 기업 오염원에 대한 제약을 줄이고 수은과 같은 유해물질의 방출 규제를 완화시켰다. 다른 경우에도 법안은 무시되기 일쑤였다. 환경보호위원회(Environmental Protection Agency) 실행위원장인 수아레즈(J. P. Suarez)는 위원들에게 "석탄발전소에 대한 위원회의 청정대기법(Clean Air Act) 집행활동을 중지할 것이라고 고지했다."[60] 피아닌(Eric Pianin)은 《워싱턴포스트(*Washington Post*)》에서 "부시 행정부가 미국 내 수천 개의 석탄발전소와 제련소가 현재 의무화되어 있는 것과 같은 고비용의 오염방지 시설을 설치하지 않고서도 관련 설비를 업그레이드할 수 있도록 했다"고 보도했다.[61] 게다가 부시 행정부는 오염된 물을 정화하기 위한 연방 프로그램을 축소시켰고, 지구 온난화의 증거를 보여주는 과학 연구물들을 정부 보고서에서 제거해 버렸다.[62]

아동과 관련된 사안에서조차도 부시는 교묘한 언어를 대담하게 사용했다. 100만 명 이상의 가난한 아동들에게 조기교육, 의료 및 영양 서비스를 제공하는 매우 성공적으로 평가된 헤드 스타트(Head Start) 프로그램의 재정을 주정부가 책임지는 법안을 마련하는 과정에서 부시는 헤드 스타트 개정안의 의회 통과를 고무시키기 위해서 **옵트 인**(*opt in*)이라는 어구를 사용했다. 주정부의 자율적 수용과 적용을 의미하는 이 표현은 프로그램의 확대를 언급하는 것처럼 들린다. 하지만 이는 재정적자에 시달리고 있는 주정부의 경우 프로그램을 실시할 재정이 없기 때문에 사실상 프로그램을 위축시키는 것과 같다. 결과적으로 이 법안은 헤드 스타트를 심각하게 약화시키는 결과를 낳게 되었다. 이와 같은 언어의 구사는 "전쟁이 평화이고, 자유는 노예상태이며, 무지가 힘"이라는 오웰식의 논리를 떠올리게 한다.

또한 부시 행정부가 이라크에 대한 선제공격을 정당화하기 위해 정보를 조작했다는 주장이 지금까지도 많이 제기되고 있다. 이와 관련된 오보와 수사학적 왜곡에는 이라크가 핵무기를 개발하고, 생화학 무기 생산에 관여했으며, 사담 후세인(Saddam Hussein)이 오사마 빈 라덴(Osama bin Laden)과 손잡고 알 카에다(al Qaeda)와도 직접 연계되어 있었다는 주장 등이 포함되어 있다.[63] 심지어 사담 후세인이 핵무기 개발을 위해 나이지리아로부터 우라늄을 사들였다는 미국 행정부의 주장이 잘못된 것이라는 중앙정보국(CIA)의 보고서가 나온 이후에도 부시는 2003년 연두교서(State of the Union Address)에서 그와 같은 주장을 되풀이했다.[64]

뉴스피크에 대한 비난이 오로지 좌파 아니면 심술궂은 비판자들에게서만 제기된 것은 아니다. 《뉴욕타임스》 편집자이며 경제학자인 크루그먼(Paul Krugman)은 그의 논문 「표준 작동과정(Standard Operating Procedure)」에서 "오보와 속임수가 부시 행정부의 표준 작동과정이며, 이는 미국 역사에서 유례를 찾아볼 수 없을 만큼 체계적으로 그리고 뻔뻔스럽게 사실을 왜곡하고 있다"고 주장했다. 그리고 부시의 이라크전에 관한 항변은 "미국의 정치사에서 워터게이트(Watergate)와 이란-콘트라(Iran-contra) 이상의 가장 최악의 스캔들로 불릴 만하다"고 주장했다. "실제로 우리가 속아서 전쟁에 빠져들게 되었다는 생각에 자괴감을 느끼는 많은 논자들은 그와 같은 가능성 자체를 인정하려 하지 않고 있다."[65]

부시 행정부가 보여준 가장 터무니없는 왜곡 또는 《뉴욕 데일리뉴스(New York Daily News)》에서 말하는 잠꼬대[66]와도 같은 것 가운데 하나는 《뉴요커(New Yoker)》리포터인 아울레타(Ken Auletta)가 부시 대통령을 인터뷰한 내용에 잘 나타나 있다. 여기서 부시 대통령은 "지금까지 인권을 위해 나보다 더 많은 일을 한 대통령은 없다"고 주장했다.[67] 그와 같은 주장 이후에 앰네스티 인터내셔널(Amnesty International)은 2002년에 미국을 인권을 침해한 선진국 가운데 하나로 규정했다. 휴먼라이츠워치(Human Rights Watch), 미국인권네트워크(U. S. Human Rights Network), 미국시민자유연맹(ACLU), 헌법권리센터(Center for Constitutional Rights)와 같은 단체들 역시 부시 행정부를 다양한 형태의 인권침해에 관여한 혐의로 고발했다. 여기에는 관타나모 만(Guantanamo Bay)에 수감되어 있는 외국 국적자의 법정 출석 금지, 청소년 범죄자에 대한 형집행, 인종차별적 행위, 감금, 비인간적인 대우, 2001년 9·11 이후 무슬림 이민자들의 추방 등에 대한 개입, 미국인권협약(American Convention on Human Rights), 제네바협정(Geneva Protocols), 시민권과 정치적 권리에 관한 국제규약(International Covenant on Civil and Political Rights), 아동인권협약(Convention on the Rights of Child) 및 기타 인권보호를 목적으로 하는 국제적 합의사항에 대한 비준 거부 등이 포함된다. 2007년 미국 정부는 사람들을 납치해 시리아(Syria)나 다른 권위주의 국가로 보내 고문을 받게 하고 죄수를 중앙정보국(CIA)이 운영하는 비밀 감옥에 감금했다. 또한 국가안보국이 비록 불법은 아니라 해도 에이티엔티(AT&T), 벨사우스(Bell South), 버라이즌(Verizon) 등의 도움을 받아 비밀리에 수백만 명에 달하는 미국인들의 통화내용을 기록하고 모니터하도록 허용함으로써 국내외적 비난을 받기도 했다. 허버트(Bob Herbert)는 이와 같은 관행이 미국 국민들로 하여금 기본적인 헌법적 권리가 짓밟히고 있다는 것을 미처 깨닫지 못하게 만드는 공포 분위기의 조장과 권력 장악을 통해 이루어졌다고 주장한다 :

> 내가 분명히 경고하는 것은 이것이 전체주의로 가는 로드맵이라는 것이다. 전체주의 체제는 비밀주의에 대한 지나친 의존, 일반 국민에 대한 의도적인 공포의 조장, 외교적 접근이 아닌 군사적 방식을 통한 대외정책의 해결, 맹목적 애국심의 조장, 인권의 경시, 법치의 위축, 자유언론에 대한 적대감과 개인의 프라이버시에 대한 체계적인 침해 등을 주된 특징으로 하고 있다.[68]

프로토 파시즘의 여섯 번째 특징은 교회와 국가 사이의 경계가 점차 무너지는 가운데 정치적 일체감의 표시로서, 그리고 공공정책을 입안하는 데 있어서 종교적 수사를 더 많이 사용한다는 점이다. 종교는 미국인의 일상에서 매우 중요한 역할을 해왔다. 하지만 부시 행정부처럼 종교가 미국 정부 고위층에 그토록 엄청난 영향력을 발휘했던 적은 없었다. 급진적 기독교 복음주의를 대리하고 있는 상당수의 정부 관료들이 미국 사회에 엄격한 도덕주의와 일련의 가치를 부과함에 따라 종교와 세속적 정치 사이의 경계가 사라졌다. 이들의 가치관은 대체로 편협하고, 가부장적이며, 무비판적일 뿐만 아니라 빈곤, 인종주의, 건강의료의 위기, 미국 아동의 빈곤 증대와 같은 실질적 사회문제에 대해 무감각하다.[69] 위와 같은 구체적인 문제에 관심을 갖는 대신에 막강한 영향력을 지닌 복음주의자들은 동성 결혼을 반대하고, 과학 대신 창조론을 신봉하고, 사회보장을 사유화하며, 배아 줄기세포 연구를 중단하고, 임신중절에 관한 로 대 웨이드(*Roe v. Wade*) 판례를 뒤집으려는 운동을 전개했다. 로버트슨(Pat Robertson)이나 돕슨(James Dobson) 같은 우파 복음주의자들이 백악관과의 긴밀한 관계를 유지하고 공공정책과 대외정책상의 쟁점에 관해 공적인 주장을 개진하면서 엄격한 도덕주의와 결합된 반지성주의가 대담하게도 일상의 문화적 관행과 국가정책에 반영되어 왔다. 예를 들어 로버트슨은 베네수엘라 대통령 차베스(Hugo Chavez)의 암살을 요구했고, 샤론(Ariel Sharon) 수상이 겪은 엄청난 고통은 "이스라엘이 가자(Gaza) 지구로부터 철수한 것에 대한 신의 징벌"이라고 주장했다.[70] 카플란(Esther Kaplan)은 기독교 우파가 행한 반이슬람적 언행을 다음과 같이 기록하고 있다 :

───── 빌리 그래햄(Billy Graham)의 아들인 프랭크린 그래햄(Franklin Graham), 다시 말해 부시 대통령이 자신에게 종교적 각성을 주었다고 인정하는, 그리고 그의 대통령 취임식 기도를 맡은 바로 그 그래햄 목사는 TV에서 이슬람교를 '매우 사악한 종교'라고 비난했다. 행정부와 강력한 유대를 지닌 종교조직으로 1,600여 만 명의 회원을 지닌 남부침례협의회(Southern Baptist Convention) 전 회장인 제리 바인스 목사(Reverend Jerry Vines)는 무슬림 예언자인 무하마드(Muhammad)를 '악마에 사로잡힌 어린이 성욕 도착자(demon-obsessed pedophile)'라고 불렀다 … . 다른 한편 제리 팔웰(Jerry Falwell)은 무하마드를 '테러리스트'로 규정했는데, 이로 인해 인도의 솔아퍼(Sholapur)에서 폭동이 일어나 9명이 사망하고 수백 명이 부상을 당하

기도 했다.[71)

　기독교 보수주의자들은 테러리즘과의 전쟁에 더 확고한 정당성을 제공함으로써 부시 행정부의 중동정책을 다듬는 데 주도적 역할을 했다. 또한 위에서 본 것과 같은 기독교 우파주의자들의 공공연한 주장이 아랍 세계에 널리 보도되면서 미국에 대한 적대감에 불을 지폈고, 이는 이슬람 테러리스트를 충원하는 데 활용되기도 했다.

　미국 정치에서 종교적 근본주의의 새로운 위상은 "영적인 것을 정치적인 것으로 떨어뜨리기 위해(정치를 하나의 종교적 사명으로 만드는 것), 그리고 정치적인 것을 영적인 것으로 바꾸기 위해(종교를 하나의 정치적 쟁점으로 만드는 것)" 노력하고 있다.[72) 종교적·정치적 확신을 엄격한 도덕주의와 결합시키는 것은 인간의 삶에 직접적인 영향을 미친다. 예를 들면 보수주의 성향의 많은 약사들은 종교적 이유에서 특정한 약의 처방을 거부하고 있다. 과거에 게이 수행원과의 부적절한 관계 때문에 공개적 비난을 받은 바 있으며, 부시에 의해 식품의약국(FDA)의 리프러덕티브 헬스 약제자문위원회(Advisory Committee for Reproductive Health Drugs) 위원으로 임명된 하거(David Hager)는 "(성경이 생리전 증후군의 처방전이라고 믿는 가운데) 미혼 여성에 대한 피임약 처방을 거부했다."[73) 의학, 정치 그리고 종교가 결합된다는 것은 일부 여성에게는 산아제한을 위한 피임약 처방이 거부될 수 있으며, 종교단체의 성교육이 '금욕만을 강조하는 교육'이 될 수 있다는 것을 의미한다. 그런데 수많은 연구결과에 비추어 볼 때 이러한 성교육 프로그램은 효과가 없다. 부시 대통령은 줄기세포 연구에 대한 연방정부의 재정 지원을 요청하는 법안에 거부권을 행사했다. 이것은 극우파 기독교 지지자들의 입장을 반영한 것이라고 할 수 있다. 부시 행정부는 또한 복음주의자들의 압력에 굴복하여 산아제한에 관한 정부 웹사이트의 정보를 삭제하고 피임약을 사용하면 유방암 발병률이 높아진다는 등의 그릇된 데이터를 인용했다. 그리고 "미국 10대 게이 남성의 절반이 에이즈 바이러스(HIV) 양성반응자"라는 주장을 담은 교육자료를 제작하기도 했다.[74] 엔터테인먼트 산업 일부를 제외한 거의 모든 영역에 대한 비판과 검열의 풍조가 만연한 상황에서 대중문화조차도 기독교 우파의 도덕성으로부터 예외가 될 수 없었다. 여기에는 어린이 만화인 스폰지밥(SpongeBob)에 등장하는 스퀘어팬츠(Square-Pants)의 경우처럼 레즈비언 가족을 긍정적으로 묘사하거나 동성애적 표현이 나타나는 어린이 쇼도 포함된다.[75]

종교적 보수주의 운동은 조지 부시의 당선과 함께 전례가 없는 정치적 위상을 확보했을 뿐만 아니라 부시를 지상의 지도자로 간주하고 있는 것처럼 보인다.《워싱턴포스트(*Washington Post*)》의 밀방크(Dana Mil-bank)는 다음과 같이 말한다 :

─── 종교적 보수주의가 근대적 정치운동이 된 이후 처음으로 미국의 대통령이 이 운동의 사실상의 지도자가 되었다. 이것은 종교적 보수주의자들의 존경을 받았던 레이건(Ronald Reagan)조차도 누리지 못했던 위상이다. 종교계 목사들은 부시의 리더십을 신의 의지에 따른 행위로 간주하고 있고 기독교 간행물, 라디오와 TV는 부시를 찬양하기 바쁘다. 부시를 만난 종교 지도자들은 예배를 통해서 그의 신앙을 증거하고 있고, 웹사이트들은 대통령을 위한 금식과 기도를 고무시키고 있다.[76]

부시가 기독교 우파(Christian Right)의 지도자로 간주되면서 부시를 돕거나 추종하는 많은 사람들은 그를 더 높은 목표를 지닌 지도자로 보고 있다. 부시를 도왔던 조글라인(Tim Goeglein)은 이와 같은 견해를 잘 보여주고 있다 : "나는 부시 대통령이 이 시대 하나님의 사람이라고 생각하며, 이를 매우 겸손하게 말할 수 있다."[77] 오랫동안 이혼, 결손가정 및 임신중절을 반대하는 데 앞장서 왔고 조지아(Georgia) 주 공화당에 막강한 영향력을 행사하고 있는 리드(Ralph Reed)는 부시와 기독교 우파의 관계를 보다 냉정한 정치적 관점에서 평가하고 있다. 그는 종교적 보수주의를 지지하는 지도자의 당선을 돕기 시작한 이후로 종교적 보수주의 운동이 권력의 외곽에 더 이상 머물지 않으면서 그 역할이 달라졌다고 주장한다. 리드는 종교적 우파의 새로운 역할에 관해 "당신은 더 이상 빌딩에 벽돌을 던질 필요가 없다. 당신은 그 빌딩 안에 있다"고 표현하고 있다.[78] 부시는 급진적인 복음주의 기독교 추종자들을 실망시키지 않았다.

또한 신으로부터의 직접적인 사명을 확고하게 믿고 있는 부시 대통령은 공개적으로 복음주의 기독교의 도덕성을 찬양하고 매일 기도하며 그의 연설과 정책에서 기독교에 대한 뜨거운 믿음을 표현했다. 예를 들어 2000년 대통령 후보로 출마하면서 부시는 그가 가장 좋아하는 철학자가 예수 그리스도라고 주장했다. 게다가 이라크의 위협을 알리는 연설에서는 "신의 뜻을 모두 알 수는 없지만 우리의 모든 삶과 역사 속에서 운행하는 자비로운 신의 존재를 확신하며 이를 믿사오니 지금 우리를 인도하소서"라고 말하기도 했다.[79] 맨스필드(Stephen Mansfield)는 그의 책 『부시의 신앙(The Faith of George W. Bush)』에서 부시가 텍사스(Texas)주의 목사인 로빈슨(James Robinson)에게 다음과 같은 말을 했다고 주장한다 : "하나님이 나의 대통령 출마를 원하시는 것 같은 생각이 든다. 설명할 수는 없지만 국가가 나를 필요로 하는 것 같다 … . 그것이 나와 가족에게 쉽지만은 않겠지만 하나님은 그것을 원하고 계신다."[80] 미국 민주주의의 기본적 교의와 신념에 기반을 두기보다는 신실한 전도자들에 둘러싸여 있는 가운데 하나님과 함께하는 부시의 리더십은 사회적 필요보다는 신의 목적에 따른 매우 개인적이고 협소한 도덕감에 의거한 정책들을 개발해 왔다. 행정행위의 특권을 활용해서 부시는 적극적으로 사회 서비스 영역을 복음화하려고 노력해 왔다. 예를 들어 부시는 다른 어떤 대통령보다도 사회 서비스를 제공하는 기독교 종교단체들에게 더 많은 연방기금을 지원할 수 있도록 했다. 그리고 "종교기관이 200억 달러의 연방 사회 서비스 교부금과 80억 달러의 주택 및 도시개발 자금을 사용할 수 있도록 규정을 완화시켰다. 성소나 예배당처럼 기도를 위해 사용되는 공간의 건축에 사용하지 않는 한, 세금으로 종교 건물을 건축하거나 개조할 수 있게 되었다."[81] 또한 종교 자선단체가 조직한 신앙에 토대를 둔 이니셔티브에 연방자금 60억 달러 이상을 제공했다.[82] 하지만 모든 종교단체들이 동일한 자금을 지원받지는 않았다. 연방재정의 상당 부분이 기독교 단체의 몫이 되었다. 그 결과 주정부의 특정 종교에 대한 편향 등이 나타나면서 종교적 자유의 이상을 침해하기도 했다. 게다가 종교단체들이 "재정적 지원에 맞게 단체의 성격을 바꾸거나 아니면 단체의 사명을 조정하지 않고서도" 정부의 재정지원을 받을 수 있도록 했다.[83] 이것은 종교단체나 조직이 구성원의 채용과정에서 보여주고 있는 종교적 차별에도 불구하고 연방자금을 지원받을 수 있었다는 것을 의미한다. 부시 대통령이 2003년 1월 연두교서에서 강조한 2개 프로그램은 모두 '종교적 개종을 처방'으로 활용하고 있다.[84] 부시는 또한 백악관에 연방기금으로 종교단체 지원업무를 전담하는 부서를 신설했다. 더욱이 부시는 학교 바우처 프로그램을 사용해서 사립학교가 공적 자금을 받을 수 있도록 하고, "교사와 학생의 성경공부를 방해하거나 편의를 제공하지 않는" 학교에 대한 지원을 거부했다.[85] 전 교육부 장관인 페이지(Rod Paige)는 교회와 국가의 분리에 관한 자신의 입장을 분명히 한 바 있다. 그는 한 침례교 출판물을 통해 학교는 기독교적 가치를 가르쳐야 한다고 말했다. 이를 비판하는 많은 사람들이 사임을 요구했을 때 페이지는 이를 거절했다. 이와 관련해서 교육부는 공립학교가 기독교적 가치를 가르치거나 아니면 이에 반대하는 부모들은 자녀를 다른 학교로 전학시켜야 한다는 그의 주장을 분명히 확인해 주지도 않은 채 "말한 그대로일 뿐"이라고만 간단히 답변했다.[86]

불행하게도 부시의 종교적 열정은 이른바 눈에는 눈으로 대응하는 복수와 응보의 신에 더욱 의존하는 것처럼 보인다. 브리처(Jeremy Breacher)의 지적처럼 "'테러리즘과의 전쟁'에서 '악의 축(Axis of Evil)'으로 고조된 수사학적 표현은 호전성에 대한 모델뿐만 아니라 인도, 파키스탄에서 이스라엘, 팔레스타인에 이르는 잠재적 핵 갈등에 대한 모델을 제공하고 있다."[87] 부시는 또한 그의 종교적 경건함에 대한 주장과 텍사스 주지사 재임 시절에 "미국 현대사에서 다른 어떤 주지사보다도 더 많은 사형(152건)"을 집행했다는 사실 사이의 모순에 대해서도 무관심한 것처럼 보인다.[88] 그는 또한 하나님의 말씀을 따르는 것과 무력과 총구로써 이라크 무슬림들에게 민주주의를 부여하는 것 사이의 모순도 깨닫지 못했다. 종교와 공포에 대한 호소를 통해 부시는 2001년 9·11 이후 체포되어 비밀리에 수감되고, 법률적 호소도 할 수 없고, 가족의 접견도 허용되지 않은 수많은 무슬림과 아랍인들의 헌법적 권리를 침해했다. 절대적 선과 악의 관념에 기초한 그와 같은 무자비한 대우는 변덕스런 정의 그 이상의 행동을 보여주고 있다. 요컨대 이는 "변호를 받고 적법한 절차와 신속한 재판을 받을 수 있는 헌법적 권리는 물론 무죄 추정의 원칙도 침해하고 있다." 그리고 이와 같은 대우를 정당화하면서 "부시 행정부는 미국 시민과 외국인 모두를 위한 보호절차를 약화시켰고 미국 민주주의를 손상시켰다."[89] 부시와 그의 종교적 동지들은 위대한 자선행위를 했다고 주장하지만 실제로는 가난한 사람들은 처벌을 받았고, 가능하고 유일한 자선은 부자들에게만 돌아간 것처럼 보인다. 예를 들어 정부 기금이 신앙에 토대를 둔 이니셔티브에 배분되면서 의회는 200만 명의 아동에게 혜택이 돌아갈 수 있는 아동 세액 공제를 삭제한 법안을 통과시켰다. 또한 가난한 계층과 노인, 어린이들에게 혜택이 되는 프로그램에 대한 지출은 대폭 삭감하는 대신에 부유층을 위한 3,500억 달러의 감세안을 승인했다. 군사 관련 예산의 증가와 통제불가능한 재정적자 속에서도 부시 행정부는 2006년에 또다시 최상위 부유층을 위한 700억 달러의 감세안을 통과시켰다.

부시 행정부는 또한 피임약이나 출산의 권리 등을 담은 10대를 위한 성교육과 같은 성건강 서비스를 삭제하지 않는 한, 유엔아동인권선언(United Nations Declaration on Children's Right)에 서명할 수 없다는 입장을 밝혔다. 국내에서 부시 행정부는 '만기(late-term)' 임신중절을 중지하는 법안을 통과시켰고, 성행위 이후 복용하는 경구피임약의 판매를 중지하는 법안을 통과시키기 위해 노력했다. 그리고 임신중절에 관한 지식과 정보를 제공하는 국제 자선단체에 대한 재정지원을 없애버렸다. 이와 같은 조치는 교회와 국가의 전통적인 분리에 의문을 제기했을 뿐만 아니라 공공 서비스를 위축시키고, 현대의 과학기술보다 종교적 입장을 중시하는 종교단체에 대해 정부 차원의 얄팍한 정당성을 제공했다. 시카고 대학교 신학대학의 설리반(Winnifred Sullivan)이 지적한 것처럼 신앙에 토대를 둔 이니셔티브를 지지하는 보수주의 복음주의자들은 "개종을 인간의 갱생이나 회복의 일부로 간주하는 그와 같은 교회에 정부 기금이 돌아가기를 원한다. 이는 세상의 전문적 사회 서비스 기준에 대한 비판이다."[90]

종교적 헌신의 수사학 이면에 존재하는 것은 영원한 전쟁, 가난한 계층의 더 극심한 고통, 그리고 세속적 국가관념에 대한 지속적 공격 등과 같은 현실이다. 거기에는 또한 불관용과 아집이 존재하고 있다. 말하자면 세계를 최상의 민주적 영역으로 만드는 데 필요한 종교·정치·언어 및 문화의 다양성을 인정하지 않는다. 우리는 이와 같은 고집과 편견을 부시의 세계관을 형성하는 공포문화와 종교적 근본주의뿐만 아니라 확고한 충성심으로 이에 봉사했던 사람들 속에서 찾아볼 수 있다. 이와 같은 사실은 국방부 고위 관료가 테러리즘과의 전쟁을 사탄(Satan)과 싸우는 기독교의 전투(Christian battle)라고 명명했던 사실에서 분명히 엿볼 수 있다. 미 육군 준장인 보이킨(William Boykin)은 국방부장관 정보보좌관 자격으로 오사마 빈 라덴, 사담 후세인, 김정일의 사진을 배경으로 오클라호마 브로큰 애로우(Broken Arrow)의 제1침례교회(First Baptist Church) 교민들과 다음과 같은 대화를 나눈 적이 있다 : "그들은 왜 우리를 증오하는가? … 그 이유는 우리가 기독교 국가이기 때문이다. 기독교인으로 이루어진 나라이기 때문에 우리는 미움을 받는 것이다. 우리가 예수의 이름으로 그들과 대적한다면 우리의 영적인 적을 이길 것이다."[91] 보이킨에게 있어서 이라크와 아프가니스탄에서의 전쟁, 그리고 언젠가 국내에서 벌어질 수도 있는 믿지 않는 사람들과의 전쟁은 성전(holy war)이다. 이와 같은 주장은 종교적 광신자의 단순한 호언장담만이 아니라 미국에서 나타나고 있는 매우 심각한 수준의 불관용과 권위주의의 징후이

기도 하다. 이와 같은 집착은 제리 팔웰(Jerry Falwell) 목사의 말 속에서 분명하게 나타난다. 그는 한 방송에서 9·11 테러리스트의 공격은 미국의 세속화에 대한 신의 심판이라고 주장했다 : "나는 이교도, 임신중절 찬성론자, 페미니스트 그리고 게이와 레즈비언, 미국시민자유연맹(ACLU), 미국의 길을 지지하는 사람들의 모임(People for the American Way) 등 미국을 세속화시키기 위해 노력한 사람들 모두에게 '당신이 이와 같은 일이 벌어지도록 도왔다'고 분명하게 말할 수 있다."[92]

정부가 지지하는 종교적 근본주의의 출현은 종교의 기본적 교의뿐만 아니라 사회정의와 평등의 민주주의적 신념을 침해하는 정치적 권위주의에도 그에 상응하는 결과를 낳고 있다. 부시의 백악관에 널리 확산되었던 기도자 모임과 성경공부 조직에 합류한 정치인과 복음주의 선교사들에 의해 주로 지지된 이러한 형태의 종교적 근본주의는 진정한 종교나 영성과는 거리가 있다. 진화론보다 성경의 창조론이 학교에서 교육되어야 한다거나 "미국이 신의 의지에 따라 다른 나라에 자유를(필요하다면 무력을 사용해서라도) 전파해야 한다"고 믿는 사람들은 이슬람교, 기독교 또는 유대교의 예언적 전통을 정확하게 대표하지 않는다.[93] 이러한 전통은 부자에게 혜택을 주기 위해 정부를 파산시키거나 가난한 계층에게 불이익을 주고 어려운 처지에 놓인 사람들에게 더 큰 고통을 주는 세속적 정책을 인정하는 신이 아니라, 인정 많고 자비로운 신에 대한 믿음을 소중하게 여긴다. 아마도 미국 뉴욕 시의 리버사이드 교회(Riverside Church) 담임 목사인 제임스 포브스 주니어(James Forbes Jr.)의 입장이 기독교 철학을 더 잘 대표한다고 할 수 있을 것이다. 그는 "가난이 바로 대량살상무기"라고 주장한다. 유니온 신학교(Union Theological Seminary) 학장인 휴(Joseph Hough)는 미국 부시 행정부의 기독교는 종교로 위장하고

권력을 장악하기 위한 하나의 정치적 음모일 뿐이라고 주장한다 :

───── 종교적 전통을 해칠 수 있는 모든 일들을 하면서 나의 종교적 전통을 옹
호한다고 강변하는 사람들 때문에 점점 피곤해지고 있다. 그리고 이것이
바로 지금 이 나라에서 벌어지고 있는 일이다. 이 나라의 정책은 매일 매
일 가난한 사람들에게 불이익을 주고 있다. 요즈음 의회를 통과하는 모든
법안은 가난한 사람들을 더욱 어렵게 하고 있다 … . 신의 이름으로 다른
나라 사람들을 공격할 것이고, 자유의지로 자신의 이미지에 따라 세상을
새롭게 하면서 신을 대신해서 행동한다고 주장하는 사람이 나에게는 시저
(Caesar)처럼 들린다.[94]

필립스(Kevin Phillips)는 부시 행정부 하에서 "공화당이 미국 최초
의 종교 정당으로 부상했으며, 근대 이후 세계 주요 강대국 가운데 지금
의 미국처럼 근대의 지식과 과학을 경시하는 성경적 무오류성에 사로잡
혔던 적은 없다"고 주장한다.[95] 크리스 헤지(Chris Hedges)는 더 나아가
공화당이 기독교 우파에게 정부를 넘겨주려 한다고 주장했다. "기독교
우파 이데올로기는 기독교 파시즘의 교의를 포함하고 있고", 민주주의
를 신앙의 적으로 보고 있다.[96] 미국 정부에 대한 우파 복음주의자들의
영향력과 통제에 관해서는 얼마든지 논쟁이 있을 수 있다. 하지만 분명
한 사실은 이러한 현상이 부시 행정부 하에서 과거와는 비교할 수 없을
만큼 강화되었다는 점이다. 더욱이 교회와 국가의 경계를 허물고자 하는
부시 행정부의 시도가 하나의 근본주의 형태로 주도되었고 성서적 이데
올로기에 의해 고무되었다. 성서적 이데올로기는 민주적 가치와 공공선,
그리고 비판적 시민성 등에 회의적일 뿐만 아니라 경건함에 대한 미사
여구, 군사주의에 대한 찬미, 성과 계층 및 인종에 따른 사회적 소수에 대

한 공격, 제왕적 대통령제에 대한 지지 그리고 무자비한 경제적·정치적 영향력의 장악 등 수많은 모순 속에서 분명히 드러나고 있는 비합리성을 낳고 있다. 그리고 바로 이와 같은 비합리성이 오래된 파시즘과 프로토 파시즘 모두의 특징이기도 하다.

종교적 근본주의, 그리고 위에서 살펴본 여러 가지 반민주적 경향들과 더불어 그것이 민주주의에 미치는 결과와 관계없이 부시 행정부가 권력을 더욱 확장하는 데 도움이 된 것은 점증하고 있는 일당체제의 현실이다. 일당체제는 다원주의에 대한 뿌리 깊은 경멸을 보여주는 가운데 선거구 재조정 과정에서의 구태는 물론 투표규칙의 조작, 반대 진영, 특히 소수 집단을 겁주기 위한 책략, 투표기의 부정 사용 등에 의존했다. 물론 2006년 의회 선거에서의 패배로 좌절을 경험한 바 있지만 이 모든 것들은 영구적인 공화당 정부를 고착화하기 위한 것이다. 로비스트인 아브라모프(Jack Abramoff)를 둘러싼 스캔들, 브라운(Michael Brown)과 같은 정상배들을 연방위기관리국(Federal Emergency Management Agency : FEMA) 등의 정부 기관장으로 지명한 일, 공화당 거액 기부자들과의 정부계약 체결, 그리고 직무수행상의 무능력에도 불구하고 다수의 우파 복음주의자들을 정부의 정책결정 기구에 배치한 것 등은 만연된 편파주의(cronyism)와 정치적 부패를 극명하게 보여주고 있다. 또한 콜터(Ann Coulter), 림바우(Rush Limbaugh), 사비지(Michael Savage) 등과 같은 악명 높은 인사들이 매일 매일 쏟아내고 있는 증오와 인종차별, 그리고 희생양 찾기와 같은 보수주의적 언어가 만연하고 있다. 이들은 모두 인권을 경멸하며 부시 행정부가 미국 문화를 규정하기 위해 사용한 새로운 화법에 대해 불쾌한 감정을 드러내고 있다. 길로이(Paul Gilroy)의 지적처럼 테러리즘과의 전쟁은 "제국주의적이고 식민주의적인 지배의 냄새를 풍기는 … 인종차별적 반감을 드러내는 가장 천박한 표현이다."[97]

　　오늘날에는 후진국의 국민들까지 국내 질서를 위협할 수 있는 대상에 포함되고 있다. 이들은 국가의 안위를 위험에 빠뜨릴 수 있는 존재로 간주되고 있다. 헌팅턴(Samuel P. Huntington)은 미국이 '라틴 아메리카 주민에 의해 동화될 수 있다는(Hispanization)' 위협을 강하게 제기하고 있다. CNN 진행자 루 도브(Lou Dobb)는 미국이 (나병을 옮기는) 불법 이민자들의 손에 넘어가고 있다고 믿고 있으며, 로버트슨(Pat Robertson)은 무슬림이 "나치보다 더 나쁘다"고 공공연하게 주장하고 있다.[98] 이렇듯 멕시코 이민자, 아랍인, 무슬림 그리고 미국 문화의 '문명화된(civiliza-tional)' 독특성을 위태롭게 하며, 미국인의 직업을 빼앗고 미국에 대한 테러 행위를 지지한다고 생각되는 사람들을 향한 인종차별적 비난과 욕설이 점증하고 있다. 또한 시민들에 대한 감시, 좋게 표현해서 이른바 '특별 수집 프로그램(special collection program)'이 증가했는데, 이는 사법권의 테두리 밖에서 이루어졌다. 고문, 납치와 실종 등 미국의 인권남용 실태에 대한 보고가 증가하고 인종차별주의에 의해 고무된 과도한 국가주의(hyper-nationalism)가 출현했으며, 국가안보와 범죄 그리고 법과 질서에 대한 강박관념에 더욱 더 사로잡혀 왔다. 실제로 부시 행정부가 국가를 "공포, 불관용(intolerance), 무지와 종교적 통치의 노선에 따라 분리하여 다스리는 상황에서"[99] 민주주의의 장래가 밝을 수는 없었다. 그리고 강화되고 공고화된 반민주주의 세력이 부시가 대통령에서 물러난 후에도 사라질 것이라고 확신할 수 없다. 그와 같은 세력은 민주당이 2006년 의회의 지배권을 획득한 이후에도 영향력과 권한을 잃지 않았다.

　　프로토 파시즘의 또 다른 핵심적 요소가 있지만 이제부터는 미국의 공공 영역과 문화 속에서 확대되고 있는 군사주의화(militarization)의 문제를 자세히 살펴보고자 한다. 물론 공공 영역의 군사주의화는 오래된 파시즘의 핵심적 특징이다. 하지만 이와 같은 특징은 오늘날 미국의 경우에도 매우 중요한 의미가 있다. 왜냐하면 바로 이것이 우리의 시민적 자유와 민주주의에 가장 큰 위협이 되고 있으며, 국가안보 상태가 등장하는 데 있어서 가장 결정적인 요인이었기 때문이다.

국내외의 군사주의화 정치

최근 세계화의 맥락에서 군사주의(militarism)는 골드버그(David Theo Goldberg)가 말하는 이른바 새로운 진리체제(new regime of truth), 요컨대 사실과 허구, 옳은 것과 그른 것, 정당한 것과 부당한 것이 무엇인가를 규정하는 새로운 인식론이 되었다.[100] 군사주의화의 새로운 에토스가 더 이상 미국 정치지형의 주변부에 머물러 있지 않다. 실제로 전쟁과 군사적 가치, 정책 및 그 실천에 철저하게 사로잡힌 국내정책과 외교정책을 통해 군사주의화가 강화되어 왔다.[101] 예컨대 군비통제 및 비확산센터(Center for Arms Control and Nonproliferation)의 군사예산 분석 전문가인 헬만(Christopher Hellmann)이 지적하고 있는 것처럼 "4,627억 달러의 2007년도 군사예산은 인플레이션을 고려했을 때 냉전기간 동안 미 국방부가 지출한 평균 규모를 초과하는 것이다. 여기에는 또한 군대 규모가 10여 년 전보다 1/3 정도 축소되었다는 점도 고려되어야 한다."[102] 더욱이 2007년도 예산에는 이라크와 아프가니스탄 전쟁을 위한 추가 비용이 포함되어 있지 않다. 그 규모는 2006년 한 해에만 1,150억 달러에 달하며, 2001년 9·11 이후 2006년 말까지는 4,450억 달러를 넘는다.[103] 미국의 군사예산은 "세계 2위인 중국의 거의 7배 이상이고 … 이른바 6개 '불량국가' (쿠바, 이란, 리비아, 북한, 수단, 시리아)의 군사비를 전부 합한 146억 5천만 달러의 거의 29배가 넘는 수준이다. 그리고 이는 미국 다음의 14개 국가의 지출 총액보다 많은 규모이다."[104] 연방정부가 사용한 이와 같은 막대한 수준의 군사비는 "군사전략적 차원의 독점적 우주 개발, 더욱 손쉽게 활용할 수 있는 핵무기 개발, 그리고 세계 곳곳에 흩어져 있는 군사기지와 해군의 증강을 위해서 막대한 재원을 사용하는 미국의 군사력 확장에 중요한 의미를 지니고 있다. 그리고 이것은 미국의 지배권에 대한 전략적 도전을 무력화시키는 가장 확실한 방식이다."[105] 미군 부대는 전 세계로 파병되어 약 130개 국가에 737개 부대를 보유하거나 임대하고 있으며, 국내에는 6,000개 이상의 군부대가 있다.[106] 하지만 존슨(Chalmers Johnson)은 만일 더 정확히 계산한다면 "미국은 실제 규모에 있어 해외에 1,000여 개의 부대를 보유한 최고의 군사제국일 것"이라고 주장한다.[107] 또한 미국은 살상무기를 대규모로 생산할 뿐만 아니라 전 세계에서 가장 규모가 큰 무기거래 국가이기도 하다. 2006년에 "약 209억 달러 규모의 무기 매매가 이루어졌는데, 이는 전년도 106억 달러의 거의 2배에 달하는 수치이다."[108]

군사력이 사회적 진실과 국가의 위대성을 가장 잘 표현하는 것으로 본 부시 행정부는 미군 역사상 가장 위험한 시대를 열었는데, 이는 밀스(C. Wright Mills)가 말하는 이른바 "'군사적 형이상학(military metaphysics)', 즉 국제관계의 현실을 기본적으로 군사적인 것으로 규정하는 성향"을 강력하게 지지하고 있다.[109] 바세비치(Andew Bacevich)의 지적처럼 이와 같은 관점은 "국제문제를 군사적 문제로 보며 군사적 수단 이외의 다른 해결가능성을 인정하지 않는 경향이 있다."[110] 하트(Michael Hardt)

와 네그리(Antonio Negri) 또한 《멀티튜드(*Multitude*)》에서 근래에는 전쟁이 사회구성의 원리이자 정치 및 여타 사회관계의 토대가 되었다고 주장한다.[111] 적어도 전쟁에 신화적 의미, 경험 그리고 목적을 부여하는 정부 최고위층 인사들이 지지하는 것처럼 최근의 역사적 상황 속에서 전쟁은 국가의 위대성에 대한 척도로 간주되고 있다. 하지만 미국의 군사주의에 대한 찬미 속에는 군사적 지식, 가치, 정체성, 관행 및 전쟁에 대한 애정 이상의 그 무엇이 작용하고 있다. 거기에는 또한 폭력, 야만성, 잔혹성 및 비인간화를 종종 정당화하는 망상적인 맹목적 애국심, 인종차별주의 그리고 근본주의가 내재되어 있다. 이러한 맥락에서 헤지(Chris Hedges)는 전쟁이 '조직화된 살인(organized murder)'이며, 그것이 신화적 현실로 해석될 때에는 용납할 수 없고 상상할 수 없을 정도의 끔찍한 결과를 가져온다고 주장한다. 이라크 전쟁을 거짓말, 부패, 인간적 고통, 무의미한 죽음, 난도질당한 사체 그리고 잔혹행위의 혼합으로 규정짓는다면 2003년 헤지의 코멘트는 특별한 통찰력을 담고 있다 :

──── 신화적 전쟁에서 우리는 사건에 그것이 지니고 있지도 않은 특별한 의미를 부여한다. 우리는 패배를 궁극적 승리로 가는 길에 있는 이정표로 간주한다. 우리가 악마라고 규정하는 적은 더 이상 인간이 아니다. 우리는 우리 자신과 우리 국민이 절대적 선을 구현하고 있다고 생각한다. 우리의 적은 그들의 잔인성을 정당화하기 위해 우리의 세계관을 뒤바꾼다. 이것이 바로 대부분의 신화적 전쟁에서 나타나는 전형적인 모습이다. 각자는 상대방을 물건처럼, 결과적으로는 시체 덩어리로 취급한다.[112]

쉽게 말하자면 군사주의화는 미국 사회에서 군사적인 것의 중요성이 증대되는 것, 미국 문화의 군사주의화 그리고 반대와 불만을 억압하고 억누르는 경향의 증대를 지칭한다. 군사주의화 과정은 미국에서 오랜 역사를 가지고 있으며, 정태적인 것이 아니라 역사적 상황에 따라 다양하게 변화되어 왔다.[113] 국내에서 진행되고 있는 공공 영역의 군사주의화는 공동체를 축소시키며 미국 민주주의의 기반을 위협하는 정치권력의 집중을 가속화시켜 왔다. 또한 군사주의화는 더 이상 외교정책만을 이끄는 동인이 아니라 국가 전체에 걸쳐 사회변화를 규정짓는 원칙이 되었다. 루츠(Catherine Lutz)는 20세기 동안 사회생활에 광범위한 영향을 미친 군사주의화의 다양한 모습과 그 복잡한 과정을 잘 보여주고 있다 :

───── 다른 기관을 군사적 목적에 맞게 만드는 것을 포함해서 군사적 목적에 할당된 노동력과 재원을 집약하는 것이 군사주의화이다. 동시에 군사주의화는 물리력의 사용, 대규모 지상군의 편성과 지휘체계, 이를 충당하기 위한 세수의 확대 등을 정당화하기 위한 방향으로 통상적인 사회적 신념과 가치를 전환시키는 과정이기도 하다. 군사주의화는 군대 규모의 증강, 그리고 군사적 민족주의와 군사적 근본주의의 부활과 밀접하게 관계되어 있다. 뿐만 아니라 인간의 잠재력을 가능한 한 인종, 계층, 성에 따른 위계질서 속에 가두지 않으며, 군사적 행동을 찬양하고 정당화하는 방식으로 국가의 역사를 만드는 것과 밀접한 관련이 있다.[114]

군사주의화에 대한 루츠의 개념 정의는 포괄적이다. 그는 전쟁과 폭력에 봉사하는 산만하고 이데올로기적인, 그리고 구체적인 권력관계에 주목하고 있다. 또한 이것은 일상생활 속에서 작동하고 있는 군사주의화의 강력한 문화정치(cultural politics)를 암시하고 있다. 여기서 문화정치는 남성다움에 대한 특별한 관념을 일깨우는 가운데 전쟁을 하나의 구경거리로, 그리고 공포를 군사주의화를 지지하는 감정적 투자를 동원하는 핵심적 요소로 간주하고 있다. 달리 말해서 군사주의화는 폭력의 생산과 구체적 실천을 강조함으로써 군사주의 **문화**를 양산해냈고, 이것은 "우리의 삶에 끊임없는 영향을 미치고 있다."[115] 모든 형태의 시민적 권위를 군사적 권위 아래에 두었던 과거의 모습과 달리 새로운 군사주의화의 에토스는 군사주의의 가치를 미국 국민들의 공공 생활에서 하나의 핵심 가치로 정당화함으로써 사회질서 전반을 포괄하도록 만들었다. 더욱이 오늘날 군사주의의 가치는 한 집단이나 사회의 특정 영역에만 국한되어 있지 않다.

> 특히 자유민주주의에서 군사주의의 가치는 한 집단에 국한되어 있지 않고 폭넓은 문화적 다양성을 가로질러 널리 퍼져 있다. 군사주의화 과정이 군사주의의 가치를 우리의 모든 일상에 스며들도록 하기 때문에 21세기 미국에서 어느 누구도 이로부터 자유로울 수는 없다.[116]

미국 사회에서 점증하고 있는 군사주의의 영향력과 이데올로기는 오늘날 미국이 과거 어느 때보다도 많은 수의 경찰과 군인, 죄수, 스파이, 무기 등을 보유하고 있다는 사실에서 부분적으로 엿볼 수 있다. 군대의 규모와 영역, 그리고 영향력이 급변하고 있는 모습은 또한 국가의 재정과 정부기금을 사회 프로그램 분야에서 국내외 군사 관련 안보분야로 재배정하는 것에서도 그대로 나타나고 있다. 몬비옷(George Monbiot)에 따르면 미국 연방정부는 "최근 교육, 공공의료, 주택, 고용, 연금, 급식지원에 사용하는 총액보다 많은 재원을 전쟁에 소비하고 있다."[117] 반면에 국가는 국가안보 상태로 급격하게 전환되었고, 점점 더 군대-기업-산업-교육복합체의 영향을 받고 있다. 공포, 감시 및 통제의 군사적 논리가 점점 공립학교, 대학교, 거리, 미디어, 대중문화와 형사재판 제도 속으로 스며들었다.

9·11 그리고 아프가니스탄과 이라크 전쟁 이후로 군대는 미국 사회에서 특권적 지위를 누리고 있다. 부시 대통령은 미국 문화에서 군대의 존재를 치하할 뿐만 아니라 군사시설에서의 연설, 군대 인사들과의 대담, 그리고 퇴역단체에 대한 관심을 통해 이를 조장했다. 부시는 군사기지, 방위시설 및 공군 수송기 안에 있는 청중을 대상으로 말할 때 자주 군복을 입곤 했다.[118] 그는 또한 미디어의 관심을 최대한 이끌어내기 위한 정치적 수단으로 군사적 상징주의를 활용함으로써 군사문화의 캠페인 가치를 충분히 이용했다. 이에 대한 하나의 전형적인 사례가 2003년 5월 1일에 있었다. 부시는 공군 비행사 복장을 하고 태평양의 링컨(*USS Abraham Lincoln*) 기지에 도착해서 이라크 전쟁의 종식을 공식적으로 선언했다. 2003년에는 바그다드를 비밀리에 방문해 그곳에 있는 부대원들과 함께 추수감사절을 보냈고, 이는 전 세계 미디어의 관심을 끌기에 충분했다. 하지만 부시는 그의 국내외 정책을 알리기 위한 캠페인 수단으로 군대를 활용하는 것 그 이상의 일을 했다. 2006년 의회 선거 이전까지 입법, 사법, 행정부를 장악하고 있던 부시 행정부와 공화당은 "미국의 민주제도와 군대를 합치려는 위험천만하고 전무한 일"을 하고자 했다.[119]

베이커(Kevin Baker)는 《하퍼스 매거진(*Harper's Magazine*)》에서 군대가 "미국에서 가장 존경받는 기관이 되었다"고 주장한다.[120] 이라크 전쟁 이후 곧바로 실시된 갤럽조사에 따르면 "미국인들 가운데 76%가 자국 군대를 '매우 많이' 또는 '많이' 신뢰하는 것으로 나타났다." 그리고 하버드 대학교에서 1,200명의 학생을 대상으로 실시한 조사에서는 군대가 거의 대부분 "올바른 일을 한다"고 믿는 사람들이 75%로 나타났다. 또한 학생들은 "자신을 비둘기파(dove)가 아닌 매파(hawk)로 인식하는 비율이 2 : 1로 더 높게 조사되었다."[121] 대학생들 사이에서 나타나는 친군대적 태도를 고려한다면 UCLA 동창회(Bruin Alumni Association)가 '급진적(radical)'이라고 본 교수들을 공격대상으로 삼아 자신들의 웹사이트에 '추악한 30인(The Dirty Thirty)'의 이름을 게재했다는 사실은 전혀 놀랄 만한 일이 아니다. 이 단체의 대표는 졸업생이자 우파 이데올로그인 존스(Andrew Jones)이다. 그는 '공개서한(Open Letter from the Bruin Alumni Association)'에서 단체의 사명이 "캠퍼스 내의 정치적 급진주의의 폭발적 위기"에 맞서 싸우는 것이라고 밝히고 있다. 그리고 급진주의(*radicalism*)를 이라크 전쟁에 대해 반대 의견을 갖거나 흑인, 소수자, 여성 등에 대한 차별시정조치(affirmative action)를 지지하는, 아니면 "부시 대통령과 공화당, 다국적 기업, 심지어 전투 중인 미국군"에 반대하는 것으로 규정하고 있다. UCLA 동창회는 균형(balance)이라는 미명 하에 맥카시류의 중상과 명예훼손, 불관용 그리고 반지성주의를 조장하는 데서 더 나아가 교수들이 지닌 정치적 견해에 관한 정보를 제공하는 학생들에게 100달러의 상금을 제공하기도 했다.[122] 물론 이는 진정한 의미의 대중선동보다는 현재의 상황에 대해 비판적 의견을 제기하는 교수들을 공격하는 일과 더 큰 관련이 있다.

정치에 관한 협소한 견해와 군대에 대한 지지의 증가는 고등교육에 대한 우파 이데올로그들의 공격과 동시에 이루어졌다. 호로위츠(David Horowitz)와 린 체니(Lynne Cheney)—부통령 딕 체니(Dick Cheney)의 배우자—등의 우파 이데올로그들은 고등교육을 테러와의 전쟁에서 '약한 고리(weak link)' 내지 제5열(fifth column)로 보고 있다.[123] 호로위츠는 또한 영 아메리칸(Young Americans)이나 칼리지 리퍼블리칸(College Republicans) 등과 같이 재정이 풍부하며 매우 조직적인 보수주의 학생단체의 명목상 대표로 활동하고 있다. 이들 단체는 그가 추진하는 '학문 권리

장전(Academic Bill of Rights)' 정책의 토대가 되고 있다. 이는 대학 강의실에서 정치적 편견(political bias)—그것이 무엇이며 또는 어떻게 정의되든지 관계없이—을 보여주는 재미있지만 흔치 않은 사례들을 찾아내기 위한 것이다. 그 결과 상당액의 공적 자금이 다수의 주의회 청문회에 배정되었고, 가장 최근에는 펜실베니아(Pennsylvania) 주에 배당되었다. 또한 『고등교육연감(Chronicle of Higher Education)』에서 지적하고 있는 것처럼 이 정책으로 인해 결과적으로 학문과 교육의 자유를 스스로 통제하는 냉랭한 분위기(chilly climate)가 조성되었다.

테러에 대한 끊임없는 경고를 통해 조장된 국내의 안전과 내부적 위협에 대한 대중적 공포는 '무한전쟁(war without limits)'의 관념을 점차 정상적인 것으로 인정하고 수용하는 사회를 만들었다. 하지만 불안과 공포는 미국인들 사이에 집단적 불안감을 유발하는 것 그 이상의 의미가 있다. 이는 미국 국민들을 보호할 수 있는 유일한 정당은 공화당이기 때문에 공화당을 지지해야 한다는 믿음을 심어주는 데 활용되기도 했다. 조작된 정치적 충성의 산출뿐만 아니라 그와 같은 공포는 일종의 '전쟁에 대한 열기'로 유도될 수 있다. 공포의 정치를 통해 강화되는 전쟁에 대한 열기는 일종의 편집병적 가장자리(paranoid edge)를 동반하게 된다. 이는 정부의 경고와 억압적 법률에 의해 야기되었으며, "미국 역사상 가장 광범위한 국가안보 기구를 만드는 데 사용되었다."[124] 전쟁에 대한 열기는 또한 폭스(Fox)처럼 이념적 편향성을 보이는 미디어를 통해 재생산되었다. 이들 미디어는 성조기를 장삿속으로 이용하고, 미국의 외교정책을 비판하는 사람들은 배반자라는 사실을 끊임없이 강조해 왔다. 그뿐만 아니라 최전선 부대의 용맹스런 이미지와 살아 돌아온 미군 포로의 무용담을 계속해서 내보내며 전장에서 사망하거나 부상당한 병사들에 대한 기록을 철저하게 사유화했다. 《타임지(Time Magazine)》는 '미군 병사(The American Soldier)'를 2003년 올해의 인물로 선정함으로써 군사문화에 대한 미디어의 이와 같은 탐닉을 구체적으로 보여준 바 있다.[125] 지금도 계속되고 있는 전쟁에 관한 대부분의 무비판적 묘사는 미국인들에게 군대의 위상을 각인시켜 주었을 뿐만 아니라 전쟁에 열광하는 시민사회를 만드는 데 기여했다. 하지만 여기서 주목해야 할 것은 더 많은 국민들을 군대에 충원하거나 아니면 긴급한 국내의 쟁점을 공적 논쟁에서 제거하기 위해 미국 국민들을 영원한 공포 상태로 유지하려는 우파 정치전략가들의 노력 그 이상의 일들이 벌어졌다는 점이다. 부시 행정부는 또한 '비상사태'에서는 국내 사안에 얼마든지 군대를 활용할 수 있다는 점을 가능한 많은 국민들에게 납득시키려고 노력했다. 실제로 "테러리스트로 의심이 가는 사람이나 '적의 요원(enemy combatants)'을 감금하고 심문하기 위해서, 그리고 이들을—설사 미국 시민이라 할지라도—사법체계의 영향권 밖에 두기 위해서" 군대시설을 활용하는 경향이 증대되었다.[126] 또한 분명한 것은 연방정부가 테러리스트들을 군사법정에 세우고, "제네바협정(Geneva Convention)의 전쟁포로에 관한 규정을 위반하면서 죄수들을 미국 사법권의 영향이 미치지 않는 관타나모(Guantanamo)의 해군부대나 쿠바 등"에 감금하려 했다는 점이다.[127]

군사적 가치와 이데올로기, 과도한 남성적 미학(hyper-masculine aesthetic)이 미국 문화의 다른 측면으로 확산되기 시작하면서 시민들은 테러리즘과의 전쟁에 보병으로 충원되어 왔다. 그리고 이웃 주민의 행동을 염탐하고, 의심이 가는 사람을 주시하도록 강요받고 있으며, 정부의 자료에 개인적 데이터를 제공하고 있다. 주요 대학들은 국방부의 연구보조금을 받기 위해 군사시설을 유치하려고 애쓰고 있으며, 그 과정에서 엄밀한 논쟁과 대화, 비판적 사고를 고무시키는 학문적 주제와 프로그램이 위축되고 있다. 실제로 부시 행정부와 맹목적 애국주의자들이 고등교육에 압력을 가해 군대−산업복합체의 필요에 봉사하도록 함으로써 대학과 국가안보 상태의 유착관계가 한층 심화되었다. 예를 들어 카네기 멜론(Carnegie Mellon University), 유펜(University of Pennsylvania), 존스 홉킨스(Johns Hopkins University) 및 일부 공립대학교 이외에도 펜스테이트(Pennsyvania State University)는 '연구 중심 대학과 정부기관과의 연계'를 위해 연방수사국(FBI)과 공식협정을 체결했다. 펜스테이트의 총장이며 신설된 국가안보고등교육자문위원회(National Security Higher Education Advisory Board) 위원장인 스페니어(Graham Spanier)는 연방수사국과의 협정은 "고등교육의 지도자들이 지금처럼 어려운 시기에 국가를 기꺼이 돕겠다는 적극적 메시지를 보내는 것"이라고 주장했다.[128]

최근 공립학교에는 캠퍼스 내에 많은 서비스를 제공하며 비디오 게임 대회나 콘서트 등과 같은 교묘한 방식으로 학생들에게 접근하고 있는 징병 담당관은 물론 직접 강의를 하는 군대 인사들이 많다. 또한 JROTC (Junior Reserve Officers Training Corps) 프로그램이 학사과정의 일부가 되고 있다. 부시 대통령의 교육법안인 낙제학생방지법(No Child Left Behind Act)에 의하면 "징병관이 학생들에게 충분히 접근할 수 없는 학교는 연방지원금을 받지 못할 수 있다. 연방지원금은 연방법의 준수 여부에 달려 있다."[129] 학교는 한때 학생들에게 민주적 생활이 군사주의화되는 것에 저항하는 법을 가르치는, 아니면 적어도 국내문제와 국제문제에 평화적으로 관여하는 기능을 배우는 민주적 공공 영역으로 간주되었다. 하지만 오늘날 학교는 학생들을 군대에 충원하는 장소로 기능할 뿐이다.

오늘날 학교는 군사문화와 군사주의적 가치의 영향을 받고 있는 가장 중요한 공공 영역 가운데 하나다. 새로운 교육적 조치에 따라 학생들의 권리가 점점 줄어드는 가운데 무관용(zero-tolerance) 정책이 공립학교를 마치 교도소와 같은 기관으로 변모시켜 왔다. 많은 학교의 학생들, 특히 가난한 도심지의 학생들은 정기적인 조사와 몸수색, 비자발적 약물 검사를 받고 있으며, 최루가스를 뒤집어쓰거나 감옥으로 보내지기도 한다. 2004년 뉴욕 시 학교 보고서에서 구트먼(Elissa Gootman)은 "일부 지역의 학교는 복장위반 학생들에게 수갑을 채우는 무관용 정책에 의존하고 있다"고 주장했다.[130] 교육자들이 학교의 안전에 관한 책임을 경찰에 떠넘기면서 공립학교의 새로운 안전문화가 학교를 '공부하는 감옥(learning prisons)'으로 변화시켰다. 공립학교는 무장경찰, 철조망을 두른 담장 그리고 총기사건 대비훈련(lock-down drill)을 도입하는 '개혁'을 시도하고 있다.[131] 몇 년 전 사우스캐롤라이나(South Carolina) 구스 크릭(Goose Creek)의 스트랫포드(Stratford) 고등학교에서는 경찰이 아침 일찍 마약 소탕전을 벌인 적이 있다. 이때 경찰이 학생들에게 총을 겨누고 수갑을 채워 벽을 향해 무릎을 꿇리기도 했다.[132] 마약은 발견되지 않았다. 이 사건이 전국에 보도되었지만 국민들의 시위는 거의 없었다. 그리고 최근에는 수갑을 채운 유치원 어린이가 경찰서로 이송되어 지문을 날인하고 범죄자들에게나 하는 얼굴 사진을 찍고 기소되는 일이 있었다. 유치원생이 죄가 있다면 무엇이겠는가? 아마도 가장 흔한 잘못은 교실에서 떼를 쓰는 정도일 것이다.[133] 상황은 더욱 나빠지고 있다. 일부 학교는 마약 매매를 하거나 학칙을 위반하는 학생을 색출하기 위해 첩보원을 학생으로 위장시키는 함정수사까지 하고 있다. 이와 같은 행위에 따른 결과는 매우 광범위하다. 버거(Randall Berger)는 이를 다음과 같이 지적하고 있다 :

―――― 학교 내의 함정수사에 반대하는 사람들은 이것이 학생과 경찰 사이에 서로 믿지 못하는 분위기를 조성할 뿐만 아니라 잘못된 단서와 경찰의 지나친 의욕 때문에 죄 없는 학생까지 희생될 위험성이 있다고 지적한다. 최근 이틀란타 근교 고등학교에서 학교 수업은 물론 학생들과 함께 파티에도 참여하는 등 은밀하게 정탐활동을 하고 있는 젊은 경찰관은 그의 역할에 대해 다음과 같이 말한 바 있다 : "나는 학교에 잘 적응해 학생들이 나를 믿게 한 후에 태도를 바꿔 그들을 교도소로 보내야 한다는 것을 잘 알고 있다."134)

공립 고등학교의 군사주의화가 일상적인 것이 됨에 따라 최악의 아동 인권 경시조차도 그것이 아동의 안전을 위한 것이라는 미명 하에 행정 당국과 국민들 사이에서 정당화되고 있으며, 전국에 걸쳐 학교 교실에 감시 카메라가 설치되고 있다. 학교 당국은 이것을 '학교개혁'이라고 부르고 있다. 하지만 지속적인 감시를 받고 있는 학생들에게 무엇을 가르친다는 것이 과연 무슨 의미가 있는가에 대해서는 거의 생각하지 않는다.135) 쉽게 짐작할 수 있듯이 이와 같은 추세 속에는 어린이들은 믿을 수 없는 대상이며, 그들의 권리는 보호받을 만한 가치가 없다는 인식이 깔려 있다. 동시에 학생들은 통제와 감시 그리고 의심의 여지가 없는 권위를 유지하기 위한 군사적 관행을 수동적으로 받아들이도록 교육되고 있다. 두말할 나위 없이 이것은 경찰국가와 프로토 파시즘의 핵심적 조건들이다.

앞에서 개략적으로 지적했듯이 미국의 지속적인 전쟁문화의 근간을 이루는 공포와 불안감의 결합은 아동, 특히 흑인 아동들에게 커다란 고통처럼 보인다. 가난한 지역의 학군에서는 교육 전문가들이 일자리를 잃고 있으며, 아동들에게 중요한 정신건강 서비스도 축소되고 있다. 라이머(Sara Rimer)가 《뉴욕타임스》에서 지적한 것처럼 학생들에게 매우 절실한 서비스와 학생의 문제를 다루는 전통적 방식이—그것이 온정적인 방식이 아니라 해도—최근에는 청소년 사법제도에 의해 대체되고 있다. 그런데 "이것은 마치 정신적 문제나 특별한 교육적 문제가 있는 가난한 소수계층의 아동들을 처리하는 쓰레기장처럼 기능하고 있다 … . 청소년 감금 센터가 교장실보다도 중요한 곳이 되었다."[136] 예를 들어 일부 도시에서는 "수업을 방해하거나 선생님에게 대드는 것과 같은 학생의 일탈행위를 고소할 수 있도록 하는" 조례를 통과시켰다.[137] 어린이들은 그들의 사소한 잘못에 대해 두 번의 기회가 주어지지 않는다. 또한 상담교사나 교장에게 불려가지도 않고 방과 후에 학교에 남는 벌을 받지도 않는다. 그들은 지금 법정과 청소년 사법제도의 관할 하에 놓여 있다.

국가안보 상태와 군사주의화의 후원 속에서 감금정책이 노동계층과 소수계층의 청소년들을 규율하는 가운데 이들이 비판적으로 생각하거나 반대 운동에 관여할 수 있는 능력을 제한하는 주요한 수단이 되었다. 주변부 학생들은 그들이 나머지 인생이며, 매일 학교를 다닌다고 해서 나중에 직업을 얻을 수 있는 것이 아니라는 사실을 재빨리 배우게 된다. 오늘날 학교는 그들을 교도소나 감옥과 같은 감금장소로 '졸업시키는' 훈련소가 되었다. 자신의 안위를 걱정하는 백인과 중산층 국민들에게 정치적 부담을 지우거나 사회의 암적 존재가 되는 것을 방지하기 위해 그들을 눈에 띄지 않게 하는 가운데 감시하고 모니터한다. 학교는 점차 계층과 피부색에 따라 소외된 학생들을 분리하는 구획 메커니즘으로 기능하고 있다. 가랜드(David Garland)는 "대규모의 감금이 일종의 경제적·사회적 배정 양식으로, 요컨대 결손 가정이나 시원찮은 직장과 복지기관 등에서 쫓겨난 사람들을 분리하고 이들의 사회생활을 차단하는 구획 메커니즘으로 작용하고 있다"고 지적한다.[138] 흑인 청소년들이 마치 군대처럼 되어버린 학교에서 당하는 불평등을 잘 보여주는 지표 가운데 하나가 바로 다른 집단과 큰 차이를 보이는 정학이나 퇴학 등의 징계방식이다. 《시카고 트리뷴(*Chicago Tribune*)》의 위트(Howard Witt)는 다음과 같이 기술하고 있다 :

———《트리뷴(*Tribune*)》의 분석에 따르면 학교 전체 학생 가운데 흑인 학생들이 차지하는 비율을 고려할 때 아이다호(Idaho)를 제외한 모든 주에서 상대적으로 더 많은 수의 흑인 학생들이 정학을 당하고 있다. 일리노이(Illinois)를 포함한 21개 주에서는 그와 같은 불균형이 더욱 심해서 흑인 학생들의 정학 비율이 전체 학생의 구성비보다 2배 이상 높게 나타나고 있다. 그리고 미국 전체 평균을 볼 때 흑인 학생들이 백인 학생보다 거의 3배 이상 정학과 퇴학 처분을 받고 있다. 연방자료에 따르면 다른 인종집단과 비교할 때 그처럼 높은 비율의 징계를 받고 있는 집단은 없다 … . 하지만 연구결과에서 보듯이 흑인 학생들이 그들과 동일한 사회적·경제적 환경에 있는 다른 학생들보다 그릇된 행동을 더 많이 하는 것은 아니다.[139]

이와 같은 통계를 볼 때 9학년이 된 가난한 흑인 학생들 가운데 42%만이 실제로 고등학교를 졸업한다는 사실은 놀라운 일이 아니다. 학교가 많은 흑인 학생들에게 실업과 빈곤 그리고 형사재판으로 향하는 직접적인 통로가 되고 있다는 사실 또한 결코 놀랄 만한 일이 아니다. 《뉴욕타임스》 칼럼리스트인 허버트(Bob Herbert)의 주장에 따르면 뉴욕 시 가운데 일부는 흑인으로 태어난 청소년과 여성 그리고 어린이들에게는 경찰국가와도 같다. 하지만 그의 주장은 단지 빙산의 일각만을 보여줄 뿐이다. 그가 간과하고 있는 것은 가난한 흑인 아동들이 경험하는 처벌과 괴롭힘이 뉴욕 시를 넘어 미국의 거의 모든 대도시, 특히 대부분의 학교로

확대되고 있다는 점이다.[140]

　미국 내부의 군사주의화를 보여주는 사례는 또한 교도소-산업-교육복합체의 부상과 형사재판 제도에서 찾아볼 수 있다. "군대, 경찰 그리고 법원 사이의 전통적인 차이가 희미해지고" 있다.[141] 오늘날 경찰은 군대에서 남은 무기를 제공받고 있으며, 기술과 정보를 교환하고 있다. 해군 특수부대 네이비 실(Navy Seal)을 모방해 특수기동 경찰대인 스와트(SWAT)팀을 도입하고 있다(실제로 미국 전역의 경찰부서에서 이러한 팀들이 급속하게 증대하고 있다). 또한 범죄를 통제하기 위해 군대식 모델을 활용하는 등 군대와 긴밀한 협력관계를 유지하고 있다.[142] 요컨대 미국인의 생활 속에 군사적 모델이 점점 더 많이 활용되면서 문화에도 결정적인 영향을 미치고 있다. "특수임무 전담팀, 점점 인기를 끌고 있는 슈퍼맥스(Supermax) 교도소와 마약과의 전쟁을 위한 신병훈련소 등이 일상화되고 있는 것은 물론 군사화된 문화가 징계나 교도행정의 최근 추세"를 반영하거나 이를 정당화시켜 주고 있다.[143] 이러한 준군사주의적 관점에서 볼 때 범죄는 더 이상 사회적 문제가 아니다. 즉 오늘날 그것은 개인적 병리현상인 동시에 치유가 아닌 처벌의 문제이다. 이러한 문화는 점점 특수한 인종과 계층에 따른 담론을 구체화시키고 있으며, "사회적인 것, 그리고 이것과 관련된 설명에 대한 의구심을 반영하고 있다."[144] 이는 특히 미국의 내부 도시를 위험천만한 범죄와 폭력의 온상으로 취급하는 데서 분명하게 나타난다. 이러한 도시들은 특히 교도소-산업복합체의 급부상이라는 측면에서 파국적 결과를 맞았다. 널리 알려진 바와 같이 미국은 현재 세계에서 가장 큰 감옥이다. 1985년에서 2007년 사이에 수감자 수가 744,206명에서 220만 명으로 증가했고(아이다호, 와이오밍, 몬타나 주의 인구를 합친 수에 근접하는 규모) 교도소 예산이 1980년

70억 달러에서 2000년 400억 달러로 급증했다.[145)

----- 세계 인구의 1/22을 차지하고 있는 미국은 세계 전체 수감자의 1/4 정도
에 해당하는 200만 명 이상을 수감하고 있다. 우리는 세계에서 가장 큰
형사제도를 운영하고 있고, 대략 전체 수감자의 1/4(약 50만 명) 정도는
폭력적이지 않은 마약사범들이다.[146)

범죄율의 급격한 하락에도 불구하고 체포되고 괴롭힘을 당하며 처
벌을 받고 수감되는 사람들, 특히 이와 같은 유색인종의 숫자는 점점 늘
고 있다.[147) 220만 명의 수감자들 가운데 70%가 유색인종이다. 그 가운
데 50%가 흑인이며 17%는 라틴계이다.[148) 법무부 보고서에 의하면 특
정 시점에 "미국 주요 도시에 거주하는 18–34세의 흑인 남성을 조사해
보면 그 가운데 1/3 이상이 수감 중이거나 아니면 어떤 형태로든지 사법
부의 관리감독을 받고 있다."[149) 그리고 2000년 4월 보고서에 따르면 "흑
인 청소년이 마약사범으로 구속될 가능성이 백인 청소년의 48배 이상이
다."[150) 가난한 유색인종의 젊은이들은 낡아빠진 학교에 짐짝처럼 수용
되어 있거나 아니면 이라크 전쟁에 참전할 미군에 의해 적극적으로 징병
당하고 있다.

----- 《소스(The Source)》의 협조를 받아 미군은 주문제작한 허머 자동차(Hum-
mers), 저지(jersey) 셔츠 그리고 트럭 운전사 모자 등을 이용해 힙합 팬을
공략하고 있다. 군복을 입은 두 명의 흑인이 그려진 노란색 허머는 미군의
'가두 캠페인(Take It to the Street campaign)'을 위해, 즉 젊은 흑인들을 군
인으로 징병하려는 미션을 위해 미군이 선택한 자동차이다.[151)

군대는 힙합과 도시문화를 발견한 것처럼 보인다. 군대가 주목한

것은 흑인들의 가장 중요한 메시지 가운데 하나인 빈곤, 실업, 절망에 대한 무감각한 고발이 아니다. 군대의 모병관은 장차 군인이 될 수 있는 젊은이들이 '허머에 출입할 수 있도록 함으로써' 가장 상업화된 요소에 호소하고 있는 것이다. "그들은 허머 안에서 음향을 조절하거나 아니면 군대와 관련된 비디오를 시청할 수도 있다."[152] 하지만 장차 징병될 흑인들은 폐허가 된 바그다드의 전장에서 허머가 폭파되는 장면을 비디오에서 볼 수는 없을 것이다.

문화영역에 널리 퍼진 군사주의는 또한 군사주의적 가치와 미학을 다양한 교육 사이트와 문화현장에 주입함으로써 일종의 대중교육으로 기능하고 있다. 예를 들어 험비(Humvee) 광고는 공포와 다른 사람들의 감탄을 뒤섞음으로써 그것을 소유한 사람이 바로 남성임을 보장하는 것처럼 보이게 만드는 군사적 매력과 남성다움에 대한 환타지를 제공하고 있다. 도시 외곽의 중산층 청소년들에게 최근 가장 인기 있는 스포츠의 하나가 바로 '전쟁터'에서 서로 상대방 모르게 접근해 총을 쏘는 페인트볼(paintball) 게임이다. 샌디에고에서는 게임 참가자가 팬들턴 해군기지(Camp Pendleton Marine Base)에서 기술을 연마하기 위해 50달러의 추가 비용을 지불하기도 한다.[153] 정교한 마케팅 도구를 활용하고 군인이 남성다움과 완벽한 조화를 이룬다는 메시지를 전달하는 모병 광고가 엔터테인먼트에서 홍수를 이루고 있다. 그리고 이것이 하나의 직접적 유인이 되기도 한다. 예를 들면 미국 해군 홈페이지인 *www.marines.com*은 총소리로 시작한 후 다음과 같은 메시지를 보여준다 : "우리는 전사들이며, 하나이자 전부이다. 나라를 지키기 위해 태어났고 정복하기 위해 조직되었다. 우리가 지닌 총검은 피눈물 나는 훈련으로 담금질된 우리 내면의 총검이다. 우리는 누구보다도 강하다. 우리는 해군이다."

비디오 게임에서 할리우드 영화와 어린이 장난감에 이르기까지 대중문화는 점점 더 군사주의화된 가치와 상징, 그리고 이미지에 의해 공격받고 있다. 둠(*Doom*)과 같은 비디오 게임은 가장 고차원의 남성다움에 호소하는 폭력적 화면과 사격기법을 오래 전부터 사용해 왔다. 해병대(Marine Corps)는 1990년대 중반에 둠(*Doom*)에 매료되어 **마린 둠**(*Marine Doom*)이라는 자체 게임을 개발해서 무료로 다운로드할 수 있도록 했다. 게임 개발자 가운데 한 사람인 해병대 중위 바넷(Scott Barnett)은 이것이 해병대에게 즐거움을 선사하는 유익한 게임이라고 주장했다. 군대는 대중문화와 새로운 전자기술의 접목을 최대한 이용할 수 있는 수많은 방법들을 발견해냈다. 이러한 기술은 비디오 게임, 컴퓨터 기술, 인터넷 그리고 10대들이 이용하는 비주얼 문화의 요소를 찬미하는 대중문화를 통해 군대 인사들의 훈련뿐만 아니라 신병을 유인하는 데 활용되고 있다.[154] 예를 들어 군대는 컴퓨터를 사용하는 신병의 마음을 끌 수 있는 온라인 소프트웨어를 개발했는데, 그 중에서 가장 많은 인기를 끈 것은 '전투 및 전략적 전쟁상황을 실제로 모방한' 사격 게임이다.[155] 게임 개발 책임자인 볼(Brian Ball)은 게임의 폭력성에 대한 비판과 관련해서 비디오 게임의 목적을 아주 분명하게 밝히고 있다 : "우리는 군대가 폭력을 다룬다는 사실을 잘 알고 있다. 우리는 이를 통해 미국인의 삶에서 군대의 역할을 이해하는 데 도움이 되길 바란다."[156]

오늘날 군대는 산업체와 연계해서 수많은 새로운 전쟁 게임을 생산하고 있다. 예컨대 **미국 육군**(*America's Army*)은 가장 대중적이고 성공을 거둔 모병용 비디오 게임이다. 이 게임은 "평상시 적을 죽이는 방법을 가르쳐 주며, 지역 모병관을 방문해 실제로 미 육군에 입대할 것을 수없이 제안하고 있다."[157] 군대-산업협력체는 또한 가장 최신의 위성기술을 활용해 쿠마(Kuma : War)를 생산했다. 2004년 출시된 이 게임은 국방부와 쿠마 게임(Kuma Reality Games)이 공동 개발한 것이다. 매주 업데이트되며 예약이 필요한 이 게임은 "게이머에게 현실 세계의 갈등에 근거한 실제 미션을 제시하고 있다."[158] 게이머는 게임 속에서 미군이 이라크의 모술(Mosul)을 공격해 사담 후세인의 두 아들인 우다이(Uday)와 쿼사이(Qusay)가 죽었다는 것과 같은 실제 뉴스를 고칠 수 있으며, "신문의 헤드라인에서 바로 국제적 갈등이 벌어지는 전선으로 뛰어들기 위해 위성사진이나 진짜 군사정보와 같은 실제 사실"을 최대한 이용할 수 있다.[159] 물론 40도가 넘는 불볕더위에 30킬로그램이 넘는 배낭을 짊어지는 것, 폭탄이 퍼붓고 진짜 총을 쏘는 상황에서 느끼는 극도의 긴장감과 공포, 최소한 몇 달 동안 가족과 떨어져 생활해야 하는 것과 같은 현실 속의 경험은 교육과 엔터테인먼트를 위해 만들어진 게임 속에는 들어 있지 않다.

군대는 신병을 훈련시키기 위해 게임을 이용하고 있고, 비디오 게임 제작자는 일급 전투 머신으로 인가된 제품을 제공하고 있다. 전쟁 게임의 인기 또한 상승하고 있다. 터스(Nicholas Turse)에 따르면 엔터테인먼트와 전쟁의 경계가 사라지면서 "훨씬 더 현실적인 컴퓨터와 비디오 전투 게임을 원하는 군대의 욕구를 충족시키기 위한 군대-엔터테인먼트 복합체가 생겨났다. 비디오 게임을 통해 군대와 학계 및 엔터테인먼트 산업분야의 동반자들은 미국의 젊은이들을 무장 갈등에 대비시키기 위한 미디어 문화를 창출하고 있다."[160] 전투훈련 게임은 미 국방부와 엔터테인먼트 산업에 최고의 안성맞춤이 되고 있다. 국방부는 군 예산을 더욱 증액할 수 있으며, 엔터테인먼트 산업은 비디오 게임 산업에서 나오는 400억 달러를 포함해 연간 수익이 4,790억 달러에 이르고 있다. 엔터테인먼트 산업체는 국방부의 전쟁 게임에 인증서를 제공해 주며, 국방부는 산업체의 전쟁 관련 상품에 신뢰성을 부여해 주고 있다. 물론 국방부와 엔터테인먼트 산업체 사이의 협력은 1997년 이후 지속되어 왔다. 하지만 현재 미국을 사로잡고 있는 전쟁문화는 이러한 협력관계의 새로운 장을 열었으며, 대중문화에 지대한 영향력을 발휘해 왔다.[161]

젊은이들은 더 이상 군사적 가치를 훈련소나 군사학교에서 배우지 않는다. 이러한 가치는 대중문화 자체의 교육적 영향력을 통해 전파되었다. 대중문화는 군대가 젊은이들에게 이데올로기와 사회생활을 교육시키는 주요한 수단이 되었다. 군대와 엔터테인먼트 산업체 사이의 협력은 "전장에서 훌륭한 의사결정자를 길러내는 데 도움이 되는 대중교육 형태를 제공하고 있다 …. 하지만 논쟁을 통해서 젊은이들이 내릴 수 있는 가장 중요한 결정은 바로 전쟁을 할 것인가 말 것인가, 그리고 만일 전쟁을 한다면 그 명분은 무엇인가와 같은 전쟁의 도덕성에 관한 것이다."[162]

군사주의화된 문화의 인기는 비디오 전투 게임의 판매뿐만 아니라 어린이 장난감 판매에서도 분명하게 나타나고 있다. 미국 전역의 대형 체인점과 주요 소매상에서 가장 많이 판매되고 있는 품목은 전쟁과 관련된 장난감이다. 텍사스 주 샌안토니오(San Antonio)의 케이비 토이즈(KB Toys)에서는 군대 음악에 맞추어 춤을 추는 군복 차림의 햄스터 인형이 하루 만에 다 팔렸고 "군대 장난감을 매장 앞쪽에 진열하도록" 주문하기도 했다.[163] 인물 인형의 판매 또한 치솟았다. 하스보로(Hasboro)의 보도에 의하면 "2001–2002년 사이에 미군 병사 인형인 지아이 조(G. I. Joe)의 판매량이 46% 증가했다. 그리고 인형 소매점인 스몰 블루 플래닛(Small Blue Planet)은 '특수부대 : 이라크와의 막판대결(Special Forces : Showdown With Iraq)'이라는 인형 시리즈를 출시했는데, 4개 모델 가운데 2개가 판매 즉시 매진되었다."[164] 케이비 토이즈는 2003년 5월 1일 부시 대통령이 링컨(USS Abraham Lincoln) 기지에 도착할 때 입었던 것과 같은 미군 조종사 복장의 작은 모형 인형을 시장에 내놓음으로써 이라크 전쟁과 관련된 장난감 열풍을 이용했다. 소니(SONY)는 '충격과 경이(Shock and Awe)'라는 표현을 비디오 게임에 사용할 수 있는 특허권을 획득함으로써 이라크 전쟁을 통해 돈을 벌려고 했다. 이 표현은 이라크 전쟁 초기 바그다드에 대한 대규모 공중폭격과 함께 상대를 겁주기 위한 전술로 펜타곤 전략가들이 만들어낸 말이다. 게다가 《뉴욕타임스》의 보도에 따르면 9·11 이후 "'나가자(Let's Roll)'라는 표현에 대한 특허 신청이 20여 건 이상 접수되기도 했다." 그런데 이 표현은 테러리스트에게 공중 납치되어 펜실베니아(Pennsylvania)에 떨어져 폭파된 비행기의 한 탑승객에 의해 유명해졌다.

심지어는 패션계에서도 점점 확산되고 있는 군사주의화와 애국심의 열기를 반영한 스타일이 유행을 이루고 있다. 육해군(Army-Navy) 스토아는 성조기, 방독면, 조종사용 선글래스, 야간용 적외선 고글 등의 군사장비뿐만 아니라 위장용 의류 판매로 활기를 띠고 있다.[165] 심지어는 유명 디자이너들도 이러한 흐름에 동참하고 있다. 예를 들어 이탈리아 밀라노 패션쇼에서는 많은 디자이너가 "미군 병사(G. I.) 유니폼에 큰 관심을 보였고, 군복양식에 매료되기도 했다." 한 디자이너는 "특수부대원 복장을 한 우람한 모델로 하여금 무대 위에 올라가 풍선을 폭파하도록 하기도 했다."[166]

군사주의화가 문화를 통해 확산됨에 따라 대화와 온정보다는 물리력에 더욱 의존하는 정책들이 생겨났다. 이와 같은 추세는 민주적 가치를 침해하고 시민적 자유를 훼손하는 정체성의 양식을 제공할 뿐만 아니라 상징적·실제적 폭력의 생산을 일상생활의 핵심적 특징으로 만들고 있다. 존슨(Chalmers Johnson), 바세비치(Andrew Bacevich), 보그스(Carl Boggs), 베이커(Kevin Baker)가 지적하고 있듯이 미국이 빠른 속도로 "국제적 연대, 외교, 효율적 정보행위, 민주제도, 심지어는 국가안보를 포함한 거의 모든 것들을 군사적 해법으로 대신하는" 국가가 됨에 따라 군사주의화가 미국 사회의 핵심적 특징이 되었다.[167] 이러한 이데올로기 내에서 남성다움은 폭력과 결합되며, 행동이 숙고와 논쟁의 민주적 과정을 대체하게 된다. 군사주의화는 힘의 규칙과 억압적 국가권력의 확장에 관한 것이다. 이와 같은 논리에서 볼 때 민주주의는 비효율적 체제로 간주되며, 그래서 군사주의자들은 민주주의를 종종 취약한 정부형태라고 비난하고 있다. 이러한 반민주적 주장이 시민적 자유를 침해하는 미국 애국법(USA PATRIOT Act), 불만을 배신으로 간주하는 편협한 애국심, 그리고 군사주의화된 문화 속에서 증오와 불관용의 열기를 부채질하는 대중적 방송인들의 담론 속에 그대로 메아리치고 있다. 가장 전형적인 사례 가운데 하나가 9·11 이후에 나타났다. 안 콜터(Ann Coulter)는 무슬림과의 전쟁을 성전이라고 부르면서 다음과 같이 주장한 바 있다 : "우리는 그 나라를 침략해 지도자를 죽이고 기독교 국가로 바꿔야 한다. 우리는 히틀러와 그를 따랐던 세력을 찾아내고 처벌하는 데 형식에 얽매이지 않았다. 우리는 독일에 융단폭격을 했고 시민들을 죽였다. 그것이 전쟁이다. 그리고 우리가 하고 있는 이것이 바로 전쟁이다."[168] 이러한 주장이 미국인들의 주도적 여론을 반영하는 것은 아니다. 하지만 무비판적이고 국수주의적인 애국심과 불관용은 미국의 많은 보수주의 라디오 진행자들 사이에 표준적 코드가 되었을 뿐만 아니라 다양한 문화적 장면에서 점점 더 정당화되고 있다. 군사적 기능과 시민적 기능 사이의 경계가 흐려지면서 군사주의화는 우리의 언어를 변형시키고 있고 민주적 가치를 떨어뜨리고 있다. 또한 파시스트적 통제양식을 찬양하고, 시민을 군인으로 규정하며, 국제법과 민주적 지구공동체를 지지하는 국가적 능력을 감소시키고 있다. 따라서 군사주의화를 체계적으로 검토하는 가운데 이에 저항하지 않는다면 비판적 시민성의 의미가 침해되는 것은 물론 민주사회의 핵심적 제도가 커다란 해를 입게 될 것이다.

신자유주의와 민주주의의 사망

──── 내가 보건대 신자유주의는 정치의 기본 성격을 변화시켰다. 정치의 주된 관심사는 누가 누구를 지배하며 누가 얼마만큼의 파이를 갖는가 하는 것이었다. 물론 이러한 두 가지 핵심적 문제가 여전히 남아 있기는 하지만 오늘날 정치의 새로운 주제는 "누가 살 수 있는 권리가 있고 누가 없는가?" 하는 것이다. 근본적인 배제가 오늘날의 시대질서이며, 이것은 참으로 심각한 문제가 아닐 수 없다.[169]

최근의 역사를 규정하는 신자유주의 이데올로기의 중요성을 분석하지 않고서는 사실상 미국 사회에 다양한 모습으로 등장하고 있는 권위주의를 이해하기 어렵다.[170] 파시즘이 신자유주의를 필요로 하는 것은 아니지만 신자유주의는 독특한 미국판 파시즘을 조장할 수 있는 이데올로기적·경제적 조건을 제공하고 있다.[171] 신자유주의는 경제적·정치적 제도와 민주주의의 핵심이 되는 공공 영역을 침해할 뿐만 아니라 반민주적 권력형태를 인식할 수 있는 어휘를 지니고 있지 않다. 더욱 나쁜 것은 신자유주의가 위계질서를 낳고, 권력을 소수의 수중에 집중시키며, 무자비한 개인주의를 고무시키고, 복지국가를 파괴하며, '처분가능한

(disposable)' 수많은 사람들을 감금하고, 중산층과 빈민층의 경제적 몫을 박탈하며, 또한 국가 전체를 궁핍화시키는 것과 같은 방향으로 국가와 경제 사이의 구조적 관계를 강화한다는 점이다.[172]

신자유주의 아래에서 국가는 기업자본 그리고 초국가적 기업과 확고하게 연계되어 있다. 국가가 '어느 정도의 사회적 필요를 책임지던' 시대는 지나갔다. 그 대신 오늘날 정부기관은 광범위한 "'규제철폐'와 민영화를 추구하고 있으며, 정부의 책임을 시장과 개별적 자선단체에게 방기하고 있다."[173] 규제철폐는 국가의 기본적 생산능력에 대한 광범위하고 체계적인 투자회수를 조장하고 있다.[174] 유연생산(flexible production)은 국내에서 임금노예제(wage slavery)를 강화시키고 있다. 그리고 더 많은 이윤을 추구하기 위해 아웃소싱을 도입하면서 자본과 일자리가 빠른 속도록 해외로 빠져나가고 있다. 신자유주의는 미국에서 지배적 논리가 되었다. 아노위츠(Stanley Arnowitz)에 의하면 "공적 소유권 혹은 사적 경제활동에 대한 공적 규제보다 자유시장의 우월성을 주창하는 신자유주의 경제원칙이 보수주의자뿐만 아니라 사회 진보주의자들 사이에서도 전통적 지혜가 되었다."[175] 신자유주의 이데올로기와 그 영향력은 또한 국경을 초월하고 있다. 복지국가를 통해 역사적으로 보장된 사회적 대책을 해체시키고 이윤추구를 민주주의의 본질이라고 규정하면서, 그리고 '경제관계를 정부규제로부터 해방시키는' 시장의 무제한적 능력을 자유와 동일시하는 가운데 신자유주의의 영향력이 전 세계로 퍼져나가고 있다.[176] 초국가적 성격을 지닌 신자유주의는 세계은행, 국제금융기금(IMF), 세계무역기구(WTO) 등과 같은 강력한 금융기관에 의해 강요되는 구조조정 정책들을 통해 개발도상국가나 약소국가에 신자유주의 경제체제와 시장 가치를 부과하고 있다.[177] 대처(Margaret Thatcher)가 지적한 것처럼 신자유주의는 세계에 개입한다는 윤리적 이상을 포기하는 대신에 "우리의 희망과 능력을 새로운 세계 시장에 적응시키는 것밖에는 다른 선택이 없다"는 생각을 받아들이는 경제법칙의 불가피성을 찬양함으로써 불확실성, 투쟁, 사회적 행위 등과 같은 쟁점을 회피하고 있다.[178] 새로운 공포문화와 결합된 시장의 자유가 국가안보, 자본, 재산권의 보호 속에 안전하게 자리를 잡고 있는 것처럼 보인다.

민주주의를 보호하는 데 필요한 모든 공공 영역을 파괴하려는 공격뿐만 아니라 사회를 탈역사화하고 탈정치화하는 능력을 통해서 신자유주의는 자본주의의 무자비한 힘이 난무하고 프로토 파시즘의 핵심적 요소가 강화될 수 있는 조건들을 재생산하고 있다. 부르디외(Pierre Bourdieu)가 주장한 것처럼 신자유주의는 경제영역을 정부의 모든 통제로부터 자유롭게 하려는 일종의 탈정치화 정책이다 :

━━ 자유, 자유주의, 규제철폐라는 용어를 부끄러움 없이 사용하면서 신자유주의는 모든 통제로부터의 해방을 통해 경제결정론에 치명적인 억압을 가하고 시민과 정부를 그렇게 해방된 경제적·사회적 영향력에 복종시키려고 한다 … . 이러한 정책은 다양한 수단, 특히 사법적 수단을 통해 경제적 영향력을 통제할 수 있는 권한을 점차 시민과 정부로부터 빼앗으면서 경제적으로 발전된 자유주의 정부, 심지어는 사회민주주의 정부에 도입되어 왔다.[179]

동시에 신자유주의는 공공 지출을 삭감하며, 비판적 교육과 언어 및 공적 개입을 위한 저장고의 역할을 하는 비상업화된 공공 영역의 기반을 무너뜨리기 위해서 자유시장의 합리성이 전 세계적으로 승리했다는 주장을 숨이 막히도록 강변하고 있다. 매스 미디어, 우파 지식인 그리고 정부가 토해내고 있는 신자유주의 이데올로기는 규제철폐와 사유화를 강조하는 가운데 민주적 가치와 공공 영역의 개념 자체에 대한 전면적 공격 속에서 구체적으로 드러나고 있다. 신자유주의 담론 내에서는 공공선의 관념이 평가절하되며, 사적 이윤의 극대화를 위한 사회생활의 통제를 정당화하기 위해 공공선의 관념이 배제되기도 한다. 오늘날에는 건강의료, 아동보호, 공적 부조, 교육 및 교통 등과 같은 공공 서비스가 시장의 규칙에 종속되어 있다. 공공선을 사적인 선(private good)으로, 그리고 단지 기업과 사적 영역의 필요만을 현명한 투자로 이해함으로써 신자유주의 이데올로기는 지속적인 빈곤과 부적절한 건강의료, 도시 내부에서의 인종차별, 빈부 간 불평등의 심화를 초래하고 정당화하며, 또한 이를 더욱 악화시키고 있다.[180]

아노위츠(Stanley Arnowitz)가 지적하고 있듯이 부시 행정부는 신자유주의 이데올로기를 정부 프로그램의 초석으로 삼았고, 다음과 같은 정책들을 적극적으로 지지하고 실행하는 데 앞장서 왔다 :

───── 모든 수준의 기업 및 무역활동에서의 규제철폐, 부유층과 기업을 위한 세금감면, 핵에너지 산업의 재생, 단체의 구성 및 집단 협상을 위한 노동권의 제한과 폐기, 보존 및 친환경적 정책보다는 상업적·산업적 개발을 지지하는 토지정책, 만성적 실업자를 위한 소득지원 폐지, 교육과 건강에 대한 연방지원금 축소, 주요 연방연금 프로그램인 사회보장(Social Security)의 민영화, 피해를 입은 개인이 고용주와 기업을 상대로 소송을 제기할 수 있는 권리의 제한, 이뿐만 아니라 사회적 프로그램이 축소되면서 범죄의 소탕이라는 미명 하에 이루어지고 있는 의심스럽기 짝이 없는 마약과의 전쟁, 일반 시민을 감시하기 위한 자금의 증액, 그리고 연방 및 지역 경찰력의 증강 등에서 볼 수 있는 것과 같은 정부의 억압적 기능에 찬성하는 민주당원들이 공화당에 합류하기도 했다.[181]

신자유주의 이데올로기와 이를 실행에 옮긴 부시 행정부에서 핵심이 되는 것은 정부를 공적 이해관계의 보호자가 아닌 자유에 대한 적으로 인식하려는(대기업을 지원할 때는 예외로 하고) 시장 근본주의자와 우파 정치인들의 계속된 시도이다. 부시 행정부는 이와 동시에 노동조합에 대한 무차별 공격을 가했다. "한때 기업의 경제적·정치적 영향력을 제한하기도 했던" 노동조합의 회원이 지금은 사적 영역 노동인구의 단지 7.9%에 머물고 있다.[182] 부시 행정부의 신자유주의는 또한 환경을 파괴하는 정책들을 추진해 왔다. 특히 온실가스 배출과 지구 온난화를 통제하기 위해 마련된 교토의정서(Kyoto Protocol)에 부시 행정부가 서명하지 않은 것이 그 대표적 사례이다.

큰 정부를 없애겠다는 것이 신자유주의의 통일된 주장이다. 이는 미국 역사에 깊이 뿌리박힌 하나의 원칙이며 정치적 자유의 관념과 밀접하게 관련된 것이기 때문에 광범위한 대중적 인기를 얻었다. 하지만 우파에서 도용하고 있는 이와 같은 전통은 신자유주의 정책과는 많은 모순을 보이고 있다.

——— '날 내버려 둬(leave me alone)'는 호소력 있는 슬로건이지만 우파는 규칙적으로 이와 같은 자신들의 원칙을 위반하고 있다. 임신중절에 반대하는 사람들은 자신의 도덕적 가치를 타인의 사적인 삶에 강제하기 위해서 정부의 권한을 이용하려 한다. 자유시장을 지지하는 우파는 부시와 의회가 절박한 상황에 처한 항공사, 보험사, 은행을 도와주려고 할 때 입을 다물고 있다. 강경한 우파 보수주의자들은 대법원과 법무부가 시민적 자유를 제한할 때 이를 노골적으로 지지한다. '학교 선택(school choice)' 운동은 작은 정부를 추구하지만 세금부담자의 의무는 엄청나게 늘어났다.[183]

신자유주의를 옹호하는 사람들은 정부가 가난한 계층에게 사회적 안전망과 같은 본질적 서비스를 제공할 때 이것을 큰 정부라고 공격했다. 하지만 그들은 2000년 대통령 선거와 9·11 이후 전개된 경제침체기 때 위기에 처한 항공산업을 구제하기 위해 정부를 활용한 일에 대해서는 양심의 가책을 느끼지 못한다. 정부가 다국적 기업에 수십억 달러의 지원금을 교부해서 기업의 복지를 향상시키는 데 관여했을 때 그들은 어떠한 불만도 제기하지 않았다. 요컨대 정부는 가난하고 박탈당한 사람들과 젊은 세대의 집단적 미래에 대해 어떠한 의무도 지고 있지 않다.

시장의 법칙이 공공선의 수호자인 국가의 법칙보다 우선시되면서 정부는 자본의 성장과 자본의 상업적 이해관계 사이의 경계를 조정하는 데 미온적이다. 또한 정부는 비판적 시민성과 민주적 공공 생활에 결정적 역할을 하는 정치·경제·사회적 공간과 환경을 조성하는 비상업화된 이해관계와 비시장적 영역에 대한 지원을 거부하고 있다. 신자유주의 담론에서는 보통의 시민들이 만연된 부패, 무자비한 다운사이징, 직업 안전성의 폐기, 일용직 계약직 노동자를 위한 혜택의 제거에 대해서 문제를 제기하는 등 정치·사회적 변혁의 목소리를 내는 것이 점점 더 어려워지고 있다. 더욱이 현재 상황에 맞서 이에 도전한다는 것은 더욱 요원한 일이 되고 있다.

권리, 권한, 사회보장, 공동체, 사회적 책임, 최저 생활 임금, 직업 안전성, 평등, 정의와 같은 자유 민주주의적 용어들은 민주주의의 미래가 카지노 자본주의(casino capitalism), 요컨대 로또를 하는 사람이나 주식 단기 매매자와 잘 어울리는 승자독식의 철학에 의해 대체된 국가에서는 설 자리가 없는 것처럼 보인다. 거대 자본이 대부분 장악하고 있는 문화산업에 의해 지탱되고 있는 기업문화가 시민사회와 정치사회의 기본적 제도 속에 점점 더 깊이 확대되고 있다. 그리고 미래가 현재보다 나을 것이 없다는 사회에 만연된 공포와 대중적 불안감에 의해 이것이 강화되고 있다. 확산되고 있는 신자유주의 담론이 대중의 상상력을 사로잡으면서 민주적 공공 생활의 의미와 목적을 확장시켜 줄 수 있는 진보적 사회변화나 민주적 비전 또는 비판적 사회행위자와 같은 용어가 사라져 버렸다. 저임금 일자리, 적절한 사회적 대책의 붕괴, 국내에서 벌어지고 있는 젊은 유색인종에 대한 전쟁, 그리고 해외에 제국을 건설하려는 전쟁의 현실 속에서 시장에 기초한 신자유주의의 엄청난 파괴력이 사회적 행위를 소비행위로 전락시키고 있는 가운데 궁극적으로 교육과 사회변화 사이의 관계를 단절시키는 시장정체성과 시장관계를 산출하려고 애쓰고 있다.

신자유주의 이데올로기와 기업문화가 시민사회와 정치사회의 기본적 제도 속으로 점점 더 깊이 확대됨에 따라 개인들을 공적인 삶과 연결시켜 주고, 사회적 책임을 조장하며, 대중의 참여와 민주적 시민성을 자극할 수 있는 비상업화된 공공 영역들(공립학교, 서점, 교회, 비상업적 공영방송국, 도서관, 노동조합 그리고 대화, 교육, 학습에 관여하고 있는 다양한 자발적 기관들)이 줄어들고 있다. 미디어 이론가인 허먼(Edward Herman)과 맥체스니(Robert McChesney)가 주목하듯이 비상업화된 공공 영역은 "역사적으로 정치공동체의 중요한 이슈에 관해 토론하고 논쟁을 벌이며 시민들이 공동체 생활에 참여하는 데 필요한 정보를 제공하는 장소 내지 포럼"으로서 매우 소중한 역할을 해왔다.[184] 이처럼 귀중한 공공 영역이 없다면 기업의 영향력은 아무런 견제를 받지 않게 되며, 정치는 감동이 없고 냉소적이며 가혹한 것이 된다.[185] 더욱이 민주주의가 사라지면서 남게 된 빈 자리를 종교적 광신, 문화적 국수주의, 외국인 혐오증, 인종차별주의가 대신하고 있다. 네오콘과 극단주의 집단은 실업의 확대, 테러와의 전쟁, 공동체의 해체에서 비롯되는 점증하는 불안감과 공포, 근심을 최대한 이용하고자 한다. 이러한 맥락에서 신자유주의는 네오콘과 종교적 우파 운동뿐만 아니라 그들의 프로토 파시즘 정책을 추진하는 데 도움이 되는 경제·사회 및 정치적 불안감을 창조해내고 있다.

신자유주의의 지배 하에서 특히나 고통스러운 것은 단순히 자유나 사회적 행위에 관한 생각이 지배적 이데올로기와 시장원칙을 통해 배타적으로 규정되어진다는 것이 아니다. 그보다는 오히려 신자유주의가 마치 전통적 지혜처럼 반론의 여지가 없는 것으로 보이게끔 스스로를 포장한다는 것이다. 하이예크(Friedrich A. von Hayek), 프리드만(Milton Friedman), 노직(Robert Nozick), 후쿠야마(Francis Fukuyama) 그리고 다른 시장 근본주의자들이 오늘날 사회관계의 전형으로 규정한 신자유주의는 '시장을 사회적 운명의 조정자'로 받아들임으로써 신자유주의의 기본 원칙과 그것이 초래한 사회적 결과에 대한 비판을 피하려 하고 있다.[186] 신자유주의는 공공 자산을 고갈시키고, 공공 서비스를 민영화하며, 반민주적 권력형태를 인식하는 데 유용한 어휘와 비유적 묘사 등을 제한하고, 개인의 행위를 협소한 관점에서 파악한다. 또한 중요한 것은 신자유주의가 공적 고려와 사적 이해관계 사이의 지속적인 전환에 관여할 수 있는 개인들의 능력을 떨어뜨림으로써 생동감 있는 민주주의의 비판적 기능을 침해하고 있다는 점이다. 이와 같은 탈정치화의 전략은 부분적으로는 공적 쟁점을 사적 영역으로 떠넘기는 방식으로 성취된다. 바우만(Zygmunt Bauman)의 지적대로 "'공적인 것(the public)'이 '사적인 것(the private)'을 지배한다는 말은 더 이상 맞지 않는다. 이와는 반대로 사적 이해관계의 추구라는 관점에서 설명될 수 없는 모든 것들을 배제시킴으로써 사적 영역이 공공 영역을 지배하고 있다."[187] 정치적 가능성과 사회적 지지대로서의 가치를 박탈당한 자유는 사람들이 사적인 우려를 공적 관심과 집단적 투쟁으로 전환시킬 수 있는 기회를 거의 제공하지 못하고 있다.

신자유주의 담론에서 좋은 삶이란 "소비자로서의 정체성을 통해 설명된다—우리는 우리가 구매하는 것을 통해 우리가 된다(We are what we buy)."[188] 예를 들어 일부 신자유주의 옹호자들은 미국의 많은 주가 직면하고 있는 건강의료와 교육의 위기가 공공 자산을 사적 이해관계에 팔아치우는 방식으로 해결될 수 있다고 주장한다. 비상업화된 공공 영역과 민주적 가치에 대한 신자유주의 이데올로기의 경멸을 뻔뻔스럽게 과시하는 가운데 심지어 미국 국방부는 비록 잠시 동안이기는 하지만 테러와의 전쟁과 안보에 대한 우려를 온라인 거래를 하는 미래의 시장에 넘기는 방안을 고려하기도 했다. 시장 논리와 카지노 자본주의의 홍수 속에서 신자유주의는 상업적 영역이 지배하는 사회질서를 꿈꾸고 있다. 동시에 신자유주의는 비판적 민주주의의 본질을 없애버리고, 대신에 이것을 기업의 문화적·정치적 권력을 전 세계로 확대할 수 있는 능력과 구매력을 지닌 상품 민주주의(democracy of goods)로 대체하려는 공격적인 시도를 감행하고 있다. 공공 생활에 대한 기업의 공격이 공고해짐에 따라서 도덕적 비전을 제시하거나 활기찬 정치적 투쟁에 관여할 수 있는 민주적 공공 영역에 대한 재정적 지원은 말할 것도 없고 이를 유지하는 것조차 어렵게 되었다. 그들이 말하는 신자유주의 이데올로기의 객관성이 지배적인 공공 영역 내에서 거의 도전받지 않는 상황에서 개인적 비판과 집단적인 정치적 투쟁은 더욱 어려워지고 있다.[189] 소로스(George Soros)의 지적처럼 신자유주의 이데올로기와 그것이 지닌 확고한 사명의식으로 인해 부시 행정부는 다음과 같은 믿음을 가질 수 있었다. "다른 누구보다 강하기 때문에 우리는 더 잘 알아야 하며 또한 올바른 편에 서야 한다. 이것이 바로 미국 패권주의라는 이데올로기를 형성하기 위해 종교적 근본주의와 시장 근본주의가 만나는 곳이다."190) 신자유주의가 널리 퍼져 있다는 것은 승리에 대한 그릇된 확신에 기초한 권력의 오만함과 과장된 도덕적 정의감에 사로잡힌 부시 행정부가 국민의 반대에 의해 크게 견제당하지 않는 가운데 행동할 수 있었다는 것을 의미한다.

공공 영역이 점점 상업화되고 국가가 점점 더 자본과 가까워지면서 정치는 대체로 평화와 사회개혁을 위한 행위가 아니라 질서를 규율하는 기능에 의해 정의되고 있다. 집단적 유대감의 파괴 이외에도 신자유주의는 국가와 자본과의 관계를 재조정하고 있다. 국가가 건강, 교육 및 국민 복지에 대한 사회적 투자를 포기함에 따라 점점 경찰국가 또는 안보국가의 기능을 떠맡고 있다. 이와 같은 징후는 국민들에 대한 사찰과 체포, 처분가능한 개인들(대부분 유색인종)의 감금과 범죄자를 양산하는 사회정책을 위해 국가기구를 점점 더 많이 활용하고 있는 현실에서 잘 나타나고 있다. 범죄자를 양산하는 사회정책의 한 예에 해당하는 것이 바로 공공 장소에 오랜 시간 앉아 있거나 누워 있는 홈리스들에게 벌금을 물리거나 처벌하는 내용을 담은 구걸 및 배회금지 법령이다.191) 사람보다 이윤을 강조하며 가난하고 소외된 계층에 대한 봉사보다는 이들을 처벌하고자 하는 신자유주의의 야만성을 보여주는 더욱 비열한 예는 병원에서 찾아볼 수 있다. 전국의 많은 병원에서 의료비를 지불할 수 없는 환자가 체포되거나 구속되는 경향이 늘고 있다. '신병 구속(body attachment)'이라 불리며 '기본적으로 환자의 체포영장'이기도 한 이 정책은192) 채무자 감옥(debtors' prison)으로 되돌아가는 모습을 보여주고 있을 뿐만 아니라, 오웰(George Orwell)의 『1984』에 나오는 것과 다를 바 없다.

이러한 정책에 상응하는 이데올로기적 측면은 저널리즘, 출판, 영상분야 등의 자율적 문화생산 영역을 적극적으로 제거하는 것과 같은 사회질서를 향해 권력을 동원하는 대중교육이다. 또한 확산되고 있는 상업적 가치와 시장의 결과에 맞설 수 있는 집단적 구조의 파괴, 전 세계적 차원에서의 실업 예비군의 등장, 그리고 경제의 실질적 지배에 대한 민족국가의 예속 등이 모두 이와 같은 신자유주의 사회질서의 모습들이다. 부르디외(Pierre Bourdieu)는 신자유주의가 이러한 디스토피아(dystopia) 세계에 미친 결과를 다음과 같이 강조하고 있다 :

> 첫째는 지독한 경제기구에 대항할 수 있는 모든 집단적 제도의 파괴, 무엇보다도 공공 영역의 아이디어와 관련된 모든 보편적 가치의 저장고라고 할 수 있는 국가의 집단적 제도의 파괴이다. 둘째는 기업의 중심부처럼 경제와 국가의 상층부 모든 곳에 일종의 도덕적 다윈이즘(moral Darwinism)이 강요되고 있다는 점이다. 승자의 의식(cult)으로 고등수학과 번지 점프에서 학습된 도덕적 다윈이즘은 모든 행위의 규범으로 만인의 만인에 대한 투쟁과 냉소주의를 제시하고 있다.[193]

이러한 담론 내에서는 코마로프 부부(Jean and John Comaroff)가 주장한 것처럼 "사적인 것만이 구체적 대상이나 감정을 지닌 유일한 정치다. 이처럼 사유화된 측면에서만 행동이 조직화되며 불평등과 적대감의 경험이 의미를 지니게 된다."[194] 그와 같은 상황 속에서 신자유주의는 정치의 사망을 예고하고, 사회로부터 민주적 가치를 빼앗아 가며, 사회적 행위를 극도로 사유화된 측면에서 재구성하고, 어떤 대가를 치르더라도 맞서야 하는 프로토 파시즘이 등장할 수 있는 조건을 제공해 준다. 신자유주의는 아무런 제약을 받지 않는 개인주의를 프로토 파시즘의 핵심적 특징으로 중시할 뿐만 아니라, 민주사회의 '도덕적·물질적·규제적 요소'를 잘라냄으로써 그 모든 흔적을 파괴하고 있다. 그리고 그 과정에서 미래가 협소한 시장의 논리 밖에서 어떻게 파악될 수 있는가를 이해할 수 있는 언어를 전혀 제공하지 않고 있다.[195)

하지만 여기에는 공적 관심의 제거, 사회적인 것의 종말, 개인들의 비참한 경험을 집단적 행동으로 전환시킬 수 있는 능력을 없애버리는 시장에 기초한 근본주의의 출현, 그리고 복지국가가 부여한 혜택의 상실보다 훨씬 더 심각한 문제가 도사리고 있다. 요컨대 "시장이 마치 그 자신의 정신과 도덕성을 지니고 있는 것처럼 간주하면서 정치적 주권을 시장의 주권으로" 대체해야 한다는 위협이 또한 점점 커지고 있다는 점이다.[196) 민주주의가 신자유주의의 지배 아래에서 하나의 부담이 됨에 따라 시민적 담론이 사라지고 있다. 그리고 가장 약삭빠르고 교활한 자의 생존철학인 아무런 제약을 받지 않는 사회적 다윈이즘의 통치가 새로운 프로토 파시즘의 원형으로 등장하고 있다. 그러나 우리가 충분히 대항할 수만 있다면 이러한 것들이 더 이상 확대되지는 못할 것이다. 프로토 파시즘을 향한 움직임이 불가피한 것은 아니다. 오히려 우리가 주목해야 할 것은 오늘날 미국에서 민주주의의 모든 의미가 상실될 수 있는 조건들이 마련되었다는 점이다.

파시즘의 이러한 공세에 맞서 우리에게 절실한 것은 도덕적 분노 그 이상이다. 우리에게 필요한 것은 21세기의 정치를 이론화할 수 있는 새로운 언어이다. 그 언어는 전 지구적 차원의 정보사회 속에서 산다는 것이 과연 무엇을 의미하는가에 주목해야 할 것이다. 정보사회는 단순히 새로운 전자기술의 확산뿐만 아니라 새로운 교육 사이트를 특징으로 한다. 새로운 교육 사이트에서 벌어지는 의미를 둘러싼 투쟁은 민주적 행위양식의 출현과 집단적 저항에 필수적인 교육적 조건을 창출하는 데 있어서 매우 중요하다.[197] 점증하고 있는 세계 자본주의 사이의 연대, 정치적·종교적 근본주의, 고조되고 있는 군사주의에 대항하기 위해서는 지금과는 다른 세계를 상상할 수 있는 새로운 사회적 연대와 협력 및 운동이 필요하다. 새로운 세계는 다양한 네트워크가 비판적 언어뿐만 아니라 희망의 언어, 그리고 조화로운 집단행동을 통해 함께 어울리는 세상이다. 그러한 세계의 담론에서는 차이가 연대성으로 확대되고, 반대가 경계를 가로질러 정치의 집단적 가능성을 보장해 주며 보다 민주적인 미래를 향한 운동을 가능하게 해준다.

제2장

인종문제와 거절의 교육

미국에서의 인종관계는 보아(W.E.B. Du Bois)가 『흑인의 영혼(*The Souls of Black Folk*)』에서 "20세기의 문제는 유색인종에 대한 차별(color line)의 문제"라고 지적한 이후 큰 변화를 겪어왔다.[1] 이는 인종문제의 중요성이 약화되었다거나 아니면 보아가 위와 같이 예견할 수밖에 없었던 맥락을 제공한 인종적 조건, 이데올로기, 관행 등이 극복되었다는 의미는 아니다. 그보다는 오히려 이러한 것들이 변형되고 재생되어 왔으며 새로운, 그리고 많은 경우에는 더욱 은밀한 표현양식을 취해왔다는 점이다.[2] 보아는 유색인종에 대한 차별이 맥락과 투쟁방식에 따라 표현형태를 달리해 왔다는 점에서 고정되어 있지 않다고 보았

---

* 이 장은 Henry A. Giroux, "Spectacles of Race and Pedagogies of Denial," *Communication Education*, 52 : 3/4, pp. 19-21 (2003)의 내용을 전재한 것임.

다. 또한 미래 세대가 직면하게 될 가장 큰 도전 가운데 하나는 인종의 복잡한 구조적 유산에 관여하는 것뿐만 아니라, 그것이 일상생활에서 표현되고 경험되는 다양한 형태에 주목하는 것이라고 보았다. 보아에게 있어 인종문제는 권력 및 이데올로기와 융합되어 있으며, 미국 문화의 대중교육과 지리, 경제, 정치 및 제도 등과 깊이 연관되어 있다.

보아가 현 세대의 학생, 교육자, 시민들에게 제시하고 있는 커다란 도전은 "인종 정치 및 정책이 사회와 세계에 미치는 결과"와 미국 민주주의의 장래가 매우 밀접하게 연계되어 있다는 사실을 인식하는 것이다.[3] 이러한 시각은 미래에 우리가 경험하게 될 민주주의가 인종, 인종차별 그리고 사회정의의 양식을 어떻게 정의하고 생각하며 경험하는가, 그리고 이를 어떻게 변형시키는가에 따라 달라질 수 있다는 점을 시사하고 있다. 이는 또한 인종의 의미와 인종차별에 대한 도전이 세대에 따라 다르며, 우리가 직면한 도전은 인종의 상징적 권력-구조적·현실적 관행은 물론 교육적 영향력으로서의 권력이 어떻게 자아와 타자, 사적인 것과 공적인 것 사이의 관계를 재규정하는지를 이해할 수 있는 새로운 언어를 필요로 한다는 것을 보여주고 있다. 그리고 특히 인종차별의 문제가 사회적인 것에 관한 관념 그리고 인종차별 정치가 조직화되고 정당화되는 권력작용을 부인함으로써 인종차별적 부정의의 흔적을 지워버리는 사유화된 담론으로 환원되는 것을 막기 위해서는 위와 같은 새로운 도전에 대한 충분한 인식이 필요하다.

보아가 『흑인의 영혼』을 저술했을 당시 인종차별 문제는 미국의 정치, 문화, 경제에서 엿볼 수 있는 고유한 일부였다. 인종에 따른 구분은 개인의 정치와 무관한 것도 그리고 무시할 수 있는 것도 아니었다. 하지만 21세기에 접어들면서 유색인종에 대한 차별의 정치는 보아가 보았던 흑인차별 정책 시대(Jim Crow era)보다 훨씬 더 복잡 미묘한 것이 되었다. 미국 사회 인종관계의 복잡한 특성을 더 이상 흑인차별 정책과 같은 관점에서 파악하는 것이 어렵게 되었다. 오늘날 대다수 미국인들은 인종차별을 위한 제도가 더 이상 존재하지 않기 때문에 흑인에 대한 인종차별은 과거의 일이라고 믿고 있다. 하지만 시카고 대학교의 여론조사 센터(National Opinion Research Center)에서 실시한 여론조사에 따르면 "대다수의 미국인들은 아직도 흑인이 백인보다 똑똑하지 못하고, 게으르며, 자립적이기보다는 복지혜택에 기대어 사는 것을 좋아한다고 믿고 있는 것으로 나타났다."[4] 이와 같은 모순과는 별도로 보수주의자와 자유주의자들은 한결같이 미국의 인종차별적 위계질서를 지금의 미국 사회와는 관련이 없는 불행한 역사적 사실로 보고 있다. 남부의 계급제도가 없어졌고, 인종적 범주로서의 '백인(whiteness)'에 관한 문제가 제기되었으며, 시민권을 보장하는 법안들이 의회에서 통과되었고, 텍사코(Texaco)나 데니스(Denny's) 등 인종차별을 한 회사를 상대로 한 일련의 소송이 승소하고, 사회 다방면에 걸쳐 유색인종이 활발히 진출함에 따라 오늘날 유색인종에 대한 차별은 미국 사회가 극복한 구시대의 유산처럼 보인다. 소자(Dinesh D'Souza)의 『인종차별주의의 종말(The End Of Racism)』, 슬리퍼(Jim Sleeper)의 『자유주의적 인종차별주의(Liberal Racism)』, 그리고 선스톰(Stephan and Abigail Thernstrom)의 『흑과 백의 미국(America in Black and White : One Nation, Individual)』 등과 같은 베스트셀러에서는 인종차별주의를 시대에 뒤떨어진 이데올로기이자 관행이라고 주장한다.[5] 그리고 다수의 백인들이 이에 동의하고 있는 것처럼 보인다. 실제로 많은 여론조사를 보면 대다수의 미국 백인들은 유색인종이 더 이상 미국 생활에서 인종적 차별을 당하지 않고 있다고 믿고 있다. 예를 들어 '흑인과 백인의 관계'에 관한 최근의 갤럽 여론조사에 따르면 "10명 가운데 7명의 백인은 흑인들이 그들이 속한 집단에서 동등한 대우를 받고 있다고 믿고 있고, … 10명 가운데 8명의 백인은 흑인들이 동등한 교육기회를 누리고 있고, 응답자의 83%는 흑인들이 지역사회에서 동등한 주택공급의 기회를 제공받고 있다고 생각하며, 그리고 백인 가운데 1/3만이 흑인들이 지역의 경찰로부터 인종적 편견을 받고 있다고 믿는 것으로" 나타났다.[6] 많은 보수주의 및 자유주의 지식인들이 볼 때 이제 남아 있는 인종차별적 범주나 정책의 흔적은 차별시정조치(affirmative action)뿐이다. 이는 오히려 고등교육, 노동력, 자격 프로그램이나 하계 장학 프로그램 등에서 흑인들에게 불공정한 혜택을 제공하기 위한 것이다.[7]

미국인의 삶에서 인종차별적 담론이 주요 미디어와 공공 생활 속에 넘쳐날 때 인종의 중요성과 인종차별주의의 엄연한 사실은 역사의 쓰레기통으로 폐기되고 만다. 유색인종에 대한 차별은 이제 랩 음악, 힙합 패션 그리고 스포츠 용품의 형태로 백인 청소년들에게 판매될 수 있는 색다른 상품이 되었다. 마이클 조던(Michael Jordan), 에타 제임스(Etta James), 조지 포먼(George Foreman) 등의 흑인 유명인사들이 의류, 최고급 자동차, 가스 그릴 등 거의 모든 상품에 시장의 정당성을 부여해 주고 있다. 윌리엄스(Patricia Williams), 웨스트(Cornel West), 다이슨(Michael Dyson), 게이츠(Henry Louis Gates) 등과 같은 흑인 대중 지식인들이 《뉴욕타임스》 등 미디어의 주목을 받고 있다. 흑인들은 오늘날 대법원과 정치 고위직 등에서 강력한 지위를 점하고 있다. 이른바 유색인종에 대한 차별의 붕괴는 TV 시트콤, 패션 잡지, 할리우드 영화, 음악 비디오 등에서 두드러지게 나타나고 있는 흑인 엘리트의 등장에서도 엿볼 수 있다. 하지만 정치적 영역에서는 차별시정조치, 복지, 범죄 및 교도소-산업복합체 등을 둘러싼 공적 논쟁이 계속됨에 따라 소위 인종을 초월한 투명한 공공 정책들이 복잡한 양상을 보이고 있다. 이러한 모든 것들이 시사하는 바는 유색 인종에 대한 차별이 곳곳에서 교정되거나 사라지고 있는 반면에, 다른 한편으로는 인종이나 인종차별적 위계질서가 아직도 대부분의 미국인들이 경험하는 일상생활 속에서 근본적 영향력을 발휘하고 있다는 점이다.[8] 대중적 정서와는 무관하게 인종이 사라지기보다는 오히려 미국 생활의 모든 측면을 구성하는 핵심 지표로서 그 영향력을 유지해 왔다. 오미(Michael Omi)가 주목하고 있듯이 "형식적 평등과 접근권을 법적으로 보장하고 있음에도 불구하고 여전히 인종이 개인의 정체성과 집단적 행동을 구성하는 근본 원리가 되고 있으며, 인종의 중요성이 약화되기보다는 정치와 문화적 차원에서 그 중요성이 확대되어 왔다."[9]

인종과 차이에 대한 표현이 미국 사회 도처에 널려 있으며, 미국 생활에 대한 하나의 상징이자 조건인 인종차별이 여전히 간과되고 있거나 아니면 사유화된 담론으로 취급되고 있다. 사유화된 담론 속에서 인종차별은 전형적으로 개인적 편견 또는 '증오심'의 표출과 같은 심리적 성향을 언급하는 것으로 간주된다. 정치가 더욱 인종차별적인 것이 되면서 인종에 관한 담론은 더욱 사유화되고 있다. 인종차별의 현실이 공공 생활에 스며드는 가운데 그것은 사악한 권력관계 내에서 차이가 생성되는 담론이나 사이트보다는 오히려 거절할 수 없는 문화적 지표나 바람직한 상품이 되고 있다. 또한 시장의 공적 도덕성이 정치적 통제와 경제적 권력 사이의 격차를 확대하는 동시에 정치적 행위를 소비행위로 환원시키는 마력을 발휘하고 있다. 그 결과 시장의 고려사항보다 민주적 가치를 우선시하는 규범적 원리나 윤리, 평등, 정의 등을 경시함으로써 공공 제도의 정치적 무능이 심화되는 가운데 냉소주의와 무력감이 대중 사이에 확대되고 있다. 마찬가지로 기업의 영향력이 공공선의 관념을 손상시키고 공공 영역을 점차 사유화시키면서 이를 잠식해 가고 있다. 그런데 이러한 공공 영역에서 "흑인과 백인 사이의 가장 단순하면서도 복잡한 상호작용, 요컨대 일상생활의 깊고도 지속적인 경향 가운데 하나"인 광범위한 인종차별에서 야기된 긴장을 인지하는 비판의식이 출현할 수 있다.[10] 하지만 인종적 위계질서가 소수 계층과 소수 인종을 게으르다고 비난하고, 개인적 창의성을 발휘하지 못하게 하며, 인종적으로 역차별을 하는 것과 같은 권력회피적 전략으로 변화됨에 따라 무관심과 냉소주의가 경멸과 불만을 낳고 있다. 말하자면 오늘날에는 모든 인종차별 문제를 개인의 성격이나 문화적 타락과 같은 사적인 쟁점으로 환원시키기 위해 시장 이데올로기가 공공 생활의 언어 속에서 사회적인 것을 지워 버리고 있는 것이다.

스틸(Shelby Steele)과 맥후터(John McWhorter)와 같은 흑인 대중 지식인들은 인종차별주의의 주체와 대상이 역전되었다고 주장함으로써 국민적 관심을 끌고 있다. 스틸에 의하면 급증하는 흑인 실업, 흑인 아동을 차별하는 열악한 학교, 과거 남부의 대농장 체제를 모방한 것과 같은 형사재판 제도, 또는 신시내티나 뉴욕과 같은 도시에서 주로 흑인들을 대상으로 한 경찰의 가혹행위 등은 인종차별과 관계가 없다. 이와는 반대로 스틸은 인종차별주의가 백인들의 죄의식(white guilt), 즉 시민권 운동의 유산으로 백인들이 감수해야만 하는 부담을 낳았다고 보고 있다. 백인들의 어깨에서 이러한 부담을 덜어내기 위해 이제 흑인들은 희생자의 입장에서 스스로를 자유롭게 해야 하며, 백인들에게 그들의 고통이 불필요하다는 것을 증명할 수 있도록 책임감 있게 행동해야 한다.[11] 이것은 근면, 개인적 노력, 안정된 가정생활, 고결한 가치 그리고 재산의 소유권을 토대로 스스로를 판단하고 평가할 수 있는 잘 훈련된 기업가 정신을 통해서 가능할 수 있다.[12] 이보다 더 나아가 주로 UC 버클리에서의 경험을 바탕으로 맥후터는 미국 고등교육이 그저 평범하거나 게으른 흑인 학생들로 가득 차 있다고 주장한다. 이들은 백인 동급생처럼 경쟁적으로 열심히 공부하기보다는 '멍청하게 입을 다물고' 지내면서도 그들의 피부색 때문에 특별한 대우를 받는 차별시정조치 프로그램의 희생자들이다. 여기서 우리가 주목해야 할 것은 유색인종에 대한 차별이 백인보다는 흑인에게 이익을 주고 있고, 결과적으로는 맥후터가 주장하는 것처럼 편협함보다는 다양성이 오히려 양질의 교육에 적이 되며 "흑인 학생들을 그저 그런 존재로 단정짓게" 만든다는 점이다.[13]

이러한 담론 내에서는 공적 쟁점을 단지 사적 관심사로만 생각하는 새로운 종류의 인종차별적 언급에 대한 징후가 엿보인다. 이것은 "개인의 고통을 공적 쟁점으로 전환하는" 것을 거부하는 인종차별,[14] 즉 권력과 평등에 관련된 쟁점을 광범위한 사회적 관심사에서 제거하기 위해 노력하는 인종차별이다. 이는 궁극적으로 인간의 행위를 단순히 개인적 선택의 문제로 상정하며, 효능감 있는 시민의식과 사회적 행위의 장애물은 자조(self-help)의 훈련과 도덕적 책임감의 결여라고 본다. 여기서는 인종차별주의의 핵심적 전제들이 어떻게 인종, 인종적 정의, 평등 그리고 민주주의의 관념을 회피하고 있는가를 분석함으로써 새로운 인종차별주의의 특성을 간단히 살펴보고자 한다. 그 과정에서 인종차별주의의 새로운 요소, 특히 색맹(color-blindness)의 담론과 신자유주의적 인종차별을 분석할 것이다. 그리고 트랜트 로트(Trent Lott) 사건에 나타난 거부의 인종차별주의와 신자유주의적 인종차별의 방식을 살펴볼 것이다. 끝으로 새로운 인종차별주의, 특히 신자유주의적 인종차별주의가 어떻게 교육적·정치적 쟁점으로 다루어질 수 있는가에 대한 견해를 제시하고자 한다.

신자유주의와 사유화의 문화

인종적 정의의 문제에 관한 미국의 공적 도덕성과 사회정책들이 점점 거부(denial)의 정치에 빠져들고 있다. 여기서 말하는 거부는 단순히 대중적 기억의 실패나 알고 싶어하지 않는다는 것을 의미하는 것이 아니다. 그보다는 오히려 상당수의 보수주의자, 자유주의자 그리고 정치가들이 인종차별을 미국 문화에 대한 위협으로 해석하거나 아니면 사적 영역의 언어로 취급함으로써 이를 차별과 배제의 힘으로 인정하지 않기 위해서 인종의 담론을 다시 쓰고자 한다는 것이다. 하지만 인종에 관한 생각과 인종차별의 조건들이 실제 정치적 결과를 낳고 있으며, 이를 무시하는 것은 도리어 정치적 결과를 파악하기 어렵게 할 뿐이다. 언어가 인종문제를 어떻게 규정하고, 조직화하며, 처리하고, 범주화하고 있는지 아는 것은 학문적 가치가 있을 뿐만 아니라 자아와 타자, 공적인 것과 사적인 것 사이의 차이와 관계를 파악할 수 있는 중요한 토대가 된다. 게다가 인종의 언어는 정치적·정책적 의제에 매우 큰 영향을 미치기 때문에 중요하다. 이는 머레이(Charles Murray)의 저서 『토대의 상실(Losing Ground)』이 1980년대 미국의 복지정책에 미친 영향에 대해서만 생각해 보아도 쉽게 알 수 있다.[15] 그러나 언어는 어떠한 결과를 낳는 커뮤니케이션 양식이나 상징적 관행 그 이상이다. 그것은 또한 논쟁과 투쟁의 장이기도 하다. 1970년대 중반 이후 신자유주의가 행위, 정체성, 자유 그리고

정치 자체에 대한 미국인의 인식에 중요한 역할을 하면서 인종관계는 커다란 변화를 겪어왔다.[16]

    부분적으로 이와 같은 변화는 다국적 자본주의가 영향력을 발휘하는 가운데 경제가 정치로부터 분리되고 기업의 영향력이 민족국가의 통제에서 벗어나는 지구적 차원의 재구조화 속에서 이해할 필요가 있다. 신자유주의의 관점에서 세계화는 "정치와 문화에 대한 경제의 승리, 그리고 삶의 거의 모든 영역에 대한 자본의 지배를 의미한다."[17] 신자유주의적 세계화에서 자본은 국가의 규제로부터 벗어나고, 권력은 윤리 및 사회적 책임의 문제와 분리되며, 가난한 사람들이나 노약자, 노동자, 중산층에게 안전망을 제공했던 사회계약을 시장의 자유가 대체하게 된다. 그에 따라 공적 쟁점과 사회적 관심사를 대신해서 개인적 살림살이, 안전, 생존과 같은 가장 기본적 문제들에 대한 불안과 공포의 문화가 점차 확산되고 있다. 과거 혹은 미래에 대한 관심이 불확실성에 의해 대체되었고, 동정, 정의, 타인 존중에 기초한 전통적인 인간적 유대를 오늘날에는 사회적 다윈이즘이 대신하고 있다. 매일밤 TV 속에서 화려하게 펼쳐지는 사회적 다윈이즘은 사적인 이해관계를 기초로 승자독식의 사회를 조장하고 있다. 불안과 공포가 대중의 의식을 사로잡으면서 사회는 더 이상 민주적 가치를 통해 설명할 수 없게 되었다. 오히려 사회는 개인주의와 경쟁만이 옳고 그름, 공정과 불공정, 적절한 행위와 부적절한 행위를 구별할 수 있는 규범적 수단이라고 강조하는 상처 입은 자유를 통해서 파악할 수 있을 뿐이다. 바우만(Zygmunt Bauman)은 이처럼 뿌리 뽑힌 자유의 관념과 그것이 조장하고 있는 불안에 대해 주목하고 있다:

—— 사회는 더 이상 개인의 불행에 대한 집단적 구제를 보장하지도 약속하지

도 못한다. 과거에 볼 수 없었던 많은 자유가 개인에게 주어졌다. 아니 오히려 엄청난 자유가 던져졌지만 그에 상응해서 과거에 느낄 수 없었던 엄청난 불안이 가중되었다. 그리고 불안이 엄습할 때 인간은 일상의 관심사를 넘어선 가치 혹은 한 순간 이상의 지속적인 그 무엇을 돌아볼 시간적 여유가 거의 없다.[18]

이처럼 새롭게 등장하고 있는 신자유주의 윤리에서 성공은 근검과 기업가적 재능의 결과이다. 성공하지 못한 사람은 실패자 아니면 낭비가 심한 존재로 간주된다. 실제로 개인주의, 시장 그리고 반국가주의(anti-statism)와 결부된 신자유주의는 인간의 필요보다 재산권을 더 중시하며 '정치의 예술을 경제학의 과학 아래에' 둔다.[19] 시장에 기초한 자유가 사회를 지배하며 금융이 가치를 주도하는 시대에 인종적 정의는 시민적 가치보다는 상업적 가치, 공적 이해관계보다는 사적 이해관계, 윤리적 고려보다는 금전적 유인을 강조하는 신자유주의에 대한 윤리적 요청을 상실하고 있다. 신자유주의는 인종차별을 하나의 윤리적 쟁점으로서 인정하지 않으며, 민주적 가치를 시민적 행위의 토대로서 받아들이지 않는다. 물론 신자유주의는 전 세계로 퍼져나가면서 다양한 형태를 취하고 있다. 미국에서 신자유주의는 상당한 성공을 거두었지만 이에 대한 노동조합, 학생, 환경론자들의 저항이 점점 더 커지고 있다. 세계은행, 국제금융기금(IMF), 세계무역기구(WTO) 등이 조장한 경제정책에 반대하는 대규모 시위가 시애틀, 프라하, 뉴욕, 몬트리올, 제노바 등 전 세계에서 발생했다. 미국에서는 학생들이 국내외에서 벌어지고 있는 노동자 착취 공장의 관행, 그리고 공교육 및 고등교육의 기업화뿐만 아니라 관세 및 무역에 관한 일반협정(GATT)이나 북미자유무역협정(NAFTA) 등과 같은 경제체제에 반대하는 시위를 벌이고 있다. 불행하게도 인종차별에 반

대하는 이론가들은 새로운 인종차별주의와 신자유주의 사이의 연관성
이나 인종에 기초한 감시국가(carceral state)의 등장에 대해 충분히 목소리
를 내지 못했다. 미국에서 심화되고 있는 신자유주의의 영향력을 고려하
지 않는다면 새롭게 등장하고 있는 인종차별주의와 반인종차별 운동을
둘러싼 정치를 이해할 수 없을 것이다. 따라서 지나친 단순화나 이 책의
다른 부분과 중복될 수 있는 우려에도 불구하고 신자유주의의 핵심 전
제들을 좀 더 구체적으로 살펴보고 그것이 어떻게 인종차별의 담론과
관행에 영향을 미치고 있는지 검토해 보고자 한다.

신자유주의와 새로운 인종차별주의 정치

서론에서 언급한 바와 같이 신자유주의의 지배 하에 있는 미국 사
회는 일반적으로 시장관계, 규제철폐, 사유화, 소비주의(consumerism)를
통해 규정된다. 신자유주의의 핵심은 이윤창출이 민주주의의 본질이고
소비가 시민성의 가장 소중한 행위라고 전제하는 것이다. 자유를 개인적
이해관계라는 좁은 의미로 엄격하게 받아들이는 신자유주의는 공공선
의 모든 측면을 사유화하려고 애쓰는 동시에 국가의 역할을 자본의 문
지기, 그리고 사회질서와 인종차별적 통제를 위한 물리력의 사용에 국한
시키려고 한다. 사회적 법규나 정부규제의 제한을 받지 않는 가운데 경
제를 규정하는 시장관계가 민주주의 자체를 위한 하나의 패러다임으로
간주된다. 신자유주의 철학의 핵심은 사회의 전면적 발전이 시장의 지혜
를 통해 이루어져야 한다는 것이다. 마찬가지로 신자유주의 전사들은 경
제적 고려가 민주적 가치보다 중요하고, 사회적 쟁점을 개인적 딜레마로

이해해야 하며, 일용직 노동이 정규 노동을 대체해야 하고, 노동조합이 약화되어야 하며, 모든 사람을 소비자로 대해야 한다고 주장한다. 이와 같은 시장중심적 관점에서는 자본의 교환이 사회정의, 사회적 책임감을 지닌 시민의 육성, 민주적 공동체의 건설보다 우선순위를 지닌다. 그 속에는 반민주적 권력형태를 인식하고 비시장적 가치를 계발할 수 있는, 그리고 인종과 계층에 따른 심각한 불평등의 사회적 불의에 맞서 싸울 수 있는 언어가 없다. 따라서 신자유주의 아래에서 언어가 종종 그 비판적·사회적 능력을 상실하는 것은 결코 놀라운 일이 아니다. 왜냐하면 모든 문제가 개인적인 차원으로 환원되지 않는 사회질서, 말하자면 사회적 쟁점이 개인적 고려사항을 이해할 수 있는 조건을 제공하고, 비판적 성찰이 정치의 핵심이 되며, 평등과 정의가 민주사회를 발전시키는 핵심이 되는 그러한 사회질서를 상상하는 것이 점점 어려워지고 있기 때문이다.

신자유주의의 영향으로 인종과 인종적 정의(justice)에 관한 어휘가 어떻게 변화되었는지 충분히 이해할 필요가 있다. 자유의 의미가 사회를 형성하는 데 적극적으로 참여할 수 있는 개인이나 집단의 능력과 점차 분리되면서 자유는 이제 사회적 제약으로부터 자유로울 수 있는 개인의 권리로 환원되었다. 이러한 관점에서 자유는 더 이상 민주사회를 만들기 위한 개인들의 집단적 노력과 관련이 없다. 대신에 정치를 소비주의에 대한 찬양 아니면 시장에 기초한 행위와 선택에 특권을 부여하는 것으로 간주함으로써 이제 자유는 사회적 책무를 이행하기보다는 자기를 개발하는 것이 되었다. 여기서는 권력과 평등 그리고 정의가 어떻게 개인적·집단적 선택과 행동이 가능한 조건들을 제공하는지에 대해 무관심하다. 이와 같은 상황에서 신자유주의는 비상업적 가치와 중요한 사회적 쟁점에 관해 논의하고 격론을 벌이며 이에 관여할 수 있는 공공 영역을 침해하고 있다. 공공 영역이 사유화됨에 따라 권력은 사회적 책무와 단절되었다. 그리고 소비지향적 공간에 살고 있는 고립된 개인들이 윤리와 인종적 정의의 원칙을 개인적 사안이 아닌 공공선으로 수용할 수 있는 윤리적이며 권력에 민감한 언어를 만드는 것이 더욱 어려워지고 있다. 바우만(Zygmunt Bauman)에 따르면 공공 영역의 제거 그리고 민주적 가치에 대한 상업적 이해관계의 우위가 공공선을 지지할 수 있는 사고의 폭을 좁게 만들고 있다. 그리고 이는 "'법과 질서'에 대한 히스테릭하고 망상적인 집착뿐만 아니라 타인에 대한 의심, 차이를 받아들이지 않는 완고함, 이방인에 대한 반감과 그들을 격리하고 처벌하라는 요구" 등이 생겨날 수 있는 조건을 만들고 있다.[20] 오늘날 지배적인 경제·정치철학으로 부상한 신자유주의 안에 자리 잡고 있는 신인종차별주의(neoracism)는 차이의 의미뿐만 아니라 대중의 기억, 공공선 그리고 민주주의 자체의 가치에 대한 광범위한 공격의 일부로 볼 수 있다.

새로운 인종차별주의는 인종에 대한 규정이 어떻게 달라졌는지를 보여준다. 뿐만 아니라 이는 인종적·사회적·경제적 정의를 실현하는데 있어서 개인적 자유와 연대성이 불안한 평형상태를 유지하고 있는 정치문화의 붕괴 징후를 보여주고 있다. 그 대신에 투자자의 이윤, 소비자의 신용, 정부를 경찰서 정도로 축소하는 다운사이징, 규제가 사라진 승자만을 위한 사회질서에 초점을 맞춤으로써 오늘날 개인적 자유는 시민적 책임의식이나 정의감과 단절되었다. 자유는 더 이상 자신의 행동에 대해 확고한 책임을 지거나 아니면 모든 사람이 그들의 미래를 창조할 수 있는 본질적인 정치적·경제적·사회적 조건을 제공하는 것과는 관련이 없다. 신자유주의의 지배 아래서 자유는 개입하고 참여하는 행동보다는 오히려 사회로부터 물러나 배타적인 사적인 행위의식을 갖는 것이다.

오늘날 공적 쟁점이나 집단적 문제를 실패한 사람들의 이야기, 불운 혹은 하찮은 일 정도로 치부하는 가운데 자유로부터 시민적 용기와 사회적 책임을 지워버리고 있다. 이에 관해 안셀(Amy Elizabeth Ansell)은 다음과 같이 지적하고 있다 :

——— 우파의 세계관에서 보자면 유색인종의 사회적 이동이 현저히 낮다는 사실이 곧 현재의 사회제도가 부정의하다는 것을 말해주는 것은 아니다. 오히려 이것은 유색인종의 재질(才質)이나 능력의 결여를 반영하는 것이다. 여기서 우리의 관심은 제도적 인종차별의 현실로부터 벗어나 예컨대 '빈곤문화', '마약문화' 또는 흑인들의 자기 개발 결여 쪽으로 향하게 된다.[21]

시장의 힘이 지배하는 곳에서 자유를 부르짖는 것은 민주주의의 본질을 침해하는 윤리적·정치적인 쟁점으로서의 인종차별주의를 다루는 데 이론적으로나 혹은 정치적으로 도움이 되지 않는다. 여기서 자유는 이기주의로 전락하게 되며, 그래서 서로가 공유하고 있는 두려움과 불안, 그리고 계층과 인종상의 이유로 주변부로 밀려난 '타자'에 대한 완고한 태도를 중심으로 공동체 의식을 형성하는 경향이 커지게 된다. 자기 보존의 에토스와 무자비한 이기주의로 환원된 자유는 종종 거부와 자유 또는 개인적 권리의 언어로 포장된 인종차별주의를 이해하는 데 어려움을 주고 있다. 이제부터는 두 가지 형태의 새로운 인종차별주의—색맹(color-blindness)의 인종차별주의와 신자유주의적 인종차별주의—그리고 이것이 우파, 기업권력 그리고 신자유주의 이데올로기와 어떻게 연관되어 있는지 살펴보고자 한다.

위계적이고 고정된 생물학적 범주에 따라 인종의 차이를 규정했던 과거의 인종차별주의와는 달리 새로운 인종차별주의는 인종의 중립성을 주장하며 인종의 차이를 보여주는 지표로서 문화를 강조하거나 또는 인종을 사적 문제로 간주하는 등 다양한 모습으로 작동하고 있다. 생물학적 근거와 사이비 과학적 정당화를 통해 백인의 인종적 우월성을 주장하는 조잡한 인종차별주의와는 달리 새로운 인종차별주의는 사람을 피부색이 아닌 '성품(conent of their character)'에 따라 판단해야 한다고 주장하기 위해 마틴 루터 킹(Martin Luther King, Jr.)의 언어를 끌어들이는 가운데 냉소적으로 시민권 운동의 어휘와 코드를 맞추고 있다. 안셀은 인종차별적 담론이 노골적이고 공개적인 형태에서 벗어나 최근에 어떻게 변화되고 있는지, 그리고 이것을 특히 미국과 영국 우파는 어떻게 자신의 의도대로 활용하고 있는지 검토하고 있다 :

───── 새로운 인종차별주의는 인종차별적 의도를 적극적으로 부인하고 극단적 완고함을 지워버림으로써 미국의 존 버치 소사이어티(John Birch Society)나 영국의 내셔널 프론트(National Front in Britain) 등과 같은 인종차별주의 조직과 거리를 유지하고 싶어하는 우파를 도와주고 있다. 새로운 형태의 인종차별주의는 지금은 무시되고 있는 과거 인종차별주의의 생물학적 요인을 대신해서 문화나 민족과 관련된 주제를 활용하고 있다. 이것은 좁은 의미의 인종적 우월성이라는 관념보다는 지배적인 (백인) 사회의 경제적·사회정치적·문화적 생명력에 대한 이른바 유색인들의 '위협(threat)', 즉 그들이 단지 백인과 같이 있거나 아니면 그들이 요구하는 '특별한 혜택(special privileges)' 때문에 생겨나는 위협에 더 큰 관심을 가지고 있다. 이러한 '인종'의 범주에 따라 작동하는 것이 바로 새로운 형태의 인종차별주의이다. 인종차별적 요소를 청산하고 유색인종을 동등하게 대우한다고 말하면서 은밀하게 간접적으로 움직이고 있는 것이 바로 배제의 정치(exclusionary politics)의 새로운 모습이다.[22]

새로운 인종차별주의에서 중요한 것은 인종차별적 관행이 언어나 다른 표현양식을 통해서 어떻게 작용하고 있는지를 계속해서 분석하는 것이다. 인종차별적 요소를 거의 드러내지 않는, 그리고 가장 광범위한 형태의 새로운 인종차별주의 가운데 하나가 이른바 색맹의 언어이다. 색맹의 언어에서 볼 때 인종적 갈등과 차별은 과거의 일이며, 인종은 현재 미국 사회에서 개인이나 집단들이 차지하는 위치나 위상과는 관련이 없다. 색맹의 언어는 인종의 존재를 부인하지는 않지만 재산, 고용, 주택, 건강의료 및 교육 등의 영역에서 나타나는 백인과 유색인 사이의 커다란 불평등이 인종의 차이에서 비롯된 것이라고 보지 않는다. 달리 말하자면 색맹의 논리에 내재된 핵심 전제는 기본적으로 일상생활에서 사용하는 사회적 어휘의 범위와 개인적·사회적 행위 능력을 고려할 때 인종이 정체성이나 영향력의 지표가 될 수 없다는 것이다. 갈라거(Charles Gallagher)가 주목하고 있듯이 "색맹의 관점에서 보자면 상류층으로의 사회이동을 결정하는 것이 인종 그 자체는 아니지만 한 개인의 운명은 그가 얼마만큼 인종에 관심을 기울이는가에 따라 달라진다. 여기서 인종은 그가 중요하다고 생각하는 정도만큼 중요하다."[23] 갈라거가 인터뷰했던 제프(Jeff)가 말하는 것처럼 인종은 단지 또 다른 선택일 뿐이다 : "당신이 알고 있듯이 랩 음악은 더 이상 흑인만의 것이 아니다 … . 처음에는 흑인의 음악이었지만 지금은 단지 음악일 뿐이다. 그것은 마치 컨트리 음악을 시골 백인들의 음악으로 간주할 수 있는 것처럼 또 다른 선택일 뿐이다. 그것은 단지 하나의 선택일 뿐이다."[24]

그러므로 인종차별이 '없는' 시대에 인종은 취향, 라이프스타일 또는 유산(heritage)의 문제가 되었다. 그것은 정치, 법적 권리, 교육이나 경제적 기회 등과는 관계가 없다. 백인(whiteness)의 사회권력에 정치·경제·문화적 영향력이 더해진 인종차별의 역사를 부인하고 숨김으로써 색맹의 인종차별주의는 인종적 차이와 권력 사이의 관계를 은폐시키고 있다. 그 과정에서 동질성의 규범적 관념에 상반되는 차이를 평가할 수 있는 가치의 조정자로서 백인의 범주를 강화하고 있다.[25] 색맹의 논리를 옹호하는 사람들에게 하나의 정치적 지표로서의 인종은 편리하게 부정되었거나 아니면 극복해야 할 대상처럼 보였다. 그것은 백인들로 하여금 인종차별주의를 사회의 이데올로기적·구조적 불평등을 확대시키는 파멸적 힘으로 간주하여 이를 무시할 수 있도록 해주었다.[26] 하지만 색맹의 인종차별주의는 인종이 주택, 융자, 건강의료, 학교, 형사재판 제도 등에서 배제와 차별을 낳는 잠재적 영향력으로 작용하는 가운데 비대칭적 권력관계와 얼마만큼 연계되어 있는지를 무시할 수 있도록 해주는 편리한 이데올로기이다. 색맹의 논리가 지닌 효과 가운데 하나는 인종적 위계질서를 부인하는 것이고, 또 다른 하나는 백인들에게 미국이 공평한 사회이며 또한 백인들의 성공은 대체로 개인적 결단과 강한 노동윤리, 높은 도덕성, 왕성한 교육열에 따른 것이라는 믿음을 제공하는 것이다. 요컨대 색맹의 인종차별주의는 매우 인종차별적인(비록 인종을 초월했다고 크게 주장하고 있지만) 행위의 관념을 제공하고 있으며, 또한 흑인들이 사회생활의 거의 모든 영역(주택, 직업, 교육, 소득수준, 융자대여, 기본 생활 서비스)에서 불이익을 받고 있다는 사실에도 불구하고 죄의식과 자기 성찰 그리고 정치적 책임으로부터 자유로운 이데올로기적 공간을 제공하고 있다.[27] 인종적·계급적 불평등이 엄존하는 사회에서 성격과 재능이—색맹의 논리를 옹호하는 사람들이 우리가 믿었으면 하는 것처럼—사회적·경제적 이동과 고상한 삶의 기준을 결정하는 가장 중요한 요인이라고 믿기는 어려운 일이다. 인종차별주의와 그것이 사회에 미치는 결과를 개인적 믿음과 가치 그리고 행위의 차원에 귀속시킨다면 그것은 우리가 직면한 압도적인 현실(치솟는 흑인 실업, 도시의 쇠락, 인종차별이 벌어지고 있는 학교)을 거의 설명할 수 없을 것이다. 스트릿(Paul Street)은 문제를 정치, 사회적 쟁점, 인종 사이의 관계 및 그 우선순위 등에 관한 일련의 질문으로 제기하고 있다 :

 ── 왜 미국의 흑인들은 백인에 비해 실업자가 될 가능성이 2배 이상 높은가? 왜 흑인의 빈곤율이 백인보다 2배 이상 높은가? 백인의 경우 2만 5천 달러 미만의 저소득자가 3명 중 1명인 데 비하여 왜 흑인은 2명 가운데 1명이나 되는가? 흑인 가정의 중간 정도 소득(2만 7천 달러)이 백인 가정(4만 2천 달러)의 2/3에도 미치지 못하는 이유는 무엇인가? 흑인 가정의 평균 순자산 가치가 백인 가정의 10%보다도 적은 이유는 무엇인가? 왜 흑인들은 백인보다 자기 주택을 소유할 가능성이 낮은가? 왜 미국 흑인들이 미국 전체 수감자(2백여 만 명)의 절반 정도를 차지하고 있는가? 그리고 왜 3명 가운데 1명의 젊은 흑인 남성이 교도소에 수감되어 있지 않으면 가석방 상태나 사법기관의 감독을 받고 있는가? 시민의 권리인 주거의 형평성을 보장하는 법률이 통과된 지 30년이 되었어도 왜 미국의 흑인들은 주류사회로부터 지리적으로 분리되어 열악한 공동체를 이루고 있는가? 투표자 등록상의 문제에서 투표기계의 작동에 이르기까지 흑인들은 미국 선거과정의 불규칙성으로부터 상대적으로 왜 더 큰 고통을 당하는가? 왜 미국의 흑인들은 가장 부유하고 강한 국가 내에서 마치 이류시민으로 구성된 제3세계와 같은 고립된 지역을 형성하고 있는가?[28]

이 밖에도 한층 강화된 미국 학교의 새로운 흑백분리 경향, 점증하고 있는 군사주의화, 무관용 정책의 확대를 통한 공교육의 질식상태 등이 더 추가될 수 있다.[29] 또한 미국 흑인 남성들이 백인 남성들에 비해 평균 6년 정도 수명이 짧다는 사실도 포함될 수 있다. 미국이 1980년대 후반 이후 형사재판 제도의 인종차별을 능가하는 색맹의 후기 인종차별

국가(color-blind post-racist nation)가 되었다는 통념에 도전할 수 있는 것은 아무 것도 없다. 사회학자인 와퀀트(Loic Wacquant)의 지적처럼 교도소-산업복합체의 확장은 "미국의 흑인들에 대한 사실상의 '감금 차별시정조치(carceral affirmative action)' 정책"을 보여주고 있다.[30] 이는 미국 교도소에 2백만 명 이상이 수감되어 있으며, "미국 전체 인구의 13% 미만을 차지하는 흑인이 수감자의 절반을 차지하고 있다"는 사실에서 알 수 있다 ⋯ . "정의정책연구소(Justice Policy Institute)에 따르면 미국의 대학에 있는 흑인들보다 더 많은 수의 흑인 남성들이 현재 수감되어 있다. 그리고 전 세계 전체 수감자의 1/10이 미국의 흑인 남성들이다."[31]

정체성을 범주화하며 권력, 물질적 혜택, 자원의 배분 방식을 결정하는 가장 강력한 이데올로기적·제도적 요인 가운데 하나인 인종은 정의와 민주사회의 관계를 살펴볼 수 있는 핵심적인 정치적 범주라고 할수 있다. 하지만 색맹의 논리는 권력과 정치가 인종적 차별과 배제를 조장한다는 사실을 인정하지 않고 있을 뿐만 아니라, 더 나아가 보수주의자와 우파가 강력하게 동원하고 있는 이데올로기적·교육적 무기가 되고 있다. 이를 통해 보수주의자와 우파는 시민권 운동이 성공하면서 인종차별주의의 제도적·이데올로기적 영향력이 상실되었으며, 따라서 사회질서 속에 남아 있는 인종차별주의의 결과와 역사적 흔적을 제거하기위한 정부 주도의 프로그램이 더 이상 필요없다고 주장하고 있다.

지난 20여 년 동안에 또한 색맹의 기본 원칙을 뒷받침하는 더욱 치명적인 형태의 새로운 인종차별주의가 등장했다. 하지만 이러한 신자유주의적 인종차별주의는 권력과 정치가 인종적 차별과 배제를 어떻게 조장하는가와 관련해서 하나의 거부의 담론으로 작용하기보다는 인종차별적 담론의 사유화를 꾀하고 있다. 신자유주의적 인종차별주의는 또한 다양한 보수주의자 및 우파 집단에 의해 강력하게 동원된 이데올로기적·교육적 무기로서 공공 영역에 대한 공격을 가하고 있다. 신자유주의적 인종차별주의는 인종이 사회적 영향력으로서 의미가 없다고 주장하며, 또한 개인의 법적 권리와 어울리지 않는 범주인 인종의 자취를 적극적으로 제거하고 있다. 집단보다는 개인들에게 초점을 맞춤으로써 신자유주의적 인종차별주의는 제도적 인종차별의 개념을 없애거나 아니면 이것이 전혀 쓸모가 없다는 입장을 취하고 있다. 이러한 맥락에서 인종차별주의는 평등에 대한 호소를 분명하게 거절하는 가운데 기본적으로 개인적 편견의 형태로 규정된다. 예를 들어 인종차별적 이데올로그인 헤른슈타인(Richard J. Herrnstein)과 머레이(Charles Murray)는 『종형 곡선(The Bell Curve)』에서 다음과 같이 주장하고 있다 : "일상생활에서 평등 이데올로기는 교육에서 유머에 이르기까지 모든 것을 검열하거나 구속하고 있다. 평등 이데올로기는 도덕적 대화의 범위를 사소한 것에까지 끌어들였다 … . 인생이 그렇듯 미국이 다시 한 번 불평등하게 살아야 할 때가 되었다."[32] 개인권 센터(Center for Individual Rights : CIR)나 교육의 권리를 위한 재단(Foundation for Individual Rights in Education) 등 합법적인 우파 지지집단들은 평등의 담론이 개인적 자유를 망치지는 않지만 이를 변질시켰다고 주장한다. 나아가 정체성의 정치와 다원주의가 "소위 미국이 미국적인 것으로 남아 있는 데" 대한 위협이 되기 때문에 미국의 민주주의를 강화하기보다는 오히려 약화시키고 있다고 주장한다.[33] 하지만 이들 집단은 미국 문화를 인종차별적이고 퇴행적인 측면에서 규정하는 것은 말할 것도 없고 '국가 중립성의 원칙(principle of state neutrality)'에서 벗어나 특정 인종을 선호하는 정책에 도전하기 위해 그들의 자금을 적극적으로 활용하고 있다. 여기에 필요한 재원은 일반적으로 브래들리 재단

(Lynde and Harry Bradley Foundation), 올린 재단(John M. Olin Foundation), 쿠어스 재단(Adolph Coors Foundation), 스캐이프 패밀리 재단(Scaife Family Foundation) 등 주요 우파 보수주의 단체들이 제공하고 있다.[34] 풍부한 자금을 지닌 신자유주의적 인종차별주의 옹호자들은 차별시정조치 프로그램, 캠퍼스 연설 규정, 고용관행, 여성폭력방지법(Violence Against Women Act) 그리고 고등교육기관의 남자 스포츠팀 해체 등의 적법성에 관한 대법원 판결에서 성공적인 결과를 얻기도 했다.[35] 이처럼 신자유주의적 인종차별주의는 미국 사회가 오늘날 실력사회(meritocracy)이기 때문에 정부는 인종적 중립성을 지켜야 하며, 차별시정조치 프로그램을 없애야 하고, 시민권 법안을 폐기해야 하고, 복지국가가 사라져야 한다고 주장할 수 있는 이데올로기적 · 법적 틀을 제공하고 있다. 아지즈(Nikhil Aziz)가 지적하고 있듯이 "우파는 인종차별주의가 시민권 운동의 결과와 관련된 것이기 때문에 인종이 고용이나 교육기관의 입학을 위한 고려사항이 되어서는 안 되며, 또한 '미국 사람' 이외의 또 다른 집단적 정체성은 실체가 없다"고 주장하고 있다.[36]

신자유주의적 인종차별주의는 국가가 공적 이해관계의 수호자라는 생각을 전혀 받아들이려 하지 않는다. 반정부적 태도와 결부된 자유시장의 열정에 사로잡힌 신자유주의적 인종차별주의는 특권층의 이익을 보호하고 사회통제 기능을 강화하는 것을 제외한 국가의 사회복지 기능을 없애야 한다고 요구하고 있다. 사적 이해관계를 위해 공공선의 관념을 거부하는 신자유주의적 인종차별주의 옹호자들은 공적 투자와 사회적 프로그램에 대한 국가의 역할이 개인의 권리와 개인적 자유의 표현을 억제한다고 보고 이를 제한하고자 한다. 이러한 맥락에서 공공선의 관념보다 개인적 이해관계가 앞서며, 개인적 자유는 사회적 결과에 대한 윤리적 책임으로부터 벗어나 있다. 이러한 노선에 따라 우파는 공교육, 건강의료, 환경규제, 공공주택, 인종에 기초한 장학금 지급 그리고 차이의 관념을 수용한 다양한 공공 서비스에 대해 공격을 퍼붓고 있다. 이러한 프로그램들은 상대적으로 빈곤층과 유색인종을 배려하기 위한 것이지만 그 가운데 많은 프로그램은 일반 국민들에게도 혜택을 주고 있다. 퍼지(Zsuza Ferge)가 지적하고 있듯이 신자유주의적 인종차별주의와 관련해서 분명해진 것은 "큰 국가에 대한 공격이 실제는 국가의 복지 기능에 대한 공격이 되었다는 점이다 … . 여기에 내재된 사고는 최상의 가치가 바로 제한 없는 자유무역, 간단히 말해(tout court) 자유에 의해 성취되는 경제성장이라는 신념이다. 이러한 윤리의 특징인 극단적인 개인주의적 접근은 신자유주의가 '사회적인 것의 개인주의화(individualization of the social)'에 관한 것이라는 많은 사람들의 진단을 정당화하고 있다."[37] 국가가 인종적 차별의 결과에 관심을 갖고 이를 바로잡지 못하게 되면서, 그리고 결과적으로 "인종관계에 따른 긴장을 공공 정책의 손이 미치지 못하는 사적 영역의 보이지 않는 곳으로" 배제시킴으로써 국가 기관은 손을 놓게 되었다.[38]

　　신자유주의적 인종차별주의에 내재된 이기주의 정신은 개인의 권리와 선택이 사회적 책임, 비판적 시민성 그리고 본질적 민주주의의 관념으로부터 제거된 시장에 근거한 협소한 자유관념에 대한 변명을 제공하고 있다. 자유주의적 평등주의, 시민적 의무 또는 자유의 보다 적극적 관념과 거리를 둠으로써 신자유주의적 인종차별주의는 정치적인 것을 사적인 것으로 전락시키는 것 그 이상의 결과를 초래하고 있다. 말하자면 제도적 인종차별보다는 성품, 그리고 사회적 잘못보다는 개인의 권리를 끌어들이고 있는 것이다.

—— 사적인 것만이 구체적 대상이나 감정을 지닌 유일한 정치이다. 이처럼 사유화된 측면에서만 행동이 조직화되며 불평등과 적대감의 경험이 의미를 지니게 된다 … . 신자유주의는 개인을 특정한 공동체의 생산자가 아니라 세계 시장의 소비자로 새롭게 인식하는 하나의 문화이다.[39]

신자유주의는 민주주의의 활력을 떨어뜨린다. 왜냐하면 신자유주의는 시민성이 소비의 의무이기보다는 공공 생활에 대한 투자가 되는 그러한 정치를 위한 언어를 가지고 있지 않기 때문이다. 신자유주의적 인종차별주의 담론은 집단적 책임, 사회적 행위 또는 공공선에 대해 이야기할 길이 없다. 이는 인종차별적 국가에 의해 야기된 인습, 구조화된 폭력 및 거대한 불평등, 복지에 대한 공격, 학교나 건강의료 등의 사회적 재화의 파괴 그리고 교도소-산업복합체의 부상 등을 무시하고 영속화시키는 해를 끼칠 수 있다. 또한 평등, 자유, 경제적 민주주의, 인종적 정의의 원칙에 대한 신자유주의적 인종차별주의의 공격은 "사회계약 혹은 사회적 선을 위한 시민적 의무에 대한 냉담한 무관심"을 보여주고 있다.[40] 실제로 신자유주의는 사회계약을 감시계약(carceral contract)으로 전환하는 데 결정적 역할을 했다. 여기서는 사회적 투자를 처벌로 대체한다. 따라서 가난과 같은 공적 쟁점에 대해 개인적 해결책을 우선시하거나 혹은 흑인 남성들의 감금을 주장하는 신자유주의가 처벌적이고 인종차별적인 공공 정책을 방어하는 데 얼마나 신속한가 하는 것은 전혀 놀랄 일이 아니다. "실패와 고통이 성공을 위한 자연스럽고 필연적인 요소"로 간주되는 사회적 다원이즘에 대한 스틸(Shelby Steele)의 갈망에서 보는 것처럼[41] 가난한 사람들의 곤경에 대한 신자유주의적 인종차별주의의 '냉담한 무관심'은 종종 인간적 고통에 대한 극도의 경멸로 나타나기도 한다.

　백인에 의한 인종차별이 거론될 때마다 색맹의 논리와 신자유주의적 인종차별주의를 옹호하는 사람들이 종종 사유화되고 있는 권리의 언어 밖으로 벗어나 유색인종이 지금과 같은 상황을 만들었다고 비난하는 가운데 별다른 고통 없이 백인의 희생자 위치를 도용한다는 사실은 재미있는 일이다. 그뿐만 아니라 어떤 경우에는 이러한 일들이 인종차별의 흔적과 현실을 감추는 데 사용된 예절(civility), 그리고 인종차별 논의를 발전시킨 토대가 되는 평등의 이름으로 벌어지기도 했다. 여기서 후자의 고전적 예에 해당되는 것을 소자(Dinesh D'Souza)의 『인종차별주의의 종말(*The End of Racism*)』에서 찾아볼 수 있다 :

> ──── 이 나라에서 기본적인 책임감과 예의를 던져버리고 우리를 분개하게 만드는 흑인 하층계급의 행위보다 인종차별주의를 강화시켜 주는 것은 없다 … . 만일 하나의 집단으로서 흑인들이 학교와 직장에서 주어진 일들을 잘 해낼 수 있다면, 그리고 미국 시민으로서의 권리와 책임을 수행할 수 있다면 인종차별주의가 설 자리는 없을 것이다.[42]

인종의 풍경

　문서상으로는 인종차별주의를 거부하면서도 인종차별적 담론과 표현이 상존하는 것이 미국의 일반적 모습이 되었다. 개인적 선택의 언어와 자립의 덕목 속에 감추어진 권력회피적 전략이 민주화의 위험을 감수하기보다는 친숙한 드라마를 좋아하는 청중을 유혹하고 있다. 미디어에 물든 문화 속에 살고 있는 많은 대중들은 바로 이러한 지배적 양식을 통해 윌리엄스(Patricia Williams)가 말하는 이른바 "인습과 착각으로 가득 찬 군이 말하지 않은 것들, 요컨대 견고하게 구축된 인종과 성(gender)의 위계질서"를 목격할 수 있다.[43] 여기서는 로트(Trent Lott)가 서몬드(Strom Thurmond)의 100번째 생일축하연에서 했던 인종차별적 발언을 둘러싼 논쟁과 이 사건이 지닌 의미에 대해 살펴보고자 한다. 또한 체계적이며 국가적인 차원의 인종차별주의를 감추고 있는 가운데 이것이 어떻게 백인들의 인종차별 문제를 사적인 것으로 치부하고 있는가를 분석하고자 한다. 로트 사건은 미디어와 출판문화의 인종차별적 표현에 관한 대중교육의 문제를 짚어볼 수 있는 자료가 되고 있다. 미디어와 출판문화의 인종차별적 표현은 인종차별적 배제와 관련된 심각한 논의 대신에 종종 새로운 인종차별주의의 이데올로기 속에서 이루어지고 있다. 끝으로 신자유주의적 인종차별주의에 대한 정치적 대응, 그리고 이를 극복하기 위한 비판적 교육과 관련하여 몇 가지 제안을 하고자 한다.

2002년 12월 5일 서몬드의 100번째 생일 파티에서 당시 공화당 상원대표 로트는 가장 전설적인 인종분리주의자 가운데 한 사람인 서몬드에게 다음과 같은 찬사를 보냈다 : "나는 국가에 대해 다음과 같이 이야기하고 싶다. 서몬드가 대통령에 출마했을 때 우리는 그에게 투표했고, 그것을 자랑스럽게 생각한다. 만일 국민들이 우리의 입장을 따랐다면 우리가 근래에 걱정하고 있는 그러한 문제들은 없었을 것이다."[44] 물론 서몬드가 1948년 인종차별적인 남부 민주당(Dixiecrat)의 대통령 후보였으며, 그의 공식적인 대통령 선거운동 슬로건이 바로 "분리여 영원하라!(Segregation Forever)"였다는 역사적 사실을 아는 사람들에게 그와 같은 찬사의 의미는 분명한 것이었다.

이 사건이 전국적으로 미디어의 관심을 끈 것은 5일이 지나서였고,

일이 터지자 로트는 계속해서 사과를 표명했다. 자신의 발언이 "즉석에서 만들어진 것"이었다는(과거 의원시절에도 이와 같은 발언을 했다는 사실이 밝혀지기 전까지는) 변명에서부터 '예수'의 이름으로 지금은 차별시정조치를 '전면적으로' 지지한다고 주장하기까지 했다.[45] 로트 사건은 미디어로부터 폭넓은 반향을 불러일으켰다. 보수주의 칼럼리스트인 노박(Bob Novak)은 로트의 인종차별적 발언이 단순한 말실수였다고 변호했는가 하면, 다른 한편에서는 이념적 성향에 관계없이 이를 도덕적으로 맹렬하게 비난하기도 했다. 시민권과 관련된 사안에 대한 로트의 과거 투표 행적이 공개되자 말로는 인종차별의 편협함을 비난하면서도 구조적·체계적·제도적 인종차별주의에 대해 어떠한 입장도 표명하지 않았던 정치인들에게는 큰 정치적 부담이 되었다.[46] 결국 공화당 동료 의원들의 압력에 따라 로트는 의원직은 유지한 채 공화당 상원 대표직에서 물러났다. 그런데 이 사건을 보도한 미디어도 있지만 제대로 다루지 않은 경우도 있다. 게리 콘딧(Gary Condit) 사건의 경우에서 보듯이 특별한 경우를 제외하고는 지배적 문화 속에서 어떤 사건이 미디어의 관심을 끌고 다루어지는 기간은 꽤 긴 편이다.

로트의 언급은 그를 과거의 인종차별주의, 즉 편협하고 노골적인 그리고 공공연한 인종차별주의 지지자로 만들었다. 그리고 로트의 발언이 공화당과 이를 지지하는 미디어에 야기한 분노는 비판자들이 보기에 색맹과 신자유주의적 인종차별주의의 논리와 같은 것이었다. 그들은 인종문제와 관련해 쿠트너(Robert Kuttner)가 말하는 이른바 '불편한 진실(inconvenient truths)'을 회피하는 동시에 과거의 인종차별적 편협함을 경멸한다는 사실을 입증하고, 또한 그들의 도덕적 우월성과 예의를 보여줄 수 있는 가장 안전한 방법을 택하기 위해 로트의 주장과는 거리를 유지했다. 쿠트너가 지적하듯이 "공화당은 인종차별적 판사를 지명하고, 차별시정조치를 없애고, 증오범죄(hate crime)의 입법에 반대하며, 소수 계층을 돕기 위한 사회적 지출을 대폭 삭감했다. 이러한 상황에서 공화당은 로트가 표명한 견해로 말미암아 흑인들을 배려하는 것처럼 가장하거나 동정심을 불러일으키는 연설을 하기가 더욱 어렵게 되었다. 공교육에 대한 공격을 마치 흑인 부모를 위한 '선택권'의 확대로, 그리고 인색한 복지개혁조치를 자급자족을 북돋우는 것처럼 가장해서 흑인들의 표를 확보하려고 애쓰는 가운데 터진 로트의 발언으로 흑인들의 표심을 붙잡기가 더욱 힘들어졌다."[47] 물론《월스트리트 저널(Wall Street Journal)》에서 보듯이 로트 한 사람만을 가리켜 일종의 나쁜 사람, 즉 미국에 더 이상 존재하지 않는 흑인차별 정책 시대(Jim Crow era)의 불행한 생존자일 뿐이라고 말할 수도 있을 것이다. 보수주의 저널인《내셔널 리뷰(National Review)》편집자인 브룩스(David Brooks)는 매우 분개하는 가운데 로트의 견해는 '통상적인 공화당의 이념'이 아니며, 실제로 20여 년 동안 공화당 의원들과 알고 지내고 있지만 "인종차별적 발언이라고 할 만한 것을 들어본 적이 없다"고 주장했다.[48]

이와 같은 브룩스의 인종청소에 대한 관점은 최근의 역사에 대한 정확한 이해를 가로막고 있는 것처럼 보인다. 우파 공화당원인 포디스(Kirk Fordice)가 '한 흑인 여성과 아이의 사진'을 가지고—범죄와 복지 사기꾼에 대한 공격을 기반으로 해서—주지사 선거에 승리한 것이 10여 년 전의 일이다.[49] 이것은 조지 부시(George H. W. Bush)가 그 유명한 윌리 허튼(Willie Horton) 광고를 내보낸 지 몇 년 뒤의 일이며, 던 퀘일(Dan Quayle)이 1992년 대통령 선거전에서 시트콤 등장인물인 머피 브라운(Murphy Brown)을 공격하기 위해 인종차별적 측면에서 복지문제를 언급하기 얼마 전에 있었던 일이다. 아마도 브룩스는 애쉬크로프트(John Ashcroft)가 1999년에 《서던 파티잔(Southern Partisan)》과 했던 인터뷰를 모르고 있었을지 모른다. 거기서 애쉬크로프트는 남북전쟁 당시 남부연합의 대통령이었던 "제퍼슨 데이비스(Jefferson Davis)의 유산을 지키기 위해 '무엇이든 할 것이라고 다짐' 한 바 있다."50) 또는 더욱 최근에 공화당이 보여준 공공연한 인종차별주의에 관한 명백한 역사적 기억상실에 대해서 《뉴욕타임스》의 리치(Frank Rich)는 다음과 같이 지적하고 있다 :

───── 그것을 조지 부시에게 말해라. 부시는 《뉴스위크(Newsweek)》가 말한 이른
바 맥케인의 '흑인 아이'(방글라데시에서 입양한 딸)와 관련된 리플릿,
이메일 그리고 전화를 동원한 '저속한 비방전' 이후에 실시된 2000년 사
우스캐롤라이나(South Carolina) 주 예비선거에서 맥케인에 승리를 거두었
다. 아니면 조지아(Georgia)의 새로운 공화당 주지사인 퍼듀(Sony Perdue)
에게 말해라. 그의 승리에는 남부 연합기(confederate flag)의 존엄성에 대
한 선전선동이 한몫을 했다.51)

트랜트 로트의 사건이 인종차별적 불의에 관한 역사적 기록과 정치적 논쟁, 인종차별적 범주와 문화 사이의 관계에 대한 비판적 이해에서 어떻게 사라졌는가를 말해주는 하나의 예는 2002년 12월 23일자 《뉴스위크(Newsweek)》에서 찾아볼 수 있다. 당시 《뉴스위크》는 로트의 인종차별적 발언을 둘러싼 대대적인 소동을 전면적으로 다루었다.52) 로트의 1962년 사진을 표지에 싣고 "그를 만든 과거─그리고 그를 망칠 수 있는 과거 : 인종과 트랜트 로트의 등장(The Past That Made Him─and May Undo Him : Race and the Rise of Trent Lott)"이라는 캡션을 붙였다. 잡지에 실린 이야기는 로트를 괴상한 과거의 인물로 묘사하거나["시대에 뒤진 사

람(A Man Out of Time)"이란 헤드라인 기사도 있다] 아니면 미국인의 생활과 정치에서 더 이상 받아들일 수 없는 인종차별주의에 대해 뉘우치지 않는 상징적 인물로 그리고 있다.《뉴스위크》의 로트에 관한 특집기사는 "트랜트 로트 소동의 교훈"이라는 짧은 글로 끝을 맺고 있다.[53] 다른 많은 기자들과 마찬가지로 원고를 쓴 코즈(Ellis Cose)는 인종차별과 연루된 로트의 오랜 행적을 비난하고 있지만 왜 그와 같은 일들이 로트의 정치적 영향력에도 불구하고 지난 10여 년 동안 주요 정당이나 지배적 미디어에 의해 무시되었는가에 대해서는 어떠한 언급도 하지 않았다. 한 가지 기억할 것은 로트가 보수주의시민협의회(Council of Conservative Citizens : CCC)—악명 높은 백인시민협의회(White Citizens Council)를 계승한 신남부연합단체(neoconfederate group)로 한때는 '업타운 클란(uptown Klan)'으로 알려지기도 했던 조직—와 관련이 있다는 사실이 1998년《뉴욕 데일리뉴스(New York Daily News)》의 크라우치(Stanley Crouch)에 의해 이미 폭로된 바 있다는 점이다. 하지만 놀랍게도 당시 기사내용은 저명 정치인들과 주요 미디어의 관심을 끌지 못한 채 무시되었다. 여기서 우리가 주목해야 할 것은 로트가 관여했던 인종차별주의의 역사가 단지 그의 개인적 역사가 아니라 미국이라는 나라의 역사라는 사실이다. 따라서 인종차별주의의 흔적이 문화, 경제 그리고 사회구조 속에서 어떻게 작용하고 있는가에 관해 보다 신중하게 고려할 필요가 있다. 로트가 자신의 발언에 관해 마땅히 책임을 져야 하지만 그의 행동은 미국 개인주의의 언어만으로는 이해할 수 없는 부분이 있다. 요컨대 인종차별주의의 잔재가 과거에서 벗어나지 못하는 일부 구시대 정치인들 가운데 남아 있다는 식으로는 로트의 언행을 충분히 이해할 수 없다. 사실상 로트의 행동, 그리고 그의 인종차별적 담론을 개인적·개별적 측면에서 바라보게 만드는 정치권과 미디어의 침묵은 미국 사회에서 인종차별주의가 여전히 광범위한 차원의 역사적·사회적·경제적·이데올로기적 영향력을 행사하고 있다는 것을 보여주는 징후라고 할 수 있다. 정치적인 것을 개인적인 것으로, 그리고 심각한 보도내용을 토크쇼의 상투적 소재로 전락시키는 가운데 코즈는 로트와 같은 사람이 미국 상원에서 활동할 수 있는 이유는 "미국인이 용서를 잘하는 국민이기 때문"이라고 주장한다.[54] 이와 같은 반응은 단순한 어리석음을 넘어 체계적으로 이루어지고 있는 인종차별주의와 그 역사, 또는 그것이 미국의 지배적 정치·경제제도 속에 어떻게 구체화되었는가에 대한 관심과 이해를 결여하고 있는 인종차별주의 문화의 징후를 그대로 드러내고 있다. 이러한 태도는 또한 인종차별주의가 미국 문화에 강력한 영향력을 발휘하고 있는 이유에 대해서도 별다른 관심을 보이지 않는다. 트랜트 로트 사건이 중요한 이유는 공식석상에서의 인종차별적 발언으로 영향력 있는 한 상원의원이 명예와 권력을 모두 잃었기 때문이 아니다. 문제는 그것이 사적 문제를 공적 고려사항으로 전혀 다루지 않는 새로운 인종차별주의의 징후를 보여주고 있다는 점이다.

트랜트 로트의 인종차별적 발언에 관한 국민적 반응에 내재된 대중교육의 문제는 인종에 관한 지배적 관례를 형성하는 데 있어서 문화의 교육적 영향력이 얼마나 강력한가를 잘 보여주고 있다. 신자유주의의 논리를 반영하는 대체적인 반응은 인종차별주의 담론을 사유화하고 인종차별적 표현을 불행한 말실수나 심리적 성향 또는 정당 및 국민정서와 조화를 이루지 못하는 한 개인의 단편적 감정으로 치부하는 것이었다. 하지만 그와 같은 인종차별적 표현은 단순히 편견을 지닌 한 개인의 주장일 뿐만 아니라, 나아가 유색인종을 규정하고 범주화하고 가치를 폄하

하기 위해 이용되는 권위형태에 뿌리를 둔 배제의 양식이기도 하다 :

━━ 하나의 배제의 양식으로서 인종차별적 표현은 권위를 지니며 구체적 권력
이 부여된다. 분류되고, 명령을 받고, 가치를 인정받고 가치를 박탈당하는
것이 인간의 육체이다 … . 이와 같은 권위가 국가권력을 취하게 될 때
인종차별적 담론과 배제의 양식이 국가제도 속에 구체화되며 일상생활
속에 자연스럽게 자리 잡게 된다 … . 배제의 표현인 인종차별은 내재적
우월성이나 차이에 호소한다. 흔히 말하는 차이나 정도는 신체적·지적·
언어적 또는 문화적인 것일 수 있다. 이것들은 두 가지 방식으로 인종차
별에 봉사하게 된다. 요컨대 차등적 배분과 대우를 정당화하기 위한 기초
를 제공하며, 또한 이러한 차이를 자극한 바로 그 권력관계를 표현하기도
한다.[55]

거부의 담론을 보여주는 트랜트 로트 사건은 인종차별이 뒤떨어진
과거, 협애한 심리분석 그리고 잘못된 판단이나 개인적 부주의로 귀속되
는 정치를 통해 인종차별주의가 어떻게 사소한 것으로 취급되는가를 잘
보여주고 있다. 하지만 인종차별적 담론은 단순히 사적인 언행이나 개인
적 커뮤니케이션 양식에 관한 것일 뿐만 아니라 나아가 논쟁적 역사, 제
도적 권력관계, 이데올로기와 그것이 초래한 중대한 사회적 결과에 관한
것이기도 하다. 우리는 인종차별적 담론과 표현을 통해 권력의 작용과 특
별한 형태의 언어를 가능하게 하고 다른 것은 불가능하게 하는 조건들
을 알아야 한다. 뿐만 아니라 그것이 초래하고 정당화하는 행위양식에 대
해서도 주의를 기울여야 한다. 그런데 이와 같은 쟁점들은 로트 사건을
다룬 주류 언론에서는 철저하게 무시되었다. 반 다이크(Teun A. Van Dijk)
는 엘리트 담론과 인종차별주의에 대한 분석을 통해 주류 언론이 간과
한 것을 간과하고 있다 :

인종적·윤리적 불평등 체계로 규정된 인종차별주의는 그것이 배제, 열등화 또는 주변부화 등 다양한 행위를 통해 매일 매일 재생산될 때에만 살아남을 수 있다. 이와 같은 행위는 이데올로기 체계 그리고 차이와 지배를 정당화하는 일련의 태도를 통해서 유지될 필요가 있다. 담론은 바로 이와 같은 사회인지적 틀을 구성하고 재생산하는 가장 주요한 수단이다.[56]

결론

미국의 새로운 인종차별주의 정치에 관심을 갖기 위해서는 무엇보다도 사회적인 것에 관한 언어를 되찾고 포괄적이고 공정한 민주주의를 성취하기 위한 프로젝트를 확고히 해야 한다. 이것은 새로운 인종차별주의 정치가 신자유주의 이데올로기의 외투 속에 어떻게 몸을 숨기는지 알아야 한다는 것을 뜻한다. 요컨대 신자유주의가 권력, 정치 그리고 인종차별적 불의의 결과를 어떻게 감추려고 하는지 주시할 필요가 있다. 고통스러울 뿐만 아니라 더더욱 문제가 되는 것은 신자유주의가 상식에 호소함으로써 우리가 이것을 공격하는 것이 더욱 어려워지고 있다는 점이다.

새로운 천년에 신자유주의적 자본주의가 자신의 이데올로기적 토대를 경제적 효율성, 즉 자유시장에 대한 맹목적 숭배, 냉혹하며 점차 확장되고 있는 비즈니스의 '필요성', 그리고 과학과 기술의 명령 속에 숨김으로써 정치의 사망을 예고하고 있다. 그리고 만일 정치의 사망이 여의치 않을 때는 이러한 토대를 개인적 혹은 집단적 이해관계의 추구로 환원시키는 경향이 있다.[57]

모든 사회관계의 전형으로 규정된 신자유주의는 '시장을 사회적 운명의 조정자'로 받아들임으로써 신자유주의의 기본 원칙 및 사회적 결과와 관련된 비판을 제거하고자 한다.[58] 그로 인해 신자유주의의 전제를 정확하게 파악하기 어려울 뿐만 아니라 정치 자체의 생명력 또한 상실하고 있다. 이 경우 신자유주의는 공적 자금과 공공 서비스를 없애며, 반민주적 권력형태와 협소한 개인적 행위 모델을 인식할 수 있는 어휘와 상상력을 제한한다. 뿐만 아니라 공적 고려사항과 사적 이해관계 사이의 지속적인 전환에 관여할 수 있는 개인들의 능력을 축소시키며, 공적인 것을 사적 영역으로 떨어뜨림으로써 생명력을 지닌 민주주의의 사회적 기능을 침해하게 된다.[59] 정치적 가능성과 사회적 토대를 상실한 자유는 개인적 우려를 공적인 관심사로, 개인적 불만을 집단적 투쟁으로 표출할 수 있는 기회를 거의 찾지 못한다.[60] 따라서 신자유주의와의 싸움에서 일차적 과업은 가짜 보편주의(bogus universalism)에 대한 신자유주의의 주장을 폭로하며, 신자유주의가 어떻게 역사적·사회적 구성물로 기능하는가를 명확히 하는 것이다. 신자유주의는 '역사의 종말'을 가져오는 자신의 승리를 웅변하거나 아니면 자본주의와 민주주의가 동의어라고 주장함으로써 신자유주의의 이데올로기와 정치 및 역사의 흔적을 감추고 있다. 따라서 우리에게 필요한 것은 "세계 역사의 드라마는 결정된 것이 아니고 크게 열려 있다는 것을 보여줌으로써 신자유주의가 취하고 있는 역사의 불가피성에 대한 미래시제형 화법에 도전하는 것이다."[61]

하지만 신자유주의를 낳은 경제적·이데올로기적 상황의 역사는 그에 상응하는 미국 내외의 인종관계 역사와의 관련성 속에서 이해되어야 한다. 무엇보다도 중요한 것은 미국에서 인종의 역사가 공식적 권력 채널의 수중에 있거나 아니면 이에 의해 잘못 전해지고 있기 때문에 노예제, 시민권, 인종차별적 정치 그리고 일상의 모든 수준에서 진행 중인 투쟁양식의 역사를 기억하고 이를 교육적으로 활용하는 것이다. 이는 권력에 대한 몰역사적 주장과 상식에 대한 지속적인 주장을 뒷받침하고 있는 신자유주의의 역사적 기억 상실에 도전하기 위해서 필요하다. 인종적 불의에 대한 투쟁은 신자유주의의 지배 아래에서 어떠한 종류의 문화와 사회가 출현하고 있는가, 신자유주의는 어떠한 종류의 역사를 무시하고 있는가, 그리고 본질적 민주주의의 미래에 대한 대안은 무엇인가 하는 것과 같은 더 큰 질문과 분리될 수 없다.

신자유주의는 모든 수준의 정부를 없애고 이것을 사회질서를 규율하는 기능이나 아니면 부자들의 특권과 기업권력 소유자들, 즉 대체로 백인들의 이해관계를 유지하는 것으로 환원시킬 것을 주장하고 있다. 이러한 담론에서 국가는 공공선을 지탱하며 사회적 서비스가 절실한 사람들에게 사회적 대책과 최소한의 보장을 제공하는 전통적 사회계약으로부터 벗어날 뿐만 아니라 인종의 구별이 없는 색맹의 관념을 받아들이게 된다. 이러한 관념은 소자(Dinesh D'Souza)와 같은 '합리적 인종차별주의자들(rational racists)'이 제공하고 있는 우파의 논리 위에 서 있다. 그는 우리에게 필요한 것은 '인종과 국가의 분리'라고 주장한다.[62] 이에 대해 골드버그(Goldberg)는 다음과 같이 지적하고 있다 :

─── 이것은 국가가 집단적 결과가 아니라 개인적 권리를 보호하는 정의의 기준을 유지하고 있다는 것을 의미한다. 그런데 이것은 역으로 백인이나 백인과 같은 사람으로 간주되지 않은 개인들의 가치에 대한 평가절하, 즉 백인의 '합리적 차별(rational discrimination)'을 **사유화할 수 있는** 권리를 보호하기 위해서 백인이나 백인과 같은 사람으로 간주되지 않은 개인들의 권리와 가능성을 폐기하거나 짓밟는 것을 가능하게 해준다 … . 따라서 인

종차별은 국가가 프라이버시로 보호한 자유로운 합법성의 관점에서 사유화된다.[63)]

인종을 구별하지 않는 이데올로기(ideology of racelessness)를 통해 규정된 국가는 인종적 차별에 눈을 돌리거나 이를 교정하는 것에서 손을 떼고 있다. 국가는 인종차별 문제를 대체로 개인들 간의 사적인 교섭을 통해 해결해야 하는 개인적 관심사로 돌리며, 인종차별적 국가가 차별적 정책을 만들고 이것을 경제 · 사회 · 문화적 영역에 적용하는 방식에 대해서도 전적으로 무비판적이다. 여기서 문제가 되는 것은 국가권력에 대한 비판적 관여의 결여이다. 이는 국가권력이 어떻게 이민정책을 결정하는가, 자원의 배분과 질 좋은 교육기회의 제공을 어떻게 결정하는가, 범죄의 요건은 무엇이며 처벌은 어떻게 이루어지고 어떠한 사회문제가 범죄로 처벌받게 되는가, 누가 시민의 자격이 있는가, 누가 인종적 불의에 대해 책임이 있는가 하는 것 등을 규정하는 데 대한 비판적 관심과 참여가 배제된다는 것을 의미한다. 부르디외(Pierre Bourdieu)가 주장한 것처럼 중요한 집단적 투쟁의 산물인 사회적 이익을 보호하며 "또 다른 종류의 국가를 발명하기 위한" 국가정책에는 정치적 · 교육적 필요가 구체화되어 있다.[64)] 이것은 신자유주의의 비전을 구성하는 원리라고 할 수 있는 정치적 무책임성과 도덕적 무관심에 도전해야 한다는 것을 의미한다. 부르디외가 제안하고 있는 것처럼 민주국가를 위한 투쟁에 뿌리를 둔 유토피아적 가능성에 대한 의식을 회복하는 것이 필요하다. 인종차별적 국가와 신자유주의적 이데올로기는 반인종차별주의 교육과 정치에 의해 도전받아야 한다.

반인종차별주의 교육은 또한 제한된 정체성의 정치가 지닌 난관을 뛰어넘어야 한다. 그리고 국가를 민주적 가치와 사회적·인종적 정의를 강력하게 옹호할 수 있는 수단으로 상정한다는 것이 과연 무엇을 의미하는 것인지 알아야 한다. 국가의 민주적이고 공적인 책무를 되찾는다는 것은 사회적 지출보다 부유층을 위한 감세를 추진하는 것이 잘못된 것이라고 생각하는 것이다. 말하자면 이는 공적인 것과 전쟁을 수행하기 위해서가 아니라 공공선을 보호하기 위해 국가를 활용하는 것, 공공 영역을 전적으로 백인들의 것으로 규정하고 보호하려는 국가권력의 행사에 저항하는 것, 그리고 사회질서를 규율하는 기능을 최소화하는 가운데 부유층과 기업보다는 모든 시민들의 공적 이해관계에 대한 책무성을 강화하기 위한 것으로서 국가권력과 역할을 재규정하는 것을 뜻한다. 국가를 시장 가치의 예속으로부터 구해내는 것은 상업적 이해관계에 앞서 사회적 필요성을, 그리고 기업의 영향력보다 민주정치의 중요성을 되찾는다는 것을 의미한다. 이것은 또한 치솟는 의료비, 주택문제, 학교의 위기, 빈부격차의 심화, 환경위기, 도시의 재건축과 시골의 황폐화, 거의 모든 주가 직면하고 있는 경제적 위기, 점증하고 있는 유색인종에 대한 공격 등과 같은 일련의 절박한 사회문제에 관심을 기울이는 것을 뜻한다. 국가를 둘러싼 투쟁은 인종의 문제에서 공정하고 포괄적인 민주주의를 위한 투쟁과 연결되어야 한다. 반인종차별주의 정치에서 결정적인 것은 공적 이해관계의 수호자로서, 그리고 다인종적 민주주의를 창조하는 영향력으로서의 국가의 역할이다.

　더욱이 반인종차별주의 교육과 정치에서 중요한 것 가운데 하나는 권력이 경제나 국가권력의 영역에만 자리하고 있는 것이 아니라 문화의 교육적 영향력과 설득력에서도 찾아볼 수 있는 지적인 것이라는 사실을 인식하는 것이다. 이것은 반인종차별주의 교육이 정치적인 것을 더욱 교육적으로 만들어야 한다는 것을 의미한다. 그리고 이것은 학교, 케이블과 TV 네트워크, 신문과 잡지, 인터넷, 광고, 교회, 노동조합 및 기타 아이디어가 생산 유통되는 공공 영역 등 매우 다양한 사이트 속에서 인종적 정체성과 쟁점, 그리고 관계가 형성되는 방식을 대중교육이 어떻게 결정하고 보호하는지 인식함으로써 가능하다. 이것은 거꾸로 인종차별의 의미와 관행이 "다양한 담론, 제도, 청중, 시장 그리고 미국 사회에서 공공성의 의미와 형태를 결정하는 데 도움이 되는 선거구"를 통해서 어떻게 만들어지고, 조정·재생산되며, 도전받게 되는가를 충분히 고려한다는 의미이기도 하다.[65] 인종차별적 쟁점들을 규정하는 데 있어서 교육이 담당하는 가장 결정적인 역할은 표출된 쟁점과 권력작용 사이의 관계, 공적 지식인의 중요한 역할과 신자유주의에 대한 환상을 깰 수 있는 비판적 지식의 중요성 등을 인식하는 문화정치의 중심적 역할을 재확인하는 것이다. 하지만 반인종차별주의 문화교육은 또한 비판과 가능성의 언어를 발전시키고 폭넓은 영역에서 개인적·집단적 투쟁을 수행해야 할 필요성을 제기하고 있다. 인종차별에 반대하는 투쟁수단으로서 교육은 인종차별의 정치를 주체적 입장이 생겨나고, 정체성이 깃들며, 욕구를 동원하는 하나의 의미 있는 활동으로서 이해할 뿐만 아니라 인종차별적 부정의를 유지하고 강화하거나 이에 도전하는 하나의 방식인 구체적 권력관계의 동원으로서 이해하고 있다. 문화정치는 인종이 어떻게 문제가 되며 인종차별적 관행이 일상에 어떻게 자리 잡고 있는가를 이해할 수 있는 기회를 제공한다. 하지만 다른 한편으로 그와 같은 정치는 상징적이고 대중적인 것이 낭만적인 것으로 전락하는 것을 피해야 한다. 문화는 하나의 수사학적 도구이자 설득양식으로서 특히 시각문화 영역에서 중요하다. 그리고 이것은 하나의 교육적 영향력으로 중요하게 받아들여져야 한다. 하지만 의식의 변화만이 변화하고 있는 사회에 대한 유일한 전제조건이며, 이것은 제도적 권력관계의 실제적 변동과 혼동되어서는 안 된다. 부분적으로 이것은 일단의 초국가적 기업에 의한 미디어 통제권의 다툼을 의미한다.[66] 인종차별이 일상적 언어, 관계 그리고 문화적 표현양식을 통해 작용하고 있기 때문에 그것의 사회적 중요성이 반인종차별주의 정치에서 심각하게 받아들여져야 한다. 그러나 이와 함께 기업권력의 부상, 그리고 "오늘날 인종차별적 예속과 불평등의 형태를 결정하는 국가제도와 기관의 역할"에 대해서도 똑같은 관심을 기울여야 한다.[67] 인종차별적 이데올로기, 관행, 국가적 형식, 제도적 관계 등이 교육적·언어적으로 드러날 수는 있지만 단지 추론적 영역에서 해결될 수는 없다. 따라서 반인종차별주의 교육은 한편으로는 비판과 사회변혁 사이의 차이와 비판적 분석양식에 대해서, 그리고 다른 한편으로는 개인적·집단적 행동에 따른 책임에 대해서도 관심을 기울일 필요가 있다.

반인종차별주의 교육과 정치의 관념에 포함되어야 하는 또 다른 중요한 고려사항은 인종적 정의(justice)를 폭넓고 더욱 포괄적인 정치적·문화적·사회적 아젠다와 연결시키는 문제이다. 신자유주의는 미국인의 생활에서 강력한 영향력을 발휘하고 있다. 왜냐하면 그 영향력이 정치적·경제적·사회적·문화적 영역을 넘어 확산되고 있기 때문이다. 이와 더불어 시장의 이미지로 사회생활 전체를 새롭게 틀지우려는 교육적 시도가 다양한 영역에서 적극적으로 진행되고 있다. 신자유주의는 그것이 내포한 상업주의, 소비주의, 사유화, 자유 그리고 사적 이익의 언어가 공공 생활의 많은 영역과 잘 조화될 뿐만 아니라 그 속으로 스며들고 있기 때문에 설득력을 지니고 있다. 이와 같은 담론 속에서 차이는 평등과 권력의 문제로부터 제거되어 시장의 틈새로 떨어진다. 행위는 사유화되며, 사회적 가치는 시장에 기초한 이해관계로 환원된다. 그리고 당연히 시민의 민주주의는 소비자의 민주주의로 대체된다. 진보적 인사, 시민 그리고 인종과 차이의 문제에 관심을 지닌 집단들은 억압과 복종의 특별한 형태에 대해 관심을 기울일 필요가 있다. 그리고 이와 동시에 정체성 정치에 대한 다양한 접근의 한계를 인식해야 한다. 그렇게 될 때 다양한 접근이 고정되어 버리지 않거나 아니면 그것이 특별한 자유뿐만 아니라 포괄적 급진적 민주주의와 결합된 더욱 일반화된 자유를 위한 투쟁의 일부로서 다른 사회 운동과 연대하는 것이 가능하게 될 것이다.

비록 인종차별주의와 신자유주의 정치를 연결하고 있는 일부 교육적·정치적 관심사에 대해 지적하기는 했지만, 오늘날 더욱 교묘한 형태의 인종차별적 예속, 억압 그리고 배제를 재생산하고 있는 새로운 인종차별주의를 인지하고 이에 도전하는 것이 의미하는 바에 대해서 충분히 파헤치지는 못했다. 미국에서 유색인종에 대한 차별은 고정되어진 것도 아니고 정태적인 것도 아니다. 권력과 배제의 표현인 인종차별주의는 상이한 역사적 조건 속에서 많은 의미와 형식을 취하고 있다. 사회적·역사적으로 형성된 인종차별주의의 본질에 주목하는 것이 그것을 극복할 수 있는 희망이다. 왜냐하면 그렇게 할 때 비로소 지배적 권력관계에 의해 생겨날 수 있는 것이 또한 더욱 유토피아적이고 공평한 세상을 꿈꾸는 사람들에 의해 도전받고 변혁될 수 있기 때문이다. 유색인종에 대한 차별이 아직도 우리 곁에 남아 있으며, 우리는 이것을 인종적 불의에 대한 하나의 부끄러운 본보기뿐만 아니라 민주주의의 본질 자체에 대한 공격으로 분명하게 인식할 필요가 있다.

제3장

암울한 미래
시장 근본주의 시대와 젊은 그대

권위주의의 어두운 그림자가 점점 국가와 시민사회 구석구석으로 확대되면서 미국 민주주의의 장래가 희미해지고 있다. 이러한 상황 속에서 이라크와 아프가니스탄에서 발생한 불행한 전쟁뿐만 아니라 미국 내에서 벌어지고 있는 민주적 가치와 사회적 대책들에 대한 공격 등에서 분명하게 볼 수 있는 것처럼 전쟁과 폭력이 미국인의 생활을 구성하는 가장 중요한 원칙이 되었다. 그리고 점차 제왕적 대통령제의 명령에 순종하지 않는다는 이유로 충성스럽지 않은 국민으로 간주되거나 아니면 신자유주의의 인간 쓰레기로 분류되어 마치 처분될 수 있는 대상처럼 여겨지는 사람들에 대한 공격이 계속되었다. 국내에서의 전쟁은 시민적 자유에 대한 맹렬한 공격을 야기했으며, 이것은 2006년에 통과된 군사위원회법(Military Commissions Act)에서 가장 잘 엿볼 수 있다. 이 법안을 바탕으로 부시 행정부는 적으로 간주된 사람들이 합법적 수단을 통해 행사할 수 있는 전통적 권리를 인정하지 않으면서 이들을 무한정 감금할 수 있게 되었다. 그리고 무자비한 시장 근본주의의 논리 하에 처분될 수 있거나 나머지 국민으로 간주된 사람들에 대한 공격이 진행되었다. 처분될 수 있는 대상으로 간주된 사람들은 대중의 시선이 닿지 않는 상대적으로 잘 보이지 않는 지역으로 내쫓겼다. 그들은 훈련소를 모방한 학교에 갇혀 있고, 구질구질하고 위험한 작업장으로 내몰리고 있으며, 갱생보다는 처벌을 중시하는 교도소에 감금되어 있고, 끝이 보이지 않는 실업에서 벗어나지 못하고 있다. 사회적 국가의 붕괴, 널리 퍼져 있는 인종차별, 심화되고 있는 소득과 부의 불평등 그리고 신자유주의로 말미암아 불필요한 잉여 존재로 간주된 점점 더 많은 개인과 집단들이 이민자라는 지위 때문에, 아니면 젊어서, 가난해서, 직업이 없어서 혹은 몸이 불편하거나 임금이 낮다는 이유로 악마처럼 취급받거나 범죄자로 몰리고 있다.[1] 이것은 특히나 젊은 사람들에게 더 해당되며, 그래서 이들은 용의자 세대(generation of suspects)로 묘사되고 있다.

젊은이들은 미래의 투자를 위한 자원보다는 문제로 취급되어 왔다. 그들은 이라크와 아프가니스탄에서 벌어진 야만적인 전쟁의 총알받이 아니면 거의 모든 사회문제의 근원으로 규정되면서 언제든지 처분될 수 있는 대상으로 간주되었다. 노동자 계층의 젊은이들과 젊은 유색인종에 대한 '전쟁'은 해외에서 벌어지고 있는 전쟁에 이들이 참여하는 비율이 지나치게 높다는 사실 뿐만 아니라 국내에서 진행된 조용한 전쟁에서도 잘 나타나고 있다. 부시 행정부는 테러리즘과의 전쟁에 필요한 경비를 충당하기 위해 건강의료, 아동교육, 공공 서비스 분야의 재정을 삭감했다. 더욱 대담한 것은 무장 경호원을 배치하고 담장에 철조망을 치거나 '총기사건 대비훈련(lock-down drill)'을 도입하는 등 학교를 군사주의화했다는 사실이다. 도온(Bernadine Dohrn)에 따르면 교육자들이 학교의 안전에 관한 책임을 새로운 보안문화로 떠넘기고 있고, 과거에 교사들이 처리하던 학교의 사소한 위반행위가 지금은 경찰에 의해 처리되고 있다.

—— 아동과 관련해서 공포, 폭력 및 테러의 커다란 추세에 따라 나타난 중대한 결과 가운데 하나는 성인들의 법과 정책결정이 젊은이들의 많은 행동을 범죄로 만들었다는 점이다 … . 학교는 군사요새처럼 되었다. 빈둥거리며 노는 것이 불법이 되고 있다. 도움이 필요한 청소년들을 위해 일하려고 하는 조직이나 기관은 거의 없다. 어른들이 무시하거나 함부로 대해 온 젊은이들이 수많은 도전과 문제를 낳고 있다. 청소년들을 위한 의료 및 정신건강 서비스가 거의 마련되어 있지 않다. 학교는 문제나 성적이 나쁜 학생들을 없애버리려고만 한다. 사소한 잘못을 더 이상 학교 교사, 부모 또는 청소년을 위해 일하는 사회봉사자들이 다루지 않는다. 그보다 오히려 경찰을 부르고, 학생을 체포하며, 법으로 해결하고 있다.[2]

오늘날 젊은이들은 권리를 박탈당한 채 전쟁상황에서나 통용될 법한 모욕을 당하며 죄인이나 전쟁포로와 같은 취급을 받고 있다. 국내에서 진행된 군사주의화는 '소수계층의 사람들'을 감금하고, 유권자의 권리를 빼앗기 위한(미국의 전체 흑인 남성 가운데 13%가 투표권을 상실했다)[3], 그리고 "남북전쟁 이전 미국 남부(Old South)의 기결수 임대제도(convict leasing system)를 연상시키는" 체제를 만들기 위한 재원 조달의 기능을 하고 있다.[4] 이는 또한 퇴행적이며 억압적인 사회정책을 적극적으로 조장하고 정당화하고 있다. 예컨대 캘리포니아와 뉴욕을 포함해 점점 더 많은 주가 고등교육에 대한 투자보다 더 많은 자금을 교도소를 세우는 데 쓰고 있다.[5] 게다가 학교안전담당관(School Resource Officers), 즉 학교에서

안전과 경비대책을 담당하는 무장 혹은 비무장 집행관이 최근 미국에서 급성장하고 있다.[6]

무관용 정책(zero-tolerance policy)이 가혹하게도 젊은이들의 행동을 점점 더 범죄로 만들어 왔다.[7] 젊은이의 이야기를 들어주며 그들의 심리적·경제적·사회적 안녕을 위해 노력하기보다는 오히려 점점 더 많은 도시가 젊은이들을 쓸어버리는―야간통행을 금지하고 빈둥거리거나 어슬렁거리는 것을 금하는―법안을 도입하고 있다. 이는 젊은이들을 거리로 내쫓고 그들의 행동을 범죄로 만들기 쉽게 구안된 것이다. 예를 들면 지난 10여 년 동안에 "45개 주가 청소년을 성인처럼 기소할 수 있도록 하는 법안을 통과시키거나 그와 같은 방향으로 법안을 수정했고", 일부 주에서는 "검사가 임의대로 청소년 사건을 성인 법정에서 다룰 수 있도록 했다."[8] 캔자스(Kansas)와 버몬트(Vermont) 주에서는 10세 아동이 성인 법정에 설 수 있다. 젊은이들을 대상으로 한 매우 가혹한 조치의 한 사례가 될 수 있는 것이 바로 캘리포니아(California) 주의 제안 21(Proposition 21)이다. 이 법안으로 검사가 중죄를 범한 14세 이상의 청소년을 성인 법정에 기소하는 것이 용이해졌다. 이들 청소년은 자동으로 성인 교도소에 수감되며, 장기 선고가 내려진다. 이 법안의 전반적 목적은 조정 프로그램들을 없애며 젊은 수감자, 특히 소수계층 젊은이들의 수감 인원을 늘려 이들을 장기간 복역하게 하는 것이다. 더욱이 이 법안은 젊은이들을 성인과 함께 수감하는 것이 재범 가능성을 높이며 또한 젊은 죄수에게 매우 위험하다는 일련의 연구결과와도 상치된다. 콜롬비아 대학교의 연구결과에 따르면 성인과 함께 수감된 젊은이는 "성인 교도소에 수감된 성인보다 강간당할 가능성이 5배, 구타당할 가능성이 2배 그리고 자살할 가능성이 8배 정도 높은 것으로 나타나고 있다."[9]

역설적으로 젊은이들을 위한 갱생 프로그램보다 점점 더 처벌과 보복만을 부추기고 있는 범죄와 테러리즘에 대한 도덕적 패닉 상태는 미국이 청소년에 대한 사형을 허용하고 있는 전 세계 7개국 가운데 하나라는 사실과도 연결되어 있다.[10] 많은 주에서 18세 미만의 젊은이는 군대에 갈 수 없고 귀도 뚫을 수 없고 혼인신고도 할 수 없지만, 어떤 주에서는 10살밖에 되지 않은 청소년이 어른처럼 교도소에 갈 수 있고 사형도 당할 수 있다. 패쳇(Ann Patchett)은 《뉴욕타임스》에서 "미국인으로서 우리는 더 이상 어린이가 어떤 존재인지 모른다"는 것이 문제라고 주장한 바 있다.[11] 계속되고 있는 아동의 권리에 대한 침해, 청소년들을 대상으로 하는 끝없는 상업화, 아동 서비스의 규모 축소와 점증하고 있는 젊은이들의 감금은 혼란 그 이상의 의미가 있다. 실제로 그와 같은 정책들은 좋게 말해서 성인사회가 더 이상 어린이들을 돌보지 않는다는 것을 뜻하며, 심하게 말하자면 어린이들을 경멸과 두려움의 대상으로 간주한다는 것을 의미한다.

이라크 전쟁을 미국 국민들(특히 미국의 젊은이들)이 직면하고 있는 많은 문제와 분리해 본다거나 아니면 반동적 정부가 어떻게 다방면에 걸친 전쟁을 수행하고 있는지 깨닫지 못한다면 이것은 비극적인 실수가 아닐 수 없다. 청소년들을 대상으로 하는 상업화와 함께 우리는 젊은이들을 위한 교육적 배려가 사라지고 있는 현실을 지켜보고 있다. 가난에 찌든 가정의 젊은이들에게 비판적 교육을 제공하는 대신에 부시 행정부는 더욱 표준화된 테스트를 실시하고, 과학적 성교육이 아닌 절제 프로그램을 강요하며, 과학적 이성 대신 지적 설계(Intelligent Design)로 업데이트된 창조론을 지지했다.[12] 가난하며 인종적으로 소외된 젊은이들은 더욱 열악한 처지에 놓이게 되어 과밀학급에서 생활하는 가운데 기본적인 교육자재조차 지원받지 못하고 있다. 이들은 또한 기본적인 읽기, 쓰기 등과 같은 교육을 받기보다는 관리하기 좋게 고안된 정책에 의해 지배되고 있다. 부시 행정부는 젊은이들에게 활기찬 공공 영역과 이를 활용할 수 있는 기술을 제공하기보다 소비주의가 시민성의 유일한 조건이 되는 상업화된 문화를 제공해 왔다.

오늘날 모든 사람들은 소비자나 고객이다. 또한 모든 관계에 대한 판단이 본질과는 동떨어진 채 이루어지면서 비판적 사고와 사회정의가 퇴조하고 있는 것처럼 보인다. 끊임없이 증식하고 있는 소비자와 기업적 주체가 신자유주의의 주문과도 같은 '사유화하라(privatize or perish)'는 명령에 순응하면서 책임감 있는 시민의 관념을 대체하고 있다. 사회적 다원이즘이 번식하고 있는 가운데 고난은 약점으로, 그리고 자립이 궁극적 미덕으로 간주되고 있다. 따라서 사람들은 사회질서로부터 생겨나는 도전에 맞서 홀로 싸워야 한다. 요컨대 사적 이익이 사회적 필요보다 우선시되고 있고, 이윤을 따지는 것이 사회정의보다 더 중요한 것이 되었으며, 점증하고 있는 군사주의화와 상업화가 공공 영역을 규정짓고 있다. 그 결과 정치와 공공 생활이 황폐해져서 빈부의 격차가 더욱 악화되고, 3,700백만 명의 미국인이 가난과 절망의 늪에 빠져 있으며,[13] 민주주의 자체가 매우 하찮은 것이 되고 있다. 미국에서 심화되고 있는 인종차별, 불평등, 가난을 잘 보여주는 것 가운데 하나가 바로 허리케인 카트리나(Katrina)가 휩쓸고 간 뉴올리언스(New Orleans)의 잊을 수 없는 모습, 예컨대 물이 넘친 도로 위를 떠다니는 시신들, 고속도로에 고립되거나 루이지애나 슈퍼돔(Louisiana Superdome)에 방치되어 있는, 아니면 홍수가 난 주택의 지붕 끝에서 구조되기만을 간절히 기다리는 흑인들의 모습이다. 또 하나의 지표는 헤지 펀드(hedge fund) 매니저 상위 25명의 연간 소득이다. 이들의 합산 소득은 평균 140억 달러에 달한다.[14] 이들보다 운이 좋지 않은 대기업 CEO의 연봉은 많게는 1억 1,800만 달러에서부터 적게는 비이 에어로스페이스(BE Aerospace)의 CEO인 아민 코우리(Amin Khoury)가 받은 135만 달러까지 다양하다.[15] 주로 몇몇 기업의 수중에 있는 지배적 미디어는 권력을 지닌 사람들을 위한 치어리더가 되어왔다. 이는 결과적으로 본질적 민주주의에 중요한 모든 것들을 없애버림으로써 지금은 이해하기 위해 노력할 필요조차 없는 언어를 통해 의사소통을 하고 있다. 승자독식의 사회에서는 정의와 평등이 아니라 불평등과 사적 권력이 사회질서를 형성하고 있다.

이러한 쟁점은 민주사회의 건강성을 측정하고 젊은이들의 미래를 위한 기성세대의 의무를 분명히 하기 위해 젊은이들을 정치적·도덕적 존재로 받아들인다는 것이 과연 무엇을 의미하는가 하는 근본적인 질문을 던지고 있다. 한 세기 이상 미국인들은 포괄적 민주주의의 의미와 깊이를 확대하는 가운데 젊은이들이 더 나은 미래를 준비할 수 있도록 하기 위해 정부가 재정적 지원과 사회적 보장, 교육을 제공할 책임이 있다는 생각을 정치의 핵심적 특징으로 받아들여 왔다. 이와 같은 생각은 특히 1960년대 린든 존슨(Lyndon Johnson) 대통령의 위대한 사회(Great Society) 프로그램에 따른 일련의 정책에 잘 반영되어 있다. 이 프로그램은 가난과 인종적 불의를 제거하기 위해 구안된 것이다. 사회계약의 의미를 중요하게 인식하는 가운데 미국 사회는 적어도 아동의 권리를 위해 싸우며, 아동의 미래를 위한 개혁방안을 도입하고, 그들이 비판적 시민이 되는 데 필요한 교육적 조건을 제공하려는 모습을 보여왔다. 미래 세대를 향한 사회의 책임을 어떻게 인식하느냐에 따라 사회가 구상하는 민주주의와 민주주의의 미래가 결정된다고 할 때, 위대한 사회 프로젝트

내에서 민주주의는 젊은이들의 복지와 연계되어 있었다. 하지만 제2기 부시 행정부의 미국적 현실 속에서 이와 같은 프로젝트는 역전되었다. 아동들의 필요를 충족시키기 위한 연방예산 대신에 부시 행정부는 정부의 사회적 프로그램을 약화시키고, 백만장자의 세금을 감면해 주며, 아동들을 위한 기본적 사회보장 조치를 축소하거나 없애는 연방정책들을 수립했다. 크루그먼(Paul Krugman)이 《뉴욕타임스》에서 지적했듯이 부시 행정부에서는 "무자비한 천박함(relentless mean-spiritedness)"이 연민과 책임감을 대신했고, "부시 대통령은 젖먹이의 음식을 빼앗아 이것을 자신의 백만장자 친구에게 주는 사람"으로 비난받았다. 크루그먼이 볼 때 부시 행정부의 예산은 "전면적 전쟁을 수행하기 위한 것"과 크게 다르지 않다.[16]

전쟁은 거의 언제나 '우리 어린이들의 미래'를 위해 안전한 세상을 만들기 위한 것이라는 측면에서 정당화되었다. 하지만 이와 같은 수사학은 마치 전시상황처럼 작동하고 있는 국가기구와 제도의 공격으로 인해 우리 어린이들의 미래가 얼마나 자주 부정되었는가 하는 사실을 호도하고 있다. 학교의 군사주의화에 따른 끔찍한 결과, 가난과 홈리스 등의 사회적 쟁점을 범죄행위로 재규정한 형사재판 제도의 활용, 가난하고 소외된 젊은 유색인처럼 처분될 수 있는 사람들을 감금하기 위한 교도소-산업복합체의 등장 등에서 이러한 모습을 쉽게 찾아볼 수 있다. 마치 사회적 영역이 미래에 관한 담론에서 수사학적으로 삭제된 것처럼 전쟁과 안전, 반테러리즘이라는 미명 하에 어린이들이 가장 기본적인 사회적 영역에서 사라져 버렸다. 전 지구적인 차원에서도 어린이들은 "군인, 매춘부, 죄수 또는 가장과 같은 성인의 역할을 강요당하고 있다. 더욱 심각한 문제는 이러한 어린이들에게 국가가 없다는 것이다."[17] 이러한 어린이들은 적절한 교육과 보호를 받지 못할 뿐만 아니라 훌륭한 시민이 될 수 있는 미래를 박탈당하고 있다. 최근의 역사적 상황에서 특히 고통스러운 것은 젊은이들이 더 이상 미래의 상징이 아니라는 사실이다. 미래에 관한 담론은 젊은이들에 관한 문제로 시작해야 한다. 왜냐하면 다른 어떠한 집단보다도 젊은이들이 꿈과 열정 그리고 미래를 향한 사회적 헌신을 잘 보여주고 있기 때문이다. 그리고 바로 이러한 것들이 근대 민주주의의 원칙과 통하는 것이다. 근대 민주주의에서 젊은이들은 미래에 대한 사회의 책임을 상징적으로 보여주었고 미래의 진보를 위한 방안을 제공했다. 많은 측면에서 젊은이들은 진보에 대한 근대의 주장을 상징적으로 보여주고 있으며, 사회계약의 중심인 자유주의적이고 민주적인 전통을 확인해 주고 있다. 사회계약에서 드러난 기성세대의 책임은 젊은이들이 그들이 소유한 자유를 활용할 수 있는 교육적 조건을 제공하는 것이다.

지난 세대 동안 젊은이라는 범주는 성인들의 헌신을 매우 중요한 공공 서비스로 간주하는 사회계약이 미래에 관한 인식에 토대를 두고 있다는 점을 확인해 주었다. 뿐만 아니라 중요한 제도를 보호하며 번성하는 민주주의를 북돋울 수 있는 정치의 핵심이 되는 어휘, 가치, 사회관계 등을 확실히 해주었다. 여기서 중요한 것은 어린이들이 전쟁, 가난, 교육 그리고 일단의 중요한 사회적 쟁점들을 다루기 위한 하나의 강력한 지표라는 인식이었다. 더욱이 미래의 상징으로서 어린이들은 데리다(Jac-ques Derrida)가 말하는 이른바 '다가올 민주주의(democracy to come)'의 약속을 평가할 수 있는 중요한 도덕적 나침반을 제공했다.[18] 현재와 미래에 어린이의 사회적 중요성에 초점을 맞춘 어휘는 공교육과 고등교육에서 특히 중요하다. 교육의 이상은 종종 젊은이들에 대한 교육이 민주적인 미래 그리고 교육이 중요한 공공 영역이라는 주장과 연결되어 있다는 인식을 통해서 규정되고 설정된다.

그러나 오늘날 교육이 민주정치의 모델에서 분리된 것처럼 젊은이들 또한 사회계약의 담론으로부터, 그리고 공공 영역을 통해 젊은이들에게 훌륭하고 민주적인 미래에 대한 전망을 제공할 수 있는 윤리적 헌신으로부터 분리되어 왔다. 처벌과 두려움이 젊은이들과 사회질서 사이의 관계를 조정하는 가장 중요한 양식인 연민과 사회적 책임을 대체했다. 그로스버그(Lawrence Grossberg)의 저적처럼 "보통 우리는 아이들을 현재의 사회질서에 대한 위협으로, 그리고 아이들이 겪고 있는 문제에 대한 책임이 그들 자신에게 있다고 생각한다. 아이들이 고통받고 있고, 아이에게 무슨 문제가 있고, 아이들이 위협받고 있다는 생각으로부터 아이가 고통이고, 아이가 문제고, 아이들이 위협을 가하고 있다는 쪽으로 나아가고 있다."[19] 실제로 허버트(Bob Herbert)가 《뉴욕타임스》에서 지적한 것처럼 "뉴욕 시의 특정 지역은 흑인이나 히스패닉으로 태어난 청소년과 여성, 그리고 어린이들에게는 마치 경찰국가(police state)와도 같다. 그들은 정기적으로 검문과 검색, 괴롭힘, 위협, 모욕을 당하고 있고, 많은 경우 정당한 이유도 없이 체포당하고 있다."[20] 젊은이들은 더 이상 미래의 주역도 아니고 특권의 표시도 아니다.[21] 오늘날 그들은 대중적 미디어에 의해 악마로 그려지고 있으며, 범죄와 사회적 병폐를 일시적으로 처리하고자 하는 정치인들에 의해 바보 취급을 당하고 있다. 미디어를 통해, 그리고 유력한 정치인들에 의해서 젊은이들, 특히 젊은 유색인들은 증대되고 있는 범죄 추세와 밀접하게 연결되고 있다. 하지만 정작 더 문제가 되는 것은 처벌의 경향이다. 이것은 젊은이들의 적극적인 행위의식, 가능성, 미래를 잠식시키고 있는 여러 가지 사회문제들을 우리 사회가 어떻게 대하고 처리해야 하는지 모른다는 사실을 극명하게 보여주고 있다. 예를 들어 부시 대통령의 자문위원이었던 디룰리오 주니어(John J. Dilulio, Jr.)는 영향력 있는 보수주의 저널 《위클리 스탠더드(Weekly Standard)》에서 미국 사회가 그가 '초약탈자(super-predators)'라고 부른 15-24세에 해당하는 젊은 세대의 무시무시한 위협에 직면해 있다고 주장했다.22)

「써틴(Thirteen)」, 「키즈(Kids)」, 「브릭(Brick)」, 「하드 캔디(Hard Candy)」, 「알파 독(Alpha Dog)」 등의 할리우드 영화는 하나같이 젊은이들을 아무 생각 없는 위험한 존재 또는 전혀 가치가 없는 대상으로 묘사하고 있다. 2006년에 방영된 「60분(60 Minutes)」은 젊은이들을 바라보는 이러한 관점을 잘 보여주고 있다. 젊은이들이 지루함을 달래는 방법을 강조하면서 이 프로그램은 이른바 '부랑자 사냥(bum hunting)' 게임을 소개했다. 여기서 젊은이들은 홈리스를 찾아내 공격하고 마구 때린다. 그리고 리얼리티 TV 프로그램에서 우승하기 위해 그 장면을 비디오 카메라에 담는다. 이와 같은 행위는 비난받아 마땅하다. 하지만 이것이 바로 젊은이들의 일반적 특성을 보여주는 것이라고 주장하면서 젊은이들을 비방하는 것 또한 비난받을 만한 일이다. 따라서 시장의 제한된 상상력이 젊은이들을 단지 성, 미용상품, 음악, 스포츠 용품, 옷 등을 판매하기 위한 소비자나 대상으로 보고 있는 사회 속에서 젊은이들이 그처럼 쉽게 잘못 이해될 수 있다는 것은 전혀 놀랄 만한 일이 아니다.

분명한 것은 우리가 더 이상 젊은이들과 미래 그리고 사회계약을 믿지 않는다는 점이다. 우리는 1980년대 레이건과 대처의 혁명 이후 사회와 같은 것은 없다는 말을 들어왔다. 그리고 실제로 그와 같은 극악한 주장이 제기되면서 공공복지를 위한 제도들이 사라져 왔다. 오늘날 젊은이들은 미래의 상징으로 소중하게 취급되지 않고 있다. 그보다 젊은이들은 우리 사회에 두려움을 주는 하나의 위협으로, 그리고 격리되어야 하는 문제로 간주되고 있다. 오늘날 젊은이들이 공공 생활에 대한 위협으로 규정되는 지각변동과도 같은 변화가 나타났다. 과거 젊은이들은 일련의 사회적·경제적 병폐를 다룰 수 있는 도덕적 필수조건을 상징하는 존재였다. 하지만 지금은 거의 모든 사회문제의 근원으로 묘사되고 있다. 따라서 오늘날 젊은이들은 미래를 개선하기보다는 미래를 부정하는 것과 연관된 위기를 낳고 있다. 미래에 관한 대부분의 지배적 담론, 그리고 기성세대의 의무 속에는 아동에 대한 관심이 결정적으로 결여되어 있다. 어른들이 아동에 대한 책임을 포기하고 있다는 사실은 최근 미국의 공립학교 상황을 보면 충분히 확인할 수 있다.

학교 교육과 처벌의 정치

─── 아이러니하게도 오늘날 어린이들은 공립학교에서 안전하지 못하다. 왜냐하면 마약과 폭력 때문이 아니라 수정헌법 제4조(Fourth Amendment)에 명시된 헌법의 보호를 받지 못하기 때문이다.[23]
자의적으로 학생들의 야간통행을 금지하고, 몸수색을 하고, 개인의 정보를 수합함에 따라, 그리고 학생들이 아무런 혐의가 없어도 무작위로 그리고 영장 없이 마약 테스트를 받게 되면서 학교 어린이들 주변에 사실상 유치원수용소(Kindergulag)가 세워졌다 … . 당신이 만일 지금 미국의 학생이라고 한다면 계엄령은 사회과의 수업내용이 아니다. 그것은 마약과의 전쟁, 폭력과의 전쟁 그리고 안전에 관한 거의 병적인 강조가 젊은이들에 대한 온갖 종류의 모욕을 정당화할 수 있는 핑계거리가 됨에 따라 생활 속의 실제 사실이 되었다.[24]

청소년의 행위를 범죄로 만들고 젊은이들을 '위험시(dangerousa-tion)' 함으로써 과거 20년 전에는 생각할 수도 없었던 대응방식이 오늘날에는 정당화되고 있다. 젊은이들에 대한 기소와 구금, 신경안정제의 처방, 정신병 환자와 같은 취급 그리고 학교를 '공부하는 감옥(learning prisons)' 으로 만들고 있는 무관용 정책 등이 여기에 해당된다.[25] 학교가 처벌을 일삼는 사회의 모델이 되면서 복장위반이나 수업 중의 소란행위와 같이 사소한 교칙을 위반한 어린이를 경찰에 고발하고, 수갑을 채우고, 감금할 수 있는 사회가 되었다. 제1장에서 지적한 것처럼 최근 플로리다(Florida)에서 실제로 이와 같은 일이 벌어진 바 있다. 경찰이 6살 소녀인 왓슨(Desrée Watson)을 체포해 수갑을 채우고 그를 유치원에서 하이랜더 카운티(Highlander County) 구치소로 데려갔다. 거기서 그 소녀는 지문 날인을 당하고, 죄수처럼 얼굴 사진을 찍히고, 1건의 중죄 및 2건의 경범죄 혐의로 고소되었다. 6살 유치원 소녀가 저지른 죄는 교실에서 심술을 떤 것이 고작이었다.[26] 국내에서 벌어지고 있는 이와 같은 유형의 테러리즘은 미국이 아동 범죄자를 종신토록 감금하는 5개 나라 가운데 하나라는 사실에서도 엿볼 수 있다. 실제로 다른 나라의 극소수 사례와 비교할 때 미국에는 남은 인생을 갇혀 지내야 하는 2,225명의 아동 범죄자가 있다.[27] 젊은이들이 얼마나 처벌을 일삼는 사회의 희생양이 되고 있는가를 보여주는 또 다른 예는 부시 행정부의 낙제학생방지법(No Child Left Behind Act)에서 찾아볼 수 있다. 이 정책은 인종과 계층에 따른 명백한 편견을 드러내 보이면서까지 무관용 정책을 시행하고 있는 학교에 대한 재정적 인센티브를 제공하고 있다. 게다가 마약탐지견, 금속탐지기와 감시 카메라 등이 학교의 일상적 모습이 되었다. 군대의 모병관이 형사권을 악용해서 젊은이들을 대상으로 강간과 성적 학대를 저지른 경우가 많았음에도 불구하고 학교 행정가들은 이들이 공립학교와 고등교육 기관에서 학생들의 이름과 주소, 전화번호 등을 파악할 수 있는 권한을 부여한 연방법을 기꺼이 수용하고 있다. 오늘날에는 감시하고 검사하는 교육이 주를 이루는 가운데 비판적인 교육적 노력이 점점 퇴조함으로써 두려움과 경멸 그리고 의심이 신뢰와 존경을 대신하고 있다.[28] 더욱이 민주적 공공 영역의 위축, 시민문화의 실종, 확대되고 있는 공공 영역의 군사주의화와 수정헌법 제4조(Fourth Amendment)에 명시된 학생들의 권리침해를 보여주는 사회정책들 속에 두려움과 경멸이 점점 더 많이 반영되고 있다. 오하이오(Ohio) 주의 톨레도(Toledo)에서는 배꼽 티 위에 셔츠를 겹쳐 입는 것을 거부한 14세 학생이 수갑이 채워진 채 경찰차로 이송되어 "루카스 카운티(Lucas County) 청소년 법정의 소년원에 유치되었다. 그 소녀는 경범죄로 조사를 받았고, 34세의 자판기 기술자인 소녀의 어머니가 소녀를 데려갈 때까지 독방에 몇 시간 동안 감금되어 있었다."[29] 그리고 또 한 가지 믿기 어려운 일은 "펜실베니아(Pennsylvania)에 있는 초등학교 특수교육반의 8세 소년이 휴게실에서 벌인 특이한 행동, 즉 휴게실 바닥에 소변을 보고 신발을 천정으로 집어던지면서 교사에게 이런 것이 '어린이들의 규칙(Kids rule)'이라고 말했다는 이유로 기소되었다."[30] 과거에는 학교에서 해결했던 학생의 일탈행위를 다루기 위해 오늘날에는 점점 더 청소년 재판제도에 의존하고 있다.

"여학생 화장실의 불을 끈 혐의로" 2명의 남자 중학생을 체포하도록 하거나 또는 "학교에 숨어서 수업에 참석하지 않았다는 이유로" 11세 소녀가 수갑이 채워진 채 경찰차로 이송되는 무관용 정책을 시행하고 있는 학교 정책으로 도대체 무엇을 하겠다는 것인가?[31] 그와 같은 정책 때문에 아동에 대한 서비스가 위기에 처해 있을 뿐만 아니라, 점점 더 아동의 권리가 짓밟히고 있고 아동의 권리를 보호하려고 하는 기관이나 단체들도 거의 없다. 결과적으로 아동들의 목소리가 논쟁과 정책 그리고 그들의 요구를 충족시키기 위해 개발된 법에서 거의 사라져 버렸다.

1990년대에 통과된 강제집행 정책에 기초한 연방법과 주법—예를 들어 1994년에 제정된 총기없는 학교법(Gun-Free Schools Act)—을 모방해서 많은 교육자들이 처음으로 학교에 총기류를 가지고 온 학생들에 대한 무관용 교칙을 적용했다. 이 법안에 따라 연방교부금을 지원받는 학교는 총, 폭탄, 수류탄, 미사일이나 로켓 등과 같은 무기류를 휴대하고 등교한 공립학교 학생에게 1년간의 강제퇴교 조치를 부과하도록 했다. 현재는 많은 학교가 이 정책을 마약의 사용 및 유통, 흡연, 성희롱에서부터 다른 학생을 *위협하는 것*(threatening)에 이르기까지 전반적인 부정행위에 광범위하게 확대하여 적용하고 있다. 무관용 정책에 따라 과거에는 성인에게 적용되었던 처벌형태가 요즈음에는 1학년 학생들에게도 적용되고 있다. "본래는 의도적으로 잘못을 저지른 학생을 대상으로 했던 법이 이제는 정서상의 문제나 다른 신체적 결함으로 인해 잘못된 행동을 하는 학생들에게도 적용되고 있다."[32] 전국에 걸쳐 거의 모든 학군에서 무관용 정책을 적극적으로 수용하고 있다. 이와 같은 변화의 전환점이 된 것이 1999년 콜로라도(Colorado) 리틀턴(Littleton)의 콜럼바인(Columbine) 고등학교에서 벌어진 총기발사 사건이다. 이 사건 이후 무관용 정책이 미국 전역의 고등학교에서 크게 늘어났다. 미국 교육부(Department of Education)에 따르면 전국 학교의 대략 90% 정도가 폭력이나 위협문제를 다루기 위해 그와 같은 정책을 시행하고 있다.[33] 콜럼바인 총기 사건 이후 가공된 공포문화가 교육개혁의 관점을 주도하고 있고, 여기서 학생들은 공공의 안전에 대한 위협으로 간주되고 학교는 점점 교도소를 닮아가고 있다. 이에 대해 레위스(Tyson Lewis)는 다음과 같이 주장한다.

———— 콜럼바인 사건은 교도소와 학교 사이의 연계를 한층 강화함으로써 학교 안전문제에 관한 하나의 분수령이 되었다. 학내 총기 사건의 여파에 따라 전국의 학군에서는 건물 내부의 카메라와 주차장의 야간 카메라 설치, 폭발물 탐지견 배치, 무작위적인 라커 수색, 무장경관 및 범죄분석 전문가의 배치, 금속탐지 장치 도입, 속이 들여다 보이는 가방 그리고 학생증의 전산화 등과 같은 수많은 감시 조치를 시행했다. 콜럼바인 사건 이후 15-30%의 고등학교가 금속탐지 장치를 도입하고 있으며, 초등학교와 중학교의 절반 정도가 감시 카메라를 사용하고 있다. 오늘날 학교는 교도소-산업복합체의 특징을 충분히 보여주고도 남음이 있다.[34]

불행하게도 전국적으로 많은 학교가 금속탐지 장치, 무장경관, 첨단 감시 장치, 투명한 가방 등과 같은 감시체제를 도입하고 있고, 비록 일부이기는 하지만 교사의 무기 휴대를 허용함으로써 학생의 권리에 대한 장기적 인식과 보장이 사라진 것처럼 보인다. 실제로 2007년 4월에 발생한 버지니아 공대(Virginia Tech) 총기살인 사건의 영향으로 많은 의원들이 교사의 총기 소지를 허용하는 법안을 요구하고 있다. 일부 학교에서는 또한 범법행위의 소지가 있는 학생을 '특별 관리하기(profile)' 위한 새로운 소프트웨어를 도입하고 있다.[35] 지나치게 과도한 법률이 마련되고 점점 더 많은 학생들이 종종 말도 되지 않는 이유로 정학을 당하거나 퇴교 조치를 당하면서 교육자들은 깊이 생각하거나 비판적으로 판단하려고 하지 않는다. 예를 들어《유에스에이 투데이(USA Today)》에 보도된 것처럼 "2003년 10월 플로리다(Florida) 주의 리(Lee) 카운티에서는 한 학생이 사람에게 총을 쏘는 모습의 낙서를 했다는 이유로 퇴교 조치를 당했다. 그리고 9월에 텍사스(Texas) 주의 몽고메리(Montgomery) 카운티에서는 10대의 한 학생이 천식이 심한 같은 반 친구에게 그의 흡입기를 빌려 줘 학교 교칙을 위반했다는 이유로 정학 처분을 당하고 체포되었다."[36] 버지니아 주에서는 선생님의 음료수에 비눗물을 넣었다고 알려진 5학년 학생들이 중범죄로 기소되기도 했다.[37] 정신분열증 진단을 받은 루이지애나(Louisiana) 주의 12세 소년은 식당에 줄을 서 있는 친구들에게 만일 감자를 다 먹으면 "가만두지 않을거야"라는 말을 한 후에 이틀 간의 정학처분을 받았다. 당시 경찰은 "폭력적 위협을 가했다"는 혐의로 그 소년을 기소했고, 소년은 재판이 열릴 때까지 2주 동안 감금되었다. 플로리다(Florida) 주 팜비치(Palm Beach)의 한 학교에서는 다른 학생의 돈 2달러를 훔친 혐의가 있는 14세의 장애인 학생을 교장이 경찰에 고발했다. 그에 따라 학생은 초범임에도 불구하고 무장강도 혐의로 성인 교도소에 6주 동안 감금되었다.[38] 미시시피(Mississippi) 주에서는 5명의 학생이 학교버스에서 서로 땅콩을 던졌다는 이유로 정학을 당하고 범죄행위로 기소되는 어처구니없는 일도 있었다.[39] 심지어는 다른 친구에게 레몬 감기약 2방울을 주고 약물남용 혐의로 처벌받은 학생도 있다.

무관용은 복잡한 문제에 대한 단순한 해결책이라는 차원을 넘어 학교 밖으로 '어린이들을 내쫓는 가장 빠르고 더러운 방식'을 나타내는 약어가 되었다.[40] 숙고와 비판적 판단을 통해 달성되는 배려와 연민의 문화를 창조하기보다 무관용 법률에 의존하고 있는 학교 교직원들은 지역 경찰 부서의 조수와 같은 존재로 전락해서 학생을 처벌하거나 체포하고 경찰에 넘기는 일을 책임지고 있다. 드리진(Steven Drizin)이 주장하는 것처럼 무관용 정책은 대부분 "교장과 교육자들이 사려 깊게 생각하고 판단할 수 있는 능력을 빼앗아 감으로써 잘못된 행동에 대한 적절한 제재방안을 결정하는 과정에서 개별적 상황이나 사정을 충분히 고려하지 않고 있다."[41] 학생이 그릇된 행동을 하는 원인을 찾으려고 애쓰는 대신에 오늘날 교사들은 규칙을 위반한 학생을 단순히 처벌하고 있다. 더욱이 불공정한 결론에 따라서 처벌이 이루어지는 경우도 종종 있다. 예를 들어 1999년 6월 《덴버 록키마운틴 뉴스(Denver Rocky Mountain News)》의 보도에 의하면 "콜로라도(Colorado) 주의 경우 무관용 정책을 엄격하게 집행한 결과 1993년 이후 공립학교에서 퇴학 처분을 받은 학생수가 급증했다. 무관용 정책 시행 이전에 437명이었던 것이 1996-1997학년도에는 거의 2,000명 정도까지 늘었다."[42] 시카고에서는 1994년 무관용 정책을 광범위하게 적용한 이후 4년 동안에 학생들의 정학 비율이 51% 늘어났고, 퇴교 처분을 받은 학생수는 "1994-1995학년도의 21명에서 이듬해에는 668명으로" 30배 이상이나 뛰었다.[43] 코네티컷(Connecticut) 주에서는 전례가 없을 정도로 많은 학생들이 학교에서 쫓겨나고 있다. 예를 들어 "정학 처분을 받은 학생수가 1998-1999학년도에서 2000-2001학년도 사이에 90% 이상 증가했다. 2000-2001학년도에는 주 전체에 걸쳐 90,559명의 학생이 정학 처분을 받았는데, 이는 2년 전의 57,626명보다 훨씬 더 많은 숫자이다."[44] 폰테스(Annette Fuentes)의 주장에 따르면 "유치원에서 12학년까지 매년 3백만 명 이상의 학생이 정학 처분을 받고, 거의 10만 명 정도가 퇴교 조치를 당하고 있다."[45] 이러한 추세와 동시에 무관용 정책을 통해 해결하고자 하는 바로 그 문제를 무관용 정책이 오히려 더욱 악화시키고 있다는 증거들이 점점 많아지고 있다. 예를 들어 하버드 대학교의 시민권 프로젝트(Civil Right Project)에 의하면 "정학비율이 높은 주가 또한 중도 퇴학자와 청소년 범죄율도 높은 것으로 나타나고 있다."[46] 이와 같은 경멸과 불관용의 분위기 속에서 퇴교당하는 학생들은 순진한 학생들에게 위협이 되고 있다. 더욱이 이와 같은 풍토에서 지역의 학교위원회는 비판적인 판단을 내리려는 노력을 하지 않고 있고, 학교의 안전을 해치는 것이 과연 무엇인지 알아보려고 하지 않을 뿐만 아니라 모든 학생들에 대한 합리적인 지원 서비스나 문제 학생을 위한 어떠한 대안도 제시하지 못하고 있다. 더욱이 학교위원회가 어떻게 유치원 어린이에 대한 정학과 퇴원 조치를 정당화할 수 있는지 의아할 따름이다.

───── 유치원 어린이를 내쫓는 짓은 용서받을 수 없는 일이다. 유치원 프로그램의 목적은 공부뿐만 아니라 행위의 기술을 제공하는 것이 되어야 한다. 결과적으로 원아를 쫓아내는 무관용은 잘못된 생각이다. 특히 오늘날 내가 우려하고 있는 것은 정신건강 서비스가 부족하고, 감정과 발달단계에 따른 아동들의 필요를 이해할 수 있는 잘 훈련받은 교사들이 없으며, 낙제학생방지(No Child Left Behind) 법안이 표준화된 시험성적을 끌어올리기 위해 아동들을 더욱 학교 밖으로 몰아내도록 유도하고 있다는 점이다.[47]

게벨(Shelley Geballe)이 지적하듯이 부시 행정부의 낙제학생방지 프로그램이 시행되고 시험에 대한 집중적 투자가 이루어짐에 따라 학교는 학업 성취도가 낮은 학생들을 학교 밖으로 내몰거나 아니면 그들을 학교에 붙잡아두기 위해 어떠한 노력도 하지 않고 있는 실정이다. 시험성적을 올리는 것이 교육개혁가들의 가장 중요한 목적이 되었고, 지역 학군의 목표를 성취하고자 하는 교장에게는 이것이 엄청난 부담이 되고 있다. 이와 같은 부담은 부시 대통령으로부터 하나의 모델로 추천되기도 했던 휴스턴(Houston)의 학교 시스템에 결정적인 역할을 하기도 했다. 휴스턴에서는 학생들을 전혀 보호하지 못했을 뿐만 아니라, 교장들이 재정 보너스를 지급받고 지역 학군의 요구를 충족시키기 위해서 중도 퇴학자의 자료를 속이는 일까지 벌어졌다. 레윈(Tamar Lewin)과 메디나(Jennifer Medina)의《뉴욕타임스》보도에 따르면 공부와 힘겹게 씨름하고 있는 뉴욕 시의 수많은 학생들이 "제때에 졸업을 하지 못해 학교의 통계를 더럽히는 것을" 막기 위해 학교에서 쫓겨나고 있다.[48] 젊은이들을 죄인 취급하는 경향이 교실 안으로 들어오면서 학교 행정가들이 학생들의 이야기에 귀를 기울이고, 그들의 문제를 해결하기 위해 부모, 공동체 프로그램, 종교단체나 사회 서비스 기관 등과 함께 노력하기보다는 학생들을 처벌하는 것이 훨씬 쉬워졌다.[49] 심지어 무관용 정책이 법정을 포화상태로 만들고 이미 과부하상태에 있는 청소년 재판제도에도 부담을 가중시키고 있다. 하지만 교육자들은 그와 같은 정책을 시행하는 데 대해 전혀 양심의 가책을 느끼지 않고 있는 것처럼 보인다. 그리고 그 결과는 학생 개개인에게 치명적인 영향을 끼치고 있다.

더욱 나쁜 것은 무관용 정책이 모든 젊은이들을 위협하고 있고 교육을 통해 공정한 기회를 제공한다는 인식에 타격을 주는 한편, 대중의 뇌리 속에 흑인 학생들이 대중적 공포의 원천이며 공립학교의 안전을 위협하는 근원적 존재라는 이미지를 강화화고 있다는 사실이다. 무관용 정책과 법률은 인종차별적인 코드를 동원하고 도시의 흑인과 아시안계 젊은이들을 '고결한' 미국인의 안전에 대한 폭력적 위협으로 묘사함으로써 도덕적 패닉을 자극할 수 있도록 잘 짜여진 것처럼 보인다. 관심을 끄는 대부분의 무관용 프로그램은 흑인 학생들과 관련이 있을 뿐만 아니라, 그와 같은 정책들은 전국의 학교 시스템에 만연되어 있는 인종적 불평등을 강화하고 있다. 예를 들어《뉴욕타임스》에 보도된 연구자료에 따르면 "전국 공립학교의 흑인 학생들이 정학과 퇴학 조치를 받을 가능성이 백인 학생들보다 훨씬 더 높고, 고급반이나 우등반에 들어갈 가능성은 훨씬 낮은 것으로" 나타났다.[50] 심지어는 자유주의의 요새로 불리는 샌프란시스코와 같은 도시에서조차도 흑인 학생들은 무관용 정책의 대가를 톡톡히 치르고 있다. 델라 피아나(Libero Della Piana)가 지적하듯이 "교육의 평등을 옹호하고 있는 저스티스 매터스(Justice Matters) 샌프란시스코 지사의 자료에 따르면 샌프란시스코 학군에서 정학 처분을 받은 학생 가운데 흑인이 52%가 되며, 이는 전체 인구에서 흑인 젊은이가 차지하는 비율인 16%를 훨씬 웃도는 수치이다."[51] 엘리아스(Marilyn Elias)가 《유에스에이 투데이(USA Today)》에 보도한 바에 의하면 "전국적으로 퇴학자 수가 처음으로 집계된 1998년에 공립학교의 흑인 학생 비율이 전체의 17%였던 반면에 퇴학 처분을 받은 학생의 31%가 흑인이었다."[52] 그리고 최근 미국 교육부의 2000-2001학년도 연구보고에 따르면 백인 학생 15명 가운데 1명과 비교해 흑인 학생은 8명 가운데 1명이 정학 처분을 받는 것으로 볼 때 무관용 정책이 흑인 젊은이들에게 더욱 심한 타격을 주고 있는 것으로 보인다.[53]

도덕적 패닉과 대중적 공포를 부추기고 있는 무관용 정책은 학교를 형사재판 제도의 하위 부서로 바꾸어 버렸을 뿐만 아니라 그릇된 입법상의 우선순위를 더욱 정당화하고 있으며, 경비산업에 커다란 이익을 제공하고 있다. 그리고 이는 막대한 사회적 대가를 치르고 있다. 오늘날 학교는 아동 프로그램에 대한 투자를 늘리고 낡아빠진 학교 건물을 보수하거나 좋은 선생님을 모시려고 노력하기보다는 수백만 달러의 돈을 경비장치를 업그레이드하는 데 쏟아붓고 있다. 이러한 정신상태는 상식과도 어울리지 않는다. 메사추세츠(Massachusetts) 턱스베리 메모리얼(Tewksbury Memorial) 고등학교에서 새로이 도입한 감시 카메라 시스템은 자료를 지역 경찰서로 보내도록 되어 있고, 그 경비만 30만 달러에 달한다.

이보다 더한 경우도 많다. 클리브랜드 시 학군(Cleveland Municipal School District)에서는 콜럼바인(Columbine) 사건 이후 안전과 경비 관련 예산이 1,250만 달러에서 2,130만 달러로 증액되었다.[54] 공포와 감시문화는 공립학교에 막대한 재정 지출을 가져오는 한편 기업체에게는 엄청난 이익이 되고 있다. 요즈음은 금속탐지기가 공항과 교도소보다 학교에서 더 많이 사용되고 있다. 그리고 감시용 카메라, 학생용 ID 카드, 투명한 가방제품 등을 포함한 모든 종류의 전자장비와 상품으로 인해 경비산업체가 막대한 이윤을 챙기고 있다.

젊은이들은 학교가 미국 사회의 다른 어떤 기관보다 신병훈련소나 교도소와 더욱 비슷하다는 사실을 잘 알고 있다. 게다가 학교가 민주적 공공 영역으로서의 역할을 포기한 채 말 그대로 학교를 둘러싼 공동체와 '담을 쌓고 멀어지면서' 학생들을 가두고 통제하는 곳으로 전락하고 말았다. 이러한 상황에서 학교가 점점 경찰지서를 닮아가는 가운데 학교의 학생뿐만 아니라 학교의 역사와 일상에 의미를 부여하는 공동체와 비극적으로 단절됨에 따라 규율과 훈련이 모든 사람을 위한 교육을 대체하고 있다. 학교가 군사주의화되면서 학교는 학생들에게 인간적 차이, 불확실성 그리고 정치적 행위와 민주적인 공적 생활 자체를 침해하는 다양한 상징적·제도적 영향력에 대응하는 기능을 제공하지 못하고 있다.

공립학교 내에서 진행되고 있는 무관용 정책의 확대와 유행은 민주주의가 처한 더욱 광범위한 위기의 일부로 이해되어야 한다. 오늘날 민주주의의 위기 속에서 시장은 모든 교육적 문제에 관한 가장 탁월한 디자인으로 간주되고 있고, 국가는 민주적 자유와 사회적 투자의 확장보다는 군사주의화와 감금, 감시 조치 쪽으로 점점 더 방향을 맞추고 있다. 이러한 의미에서 공립학교의 사유화와 젊은이들에 대한 전쟁은 사회의 틀을 형성하는 민주적 참여의 조건이 되는 공공 영역과 공공선에 대한 공격과 분리될 수 없다. 대체로 공포문화에 의해 동원되며 젊은이들을 계속해서 악마처럼 취급함으로써 정당화되는 안전에 대한 의구심은 학교를 와컨트(Loic Wacquant)가 말하는 이른바 '단일 감금 연속체(a single carceral continuum)'가 확장된 것으로 변화시켰다. 이것은 감시, 통제, 처벌 그리고 배제장치를 통해 작동한다.[55] 이러한 맥락에서 학교 내의 무관용 정책은 불평등으로 인해 불만과 저항이 나타나고 있는 다른 공공 영역에서 시행된 조잡한 통제와 행정의 요소를 젊은이들에게로 확대하고 있을 뿐이다.

무관용은 국가를 무력화시키고, 국내에서 군사주의화의 영향력을 확장하며, 민주주의를 소비주의로 전락시키고, 상호 원조의 윤리를 과도한 개인주의와 사회적 무관심에 대한 호소로 대체하는 것을 뜻하는 은유적 표현이 되었다.[56] 이와 같은 논리에 의하면 정치적인 것의 관념은 점점 권력을 지배와, 시민성을 소비주의와 수동성과 동일시한다. 가공된 무관심, 억압과 착취의 심화, 이라크 전쟁—상원의원인 버드(Robert Byrd)는 이것이 무제한적 권력의 오만함에 기초한 것이라고 믿고 있다—으로 인한 이처럼 견딜 수 없는 분위기 속에서 젊은이들은 정의, 자유, 사회적 시민성과 민주주의를 상대로 한 전투의 새로운 피해자가 되었다. 이러한 상황이 지금 이 순간에는 절망적인 것처럼 보이지만 이는 또한 많은 젊은이들과 지식인, 노동자, 교육자들의 정치적 저항과 사회운동이 부상하는 토대가 되고 있다.[57] 무관용 정책이 점차 미국 사회 전반으로 확산되고 있는 권위주의적 통제양식을 강화하기 위해서 광범위한 제도적 영역에서 강력하게 작용하고 있다. 따라서 교육자, 젊은이들과 그들의 부모, 종교단체, 공동체 활동가 및 문화 노동자들은 무관용 정책의 위험천만하고 파괴적인 이데올로기와 가치 및 사회관계에 대해 깊이 검토하고, 또한 그것을 극복한다는 것이 과연 무엇을 의미하는지 다시 한 번 생각해 볼 필요가 있다.

처분될 수 있는 젊은이들과 사회의 위기

오늘날 안전과 처벌을 둘러싼 학교의 모습은 민주적 가치와 공포 문화 사이의 위험한 불균형을 보여주고 있다. 학교의 무관용 정책은 안전보다는 편견과 위선, 그리고 젊은 세대를 범죄 용의자로 취급하는 불관용의 풍토를 키우는 데 기여했다. 학생들의 말에 귀를 기울이고 그들의 문제를 해결하기 위해 노력하기보다 처벌만을 일삼는 볼썽사나운 이와 같은 '학교개혁'은 사회문제를 범죄로 간주하는 커다란 문화적 변동과 결부되어 있다. 1970년대의 사회적·경제적 위기로 말미암아 '빈곤과의 전쟁(War on Poverty)'이 동력을 상실했을 때 모든 정부 차원에서 사회적 투자보다는 공적 통제와 사회적 억제를 강조했다. 사회적 쟁점을 범죄로 보는 것은 레이건(Ronald Reagan) 대통령의 마약과의 전쟁,[58] 1980년대 교도소 산업의 민영화에서 시작되어 1990년대 초기 이민자와의 전쟁, 그리고 이후 교도소-산업복합체의 등장으로 점차 확대되어 왔다. 그 결과 오늘날에는 사회적 쟁점을 범죄시하는 것이 일상적 문화의 일부가 되었고, 이것은 또한 죄수를 통제하는 것에서부터 도시의 문화를 규제하고 학교를 운영하는 데 이르기까지 하나의 공통된 준거점을 제공하고 있다. 이와 같은 흐름은 1980년대 이후 전국을 휩쓸었고 1994년 폭력범죄통제법(Violent Crime Control and Law Enforcement Act)이 통과됨으로써 법적 효력을 충분히 확보한 무관용 법안의 등장에서 가장 분명하게 살펴볼 수 있다. 강제집행 법률 그리고 마약과의 전쟁과 결부된 '단호한' 조치들을 이어받은 이 법안은 '삼진 아웃(three strikes and you're out)' 정책을 도입해 비폭력적 범법자를 포함해서 범죄의 심각성에 관계없이 모든 상습범을 종신형에 처하도록 했다. 제1장에서 밝힌 바와 같이 미국은 현재 220만 명 이상을 수감하고 있는 세계에서 가장 큰 감옥이다.

과거의 부시 행정부, 보수주의 교육자들, 종교적 우파 그리고 기업문화 치어리더들의 주장에도 불구하고 미국 교육에 대한 가장 큰 위협은 파멸적 학생도 아니고, 학생들을 보호할 수 있는 안전장치나 단호한 학교 정책의 부재에서 비롯된 것도 아니다. 오늘날 젊은이들이 위협을 받고 있는 것은 학문적 성취기준이 낮다거나 아니면 엄격한 시험수단이 부족해서가 아니다. 이와는 반대로 젊은이들에 대한 가장 큰 위협은 그들을 사회적 투자로 보려고 하지 않으며, 대략 1,300만 명의 아동들을 가난 속에 방치하고 있는 사회에 있다. 오늘날 우리 사회는 비판적 학습을 대규모 시험 프로그램으로 전락시키고 있으며, 교사들에게 적정한 보수를 지급하지 않고 있다. 또한 건강의료 및 공공 서비스를 제거하는 정책을 조장하고 있다. 기업이 장악한 미디어 산업에 널리 퍼져 있는 총기문화, 엑스트림 스포츠 또는 폭력장면에 대한 저급한 찬사를 통해 남성다움을 규정하고 있다. 젊은 세대에 대한 위협은 또한 기본적 권리보다는 안전이라는 공허하고 그릇된 관념에 가치를 부여하며, 비시장적 가치와 공공선에 대한 공격을 일삼고, 빈곤계층 및 중산층과 부유한 특권층 사이의 경제적 불평등을 확대하고 심화시키는 데 관여하고 있는 사회로부터 생겨나고 있다.

가난한 젊은이들에게 적절한 교육을 제공하는 대신에 미국 사회는 그들이 감금될 수 있는 가능성만을 키우고 있다.

───── 젊은이들을 위한 서비스(학교, 보육, 보호관찰, 정신건강)의 규모가 축소
되고 폐쇄되거나 아니면 그 목적이 변질되면서 성인 형사재판 제도가 매
우 빠른 속도로 젊은이들에게 영향을 미치고 있다. 미국 전체에 걸쳐 많
은 주가 형사재판의 최소 연령을 낮추고 범죄의 유형을 확대하면서, 그리
고 청소년들을 성인 법정으로 이관하는 절차를 수정함으로써 아동들을 성
인 법정의 재판범위에 포함시켰다. 경찰서, 법정, 구치소, 교정기관 등에
서 성인 범죄자와 아동 사이의 장벽이 제거되고 있다. 동시에 젊은이들을
감금하고 기소할 수 있는 다양한 선택이 가능해지면서 더 어린 아동과 청
소년들이 포함될 수 있도록 청소년 재판 범위가 확대되어 왔다.[59]

이와 같은 현실은 오늘날 미국이 미성년자에 대한 사형을 집행하
고 있는, 그리고 "공립학교 학생 1명을 위해 지출하는 돈의 3배 이상을
감금된 시민 1명에게 사용하고 있는" 유일한 국가라는 사실에서 여실히
드러나고 있다.[60]

미국 교육제도의 빈곤은 미국 어린이들의 가난을 그대로 반영하고
있다. 어린이들에게 영향을 미치는 인간적 고통의 현실은 세계에서 가장
부유한 민주주의 국가가 직면한 도덕적·정치적 모순을 보여주는 놀랄 만
한 통계 속에서 극명하게 나타나고 있다. 예를 들어 2004년에는 빈곤 아
동의 숫자가 1,290만 명으로 늘어나면서 아동 빈곤율이 17.6%를 기록했
다. 실제로 "매우 가난한 사람 3명 가운데 1명 정도가 17세 미만이다."[61]
"전체 인구에서 아동이 차지하는 비율이 26%인 반면에 가난한 사람 가
운데 39%가 아동이라는 것을 볼 때 가난한 어린이들의 비율이 상대적
으로 높다."[62] 또한 930만 명의 아동이 건강보험의 혜택을 충분히 받지
못하고 있고, 수백만 명의 아동이 적절한 보살핌과 교육의 혜택을 받지

못하고 있다. 미국에서 아동에 대한 관심과 배려가 얼마나 낮은가 하는 것을 보여주는 가장 충격적인 통계는 전 세계의 산업국가 가운데 미국이 억만장자 수와 국방예산에서 1위를 차지한 반면에 유아 사망률에서는 25위를 차지하고 있다는 것이다. 허버트(Bob Herbert)가《뉴욕타임스》에 보도한 바에 따르면 시카고(Chicago)에서는 "16-24세에 해당되는 10만 명 정도의 젊은이가 직장과 학교에서 쫓겨나 아무런 희망 없이 살고 있다 … . 전국적으로 이와 같은 숫자가 550만 명을 웃돌고 있다."[63] 이와 같은 위기의 심각성은 워싱턴(District of Columbia)과 같은 몇몇 도시에서 분명하게 나타나고 있는데, 이들 도시의 아동 빈곤율은 45%에 달하고 있다.[64] 인종을 기준으로 통계를 분석해 보면 그 결과는 더욱 절망적이다 : "2000년에 흑인의 빈곤율은 전국 평균 비율의 2배 정도인 22%였다 … . 시카고에서는 흑인의 빈곤율이 29. 4%인 반면에 백인의 빈곤율은 8.2%이다. 흑인 아동의 빈곤율은 40%로, 백인 아동의 빈곤율 8%와 큰 차이를 보이고 있다."[65] 우리가 예상할 수 있는 것처럼 이와 같은 우울한 통계는 젊은이들의 희생을 대가로 경제적 기득권 계층을 우선 배려하기 위한 일련의 정책결정에서 비롯된 것이다. 교육, 빈곤모에 대한 영양 지원, 퇴역군인의 건강의료 그리고 기초 과학 연구를 위한 재정을 무자비하게 삭감해서 이를 소수 부유층을 위한 감세에 충당해 왔다.

사적 위협으로부터 공공선을 보호하는 정부의 책임이 역전되었다는 사실은 사회문제를 사유화하고 군대-산업-학교복합체에서 살아남지 못한 사람들을 비방하는 것에서도 충분히 엿볼 수 있다. 이처럼 타락한 경제·정치·문화적 지형 내에 있는 너무나 많은 젊은이들이 상품화가 엄존하는 가운데 막대한 부채, 파산, 교도소-산업복합체, 기본적인 시민적 자유의 침해와 같은 위협이 늘 도사리고 있는 '사각지대(dead zone)'를 점령하고 있다. 실제로 미국 사회는 점점 좁아지고 있는 시장과 블루칼라의 일자리, 그리고 중산층 소비자에게 부여된 제한된 정치권력에서 추방된 젊은이들이 하나의 세대를 이루고 있다. 공공선에 대한 투자와 사회문제의 해결 대신에 오늘날 국가는 경제정책의 하강 국면에서 살아남지 못한 사람들을 처벌하고 있다. 처벌 그리고 감금과 감시가 새로운 확장국가의 모습을 대표하고 있다. 결과적으로 국가와 시민 사이의 계약이 깨졌고, 미래에 대한 시민적 의무와 젊은이들에 대한 사회적 보장이 공적 관심의 아젠다에서 사라졌다. 시장의 가치가 시민적 가치를 대신함에 따라 "개인적 걱정거리를 공적인 쟁점으로 전환하는 것이 점점 어려워지고 있으며, 반대로 공적인 쟁점을 사적인 문제와 분별하는 것도 쉽지 않게 되었다."[66] 이처럼 극도로 사유화되고 있는 시장의 담론 내에서 알코올 중독, 홈리스, 가난, 실직, 문맹 등은 사회적 쟁점이 아니라 오히려 개인적 문제로 간주된다. 말하자면 이와 같은 문제의 원인은 성격상의 결함이나 개인적 실패로 귀결되며, 대부분의 경우 이러한 문제는 범죄로 취급된다. 사회적 질병에 걸린 사람들은 맹렬한 자본주의라는 미국의 에토스에 이중의 부담이 되고 있다. 왜냐하면 그들이 '앞지르기(get ahead)'에 실패하면서 실력사회로 가장하고 있는 개인주의의 결함을 들추어낼 위험성이 있을 뿐만 아니라, 그들의 존재 자체가 사회적 행위에 관한 미국 사회의 궁극적 척도, 즉 구매능력의 파멸을 드러내는 것이기 때문이다. 불행하게도 소비자의 기능 속에는 사적 쟁점을 공적 관심으로 전환하는 것이 포함되어 있지 않다.

흑인 젊은이들의 노동력이 필요치 않고 그 결과 남아도는, 그래서 얼마든지 처분될 수 있는 인구로 간주되는 상황에서 특히나 직업을 잃은 흑인 젊은이들은 더 많은 불이익을 당하고 있다. 허버트(Bob Herbert)

의 지적처럼 "미국 흑인 남성은 지난 몇 년 동안 실직이 규범이 되는 영역 속에 살고 있고, 고등학교를 졸업한 20대 흑인 남성 가운데 무직자의 비율이 전체의 1/3 내지 50% 정도까지 이르고 있다 … . 중도 퇴학자의 경우 무직자 비율은 더욱 당혹스런 수치를 보이고 있다. 지난 몇 년간의 통계를 볼 때 고등학교 졸업장을 받지 못한 흑인들의 실질적인 무직자 비율은 59-72%에 달하고 있다. 더욱 심각한 것은 이러한 통계치가 경기 침체기 동안의 자료라는 사실이다."[67]

이처럼 무자비한 규율과 도덕적 무관심의 풍토 속에서 젊은이들이 복잡한 사회문제를 해결해 나가는 데 필요한 교육, 서비스, 배려 등을 제공하기보다는 그들을 교도소에 보내는 것이 용이해졌다.[68] 선스톰(Abigail Thernstrom)과 같은 보수주의자들은 무관용 정책이 소수계층과 가난한 아동들에게 특별히 도움이 된다고 주장함으로써 계속되고 있는 학교 정책의 경직화, 학교에 대한 경찰력의 확대 그리고 아동 인권의 폐지를 실제로 강화시키고 있다. 교육개혁에 대한 선스톰의 언급은 사소한 형태의 위반까지 포함할 정도로 무관용 정책을 확대했을 뿐만 아니라 학생을 처벌하는 데 있어서도 인종차별적 기준을 공공연히 드러내고 있다. 그녀는 "학교가 폭력, 지각, 부적절한 복장, 숙제를 늦게 내거나 대충대충 하는 것, 교직원과 다른 학생들에 대한 무례한 언행, 책상과 교실을 어지럽히는 것, 쓰레기를 아무 데나 버리는 것 그리고 기타 무질서한 행위에 대해 관대할 필요가 없다"고 주장한다.[69] 어린이는 국가가 건강한 사회를 위해 공공 생활의 질과 사회적 조치의 배분, 그리고 공익의 수호자로서의 국가의 역할에 대해 윤리적·정치적 고려를 하고 있다는 것을 보여주는 매우 중요한 사회적 자산이다. 그런데 최선의 민주주의를 실현하기 위한 방안의 하나인 젊은이에 대한 투자를 거부하는 사회에서는 이와 같은 생각이 실종된 것처럼 보인다. 사회질서가 더욱 사유화되고 군사주의화되면서 우리는 점점 더 젊은 세대를 불관용과 도덕적 무관심 속으로 내몰고 있다. 도시 외곽의 많은 대형 몰에서 노동자 계층의 백인 젊은이들과 젊은 유색인들은 ID가 없거나 부모와 동행하지 않으면 쇼핑을 하거나 돌아다닐 수 없다. 한때는 비교적 안전하게 어울려 돌아다닐 수 있었고, 청소년 센터에서 멘토와 함께 공부도 하고 자신의 재능과 자존감을 키울 수 있는 기회가 되었던 학교 밖의 공공 영역에서 배제된 젊은이들이 이제는 길거리로 내몰리고 있다. 이들은 특히 가난한 도시지역의 경우 경찰의 감시와 패거리 집단을 처벌하기 위한 법령 그리고 야간통행금지법의 대상이 되고 있다. 청소년 센터, 시립공원, 옥외 농구장, 어린이들이 동네 야구를 하던 공터가 사라져 버렸다. 지금은 놀이터가 최고 입찰가를 낸 사람에게 임대되어 "철문에는 자물쇠가 채워진 채 철조망으로 둘러쳐져 있다."[70]

정의, 자유, 시민성, 민주주의를 상대로 한 계속되는 전쟁 속에서 젊은이들은 새로운 피해자가 되었고, 이러한 모습은 고통받고 있는 어린이들에게서 그대로 드러나고 있다. 젊은이들에게 등을 돌린 것 같은 사회에서 우리가 미디어를 통해 점점 더 목격하고 있는 것은 살인혐의로 수갑이 채워진 채 성인 법정의 판사 앞에 서 있는 젊은이들의 모습이다. 이러한 모습은 도시 젊은이들이 대체로 혼음 파티를 즐기고 마약을 거래하며 강간을 일삼는, 그래서 폭력적이고 위험하고 병적인 존재로 묘사되는 수많은 영화, 비디오, 광고, 다큐멘터리, TV 프로그램과 신문기사에서도 마찬가지다. 노동자 계층의 젊은이들이 마치 악마처럼 묘사되고 있을 뿐만 아니라 TV는 「본 리치(*Born Rich*)」, 「리치 걸스(*Rich Girls*)」, 「심플 라이프(*The Simple Life*)」와 같은 프로그램을 통해 지배계층 젊은이들의 이미지를 제공하고 있다. 여기서 이들은 질투를 잘 다스리고 '부두교(voodoo)의 주물과도 같은 막대한 유산'을 관리할 수 있는 방법을 찾아야 하는 진짜 문제를 지닌 집단으로 비춰지고 있다.[71] 지배계층의 젊은이들은 아무 거리낌 없이 계층권력을 찬양하는 존재로 묘사되고 있다. 대학생의 59%가 장차 백만장자가 될 것이라고 말하는 사회에서 주요 언론은 패리스 힐튼(Paris HIlton)과 같은 유명인사에 관한 기사를 수도 없이 싣고 있다. 힐튼은 뉴욕에서 데뷔했고 수감된 적도 있는 유명 연예인이다. 미디어의 보도에 의하면 "그녀는 부가 재치나 취향 또는 시민적 책임과 같은 의무와는 별개라는 생각을 가지고 있다. 일하지 않고 번 엄청난 재산을 언젠가 가난한 사람들을 위해 내놓는다는 꿈을 지닌 사람들에게 힐튼은 하나의 등대와도 같다."[72] 오늘날 미디어에서 계층은 특권의 부당한 불평등을 비유적으로 표시해 주는 것이라기보다 부와 권력을 칭송하고 이것을 가난한 사람들 앞에서 자랑하는 방식이다. 이것이 바로 오늘날 네오콘과 극우파 사이에 유행하고 있는 신자유주의 세계관이 대중문화에 반영되는 방식이다. 이들의 정책은 점점 더 '거친 사랑(tough love)', 즉 현실적으로 매우 가난하며, 시민권을 박탈당하고 권력이 없는 사람들에 대한 경멸을 재생산하고 정당화하고 있다. 이것이 바로 대중문화 영역에서 행해진 계층정치이다.

노동자 계층의 젊은이들, 젊은 유색인종 그리고 미국의 공교육에 대한 공격은 대중의 무관심보다는 전통적인 정치적 언어의 파괴, 그리고 새로운 언어와 비전의 필요성과 더욱 관련이 있다. 새로운 언어와 비전은 민주주의의 의미를 확대하고 심화시켜야 하며, 이를 위해서 무엇보다도 젊은이들에 대한 교육을 중시해야 한다. 기업문화의 이미지에 전복된 학교는 더 이상 공공선으로서의 가치가 없다. 이러한 학교는 비판적 시민성의 요구에 맞게 학생들을 교육할 수 없다. 오히려 학생들이 시장경제의 요구조건을 터득할 수 있게 함으로써 사적 이익에 호소하고 있다. 이는 교육을 훈련으로 대체하는 것과 같다. 따라서 학생들은 스스로를 공공 생활, 사회적 책임 또는 민주주의의 명령 등과 연결시키는 언어를 상실한 학교에서 생활하게 된다. 이와 같은 상황에서 사회정의, 타인에 대한 존중, 비판적 탐구, 평등, 자유, 시민적 용기, 집단적 선을 강조하는 민주적인 교육은 사유화, 개인주의, 자기 이익, 가혹한 경쟁만을 강조하는 입장에 의해 압도당하거나 대체된다. 학교가 이처럼 상업화되고 사유화된 담론에 매몰되면서 민주공동체에 관한 관념이 상실되었다. 뿐만 아니라 공립학교가 민주주의 속에서 성취해야 하는 것은 무엇이며 어떠한 경우에 이것이 실패할 수 있는가, 그리고 그 과정에서 공립학교는 왜 교도소의 운영방식과 흡사한 정책을 채택해 왔는가 하는 것과 같은 질문을 제기할 수 있는 리더십 모델을 상실했다.

가난한 학생들이 안전하지 않고 허름한, 그리고 교과 외 활동 프로그램이 거의 없거나 전무한 학교에 수용되어 있는 반면에, 중산층 학생들에게는 매년 5배 이상의 돈을 사용하며(도시 근교의 많은 학교에서는 이들에게 1인당 연간 2만 달러 정도를 지출하고 있다) 이들을 올림픽 경기장 규모의 수영장, 최첨단 컴퓨터 그리고 깔끔하게 정리된 건물과 운동장이 있는 학교에 수용하는 것을 어떻게 정당화할 수 있는가? 뉴욕 주의 경우 "1990년대 뉴욕에 있는 대학교에서 학사, 석사, 박사학위를 받은 흑인 졸업생 수를 다 합한 것보다 더 많은 흑인들이 마약사범으로 교도소에 수감되었다"는 사실을 젊은이들은 어떻게 생각할 것인가?[73] 연방 재정적자가 치솟는 상황에서 부시 행정부가 부유층을 위해서는 감세 조치(그 중 하나의 예가 1,140억 달러의 법인세 감면 혜택이다)를 취한 반면에 어린이를 위한 교육 및 건강보조 지원금 규모를 대폭 축소하고, 직업훈련이나 하계 고용기회 제공 프로그램 예산을 대규모로 삭감한 상황을 어떻게 받아들일 수 있는가? 오늘날 지배적 사회질서는 이상적 민주주의의 메커니즘과 자유를 확대하고 강화하는 데 관심을 갖고 노력하기보다는 젊은 이들에 대한 통제, 가혹행위, 처벌정책과 함께 군사주의 문화를 더욱 가치 있는 것으로 여기고 있다.[74]

국가의 규모가 줄어들고 재정이 취약해지면서, 그리고 기본적인 사회적 서비스가 고갈됨에 따라 억제정책(containment policy)이 젊은이들을 규율하고 그들의 비판적 사고와 반대 활동을 제한하는 주요한 수단이 되었다. 이러한 흐름이 교육적 차원에서는 시험정책을 대폭 강화함으로써 학교에 책임을 부과하는 방식으로 전개되었다. 이는 교사의 숙련된 기능을 사장시키고, 학습을 최소한의 공통분모로 환원시키며, 비판적 사고의 가능성을 침해하고, 젊은이들을 순종적인 존재로 길들이게 된다. 유능한 심리학자와 학교 간호사 그리고 음악, 예술, 운동 및 다른 중요한 방과 후 활동 프로그램에 대한 지원을 삭감하면서 학교는 점점 취약한 공공 영역이 되고 있다. 잭슨(Jesse Jackson)의 주장처럼 이와 같은 환경 속에서 학교는 학생들에게 균형 잡힌 교육을 제공할 수 없을 뿐만 아니라, "자주 경찰을 불러들이게 되면서 형사제도의 하위 공급체계로 전락하게 되었다."[75] 소외된 학생들은 그들이 나머지 존재라는 사실, 그리고 매일 학교를 다닌다고 해도 장차 직업을 구하기 힘들 것이라는 사실을 빨리 깨우치게 된다. 오늘날 학교는 소외된 학생들을 교도소나 감옥과 같은 감금 센터로 '서서히 이끄는' 하나의 훈련소처럼 되어버렸다. 자신의 안위에만 관심이 있는 백인과 중산층 국민들에게 정치적 부담이 되거나 아니면 사회적으로 암과 같은 존재가 되는 것을 막기 위해서 그들은 그곳에서 외부의 시선이 차단된 채 감시받고 조종당하게 된다.

　최근에는 사회문제를 능숙하게 처리하는 것은 말할 것도 없고 그 해결책을 상상하는 것조차 어렵게 되었다. 오늘날 많은 젊은이와 성인들에게는 사적 영역이 희망, 기쁨, 가능성을 꿈꿀 수 있는 유일한 공간이 되고 있다. 젊은이들이 대화, 공동체에 대한 참여, 공적인 이야기, 정치적 투쟁 등을 통해 실제로 행위자로서의 조건을 충족시키는 활동이라고 할 수 있는 문화가 서서히 파괴되고 있다. 이러한 상황에서 우리는 점점 문화적·언어적 사유화의 분위기에 포위되었고, 거기서 문화는 우리가 창조하기보다는 소비하는 그 무엇이 되었다. 또한 사적 영역에서 받아들여질 수 있는 유일한 종류의 화법은 바삐 움직이는 쇼핑객의 말투다. 경제성장이 사회적 질병을 치유할 것이라는 네오콘과 신자유주의자들의 주장에도 불구하고 시장의 언어는 가난, 사회적 불평등, 시민적 권리와 같은 쟁점을 다룰 방법이 없다. 시장의 언어는 비상품화된 가치를 존중하지 않으며 존경, 동정, 예의, 윤리 또는 이러한 문제들과 관련된 반민주적 권력형태를 인식하고 이를 적절히 다룰 수 있는 어휘를 가지고 있지 않다. 모이어(Bill Moyers)의 지적처럼 민주주의의 혁명적 이념은 쇼핑할 수 있는 자유나 공식적 선거 또는 양당제 그 이상의 것과 관련된 것이다. 요컨대 그것은 "사람들을 존중함으로써 그들이 도덕적·정치적 행위를 마음껏 자유롭게 주장할 수 있도록 해주는 수단에 관한 것이다."[76] 이것은 단지 경제적 관심사가 아니라 정치적이고 교육적인 쟁점이다.

　공공 영역을 강화하기 위해서는 광범위한 제도들을 활용하고 공공 영역이 감시와 상품화, 그리고 통제수단으로 변질되는 것을 바로잡고 나아가 공공 영역을 민주적 공간으로 되돌려야 한다. 이때 생각할 수 있는 것이 바로 학교와 대학들이다. 왜냐하면 이것들이 지닌 모순과 민주적 잠재력, 그리고 현실과 미래의 이상 때문이다. 정치적·도덕적 지표인 젊은이들은 고등교육의 의미와 목적을 살펴보는 데 있어서 가장 중심적 범주이다. 그리고 사회적 행위자, 시민, 영향력 있는 노동자, 비판적으로 생각하는 사람이 되기 위해 필요한 지식과 기술, 능력을 지닐 때에만 그 민주적 가능성이 실현될 수 있는 미래와 고등교육과의 관계에서도 젊은이들은 여전히 중심적 범주를 차지하고 있다. 하지만 이와 같은 과업을 위해서는 우선 민주적 공공 영역인 고등교육의 역할이 반민주적 경향에 의해 어느 정도 위협받고 있는지부터 분석해야 한다.

고등교육에 대한 공세

지난 20여 년 동안 정치와 공공 생활의 빈곤화 추세에 맞추어 대학 또한 기업의 이익을 위한 훈련소로 변질됨으로써 비판적 시민과 민주적 행위자를 길러내는 공공 영역의 역할로부터 점점 벗어나고 있다. 비판적 시민은 사회적 책임을 지닌 미래를 위해서 필수적이다. 대학이 돈의 유혹에 사로잡히고 기업문화의 언어에 의해 규정되면서 많은 대학들이 기업세계의 지혜를 모델처럼 따르고 있고, 고등교육에 대한 관심보다는 유수한 기업체의 지점처럼 되려고 애쓰고 있다. 기업체의 기부금을 받기 위해서 학내 공간, 건물 그리고 연구 프로그램을 팔고 있는 것이 오늘의 대학이다. 요즈음 대학의 총장은 종종 CEO로 불리며 지적 리더십보다는 기부금이나 발전기금을 유치하는 역할, 그리고 학계와 기업체를 연결시키는 능력에 의해 평가받고 있다. 벤처 투자자들은 인가협정, 지적 재산권의 관리, 대학의 자회사에 대한 투자 등을 통해 커다란 이윤을 추구할 수 있는 대학을 발 빠르게 찾아다니고 있다. 자본과 이윤의 시대에 학문 주제는 시장에서의 교환가치를 통해 그 위상이 대부분 결정된다. 이러한 현상은 부시 행정부가 고등교육에 대한 통제를 강화하고, 학생 지원금을 삭감하고, 공공 서비스를 축소시키며, 미국의 각 주를 재정적 파탄 직전 까지 몰고 가면서 더욱 뚜렷해졌다. 고등교육이 점차 권리가 아닌 특권 이 되면서 많은 노동자 계층의 젊은이들이 경제적 사정으로 대학에 들 어갈 수 없거나 아니면 학비 부담 때문에 중도에 포기해야 하는 경우도 많다. 학교에 다닐 수 있는 학생들은 취업시장의 압력을 실감하는 가운 데 비즈니스와 생명과학 분야의 강좌로 몰려들고 있다. 그에 따라 인문 학 전공자가 줄고 있고, 규모 또한 축소되고 있다. 오늘날 학생들은 '고 객'으로 당연시되고 있고 일부 대학 총장은 교수를 '학문적 기업가(aca-demic entrepreneur)'라고 불러야 한다고 강변하고 있다.[77] 고등교육이 기 업화되면서 젊은이들은 마치 쇼핑몰과도 같은 캠퍼스에서 생활하고 있 다. 또한 계약직으로 고용되며, 이런 저런 잡무에 짓눌리며 지도 학생의 학비를 지원할 수 없을 정도로 박봉에 시달리는 교수들이 점점 많아지 고 있다. 정년을 보장받은 교수들도 연구 보조금을 마련하고, 기업체와 긴밀한 파트너십을 구축하며, 시장에서 실용적 가치가 있는 강좌를 가르 칠 것을 요구받고 있다. 이와 같은 대학의 모습 속에서 젊은이들은 기업 체의 먹이감에 불과하며 국가안보 상태의 부속물에 지나지 않는다. 과거 많은 대학의 잠재적 교육과정이던 자본에 대한 고등교육의 종속이 오늘 날에는 공립이나 사립 고등교육을 막론하고 하나의 공공연한 정책이 되 었다.

고등교육이 당면한 더 커다란 위협은 계속되고 있는 공공 생활의 군사주의화에 있다. 군사주의적 진리, 가치, 사회관계, 정체성의 영향력이 미국 문화에 스며드는 가운데 이를 규정하고 있다. 대학은 미국 정부의 보안지침을 확대하는 데 필요한 인원, 전문기술, 도구 등을 충당하기 위해 재원을 투자하고, 연구 프로젝트에 관여하며, 막대한 규모의 방위계약금을 받아들이고 있다. 중앙정보국(CIA)과 다른 정보기관들은 고등교육과 다양하게 연계되어 있으며, 대학의 학문 프로그램을 짜고 연구 프로젝트에 자금을 할당하는 데에도 관여하고 있다.[78]

제1장에서 언급한 바와 같이 펜 스테이트(Penn State), 카네기 멜론, 유펜(UPenn), 존스 홉킨스 등의 대학들은 연방수사국(FBI)과 같은 기관과 공식협정을 체결함으로써 국가안보 상태의 파급 범위와 영향력을 확대하고 있다.[79] 우파 이데올로그와 학생들은 좌파 성향의 교육자들을 솎아내기 위해서 수업을 모니터하고, 의견이 다른 교수들의 명단을 웹사이트에 올리며, 또한 이와 같은 사례를 언론에 보도하고 있다. 물론 이와 같은 현상은 진정한 의미의 선동이라기보다는 현 상황에 대해 비판적 견해를 제기하는 교수들을 공격하기 위한 것이라고 할 수 있다.[80] 국가 수준에서 이루어지는 불법적이고 비윤리적인 첩보활동은 교수들을 괴롭히고, 학생들을 어리석은 존재로 욕보이며, 강의실에서의 학생 참여 모델을 제공하는 또 다른 전략처럼 보인다. 그런데 이것은 1930년대 파시스트와 나치 스파이들이 사용한 방식을 흉내낸 것이다.

교육자와 공공 생활

공립 고등교육이 비판적 사고, 집단적 활동, 공적 서비스의 사이트로서 그 위상을 되찾기 위해서는 최근 학교와 대학에서 선호하고 있는 지식, 기술, 연구 그리고 지적 활동을 재규정해야 한다. 이와 같은 도전에서 핵심이 되는 것은 지적 활동을 "도덕성, 엄밀성, 책임감이 어우러진 복합적 망(web)의 일부"로 자리매김하는 것이다. 그렇게 될 때 교사들이 확신을 가지고 말하고, 중요한 사회문제를 처리하기 위해 공공 영역을 활용하며, 학교와 사회 사이의 격차를 메울 수 있는 대안적 모델을 제시해 줄 수 있다. 여기서 핵심이 되는 것이 바로 연계 훈련(connective practices)이다. 즉 경쟁하는 것보다는 동료처럼 어울리는 지적 연습이 매우 중요하다. 또한 도구성과 특권적 고립을 거부하며, 비판적 사고를 현 상태에 대한 근원적 변화의 열망과 연계시키고, 인간의 행위를 사회적 책임이라는 이념 그리고 가능성의 정치와 연결하는 지적 훈련이 중요하다.

연결은 또한 교육적·지적 활동에서 공공연하게 그리고 의도적으로 정치적이 된다는 것을 의미한다. 반대 의견이 배반과 동일시되는 공포문화에 의해 학교와 대학이 점점 영향을 받게 되면서 객관적이고 공정해야 한다는 요구가 그 의도와는 관계없이 마치 오웰(George Owell)이 말하는 이른바 '공식적 진리(official truth)' 혹은 고정된 관점처럼 받아들여질 수 있다. 민주정치의 중요성을 스스로 인식하지 못함으로써 교사와 학생들은 기업적 리더십 모델에 따라 공식적 의례에 관여하며, 사회가 직면하고 있는 절실하고 긴급한 문제에는 관심이 없는 기술자나 기능인으로 전락하곤 한다. 이러한 모델과는 달리 정치적 중립성의 요구에 답하는 가운데 내가 주장하고자 하는 것은 공적 지식인(public intellectual)이 비판적 교육자와 활동적 시민이라는 상호 의존적 역할을 결합해야 한다는 것이다. 이를 위해 필요한 것이 교실 수업과 사회에서의 권력작용을 연결하는 방법을 발견하는 것이다. 공적 지식인으로서 교육자는 지식, 정체성, 사회적 가치를 생산하는 대학의 다양한 경험을 사회의 도덕적·정치적 삶의 질과 연결시켜야 할 책임이 있다. 이러한 지식인은 오로지 직업만을 위해 학생들을 훈련시키지 않는다. 그보다는 오히려 그들의 삶과 타인과의 관계를 형성하고 그들을 더 넓은 세계와 연결하고 있는 여러 가지 제도와 정책, 가치를 비판적으로 바라볼 수 있도록 교육한다.

교육자는 학생들이 세계에 비판적으로 관여하도록 준비시킬 책임이 있다. 또한 학생들이 다음 세대에 미칠 영향에 대해서도 인식해야만 한다. 이와 같은 교육적 도전과 계획의 중요성은 2005년에 나이트 재단 (John S. and James L. Knight Foundation)에서 실시한 서베이 결과에 분명하게 나타나 있다. 그 결과를 보면 미국 고등학교 학생의 36%가 "신문기사에 대한 정부의 승인이 필요하다"고 믿고 있다.[81] 비판적 민주주의보다는 분명 파시즘과 더욱 친숙한 이와 같은 견해는 학생의 권리, 수정헌법 제1조(First Amendment)의 자유, 그리고 본질적 민주주의의 의미에 관해 제대로 교육이 이루어지지 않았기 때문에 나타난 결과이다. 교육은 정치적 민주주의와 떨어질 수 없다. 비현실적이거나 교조적인 것과는 다른 차원에서 뚜렷한 목적을 지닌 교육이 모든 학교 수준에서 필요하지만 특히 이것은 대학에서 중요한 의미를 지니고 있다. 대학의 학생들은 새로운 생각과 관념 그리고 젊은이들과 성인들이 살고 있는 세계에 관한 비판적 이해의 방식을 제공하기 위해서 학교, 교회, 유대교 회당, 직장 등으로 돌아갈 것이기 때문이다.

비판적 사고를 북돋우는 교육이 실제적 효과를 발휘하기 위해서는 모든 시민들이, 비록 타고난 능력은 다르지만, 그들이 살고 있는 사회를 구성할 수 있는 동등한 권리를 지니고 있다는 점을 강조해야 한다. 교육자들이 공적 지식인이 되고자 한다면 지식과 권력 사이의 관계가 서로를 자유롭게 하는 것이 될 수 있고, 학생들의 역사와 경험이 무엇보다도 소중하다는 것을 가르쳐 주어야 한다. 또한 학생들이 지배적 특권을 버리고, 타인과의 관계를 생산적으로 재구성하며, 필요한 경우 세계를 변혁시키는 것이 진정 가치 있는 것이라는 점을 배울 수 있는 기회를 제공해 주어야 한다. 달리 말하자면 교육자는 학교와 일상생활 사이의 격차를 좁힐 수 있는 교육형태에 관해 열띤 논쟁을 벌일 필요가 있다. 교육과정은 역사의식과 정체성을 일깨우며 자신의 위치를 깨닫게 하는 공동체와 문화, 전통 등에 관한 지식을 중심으로 구성할 필요가 있다. 지금은 미국, 특히 미국의 젊은이들에게 매우 위험한 시대가 아닐 수 없다. 이러한 상황에서 우리에게 필요한 것은 엄밀함과 명쾌함을 결합시키고 시민적 용기와 정치적 관여를 조화시킬 수 있는 교육자들이다. 교사, 학생, 활동가들은 적극적으로 논쟁에 관여하고, 이면에 감추어진 것들 사이의 연결을 시도하며, 불멸성의 신조에 대한 주장을 억누르고, 지적 작업과 정치의 작동을 잇는 다리의 역할을 해야만 한다.

결론

공공 고등교육의 기업화와 군사주의화, 엄밀한 학문활동의 퇴조와 젊은이들의 비판적 능력에 대한 가치 폄하는 제퍼슨(Thomas Jefferson)에서 듀이(John Dewey)와 그린(Maxine Greene)에 이르는 미국의 강력한 교육적 전통, 즉 자유는 교육받은 비판적 시민들의 노력을 통해서만 공공 영역에서 번성할 있다고 보는 전통과의 단절을 뚜렷하게 보여주고 있다. 이와 같은 민주적 전통에서 교육은 훈련과 분명하게 구분되었다. 교육의 비판적 기능은 자유, 평등, 정의 등과 같은 민주적 목표를 규정하고 이를 실천할 수 있는 시민으로 학생들을 교육시켜야 하는 필요에 의해 더욱 가속화되었다. 만일 우리가 학교나 대학을 사회적 도구로서 가치 있게 평가한다면 이와 같은 전통을 계속 유지할 수 있을 것이다. 그리고 "정치적 관심이 있고 조직화된, 연대성을 지닌 집합적 시민의 범주에 기초한 시민성 관념을 심어주는 교육적 활동을 지지할 수 있을 것이다. 집합적 시민은 스스로를 위해 행동할 수 있으며 인종, 성, 계층의 경계를 뛰어넘어 더 큰 사회적 평등이 보장되는 미래를 예기하고 있다."[82]

학교가 민주적 미래를 위해 젊은이들을 교육시키기 위한 의미 있는 사이트가 되기 위해서는 교육자들이 교육을 민주적 공공 생활의 붕괴에 대한 윤리적·정치적 대응으로 인식할 필요가 있다. 여기서 문제가 되는 것은 민주적 정체성과 가치, 그리고 민주적 관계의 가능성을 증대시켜야 하는 공공 영역으로서의 학교와 대학의 역할이다. 이러한 접근은 교육을 모든 집단에 개방하고, 비판적 시민을 길러내고, 직업에 필요한 전문적 기능을 제공하며, 행정가 교수 학생 사이의 관계를 민주화하고, 지적이고 예술적인 문화를 확산시키는 데 기여할 수 있는 새로운 리더십 모델, 조직, 권력 그리고 비전을 필요로 한다. 교육은 학생들이 민주적 가치와 기업권력의 요구 및 국가안보 상태를 비판적으로 조정할 뿐만 아니라 민주적 원칙에 기초한 정체성과 사적 이익, 이윤창출, 군사주의 및 탐욕을 칭송하는 경쟁적이며 아무런 구속 없는 개인주의에 매몰된 정체성을 구분할 수 있는 지식과 기술을 배우는 사이트 가운데 하나가 될 수 있다.

교육을 하나의 민주적 노력으로 받아들이는 것은 고등교육이 투자 기회 그 이상의 무엇이고, 시민성이 과시적 소비 그 이상이며, 학습이 직장을 구하기 위한 준비 그 이상이고, 민주주의가 쇼핑몰에서 물건을 선택하는 것 그 이상이라고 인식하는 데서부터 시작된다. 학교를 공공 영역의 일부로 회복하는 것은 다른 무엇보다도 기업의 이데올로기와 그것이 수반하는 기업 시간(corporate time)의 관념에 도전하는 프로젝트로부터 시작된다. 기업 시간은 대체로 재정적 이윤과 신속한 자본축적으로 규정되는 단기 목표에 초점을 맞춤으로써 시간을 재촉하고 시간을 노동, 생산, 판매 및 소비의 단위로 상정한다.[83] 가속화되고 단편적인 페이스를 지닌 기업 시간이 점점 공적 시간(public time)을 대체하고 있다. 공적 시간에서는 시간이 느려진다. 그리고 시간이 돈과 재화의 축적으로 측정되는 것이 아니라 개인과 집단이 자원을 공유하고, 서로 논쟁하며, 다른 방식으로 생각하고, 세계에 긍정적이고 장기적인 영향을 미치는 일을 고려할 수 있는 기회를 평가하는 하나의 기준이 된다. 공적 시간은 점증하고 누적되는 변화를 조장하며 장기적인 정치적·윤리적·경제적 결과를 통해 사고, 계획, 행동을 평가할 수 있는 교육적 기회를 제공해 준다. 더욱이 바우만(Zygmunt Bauman)의 지적처럼 공적 시간은 개인적 문제를 사회적 고려사항과 연결시켜 주는 특권이 있다. 그리고 정의가 오늘날 지구적 쟁점이며 "불의(injustice)가 더 이상 바로 근처에만 국한된 것이 아니라는 것을, … 그리고 여기서 일어나는 일이 다른 곳에 사는 사람들의 삶과 희망에 영향을 미친다는 사실을 깨달을 수 있는 담론의 장을 펼쳐 준다."[84] 기업 시간과는 대조적으로 공적 시간은 민주적 가치와 정체성, 민주적 관계와 제도가 가능할 수 있는 조건을 인식하고 이를 제공해 주는 근본적 요소이다. 따라서 이 경우에 시간은 하나의 결핍이 아니라, 아렌트(Hannah Arendt)의 주장처럼 심사숙고와 비판적 행위 그리고 사회정의를 위한 본질적 조건이 된다.

교육을 공적 시간을 위한 사이트로 되찾음으로써 우리는 대화, 비판적 사고 및 비판적 상호 교환을 조장할 수 있을 것이다. 그리고 이를 통해 정치적·윤리적·사회적 관점에서 미래를 살펴보는 교육적 관계를 장려하는 한편, 민주적 가치를 심화시켜 주는 지식을 배울 수 있는 기회를 제공할 수 있을 것이다. 공공 고등교육은 또한 비판적 사고와 건강한 회의론에 대해 깊은 경멸감을 지니고 있고, 학생들이 세상을 비판적으로 바라보며 권력과 권위에 책임을 물을 수 있도록 가르치는 교육형태를 못마땅하게 바라보는 종교적·세속적 이데올로그들로부터 보호되어야 한다. 교육은 일과 경제학에 관한 것일 뿐만 아니라 정의, 사회적 자유, 민주적 행위와 변화의 가능성에 관한 문제, 그리고 이와 관련된 권력, 배제, 시민성의 쟁점에 관한 것이기도 하다. 이러한 주제들은 교육적이고 정치적인 쟁점으로서 사회정의와 민주주의를 위한 전 지구적 투쟁에 새로운 힘을 불어넣기 위한 광범위한 노력의 일부로 이해되어야 한다.

비판적 교육의 관념은 학생들이 그들의 삶에서 실제로 사용하는 의미와 언어, 지식형태를 확고히 하고 풍부하게 해야 한다. 이와 같은 접근, 요컨대 미국 사회에 존재하는 수많은 '대중적' 문화영역을 통해 권력이 어떻게 조직되는지를 이해할 수 있는 기회를 학생들에게 제공해 줌으로써 교육자는 공적 지식인으로서의 역할을 수행할 수 있다. 이러한 대중문화 영역에는 도서관, 영화관, 학교는 물론 신문, 잡지, 광고, 새로운 정보기술, 컴퓨터, TV 프로그램 등을 통해 표상과 의미를 전파하는 하이테크 미디어 복합기업 등도 포함된다. 두말할 필요도 없이 이러한 입장은 "대중문화가 교육받지 못한 미국인에게 없어서는 안 될 하나의 전통"이라는 킴볼(Roger Kimball)의 주장에 도전하는 것이다.[85] 대중적 미디어에 대한 권리를 주장함으로써 비판적 교육은 지식이 어떻게 생산되며 지지되는가 하는 중요한 질문을 던지고 있다. 비판적 교육은 또한 학생들이 단순히 비판적 독자가 되도록 가르치는 것이 아니라, 그들이 문화 생산자의 역할을 할 수 있는 조건과 선택권을 확대함과 동시에 학생들이 유능해지고 다양한 교양능력을(글자를 읽는 능력만이 아니라) 지닐 수 있는 조건을 제공해 주고 있다.

비판적 교육은 우리의 교실에 대중문화의 영역을 구성하고 있는 전자적 지식형태를 포함해야 한다. 이는 바로 비디오, 영화, 인터넷, 포드캐스트(Podcasts) 그리고 시각문화와 활자문화가 결합되어 작동되는 새로운 전자기술 요소와 같은 미디어 텍스트 세계이다. 이와 같은 접근은 다양한 문화영역으로 교육 사이트를 확대하고 적용함으로써 학교 수업을 교육의 유일한 사이트로 보는 전통적 관념에 도전하고 있다. 그뿐만 아니라 학생들에게 문화의 교육적 영향력에 대해서도 일깨워 주고 있는데, 이 문제에 관해서는 다음 장에서 논의할 것이다.

많은 사회이론가들이 국경 없는 시장을 특징으로 하는 부정적 세계화, 규제철폐, 군사주의, 무장폭력 등으로 야기된 정치의 사망에 관해 이야기하고 있다. 이러한 요인들은 서로 상호작용하고 있을 뿐만 아니라 전 지구적인 차원에서 불법을 자행하며 정치를 단지 전쟁의 확장으로 전락시키고 있다.[86] 내가 바라는 것은 모든 집단 가운데 특히 교육자들이 더 좋은 미래에 대한 가능성을 마음 가득 품었으면 하는 것이다. 그리고 비판적 교육이 지구적 정의를 위한 필수조건이며 공공선을 확대하고 민주적 사회변동을 조장하는 데 있어서 가장 중요하다는 사실을 분명히 함으로써 위와 같은 허무주의적 견해에 목소리를 높여 끊임없이 도전하는 것이다. 공공 고등교육은 젊은이들의 장래와 민주주의의 미래가 연계될 수 있는 몇 안 되는 영역일지 모른다. 여기서 교육은 윤리적·정치적 대상이 되며, 젊은이들이 비판적으로 관여하는 사회적 행위자가 될 수 있는 조건과 기회를 제공한다. 교육은 또한 민주적 실천을 통해 젊은 세대가 민주주의의 미래를 지키기 위해 다시금 투쟁할 수 있는 미래를 향해 있다. 민주주의의 미래는 종점이 없으며, 정의와 희망이 숨쉬는 새로운 가능성과 기회의 세계를 향해 계속 확대되어야 한다.

우리가 젊은이들을 어떻게 바라보고 표현하고 대하는가 하는 것이 바로 우리가 어떻게 강력하고 포괄적인 미래의 민주주의를 상상할 수 있는가 하는 더 넓은 공적 대화의 일부가 되어야 한다. 이러한 미래를 실현하기 위해서 우리는 정치적인 것을 더욱 교육적으로 만든다는 것, 즉 새로운 어휘와 일련의 새로운 이론적 도구 그리고 사회적 가능성을 명확히 할 수 있는 하나의 담론으로 만든다는 것이 과연 무엇을 의미하는지 이해할 필요가 있다. 이것이 우리로 하여금 정치를 새롭게 이해하는 가운데 시민적 관여와 사회변동을 다시금 볼 수 있도록 해주는 조건이다. 우리는 그 어떠한 저항도 상상할 수 없을 만큼 오만하고 무자비한, 그리고 사과나 변명의 여지가 없는 전쟁, 특히 젊고 가난한 유색인종에 대한 전쟁의 시대에 접어들었다. 하지만 이와 같은 암흑 속에서도 정의에 대한 집단적 요구와 잠재된 투쟁이 결코 과소평가되어서는 안 될 것이다. 노예제도 폐지론자인 더글라스(Frederick Douglass)가 올곧게 주장한 것처럼 사람들이 행동하지 않는다면 자유는 공허한 추상에 불과하다 : "투쟁이 없다면 진보는 없다." 윌리엄스(Raymond Williams)가 지적했듯이 교사와 학부모 그리고 우리 모두는 사회의 모든 구성원, 특히 현재와는 다른 미래를 책임질 젊은이들을 위해서 절망을 극복하고 희망을 실천하기 위해 열심히 그리고 끊임없이 노력해야 한다.

제4장

공교육과 신자유주의

공교육으로서의 신자유주의

───── 지금은 '개별적 유토피아', 사유화된 유토피아의 시대이다. 따라서 개인의
처분에 맡겨진 선택권을 개정하려는 프로젝트를 비웃는 것은 유행에 따르
는 것일 뿐만 아니라 자연스런 일이다.[1]

미국인의 생활 전반에 대한 신자유주의 기업문화의 지배는 소
수의 수중에 있는 경제적 권력을 공고화하는 가운데 노동
조합의 힘을 약화시키고, 소득과 생산성을 분리하며, 사회의 필요를 시장
에 종속시키고, 공공 서비스와 공공재를 비양심적 사치로 간주한다. 하
지만 냉소주의, 불안, 절망 속에서 번성하는 신자유주의 기업문화의 영
향은 이보다 훨씬 크다. 오늘날 개인적 책임만을 강조하는 무자비한 캠

페인에 동원된 미국인들은 정부, 비영리 공공 영역, 민주적 결사체, 공공 고등교육과 기타 비정부 사회세력에 대한 희망이 없으며, 이들로부터 얻을 수 있는 것이 거의 없다는 것을 잘 알고 있다. 시장논리가 대부분 사회적 유대를 잠식하게 되면서 공공선을 민주화하려는 계획은 대중의 뇌리 속에서 잊혀지고 있다. 그 결과 우리가 얻은 것은 취약한 사회적 국가, 점증하고 있는 불안감, 냉소주의, 국민의 정치적 퇴행 등이다. 오늘날 공적 담론을 지배하고 있는 자립에 대한 끊임없는 요구는 속이 빈 새로운 국가의 모습을 그대로 드러내고 있다. 국가는 더 이상 국민들, 특히 젊고 가난하거나 소외된 사람들에게 적절한 안전망을 제공하지 못하고 있을 뿐만 아니라, 국가가 헌법에 보장된 시민의 이익을 위해 봉사할 것이라는 생각을 전혀 하지 못하게 만들고 있다. 아노위츠(Stanley Aronowitz)와 브랫시스(Peter Bratsis)의 주장처럼 "'국민들'에 대해 어느 정도 이데올로기적 헤게모니를 유지할 수 있는 수단을 지니고 있다고 할지라도 국민국가는 주로 억압적 힘으로 작용한다."[2] 요컨대 사적 이해관계가 사회적 필요에 앞서고 경제성장이 사회정의보다 더욱 중요한 것이 된다. 노동조합과 전통적 노동자 정당이 신자유주의 정책에 항복하고 있는 모습은 계속되고 있는 복지국가의 해체와 잘 어울린다. 신자유주의의 시장중심적 담론 내에서 기업권력은 새로운 종류의 공교육 공간을 장악하고 있다. 거기서는 아이디어의 생산과 전달 그리고 순환이 문화의 교육적 영향력을 통해 이루어진다. 이러한 의미에서의 공교육은 자신의 물질적·이데올로기적 이익을 위해 다투는 경쟁적이고 이기적인 개인을 길러내고자 하는 이데올로기적·제도적 영향력의 강력한 결합을 지칭한다. 대체로 기업적 공교육 문화는 민주적 동력과 시민사회의 관행을 협소한 경제관계 안으로 흡수함으로써 현존 사회질서에서 나타나는 성, 계급 및 인종에 따른 부정의를 무력화시키거나 아니면 중요하게 취급하지 않는다. 기업적 공교육은 시장의 정체성과 가치 그리고 관행을 생산하기 위한 포괄적인 문화적 지평이 되었다.

신자유주의 하에서 협소한 분류 구도와 제한된 정체성의 양식을 지닌 지배적 공교육은 문화의 교육적 영향력을 이용해서 비판적 행위를 할 수 있는 기본적 조건을 없애고 있다. 부르디외(Pierre Bourdieu)가 지적한 것처럼 "사회의 일부인 행위자가 사회에 관한 지식을 소유하고 있고, 이러한 지식을 가지고 사회에서 행동할 수 있기 때문에 정치적 행동이 가능한 것이다."[3] 정치는 흔히 권력작용을 눈으로 확인하거나 패권적 지식의 이데올로기적 회로에 도전하게 될 때, 그리고 "정치적 전복은 인지상의 전복, 즉 세계를 보는 시각의 전도를 전제로 한다"는 것을 인식하게 될 때 시작된다.[4] 하지만 정치의 또 다른 요소는 정치가 어디에서 발생하는가, 말하자면 확산되고 있는 교육 사이트가 어떻게 새로운 형태의 저항을 야기하고, 새로운 질문을 제기하며, 자치와 민주주의 자체의 가능성에 관한 새로운 비전을 필요로 하는가에 초점을 맞추고 있다.

윌리암스(Raymond Williams), 홀(Stuart Hall), 부르디외(Pierre Bourdieu), 촘스키(Noam Chomsky), 맥체스니(Robert McChesney) 등의 저작에서 인식할 수 있는 매우 중요한 사실은 신자유주의가 하나의 경제 이론 그 이상의 것이라는 점이다. 그것은 또한 근본적으로 재구성된 문화정치의 조건이 되고 있다. 윌리암스의 표현을 빌리자면 신자유주의는 새로운 양식의 '영구적 교육(permanent education)'을 제공해 주고 있다. 여기서 지배적 교육 사이트는 신자유주의적 사회관계를 강화하고 민주정치의 가능성을 침해하는 제한된 범위의 정체성, 이데올로기, 주체적 입장이 작동하도록 하기 위해서 다양한 형태의 교육현장에 관여하고 있다.[5] 경제학자인 그라이더(William Greider)는 미국 정부를 지배한 신자유주의 옹호자들이 사적 제도와 시장 정체성, 가치 및 관계 등을 공공 생활의 가장 중요한 구성원리로 받아들임으로써 "말 그대로 20세기로 돌아가려 한다"고 주장한 바 있다.[6] 이것은 사회적인 것의 관념을 고립된 소비자와 시장논리 속에 가두어 둠으로써 공공 영역으로부터 모호함을 없애버리고, 복지국가가 제공한 사회적 대책과 보장을 해체하며, 민주정치를 제거하고자 하는 하나의 담론이다.[7] 조세개혁을 위한 미국인 모임(Americans for Tax Reform)의 대표이며 워싱턴의 우파 전략가로 알려진 노퀴스트(Grover Norquist)는 이와 같은 새로운 공교육의 이데올로기적 본질을 잘 표현하고 있다 : "나의 목표는 25년 이내에 정부를 반으로 줄여 욕조에 담을 수 있을 정도의 규모로 축소하는 것이다."[8]

　　신자유주의 이데올로기를 조직화하는 힘이 된 새로운 공교육 사이트들은 학교, 칠판, 시험에만 국한되지 않는다. 또한 학교에서 찾을 수 있는 한정된 형태만이 아니다. 이러한 사이트들은 스포츠와 엔터테인먼트 미디어, 케이블 TV 네트워크, 교회 그리고 광고와 같은 엘리트 및 대중 문화 채널 등을 포함한 매우 다양한 사회기관이나 형식 속에서 작동하고 있다. 디지털과 미디어 기술의 접합, 기업권력의 집중화, 유례가 없을 정도의 의미생산 능력을 특징으로 하는 새로운 교육 사이트가 생겨나면서 공공 영역에 근본적인 변혁이 이루어졌다. 전통적 교육형태와는 달리 오늘날에는 교육이 초고속 컴퓨터, 새로운 유형의 디지털 자료, 인터넷 등을 포함하는 첨단 전자기술을 통해 이루어지고 있다. 그 결과 공교육이 정치적 영향력으로서의 교육에 새로운 의미를 부여하는 다양한 문화 영역을 생산하는 데 결정적인 역할을 하고 있다. 신자유주의 문화정치(cultural politics)에 관한 놀라운 사실 가운데 하나는 신자유주의 기업권력이 지난 30여 년 동안, 특히 무자비한 부시 행정부 하에서 활용한 상징적·교육적 차원의 투쟁을 문화연구 이론가들이 간과하거나 아니면 대체로 과소평가했다는 점이다.

교육적인 것을 더욱 정치적으로 만들기

—— 변화하는 사회에서 영구적 교육의 필요성은 한두 가지 방식으로 충족될 수 있다. 특별히 예외적인 경우도 많이 있지만 오늘날 이와 같은 필요성은 대체로 교육을 자본주의 사회, 특히 소수가 다수를 지배하고, 그들과 소통하며, 그들을 가르친다는 생각을 가장 중요한 원칙으로 견지하고 있는 자본주의 사회에서 우선시하는 가치나 이해관계와 결합시킴으로써 충족되고 있다.[9]

미국 역사에서 지금 이 순간은 신자유주의적 자본주의가 지나치게 압도적이라기보다는 오히려 "민주주의가 너무나 취약하다"고 말할 수 있다.[10] 그 결과 정치에 대한 돈의 영향력이 커지고 있고, 기업적 이해관계가 점점 더 공적 관심사를 지배하고 있으며, 아무런 견제를 받지 않는 기업권력의 횡포와 탐욕이 거세지고 있다. 데이비스(Davis)가 소환되어 공직에서 해임된 후 슈와츠제네거(Arnold Schwarzenegger)가 새로운 주지사로 선출된 캘리포니아의 경우에서 보듯이 문화와 정치가 결합되면서 권력투쟁을 엔터테인먼트로 전환시키고 있다. 하지만 더욱 중요한 것은 신자유주의 하에서 기업권력의 시녀가 된 지배적 미디어를 통해 지식과 가치 그리고 정체성이 형성되면서 교육이 반동적 측면에서 철저하게 정치화되었다는 사실이다. 예를 들어 미국의 이라크 침공 직후 《뉴욕타임스》는 미국 국민의 42%가 사담 후세인(Saddam Hussein)이 9·11 테러에 직접적인 책임이 있다고 믿고 있다는 서베이 결과를 보도했다. CBS 역시 55%의 국민이 사담 후세인이 테러 조직인 알 카에다(al Qaeda)를 직접 지원했다고 믿고 있다는 조사결과를 보도했다. 대다수의 미국인은 또한 사담 후세인이 대량살상무기를 보유하고 있고, 핵폭탄을 당장 만들려고 하며, 그것을 결국에는 미국 국민들에게 사용할 것이라고 믿고 있었다. 하지만 이와 같은 주장의 타당성을 입증할 만한 간접적인 증거조차 없는 상황에서 그 어떤 것도 사실에 근거한 것이 아니었다. 물론 상당수 미국인들이 지니고 있던 이와 같은 견해가 갑자기 하늘에서 떨어진 것은 아니다. 이러한 견해가 거의 모든 지배적 미디어를 통해 아무런 비판 없이 매일 매일 재생산되는 가운데 부시 대통령, 체니(Cheney) 부통령, 콜린 파월(Colin Powell), 라이스(Condoleezza Rice) 등은 열심히 그 정당성을 피력했다. 폭스(Fox) 뉴스 채널처럼 아무런 비판 없는 맹목적 애국심에 도취되거나 아니면 위와 같은 주장에 대한 도전을 지배적 미디어에서 거부함으로써 사실과 다른 잘못된 보도와 전략적 왜곡이 주요 언론에서 여과 없이 순환되었다. 이것은 다른 관점을 반복해서 피력했던 BBC 등 외국의 뉴스 보도와는 상반되는 것이었다. 이는 결코 악의 없는 속임수가 아니다. 더욱 염치없게도 부시 행정부는 이를 통해 이라크 침공, 그리고 "부시를 지지하는 부자들에게 절대적으로 유리할 뿐만 아니라 연방정부를 장기적 재정 파탄으로 몰고가는" 이데올로기적 아젠다에 대한 지지를 이끌어내려고 한 것처럼 보인다.[11]

정부 속임수의 심각성을 가볍게 취급하지 않는 가운데 이러한 사건에 내재된 또 다른 쟁점에 주목할 필요가 있다. 여기서 가장 큰 상처를 입은 것은 부시 행정부의 정직성이 아니라 민주주의 그 자체이다. 근대 민주주의의 핵심적 유산 가운데 하나는 교육받은 시민 없이 본질적 민주주의가 존재할 수 없다는 인식이다. 근대 민주주의는 계몽주의의 자유주의적 전통에 뿌리를 두고 있고, 20세기에 보아(W.E.B. Du Bois), 윌리암스(Raymond Williams), 카스토리아디스(Cornelius Castoriadis), 듀이(John Dewey), 프레이리(Paulo Freire) 등의 사상 속에서 뚜렷하게 나타나고 있다. 일부 보수주의적인 사상가들은 민주주의의 불안 자체를 모든 시민들이 접근할 수 있는 공교육에 대한 공격에서 찾았다. 반면에 1920년대에 민주주의에 관해 폭넓은 연구를 행한 리프만(Walter Lippman) 같은 진보주의자에게 그것은 두 가지 형태의 교육이 이루어지는 것을 의미했다. 하나는 국가를 다스리며 민주적 과정에서 진정한 참여자가 될 수 있는 엘리트를 위한 교육이고, 다른 하나는 교육을 통해 민주적 공공 생활의 참여자가 되기보다는 관객이 되도록 훈련시키는 대중을 위한 교육이다. 보아는 이와 같은 교육기회의 분화가 점차 상식의 문제가 되고 있다는 것을 인정하면서도 이를 분명하게 반대했다.[12] 이와 비슷하게 민주주의의적 그리고 엘리트주의에 반대하는 카스토리아디스(Cornelius Castoriadis), 프레이리(Paulo Freire), 홀(Stuart Hall)과 같은 급진적 사회비판가들은 민주시민을 위한 교육이 평등과 사회정의의 본질적 조건이며, 이는 공공·고등·대중·성인교육을 통해 제공되어야 한다고 믿었다.

카스토리아디스와 같은 사상가들이 교육과 민주주의의 관계를 옳게 파악하고 있었음에도 불구하고 당시에는 문화가 제도화된 교육을 대체하지는 못해도 최소한 이를 확장시킬 것이라는 사실을 인식하지 못했다. 사실상 대중의 의식 속에 교육은 학교 교육과 동일한 것이었다. 물론 이와 같은 인식에 도전하는 것이 민주주의에 대한 공식 교육의 중요성을 무시하는 것은 아니다. 하지만 적어도 광고, TV, 영화, 인터넷, 비디오 게임, 대중 출판물 등의 다른 영역에서 어떻게 교육적 활동이 이루어지는 지를 비판적으로 이해할 필요가 있다. 교육을 학교 교육에만 국한시키지 않는 것은 학교 교육의 중요성을 무시하는 것이라기보다 교육 사이트를 확장하며 그 과정에서 문화교육(cultural pedagogy)의 의미를 넓히고 심화시키는 것이다. 공교육의 개념 또한 시민들에게 세계를 비판적으로 읽게 하며 세계를 만들어 나가고 통치하는 데 참여할 수 있는 비판적 능력, 다양한 교양, 지식, 기술 등을 제공해야 하는 공식적 학습영역의 중요성을 강조하고 있다. 대중적 수준의 교육이 오늘날 공식적 학교 교육 자체의 핵심적 관심사가 되어야 한다. 여기서 나의 논점은 공공 고등교육이 기업의 영향력과 지배 이데올로기로부터 자유롭다는 것이 아니다. 오히려 그와 같은 교육 모델이 시민적 가치를 상업적 이해관계보다 우선시할 수 있는 공간과 조건을 제공한다는 점이다. 말하자면 공공 고등교육이 민주사회에 참여하고 이를 재생산할 수 있는 미래의 시민을 교육시킨다는 것이다. 오늘날 공공 고등교육에 대한 논란과 그 모순적 역할에도 불구하고 제도적 학교 교육은 학생들로 하여금 그들의 삶을 형성하는 더욱 커다란 교육적 영향력을 이해하고 이에 영향을 미치도록 준비시킬 수 있는 독특한 위치를 차지하고 있다. 특권적 위치 그리고 자유와 민주주의에 대한 기여 덕분에 이러한 제도는 또한 정보와 권력이 새로운 의미를 갖는 세계에 대비하여 학생들에게 비판적이고 인간적인 교육을 제공할 수 있는 전통과 자원을 동원해야 하는 의무를 지니고 있다. 이와 같은 과업을 위해 필요한 것 가운데 하나가 바로 지난 몇십 년 동안 이러한 문제와 관련해 문화 연구와 비판적 교육이 이룩한 성과를 살펴보는 것이다. 특히 문화와 권력 사이의 관계가 어떻게 정치와 교육의 새로운 사이트를 구성하고 있는가 하는 관점에서 이를 살펴볼 필요가 있다.

문화 연구와 교육의 문제

—— 도시의 담장, 책, 구경거리, 사건 등은 그곳에 살고 있는 시민들을 교육시
킨다. 하지만 지금은 **대부분 잘못된 교육을 하고 있다.** 그리스 비극이 공
연되는 동안 아테네 시민들(여성이나 노예까지 포함시켜서)이 받았던 교
육을 오늘날 **다이너스티**(*Dynasty*)나 **뻬르 드 뷔**(*Perdue de Vue*)의 관객들이
소비하고 있는 것과 같은 지식과 비교해 보라.[13]

문화 연구에 대한 나의 관심은 이른바 공교육의 역학관계를 통해
표현된 것처럼 문화, 권력, 정치 사이의 규제적·해방적 관계를 이론화하
려는 계획에서 비롯된 것이다. 이러한 계획을 위해서는 문화가 권력의
생산, 분배 및 규제에 있어서 하나의 경쟁영역으로 기능하는 다양한 방
식과 문화가 교육, 정치 및 경제적 영향력으로서 상징적·제도적으로 어
디서 어떻게 작동하고 있는가에 관심을 가지는 것이 필요하다. 문화 연
구의 오랜 전통 속에서 문화는 광범위한 영향력을 반영할 뿐만 아니라
그것을 형성하기도 하는 구성적이며 정치적인 것으로 간주되었다. 요컨
대 문화는 역사를 전해줄 뿐만 아니라 역사를 형성하기도 한다. 이와 같
은 관점에서 볼 때 문화가 권력의 결정적 요소인 것처럼 권력은 문화의
중심적 요소이다.[14] 바우만(Zygmunt Bauman)이 주목하고 있듯이 "문화
는 일종의 영원한 혁명과도 같다. 블로흐(Ernst Bloch)가 멋지게 표현한
것처럼 우리가 '문화'라고 말할 때 그것은 인간 세계(인간이 만든 세계 그
리고 인간을 만드는 세계)가 영원히, 불가피하게 그리고 구제불가능하게도
아직 성취되지 않았다(*noch nicht geworden*)는 사실을 설명하는 것과 마찬가
지이다."[15]

문화는 정치적인 것들을 명료한 것으로 그리고 사회적인 것들에 대한 개입으로 이론화하고 이를 실현하기 위해 매우 중요한 영역이다. 여기서 사회적인 것들은 정치가 다원화되고, 불확실한 것으로 인식되며, 많은 형식에 개방되어 있는 영역이다.[16] 하지만 문화는 또한 오늘날 구체적인 권력관계를 형성하는 세계의 정치적 회로와 문화정치 사이의 변증법적이고 상호 구성적인 역학관계를 명확히 파악할 수 있는 중요한 영역이기도 하다. 문화정치 속에서 표현과 의미의 문제들은 정치가 일상적 양식을 통해 어떻게 표출되고 경험되는가 하는 구체적 사례들을 제공해준다. 이 경우에 문화는 경쟁과 타협의 토대이며, 거대 기업의 등장 그리고 경제, 산업, 사회 및 일상생활의 전통적 영역을 근본적으로 변화시키고 있는 새로운 기술에 의해 점점 더 특징지어진다. 여기서 말하고자 하는 것은 새로운 정보기술의 발달뿐만 아니라 다양한 미디어 기술과 시장을 통제하고 있는 소수 기업에게 소유권과 권력이 과도하게 집중되고 있는 현상이다.[17] 문화는 사람들이 자신은 물론 자신과 타인과의 관계를 인식하는 데 강력한 교육적 영향력을 발휘하는 이야기, 은유적 표현, 이미지, 욕구 지도의 생산에 중요한 역할을 한다. 이러한 관점에서 볼 때 문화는 개인과 집단, 기관들이 사적인 삶과 공적인 관심사들을 중재하는 다양하고 복잡한 관계를 해석하는 방식에 관여하는 매우 중요한 영역이다. 하지만 동시에 신자유주의의 영향력이 공적 쟁점을 극도로 사유화된 개인적 관심사로 해체함에 따라 문화가 지닌 해석과 교육적 가능성이 공격받고 있는 것이 지금의 모습이기도 하다.[18]

사회적인 모든 것들에 대한 신자유주의의 공격에 맞서 문화는 교환과 대화를 통해 민주적으로 배열된 사회적 공간을 확인하는 중요한 사이트로 보호되어야 한다. 이러한 사회적 공간에서 여러 가지 긴밀한 관계와 사회적 형식을 통해 정치적인 것들이 실제로 이루어진다. 전적으로 표현과 텍스트의 문제에만 국한된 것에서 벗어나 문화는 이제 사고와 행동, 육체와 정신 그리고 시간과 공간이라는 상호 결정적인 힘들을 통해 정체성과 행위양식이 구성되는 하나의 사이트이자 이벤트, 공연이 되고 있다. 문화는 공통의 문제, 공유된 연대성, 공적 관여를 통해 민주주의의 근본 요소를 제공해 주고 있는 공적 공간이다. 문화는 또한 투쟁 공동체와 지구적 공공 영역을 민주적 가능성의 조건으로 상정할 수 있는 교육적·정치적 토대이다. 문화는 권력의 불평등에 맞서며 대화와 민주적 변혁의 가능성을 증진시키기 위해 비판적 담론을 허용하는 교육의 필요성을 충족시킬 수 있는 공통된 공간을 제공하고 있다. 문화는 사회가 근본적으로 정치적 공간이라는 것을 확인해 준다. 콜드리(Nick Couldry)의 지적처럼 문화의 긴급성은 정치를 민주적 영역, 제도적 형태 그리고 공동체 속에서 발생하는 개인적·사회적 행위의 문제들과 연계시킬 수 있는 가능성에 있다.

> —— 왜냐하면 지금 가장 시급한 문제는 엘리트주의적 판단으로부터 문화의 생산과 소비 전 범위를 보호하는 것이 아니라 민주정치가 출현할 수 있는 공유된 사이트의 가능성을 보호하는 것이기 때문이다. 현대 문화 연구의 사명이 있다면 그것은 '문화'(이미 경영과 마케팅 매뉴얼의 상투적 어구가 되어버린)의 연구에 있는 것이 아니라 **공통된** 문화(common culture)'의 운명과 그것의 현대적 변형에 있다.[19]

문화 연구의 관념에서 핵심이 되는 것은 문화와 권력의 우선성이다. 이것은 특히 사적인 쟁점들이 어떻게 더 넓은 사회적 조건이나 집단적 영향력과 연결되는가 하는 관점에서, 정치적인 것이 어떻게 교육적인 것이 되는가에 관한 이해를 통해 조직화된 것이다. 요컨대 이것은 사회적인 것들을 구성하는 집단적 조건과 영향력 속에서 정체성이 형성되고, 욕구가 동원되며, 경험이 형태와 의미를 취하는 정치적 메커니즘을 학습 과정이 어떻게 구성하는가에 관한 이해에 기초한 것이다. 이러한 맥락에서 교육은 더 이상 학교에서 일어나는 것들에만 국한되지 않는다. 교육은 윌리암스(Raymond Williams)가 말하는 이른바 '영구적 교육'에 관여된 광범위한 일련의 문화적 기제를 규정하는 원리가 된다. 당연히 그는 넓은 의미의 교육이 모든 문화정치에서 중심적 역할을 수행한다고 믿었다.

───── 영구적 교육이 강조하는 것은 우리의 모든 사회적·문화적 경험이 지닌 교육적 영향력이다. 따라서 이것은 공식적·비공식적 종류의 평생교육뿐만 아니라 모든 환경, 즉 그 속에 있는 제도와 관계들이 적극적·근본적으로 가르치는 것과 관련이 있다 … . 영구적 교육은 또한 세계와 우리 자신, 그리고 우리의 가능성에 대한 우리의 생각이 가장 넓게, 가장 강력하게 형성되고 유포된 분야를 지칭한다. 따라서 어떠한 압력 속에서도 이 분야에 대한 통제를 회복하기 위해 애쓰는 것이 무엇보다도 중요하다.[20]

윌리암스에 의하면 비판적 정치의 관념은 "자신이 속한 제도에 의해 개인이 형성되고 그 반작용에 의해 개인의 색깔을 취한 제도가 형성되는 복잡한 방식에 각별히 주목"해야 한다.[21] 그는 또한 불평등한 권력 관계에 의해 구조화된 다양한 문화공간 내에서 행위가 어떻게 전개되는가 하는 정치적 질문을 강조하고 있다.[22] 특히 그는 새로운 기술의 출현이라는 관점에서 교육과 정치적 행위 사이의 관계에 관심이 있었다. 새로운 기술은 그것이 공공 영역에 미치는 의미의 본질과 방식을 저해하는 동시에 사람들이 이용할 수 있는 정보량을 크게 확대시켰다. 윌리암스에 따르면 정체성이 생겨나고, 욕구가 동원되며, 일상생활이 상식으로 자리 잡는 데 있어서 경제권력과 이에 수반된 교육적 통제 네트워크가 과거 그 어느 때보다 더 큰 영향력을 발휘했다는 점에서 문화영역은 20세기 후반에 새로운 역할을 담당했다.[23] 윌리암스에게 있어서 정치적인 것을 더욱 교육적으로 만든다는 의미는 정신(psyche)이 공적 담론과 비전, 열정 가운데 차지하는 역할을 아는 것이다. 그리고 행위자가 자신의 주장을 펴고, 행동하며, 자기 자신과 타인과의 관계 및 사회질서와의 관계에 대해 깊이 생각할 수 있는 토대를 제공하는 것이다.

불행하게도 교육적인 것을 더욱 정치적으로 만들어야 한다는 윌리암스의 주장은 대부분의 문화 연구가들에게 커다란 영향을 주지 못했다. 대부분의 문화 연구에서 교육은 학문적·문화적 자본이 거의 없는 하나의 훈련으로 간주된 학교 교육 영역에만 국한되거나 아니면 모든 교육적 실천을 규격화하는 정부 기관의 통제에 순응한다는 차원에서 반동적인 것으로 간주되었다. 이러한 담론 내에서 교육은 대체로 권력관계를 정상적으로 것으로 받아들이도록 기능하며, 베네트(Tony Bennett)가 말하는 '행위만 있고 구조는 없는(all agency and no structure)' 상황처럼 제도적 압력에는 무관심한 채 행위만 지나치게 강조하게 된다.[24] 하지만 이러한 비판은 학교와 다른 교육 사이트들의 제도적 압력, 그리고 교육자의 사회적 능력이 불평등한 권력관계 내에서 조정되는 복잡하고 모순적이며 결정적인 방식들을 제대로 보여주지 못하고 있다. 대신에 베네트는 단순히 입장을 바꾸어 자신의 통치행위(governmentality) 관념을 행위자 없는 구조 이론으로서 견지하고 있다. 물론 이러한 입장은 다양한 교육 사이트들의 역할, 그리고 그것이 지식, 가치, 정체성 및 주체적 입장을 산출하기 위해 수행하는 조작적 활동을 또한 무시하고 있다. 하지만 보다 중요한 것은 이러한 경향이 한편으로는 교육과 행위 사이의 관계를, 그리고 다른 한편으로는 문화, 교육 및 민주주의의 위기 사이의 관계를 문화 연구자들이 대체로 받아들이지 않는다는 사실을 반증하고 있다는 점이다. 이와 같은 근시안적 시각에서 공식적 교육 사이트들을 무시한 좌파 성향의 지식인들은 결과적으로 더욱 기업적인 이해관계가 보다 쉽게 대학을 지배할 수 있는 여건을 제공해 주었다.

불행하게도 많은 문화 연구자들이 "모든 '헤게모니' 관계는 필연적으로 교육적 관계"라는 그람시(Antonio Gramsci)의 통찰을 심각하게 받아들이지 않았다. 이러한 통찰은 다양한 맥락 내에서 교육이 어떻게 우리를 권력관계의 주체로 만들며 권력관계에 종속되게 만드는지 알려주고 있다.[25] 여기서는 프랑스 철학자인 카스토리아디스(Cornelius Castoriadis)의 저작에 묘사된 민주주의, 정치적 행위, 그리고 교육 사이의 관계를 살펴봄으로써 그람시의 통찰을 확인하고자 한다. 종종 간과되기도 하지만 카스토리아디스는 교육의 역할과 본질적 민주주의에 대한 교육의 중심적 위치에 관해 매우 독창적인 기여를 했다. 교육을 민주주의로부터, 정치를 교육으로부터, 이해를 공적 개입으로부터 분리하는 것을 거부하는 비판적 사고의 유산을 되찾기 위해서 여기서는 이와 같은 급진적 전통에 초점을 맞추고자 한다. 비판적 사고의 전통은 교육자와 문화 연구 옹호자들에게 민주시민성, 사회정의, 공공선의 관념을 소생시키기 위한 광범위한 노력의 일부로서 정치적인 것에 대한 투자가 중요하다는 사실을 일깨워 주고 있다. 하지만 이것은 또한 사람들이 어떻게 신자유주의 이데올로기를 사들이게 되는가, 특정한 형태의 행위가 어떻게 억압되고 생산되는가, 시민과 노동자로서의 권리보다 소비자의 권리가 더 중요하다는 것을 설득시키기 위해 신자유주의자들이 교육적으로 어떻게 노력하고 있는가, 그리고 민주적 변화를 위한 영향력으로서의 교육이 어떻게 이해, 행동 그리고 저항을 가능하게 하는가 하는 등의 문제를 이해하기 위한 하나의 교육적 영향력으로서 문화정치의 중요성을 제기하고 있다.

교육과 급진적 민주주의

—— 우리가 소망하는 완전하고 완벽한 민주주의가 하늘에서 떨어졌다고 생각해 보자. 만일 이와 같은 민주주의에 상응하는 개인들, 무엇보다도 먼저 이러한 민주주의가 기능하게 만들고 이를 재생산할 수 있는 사람들을 길러낼 수 없다면 민주주의는 몇 년을 버티기가 힘들 것이다. 민주적 **교육**(*paideia*)이 없다면 민주사회는 있을 수 없다.[26]

카스토리아디스(Cornelius Castoriadis)는 20세기 말에 민주주의의 미래를 위협했던 자본주의의 새로운 조건에 비추어 정치와 행위가 과연 무슨 의미가 있는가에 대하여 많은 관심을 지니고 있었다. 더욱이 윌리엄스(Raymond Williams)와 마찬가지로 그는 가장 광범위한 의미의 교육이 정치의 가장 주된 특징이라고 주장했다. 왜냐하면 교육은 개인이 스스로를 사회적·정치적 행위자로 인식할 수 있는 능력, 지식, 기술, 사회적 관계를 제공해 주기 때문이다. 이처럼 광의의 교육 개념을 권력과 행위의 문제와 연계시키는 것은 민주주의 관념의 핵심이 되는 하나의 근본적 질문을 제기하고 있다 : 역사, 언어, 문화, 정체성에 관한 쟁점들이 어떻게 특별한 배제를 분명히 하고 이를 정당화하는가? 이러한 의미에서 만일 문화가 정체성을 낳고 사회적 주제들을 형성하는 영역이 된다면 교육은 그와 같은 사회적 주제들에 관심을 돌리고, 특별한 역사와 경험 속에 그 의미를 부여하는 전략적 메커니즘이 된다. 그리고 이러한 주제들은 점점 다양해지고 분화된, 결코 동질적이지 않은 교육과정의 일부로서 항상 자의적으로 대체된다.

지난 30여 년 동안 카스토리아디스는 민주적 투쟁을 위한 사이트로서 교육 공간을 분석하는 데 많은 이론적 기여를 해왔다. 그는 국민들에 의해 실현된 권력이자 자치의 양식으로 민주주의를 조명함으로써 하나의 정치적 영향력으로서의 교육의 중요성을 강조하고 있다. 먼저 그는 "민주주의가 국민의 권력 … 사회적·개인적 자유를 열망하는 체제를 의미한다"고 주장한다.[27] 이러한 관점에서 민주주의는 개인이 권력으로부터 보호되는 소극적 자유의 관념 그 이상을 의미한다. 오히려 카스토리아디스는 모든 민주주의 관념은 권력을 필요악으로 보는 이와 같은 자유에 관한 소극적 태도를 거부해야 한다고 주장한다. 대신에 그는 생산적 권력관념, 즉 모든 사람이 자신의 삶에 영향을 끼치는 가장 중요한 결정에 참여하기 위해 정치적 권력을 행사할 수 있는 동등한 기회를 보장하는 정치적 행위와 자유를 핵심으로 하는 권력관념을 요청하고 있다.[28] 그는 "공공 영역이 점점 전문가, 즉 직업적 정치인에게 넘어가는 것을" 강력하게 거부하고 있다.[29] 마찬가지로 그는 "아무 제한 없이 모든 영역을 탐색할 수 있는" 수단이 결여된 민주주의 관념, "모든 철학적·정치적 질문뿐만 아니라 모든 윤리적 또는 미학적 질문"을 사전에 차단하는 민주주의 관념을 거부하고 있다.[30] 카스토리아디스는 또한 참여 민주주의의 관념이 정치영역에만 협소하게 한정될 수 없다고 주장하는 가운데 투표의 형식적 과정에 국한된 민주주의 관념을 거부하고 있다.

카스토리아디스의 관점에서 볼 때 민주주의는 또한 문화정치의 쟁점에도 관여해야 한다. 그가 주장하듯이 진보주의자들은 모든 사회가 이른바 '사회적 상상의 표지(social imaginary significations)'를 창조하는 방식에 주목할 필요가 있다. 이것은 개인들에게 선별된 동일시의 양식을 제공하고, 행위의 목적과 그 수용 여부에 대한 판단기준을 제시하며, 욕구와 인간적 행동을 동원하기 위한 감정적 조치를 수립하는 표현구조를 제공한다.[31] 카스토리아디스에 의하면 민주주의의 운명은 점증하고 있는 상업화, 파편화, 사유화 속에서 인종차별과 애국적 자만에 빠져 있는 현대 지식의 근원적 위기와 밀접하게 연결되어 있다. 지식이 시민문화의 요구로부터 분리되는 가운데 스타일이나 의식(ritual), 이미지의 문제로 환원됨에 따라 개인과 사회집단이 정치에 참여하거나 아니면 논쟁과 집단행동, 긴급한 사회문제 해결에 필수적인 공공 영역을 구성할 수 있는 정치적·윤리적 조건과 통치환경이 붕괴되고 있다. 카스토리아디스가 주장하는 것처럼 현대 지식의 위기는 정치의 관념에 매우 중요한 도전이 되고 있다.

> ── 또한 문제가 되는 것은 지식과 사회와의 관계뿐만 아니라 누구를 위해 그리고 무엇을 위해 이러한 지식이 존재하는가 하는 것이다. 사회는 지식을 생산하고, 조장하며, 지식에 의해 자양분을 공급받고, 지식 때문에 망할 수 있다. 오늘날 이러한 문제는 이미 사회와 인류의 근본적 변화를 요구하고 있는 동시에 그 전제를 내포하고 있다. 인류가 매일같이 점점 더 열심히 키우고 있는 이 거대한 지식 나무가 쓰러져 정원사를 깔아뭉개지 않게 하려면 인간과 사회에 필수적인 변화가 무모한 유토피아가 감히 상상했던 것보다 훨씬 더 커야 한다.[32]

카스토리아디스는 전문화된 지식, 소비주의, 사유화된 시민성 관념에 매몰된 사회에서 사회적·정치적 행위자가 지배적 공교육을 통해 어떻게 생산되고 있는가 하는 측면에서 진보주의자들이 민주주의의 위기를 대하는 방법에 특별한 관심이 있었다. 사유화된 시민성은 비상업적 가치를 더 이상 지지하지 않으며, 공공선과 사회적 책임을 강조하는 견해를 하나의 제약으로 간주한다. 민주주의에 관한 카스토리아디스의 관점에서 핵심이 되는 것은 민주주의의 위기가 대표와 정치적 행위의 이중적 위기와 분리될 수 없다는 것이다. 지식, 의미 그리고 논쟁의 생산이 극도로 제약된 사회질서 속에서는 비판적인 사회적 행위자를 길러내기 위한 조건이 제한되어 있다. 뿐만 아니라 미래 세대에 대한 사회질서의 의무를 인식하는 하나의 방법으로서 윤리의 우선성을 주장하는 민주적 명령도 실종된다. 이러한 의미에서 권력의 확장은 그에 상응하는 윤리적 책임 범위의 확장을 전제로 한다. 또한 윤리는 미래 세대가 하게 될 행동에 대하여 지금 대답할 수 있다는 것을 뜻한다.[33]

카스토리아디스 사상의 핵심은 '제도화하고 있는 사회적 상상(instituting social imaginary)' 또는 문화적·이데올로기적 표현영역을 제공하는 다양한 교육적 형태들을 통해 사회가 스스로를 창조한다는 것이다. 문화적·이데올로기적 표현영역을 통해 세계 속에서 자아와 자아의 가능성을 바라보는 방식이 만들어지면서 사회적 관행과 제도적 형태들이 의미를 지니게 된다. 부분적으로는 이러한 의미를 내면화함으로써 사회적 개인이 형성되며, 이들은 사회에 참여하고 더 나아가 사회를 변화시키기 위해 행동하게 된다. 카스토리아디스에 의하면 이러한 구도 내에서 정치는 개인적·사회적 자율성을 위한 조건들을 창조하는 동시에 명시적인 사회제도에 의문을 던지는 '집단적 행동(collective activity)'이 된다.[34] 카스토리아디스가 민주정치 이론에 독특하게 기여한 것이 있다면 그것은 자율성(autonomy)이 시민교육의 형태와 뗄 수 없는 관계에 있다는 사실을 간파했다는 점이다. 우리는 시민교육을 통해 개인들이 서로 만나고, 공적 이해관계에 관심을 표명하며, 긴급한 사회적 쟁점에 관여하고, 공공 정책의 형성에 집단적으로 참여하는 데 있어서 본질적인 요소인 공공 영역을 개방하거나 폐쇄하기 위해 권력이 명시적 혹은 묵시적으로 어떻게 사용될 수 있는가를 조명해 볼 수 있다. 이러한 관점에서 볼 때 시민교육은 "사회를 제도화하는 힘을 드러내 보여준다 … . 시민교육은 정치적인 것을 정치로, 즉 사회의 명시적 산출을 목표로 하는 분명하고 신중한 활동으로 다시금 받아들인다."[35] 카스토리아디스에 따르면 정치적 행위는 심사숙고하고, 판단하고, 선택하는 방법을 배우는 것과 관련이 있다. 특히 판단과 선택은 변화의 가능성을 제공하는 비판적 활동의 의미를 지닌다. 다양한 기관에서 이루어지는 시민교육은 개인으로 하여금 단순히 사회의 권력구도 내에 위치한 개인 그 이상을 볼 수 있는 기회를 제공한다. 모든 사회는 시민들에게 아리스토텔레스(Aristotle)가 말한 "통치할 수 있고 통치받는 데" 필요한 능력과 지식, 기술을 제공할 의무가 있다.[36] 시민들이 자율적이지 않고, 스스로 판단하지 못하며, 독립적이지 않다면 민주주의는 작동할 수 없을 것이다. 이것은 일상생활, 제도개혁, 정부정책에 영향을 미치는 결정을 내리거나 거기에 참여하기 위한 판단과 선택에 필수불가결한 자질들이다. 따라서 자치 정부의 토대가 단지 "참여할 수 있는 권리를 소유한 시민에서 더 나아가 이들이 **참여할 수 있도록** 최선을 다해 교육받아야 한다"는 데 있다는 점에서 시민교육은 민주주의의 초석이 되고 있다.[37]

이해의 교육에서 개입의 교육으로

—— 우리가 놓치고 있는 것은 선악에 관한 지식이 아니라 그러한 지식에 따라
행동하는 기술과 열정이다. 이것을 오늘날 우리가 살고 있는 세계에서는
찾아볼 수 없다. 그러한 곳에서는 상호 의존, 정치적 책임, 문화적 가치 등
이 서로 분리되며 서로를 더 이상 견제할 수도 없다.[38]

윌리암스와 카스토리아디스는 교육과 능동적 학습과정이 시민성
관념과 포괄적 민주주의의 핵심이라는 점을 분명히 하고 있다. 이들에게
교육은 테크닉이나 일련의 **선험적**(*a priori*) 방법이 아닌 하나의 정치적·
도덕적 실천으로서 매우 중요한 의미를 지니고 있다. 정치적 실천으로서
의 교육은 권력, 지식 그리고 이데올로기 사이의 관계를 잘 보여주며, 특
정한 사회관계 내에서 지식과 정체성의 형성에 영향을 미치려고 한다.
도덕적 실천으로서의 교육은 문화 종사자, 예술가, 활동가, 미디어 종사
자 등이 가르치는 것이 공적 생활에 대한 투자, 미래에 대한 관념 또는
공적 담론에 참여한다는 것의 의미와 분리될 수 없다는 것을 뜻한다.

교육에 내포된 도덕적 의미는 또한 공적 지식인으로서의 우리의
책임이 우리가 생산하는 지식의 결과, 우리가 정당화하는 사회관계와 우
리가 학생들에게 제공하는 이데올로기나 정체성과 분리될 수 없다는 것
이다. 정치를 교육과 분리시키지 않는다는 것은 부분적으로는 교실이나
다른 공공 영역에서 이루어지는 학습과정에서 학생들의 경험을 단순히
존중해 주어야 한다는 것뿐만 아니라, 그들의 경험을 일상생활의 구체적
맥락 속에서 생겨나는 특수한 문제들과 연결시켜야 한다는 것을 의미한
다. 이러한 의미에서 교육은 교과서를 해체하는 것이 아니라 정치 자체

를 광범위한 일련의 관계 속에 자리매김하는 수행적인 것이다. 여기서의 관계는 민주적 가치, 관행, 사회관계를 차단하기보다는 이를 가능하게 하는 개인적·사회적 행위양식을 창조하는 데 관심을 두고 있다. 이와 같은 프로젝트는 교육의 정치적 성격을 인정하고 있을 뿐만 아니라 지식인들이 그들의 행위에 대해 책임을 질 것을 요구하고 있다. 말하자면 손탁(Susan Sontag)이 주장한 것처럼 지식인들은 그들의 가르침을 인간적 고통을 다룰 수 있는 도덕적 원칙들과 연결시켜야 한다.[39] 이러한 과업을 위해서 문화 연구자와 교육자들은 민주주의의 미래를 위한 프로젝트에 매진해야 한다. 그와 같은 프로젝트에서 가장 중요한 것은 이론만으로 사회문제를 이해할 수 있다는 전제를 거부하는 것이다. 이상사회의 이념을 둘러싼 투쟁의 의미를 우리가 제대로 파악하고자 한다면 문화정치는 사회적으로 자행된 불의에 대한 관념을 필요로 한다. 이러한 관점에서 볼 때 "**잘못된** 사회에 관한 생각이 없다면 이를 변혁시키는 것은 말할 것도 없고 이상사회에 대해 생각하는 것조차 쉽지 않을 것이다"라는 바우만(Zygmunt Bauman)의 주장은 적절한 것으로 보인다.[40]

문화 연구자들이 생각하는 정치는 민주사회가 결코 공정하지 않다는 가정에 기초한 비판양식이나 집단적 행동과 연계되어야 한다. 이와 같은 인식은 사회가 자기 비판의 가능성이나 집단적 행동뿐만 아니라 비판적으로 토의하고 통치하는 데, 그리고 구체적 권력관계와 이데올로기적 영향력을 형성하는 데 근본적 역할을 하는 시민성의 형태들을 계속해서 조장해야 한다는 것을 의미한다. 데리다(Jacques Derrida)가 주장한 바와 같이 여기서 중요한 것은 민주주의의 프로젝트를 하나의 약속(promise), 즉 계속되고 있는 경제적·문화적·사회적 정의를 위한 투쟁에 기초한 하나의 가능성으로 보아야 한다는 것이다.[41] 이 경우에 민주주의는 상처가 봉합된 혹은 형식적 체제가 아니라 투쟁 사이트 자체이다. 포괄적이고 공정한 민주주의를 창출하기 위한 투쟁은 많은 형태를 취할 수 있고 어떠한 정치적 보장도 없다. 그리고 끝없이 진행되고 있는 민주화 과정으로서의 정치에 중요한 규범적 측면을 제공하고 있다. 이와 같은 프로젝트는 교환, 질문, 자기 비판에 개방적인 민주주의가 정의의 한계점에 결코 도달할 수 없다는 분명한 인식에 토대를 두고 있다.

—— 민주주의는 하나의 제도가 아니라 본질적으로 하나의 반제도적(anti-institutional) 힘이다. 변화를 가로막고, 권력을 쥐고 '태어나지' 않은 모든 사람을 정치과정에서 제거하고 이들의 침묵을 강요하는 그와 같은 권력의 무자비한 추세와의 '단절(rupture)'이다 …. 민주주의는 제도를 끊임없이 신랄하게 비판함으로써 자신을 표현한다. 민주주의는 정치체계 내부에 있는 무정부적이고 분열적인 요소이며, 민주주의는 본질적으로 **반대**와 변화를 위한 하나의 힘이다. 민주사회는 그 사회가 충분히 민주적이지 **않다**는 끊임없는 불만 속에서 가장 잘 인식될 수 있다.[42]

교육을 민주주의의 프로젝트와 연결시킴으로써 고등교육에 종사하는 문화 연구자들은 갈등학습(teaching of the conflicts) 혹은 이와 관련된 질문문화(culture of questioning)와 같은 방법론으로 환원된 교육에 관한 접근법들을 넘어설 수 있다. 즉각적인 의미에서 보자면 이러한 입장들은 교육이 학생들이 살게 될 미래에 관한 특별한 관점에 근거하고 있다고 가정함으로써 교육과 학습, 미래 비전에 대한 관점을 제공하는 더 광범위한 정치적·규범적·이데올로기적 고려사항들을 분명히 파악하지 못한다. 더욱이 두 입장은 고등교육의 의미와 목적, 교육자의 역할과 교육 자체의 가능성을 무너뜨려서 이를 근시안적인, 때로는 편협하고 고립된,

특히 논쟁과 대화를 중시하는 하나의 방법에 대한 관념으로 전락시킬 수 있다. 이러한 담론에서는 고등교육의 영역을 틀지우는 사회적·경제적·정치적 영향력—특히 학문적 권력관계 내에서 다양한 학생집단의 가치를 불평등하게 보는, 아무런 제약을 받지 않는 시장의 영향력이나 인종차별적이고 성차별적인 영향력—에 관한 혹은 세계를 이해하고 세계에 참여하기 위한 토대로서 교육에 관여한다는 것이 과연 무슨 의미인가에 관한 광범위한 질문들을 던질 수 없다. 거기에는 또한 학생을 단순히 교화시키는 함정에 빠지지 않으면서 민주주의의 교육을 위한 조건들을 창출하는 데 교사의 권위가 과연 어떻게 활용될 수 있는가에 대한 이해가 결여되어 있다.[43] 예를 들어 자유주의 교육자인 그라프(Gerald Graff)는 학생들이 비판적 존재가 될 수 있는 방법들을 제공하고 있는 비판적 교육의 관념—혹은 귀니어(Lani Guinier)가 말하는 것처럼 학생들이 "시민생활에 참여하도록 교육시키며 졸업생들이 그들이 교육받을 수 있도록 도와준(세금을 통해서) 공동체에 보답할 수 있도록 고무시킬 필요성"[44]—이 학생들로 하여금 대화를 멀리하게 하거나 아니면 수많은 교육적 횡포 형태 가운데 하나를 보여줄 뿐이라고 믿고 있다. 그라프는 학생에게 질문의 가능성을 열어두는 교육적 실천을 강력하게 지지하고 있다. 하지만 그는 이와 같은 교육적 조건을 민주적 가능성을 확대하고 심화시키기 위해 주변 세계를 변화시키는 것에 관해 생각하도록 자극하는 그 다음 단계와는 연결시키지 않고 있다. 립시츠(George Lipsitz)는 학문활동을 사회변화와 연결시키는 것이 좋게 말해서 부담, 최악의 경우에는 조잡한 형태의 선전으로 떨어진다고 믿고 있는 그라프와 같은 학자들을 비판하고 있다. 립시츠는 그들이 삶의 조건을 변화시킬 수 있는 일반 국민의 능력을 냉소적으로 받아들이도록 잠재의식적으로 교육받았다고 주장한다.[45] 논쟁을 벌이고, 자신의 경험을 활용하며, 논리적 대화에 관여하는 방법을 학생들에게 가르치는 것은 왜 그들이 무엇보다 먼저 이러한 활동에 관여해야 하는가에 대해서 아무 것도 말해주지 않는다. 논쟁과 질문의 문화가 억압적 형태의 권력에 맞서 싸우고, 세계를 더욱 의미 있고 공정한 곳으로 만들며, 사회적 책임감을 발전시키는 데 필요한 도구를 학생들에게 제공하는 것과 어떠한 관련이 있는가 하는 문제가 그라프와 같은 학자들의 견해에는 빠져 있다. 왜냐하면 정치교육의 담론 가운데 일부인 이 문제를 그라프는 단순히 교화(indoctrination) 혹은 전향자에게 말 걸기(speaking to the converted)와 동일시하고 있기 때문이다.[46] 여기서 요청되는 것이 바로 선전과 비판적 교육에 관한 명확한 이해이다. 일반적으로 선전(propaganda)은 지식을 위장하고, 왜곡된 지식을 조장하며, 질문과 비판적 관여를 초월한 정치적 견해를 산출하는 데 이용된다. 교육적 개입이 결코 선전이 되어서는 안 되지만 비판적 시민의 능력을 키우려는 교육 또한 정치를 피해서도 안 되고 피할 수도 없다. 교육은 항상 논쟁, 저항 그리고 질문문화에 개방적이어야 하는 한편 정치와 행위, 지식과 권력, 주체적 입장과 가치 그리고 학습과 사회변동 사이의 관계에 대해 관심을 가져야만 한다. 단순히 질문을 제기하는 것에만 함몰된 자유주의 교육자들은 학생들로 하여금 민주적 공공 생활과 교육, 정치와 학습 사이의 중요한 관계를 고려할 수 있게 해주는 공적 학문활동과 학습을 연계시킬 수 없다. 비굴한 것까지는 아니라 해도 이러한 자유주의 교육자들은 탈정치화된 교수방법론에만 매달려 무력화됨으로써 학생들이 정치적 영역으로 들어가도록 교육적으로 고무시킬 수 있는 방안이 거의 없다. 학생들을 정치적 영역으로 인도하기 위해서는 그들이 배운 것을 "새로운 상황—예컨대 3학년 교실, 공공 도서관, 의원 사무실,

공원"[47]—에 적용해 보거나 아니면 위축되고 있는 민주주의 속에서 시민들이 직면하고 있는 복잡한 문제들을 해결하기 위한 공동 프로젝트에 관여하는 등 민주주의에 참여할 수 있는 방법에 대해 생각하도록 해야 한다.

전문가로서의 중립성에 대한 표방에도 불구하고 학자들은 학생들이 단순히 논쟁에 뛰어나도록 가르치는 것보다 교육적으로 더 많은 것을 해야 한다. 학생들은 논쟁하고 질문도 던져야 하지만 그들의 교육적 경험으로부터 더 많은 것을 할 필요가 있다. 논쟁하는 교육과 논쟁에 관한 교육 자체만으로는 아무 것도 보장할 수 없다. 하지만 이것은 권위에 저항할 수 있는 공간으로 나아가는 본질적 단계이다. 여기서는 자신을 둘러싼 세계에 대해 비판적으로 생각할 수 있도록 가르치며, 해석과 대화를 민주질서에 봉사하는 사회적 개입과 변혁의 조건으로 인식하는 것이 필요하다. 구트만(Amy Gutmann)의 탁월한 지적처럼 교육은 언제나 정치적이다. 왜냐하면 교육은 행위의 성취 그리고 현존 권력관계와의 투쟁능력과 연결되어 있으며, 지식과 정보를 지닌 비판적 시민을 길러내기 위한 전제조건이기 때문이다. 교육자는 교육을 민주주의와 연결시키고 교육을 권위의 양식과 결부된 윤리적·정치적 실천으로 인식할 필요가 있다. 그리고 "민주국가는 민주시민으로서의 권리와 책임을 공유하는 것과 일치되는 삶의 양식을 학생들이 받아들이도록 하는 정치교육의 가치를 잘 알고 있다."[48] 이러한 교육관념은 이른바 교수방법의 중립성과 결부된 것이 아니라 민주사회의 재생산이라는 측면에서 지시적이고 간섭주의적인 교육의 비전과 결합되어 있다. 민주사회는 논쟁의 기술 그 이상의 것에 매료된 교육받은 시민들을 필요로 한다. 교육의 비판적 기능을 확실히 하는 가운데 교육의 목표와 열정을 방법론적 고려사항에만 줍게 한정시키지 않는 것이 바로 이와 같은 민주적 프로젝트의 핵심이다. 바로 이것이 비판적 교육과 훈련이 다른 점이다. 교육받는다는 것의 의미를 그것이 지닌 비판적·민주적 가능성과 분리시키는 교육적 접근은 바로 학습을 그것이 지닌 민주적 기능과 목표에 연결시키지 못할 때에 정당화될 수 있을 뿐이다.

윌리엄스와 카스토리아디스는 민주주의의 위기가 문화의 위기뿐만 아니라 교육의 위기라는 것을 알고 있다. 문화 연구자들이 공공 영역에서 발생하고 있는 근본적 변화를 고려하는 가운데 교육을 문화정치의 중심적 범주로 되돌린 것은 성공적이었다고 할 수 있다. 이제는 전문가로서의 신중함을 정치적 비겁함과 구별하는 가운데 그들의 의무가 교과서를 해체하거나 질문문화를 북돋우는 것을 넘어 더욱 확대되고 있다는 사실을 인식할 때가 되었다. 이는 매우 중요한 교육적 개입이지만 아직 충분하지 않다. 우리는 아는 것을 행동과 그리고 학습을 사회적 관여와 연결시킬 필요가 있다. 그리고 이것은 포괄적이고 근본적인 민주주의를 위해 싸우도록 가르치는 것에 수반된 책임에 눈을 돌릴 것을 요구하고 있다. 이는 넓은 의미의 교육이 아무리 비판적이라고 할지라도 이해에 관한 것만이 아니라, 인간적 고통을 드러내며 이러한 고통을 야기하는 조건들을 제거하기 위해 우리가 시민으로서의 책임감을 떠맡을 수 있는 환경을 제공하는 것에 관한 것이기도 하다는 인식 위에서 가능하다. 이러한 맥락에서 문화 종사자로서 우리가 하는 일을 광범위한 민주적 프로젝트의 일환으로 간주할 필요가 있다는 바우만(Zygmunt Bauman)의 주장은 타당해 보인다. 이러한 민주적 프로젝트에서 이상사회(good society)는 다음과 같은 사회를 말한다.

　　　　　 사회가 충분히 공정하지 않다고 생각하며, 정의의 성취 수준에 대해 의문을 제기하고, 정의를 언제나 우리보다 한 발 이상 앞서 있는 것으로 간주하는 사회가 이상사회이다. 무엇보다도 어떠한 불의에 대해서도 분개하는 가운데 즉각적으로 이를 수정하려고 하는 사회가 이상사회이다.[49]

　책임, 사회적 행동 그리고 정치적 개입의 문제는 단순히 사회적 비판뿐만 아니라 자기 비판의 형태에서도 드러난다. 한편으로 지식과 권력 사이의 관계, 다른 한편으로 학문활동과 정치 사이의 관계는 그 결과가 무엇이고, 그것이 세계와 어떻게 연결되며, 그것이 새로운 이해를 허용하는가 아닌가, 그리고 개인과 사회적 책임 문제를 심각하게 받아들인다는 것이 교육적으로 의미하는 바가 무엇인가에 대하여 언제나 자기 반성적이어야 한다. 요컨대 이러한 프로젝트에서는 교육자들이 문화 연구를 이론적 능력과 비판적 이해를 위한 자원으로서 뿐만 아니라 세계에 대한 개입으로 해석할 가능성에 주목하는 교육적 실천으로 분명하게 인식할 필요가 있다. 문화 연구자들은 의미와 가치가 어떻게 언어, 표상, 사회적 관계로 구성되었는지를 이론적으로 규명해 왔다. 그들은 다양한 문화 텍스트를 주의 깊게 그리고 철저히 읽어왔다. 순환하고 변형되는 다양한 문화 속에서 권력이 지식을 어떻게 요구하고 있는가, 그리고 지식이 어떻게 권력의 형태로 기능하는가에 대해서 면밀한 관심을 보였다. 하지만 그와 같은 비판적 이해와 독서 그리고 의미를 띤 관여만으로는 충분하지 않다. 정치는 이해 그 이상을 요구하고 있다. 즉 정치는 이해가 타인에 대한 책임과 결합되어야 한다는 것을 요구하고 있다. 이것이 바로 우리가 세계를 읽고 그것을 변혁시킬 수 있는 도덕적·정치적 행위자가 되기 위한 가장 기본적 조건이다.

신자유주의는 자본과 시장관계를 동정, 윤리 그리고 예의가 미치지 못하는 곳에 펼쳐놓고 있다. 신자유주의는 또한 자기 의존, 타인에 대한 신뢰와 민주제도의 지속성에 대한 믿음이 개인적 자율성의 양식, 사회적 행위 그리고 비판적 시민성의 토대가 되는 사회계약의 기본 요소와 그것이 전제하고 있는 정치적·교육적 관계를 무너뜨리고 있다. 따라서 문화 연구가 직면한 가장 심각한 도전 가운데 하나는 21세기에 신자유주의가 초래한 다양한 지배형태와 겨룰 수 있는 새로운 언어와 이론적 도구들을 개발하는 것이다. 이를 위해서는 문화정치에 관한 투쟁이 지배적인 경제적·문화적 제도의 영향력과 그것들 각각의 교육양식을 통해 야기된 경쟁이나 갈등과 분리될 수 없다는 것을 인식해야 한다. 요컨대 문화 연구 지지자들은 어떻게 정치적인 것을 문제시하고 다원화할 것인가, 중요한 전략적 공공 영역인 새로운 교육 사이트에 어떻게 관여할 것인가, 그리고 민주주의의 위기를 그와 관련된 정치, 문화, 교육 및 공교육의 위기라고 보는 프로젝트 내에 어떻게 문화 연구를 자리매김할 것인가에 관심을 갖고 이에 도전해야 할 것이다.

제5장

위험한 시대 희망의 정치

───세계를 변화시키려는 인간의 지난한 노력 속에는 그것이 얼마나 환상적인가에 관계없이 대안적 비전들이 강력한 정치적 영향력을 발휘하는 때가 있다. 지금이 바로 그와 같은 순간이라고 나는 믿는다. 그 어떠한 경우에도 유토피아의 꿈이 완전히 사라지지는 않을 것이다. 우리의 감추어진 욕구를 나타내는 그러한 꿈들이 여기 저기 흩어져 있다. 우리 마음의 어두운 구석에서 이것들을 끌어내 변화를 위한 정치적 힘으로 삼는 것은 그러한 욕구가 궁극적으로 좌절되어 버릴 수 있는 위험을 수반할지도 모른다. 하지만 이것이 타락한 신자유주의의 유토피아주의(그리고 그러한 나쁜 표현의 가능성을 제공하는 모든 이해관계)에 항복하는 것보다, 그리고 대안적 욕구를 표출하고 추구하는 데 있어 소심하고 무기력한 공포 속에서 사는 것보다는 확실히 낫다.

미국에서 유행하고 있는 신자유주의의 지배 하에서 희망은 사라지고 진보적 사회변화는 머나먼 기억처럼 보인다. 자본주의 또는 널리 퍼져 있는 공포문화를 초월한 삶을 상상한다는 것이 지금처럼 자본주의와 민주주의 사이의 구별이 사라진 것 같은 시기에는 불가능해 보인다. 오늘날 시장관계가 시장사회와 동의어가 됨에 따라 자유는 시장의 전략으로 전락했으며, 시민성은 시장의 요구에 국한되거나 아니면 철저하게 사유화되었다. 그 결과 자본주의의 종식보다는 세계의 종말을 상상하는 것이 더 쉬워졌다.[1] 이러한 디스토피아(dystopia) 세계 속에서 공공 영역은 점점 자기 개발을 무자비한 사적 이익의 추구로 제한하는 수단적 공간이 되어버렸다. 그리고 자율은 "다양한 사적 목표들이 추구될 수 있는 활동영역"으로 전락하고 말았다.[2] 이러한 현상은 많은 자유주의자와 보수주의자들이 상업적 지배를 받지 않는 공교육을 시장의 수중에 넘기고, 복지국가의 전통적인 사회적 대책들을 해체하며, 의료 제도의 흔적을 없애서 이것을 사적 이해관계로 떠넘기고, 사회보장을 종잡을 수 없는 주식시장에 내맡기려는 시도 속에서 분명하게 엿볼 수 있다. 미국 국민들의 의식 속에 사회적 계획, 시민적 관여 등은 복지국가가 공격당해 해체되고 있는 사회와는 무관하다는 생각이 확대되고 있다.[3] 사람들이 서로의 생각을 나누고, 논쟁을 벌이며, 일상생활을 구성하는 조건이 되는 이와 같은 공공 영역이 2001년 9·11 참사 이후에 나타난 공공선의 표출에도 불구하고 점점 아무런 관련성이나 정치적 의미가 없는 것처럼 되고 있다. 이라크 전쟁에 대한 맹목적 애국심과 결부된 국가 내부의 안전에 관한 두려움 속에서 반대가 비애국적인 것으로 규정되고 있고, 헌법상의 기본적 자유에 대한 침해가 계속해서 나타나고 있다. 앞에서 지적한 것처럼 미국 애국법(USA PATRIOT Act) 하에서 개인들은 특별한 혐의가 없이도 정부에 의해 무한정 구금될 수 있으며, 변호사의 도움을 받거나 재판받을 권리에 호소할 수도 없다. 군대가 국내 사찰에 관여할 수 있는 권리가 부여되었고, 오늘날 연방수사국(FBI)은 개인의 독서습관을 추적하기 위해 도서관의 개인 기록에 접근할 수 있는 권한을 지니고 있다. 시민적 자유에 대한 이와 같은 침해에 직면해서 전 교육부 장관인 베네트(William Bennett)와 같은 주요 정치 인사는 미국 내부의 불만이 테러리스트들을 도와줄 뿐만 아니라 미국의 안보에도 위협이 될 수 있다는 광고를 《뉴욕타임스》에 내기도 했다. 애국적 열정에 대한 호소는 점차 집단적 슬픔을 이윤으로, 그리고 정치적 책임을 선전선동으로 전환시키고 있는 상업적 열기를 부채질하고 있다. 9·11의 비극적 사건이 공공 서비스나 시민적 용기 등과 같은 고귀한 관념들이 다시 살아나는 계기가 되었던 반면에, 시장권력은 시민적 공허함을 자극함으로써 이를 신발에서 국기 핀에 이르기까지 거의 모든 소비상품의 개발에 활용했다. 하지만 이와 같은 슬픔의 강탈은 시장의 확대에 크게 기여했을 뿐만 아니라, 더 나아가 반테러리즘의 담론을 활용할 수 있는 구실을 제공했다. 이러한 담론을 통해 기본적인 시민적 자유를 침해하고, 공포와 억압의 문화 속에서 미국 국민들을 감금하며, 부시 행정부를 지지하는 거대 기업들에게 막대한 자금을 제공하고, 미국의 적들에 대한 선제공격 위협에 기초한 외교정책을 정당화하기 위해서 군사무기 구입에 수십억 달러를 소비했다.

큰 정부와 공공 서비스의 역할이 공공선의 이름으로 되살아났지만, 부시 대통령과 그의 지지자들은 특히 공공 의료와 안전에 관한 중요한 서비스의 경우에 '테러 이전에 추진했던 동일한 반동적 의제'를 고집했다.4) 노동자, 젊은이 그리고 가난한 계층을 위한 공공 의료의 필요성과 사회적 안전망의 격차에 관심을 가지고 이를 해결하는 대신에 부시 행정부는 의회에 부유층과 거대 기업의 세제혜택에 기초한 경기부양책의 승인을 요청했다. 그리고 다른 한편으로는 "에너지 회사에 대한 보조금과 세제혜택 그리고 극지방 개발을 핵심으로 하는 에너지 계획을 추진했다."[5] 아동, 환경, 주요 공공 서비스, 극빈층에 대한 투자 대신에 다시금 부유층에 대한 투자와 기업에 대한 혜택이 이루어졌다. 이러한 모습은 9·11 이후에도 부시 행정부의 경제정책에 거의 변화가 없었다는 것을 보여주고 있다. 세금 감면액의 50%가 최상위 1% 부유층을 위한 혜택이 되며, 메디케어(Medicare)를 받는 고령자의 재정적 부담을 덜어주지 못하는 세금 '부양책'에 대한 대중의 분노는 어디로 갔는가? "학자금 융자, 아동보호, 빈곤층에 대한 식량지원(food stamp), 학교급식, 직업훈련, 퇴역군인 지원 프로그램, 장애노인에 대한 현금보조 등이 삭감되고" 있는 가운데 부유층에게 수십 억 달러의 세제혜택을 제공하고자 한 부시 행정부에 대한 대중의 분노는 어디로 갔는가?[6] 전쟁 수행과 전쟁 이후 이라크에 대한 통제를 위해 9천억 달러를 쏟아부으려 하면서도 퇴역군인에 대한 혜택을 줄이고 부유층에게 터무니없는 세금감면 혜택을 제공하려는 정부에 대한 대중의 분노는 어디로 갔는가? 시민들을 사찰하고, 적법한 절차를 무시하며, 범죄혐의가 없는 사람을 30일 이상 감금할 수 있는 유례가 없는 권한을 정부에 부여하고 있는 미국 애국법(USA PATRIOT Act)과 국가안보법(Homeland Security Act)의 제정에 대한 대중의 분노는 어디로 갔는가? 지구 온난화를 막기 위한 교토의정서의 인준 거부에서 분명히 엿볼 수 있는 것처럼(지금은 러시아가 이와 같은 선례를 따르고 있다) 부시 행정부의 계속된 환경파괴에 대한 대중의 분노는 어디로 갔는가? 발전소의 수은 배출 감축을 강제하는 연방 규제를 철폐하려고 하고, 석탄을 연료로 하는 발전소에 대한 규제 강화를 거부하며, 높은 허용치의 자동차 배출 가스 기준으로 계속해서 대기를 오염시키고 있는 자동차 회사에 대한 제한 조치 부과를 거부하고 청정대기법(Clean Air Act)과 같은 환경보호법을 사문화시키는 한편, 기업의 이해관계에만 편향적으로 영합하는 정부에 대한 집단적 분노는 어디로 갔는가?[7] 훨씬 더 심각하고 부끄러운 문제는 미국 정부가 빈곤선 아래에서 삶을 연명하고 있는 3,000여 만 명과 건강보험이 없는 7,400만 명의 고통, 그리고 집이 없는 140만 명 어린이들의 처지를 외면했다는 점이다.[8]

본질적 내용이 빠져버린 최근에는 심지어 뿌리가 뽑힌 상태에 있는 '민주주의'는 개인들의 사적인 고통을 공적 관심사나 집단적 행동으로 전환할 수 없게 되면서 더욱 위태로워지고 있다. 오늘날 시민적 관여와 정치적 행위가 무기력해지고 있다. 또한 공공 영역을 상업화하고 권력을 평등, 사회정의 그리고 시민적 책임감과 단절시키는 다국적 기업들의 권한이 커지고 있는 가운데 공적 가치는 보이지 않는 것으로 취급되고 있다.[9] 대다수 시민들이 사회적 비판능력을 키우는 공공 포럼으로부터 분리되면서 정치적 행위는 그 자체가 웃음거리가 되었을 뿐만 아니라 사적 만족이 사회적 책임을 대신하는, 혹은 벡(Ulrich Beck)의 표현에 의하면 전기적 해법(biographic solution)이 체계적 변화(systemic change)를 대체하는, 시장에 기초한 선택에 크게 영향을 받게 되었다.[10] 카스토리아디스(Cornelius Castoriadis)가 주장하는 것처럼 그와 같은 상황에서는 정치를 집단의 자율로 상정하는 것이 불가능하다. "이는 오직 명시적 자기제도화(self-institution)와 자치(self-governance)를 통해서만 성취될 수 있다."[11] 이러한 시각에서 현대의 자유관념, 즉 제약이 없는 상태와 좁은 형태의 사적 이익으로 정당화된 자유의 관념은 실질적 자율이나 효과적 자유와는 전혀 관계가 없다. 실질적 자율과 효과적 자유 속에서 "개인은 현존하고 있는 제도에 의문을 제기할 수 있는 비판적 존재로 기능하며,

그에 따라 민주주의는 다시금 자기 제도화의 사회운동, 요컨대 완전한 의미에서 새로운 유형의 체제가 된다."[12] 정보, 의견, 반대의 교환을 장려하는 공공 영역이 없어지면서 비판의 공간이 축소되었다. 그에 따라 자율적 개인과 자율적 사회에 기초한 본질적 민주주의의 지평이 고립과 탈정치화에 부딪쳐 실종되고 있다. 고립과 탈정치화는 정치적으로 보장된 공공 영역, 즉 국민의 권력이 실현되고 정치적 참여와 민주적 시민성이 나타나는 공간의 상실을 보여주고 있다. 이처럼 공공 영역과 시장화되지 않은 문화영역들이 빠르게 사라지고 있다. 이들 영역에서 사람들은 상표 브랜드의 언어를 자율과 사회적 관여의 언어와 구분할 수 있으며, 중요한 기관들을 공공선으로 보호할 수 없는 시장화된 담론을 거부할 수 있다. 하지만 최근에는 현 상태에 대한 대안이 없다는 대중적 인식이 확대되면서 정치적 고갈과 빈곤화된 지적 전망이 나타나고 있다. 제1장에서 살펴본 바와 같이 신자유주의는 권력 및 이데올로기와의 역사적 관계를 부인하고 객관성과 역사적 불가피성의 담론으로 스스로를 위장함으로써 민주정치의 첫 번째 규칙을 위반하고 있다.

카스텔스(Manuel Castells)가 주목하고 있듯이 경제권력이 정치로부터 분리되면서 지구적이고 치외법권적인 것이 되었다. 오늘날 경제권력은 국경을 넘어 움직이고 있다. 개별 국가에 기초한 전통적인 정치의 중심에서 벗어나면서[13] 경제권력의 영역이 점점 정부의 영향이 미치는 범위를 벗어나고 있다. 그 결과 다국적 기업이 일상생활에 미치는 영향력이 커지면서 국가와 시민들은 점차 정치적 행위자로서의 역할을 상실하고 있다. 하지만 이것은 국가가 모든 권한을 상실했다는 의미는 아니다. 오히려 국가는 경제활동에 대한 규제를 폐지하고, 기업의 세금을 없애며, 복지국가를 해체하고, 이른바 처분될 수 있는 국민들을 감금하는 데 거의 배타적인 권력을 사용하고 있다. 그 결과 공공 영역에 대한 무관심이 일반화되고 있을 뿐만 아니라 공공 영역 자체가 사라지고 있다. 이는 사회질서의 거친 단면을 그대로 드러내고 있고 사회적 합의를 무너뜨리고 있다. 또한 학습을 민주적 형태의 정치적 행위 및 시민적 투쟁을 위한 조건과 연계시킬 수 있는 교육방식의 필요성을 제기하고 있다.

정치, 경제, 사회 등 모든 영역에서 사악한 권력관계의 폐지를 강조하는 포토폴로스(Takis Fotopoulos)의 이른바 '포괄적 민주주의(inclusive democracy)'[14]에 대한 약속이 대중의 기억 속에서 희미해지면서 무자비한 사적 이익이 안보를 국내의 최우선 가치로 하는 퇴행적 사회정책들과 결합되고 있다. 그에 따라 정부의 통제기능이 약화되고 있는 사회적 기능을 점점 더 압도하고 조정하게 되면서 정부의 본질적 역할이 상실되고 있다. 복지국가의 혜택을 해체하는 가운데 홈리스와 같은 사회문제를 범죄시하고 사회적 투자보다는 처벌의 방식에 우선순위를 두는 정책들을 추진함에 따라 오늘날 정부는 기본적인 경제, 교육, 환경 및 사회문제에 관심을 갖고 이를 해결하는 수단으로서의 가치를 잃고 있다. 앞에서도 언급한 바와 같이 무관용 정책이 공립학교들을 교도소 시스템과 연계시키고 있고, 그에 따라 교도소와 학교 사이의 구별이 희미해졌다. 오늘날 사회문제를 해결하며 주로 인종과 피부색에서 소수인 사람들을 겨냥한 공공 정책을 수행하는 데 있어서 점점 경찰, 법정, 기타 훈련기관들의 역할이 커지고 있다. 더욱이 이라크 전쟁 이후 강경한 대외정책과 맹목적 애국심에 자극을 받아 국가안보에 대한 우려가 커지면서 미국 내부적으로 군사주의화의 영향력이 증폭되었다. 그 결과 미국인들은 "공유된 책임감을 통해서가 아니라 공포를 공유하면서" 점점 더 하나가 되고 있다.[15] 불행은 경멸을 낳고, 가난은 개인적 태만과 혼동을 빚고 있다. 사회영역 전반에 퍼진 공포의 생태학과 결합된 신자유주의는 정부 위협의 논리, 소수계층을 상대로 한 반테러 캠페인, 반대자에 대한 무차별적 억압 그리고 이라크 침공을 지지하는 정부와 미디어의 치밀한 작전을 통해서 공동체의 의미를 새롭게 기술하고 있다.

신자유주의자와 우파 정치인들에 의해 자유의 적으로 규정된(거대 기업을 도와줄 때는 예외로 하고) 정부는 공익의 수호자로서 그 가치를 상실했다. 그 결과 정부는 가난하고 억압받는 사람들을 위한 책임감은 물론 젊은 세대의 미래를 위한 책임감도 지니고 있지 않다. 사유화라는 이름으로 공공선이 손상되고 비판적 공공 포럼이 유토피아의 가능성을 발휘하지 못할 때 도서관, 서점, 노동조합의 강당, 성인 클럽뿐만 아니라 비판적 시민, 공적 지식인 그리고 사회적 행위자로서 우리의 정치적 감수성을 다시 활성화시킬 수 있는 사이트 등 상업화되지 않은 공공 영역들이 사라지고 있다. 미국 사회에서 정의와 평등의 결핍이 그에 비례해서 정치적 상상력과 집단적 희망의 결핍을 증대시키고 있다.

혁명적 전망이 없는 정치는 종종 냉소주의로 퇴행하거나 아니면 권력을 단지 지배와 동일시하는 권력관을 받아들인다. 따라서 진보주의자, 교육자, 행동주의자들과 시민들은 민주주의와 자본주의가 같은 것이라거나 또는 경쟁과 비판적 교환, 관여가 이루어지는 사이트인 정치가 종말상태에 있다는 기만적이고 이기적인 패권적 전제를 믿기보다는 비판적 형태의 개인적·사회적 행위를 구성하기 위한 조건들을 제공하는 것이 중요하다는 것을 새롭게 인식하는 가운데 정치, 교육, 윤리를 통합하기 위해 다시금 노력해야 한다. 이를 위해서 이른바 정치의 사망에 대한 주장을 민주주의의 위기에 관한 징후뿐만 아니라 공적 가치와 윤리를 정치의 영역으로부터 분리시키는 비전, 교육, 행위, 의미 등에 관한 보다 더 구체적인 위기의 징후로 받아들일 필요가 있다.

기틀린(Todd Gitlin)과 같은 일부 사회이론가들은 교육과 정치를 연결하는 문화정치를 통해 사회를 변화시키려고 하는 시도들이 단순히 지배적 사회질서의 권력을 연장시킬 것이라고 주장함으로써 정치적 냉소주의로 빠져들고 있다.[16] 이러한 관점에는 가장 처절한 정치적 행위의 위기에 직면해서도 민주주의가 투쟁을 통해 쟁취되어야 한다는 인식이 결여되어 있다. 또한 정치, 권력 그리고 민주주의를 둘러싼 투쟁이 민주적 공공 영역을 창조하는 것과 긴밀하게 연계되어 있다는 사실에 거의 관심을 두지 않는다. 민주적 공공 영역에서 개인들은 자율적인 사회적 행위자로 행동하기 위해서 뿐만 아니라, 그와 같은 투쟁이 **충분한 가치가 있다는 것**을 믿는 데 필요한 기술, 능력, 지식을 구비한 정치적 행위자로 교육될 수 있다. **공공 영역**은 다양한 기관, 사이트 그리고 공간 등을 말한다. 이것은 사람들이 말하고 논쟁하며, 공공성의 정치적·도덕적·문화적 차원을 재평가할 뿐만 아니라, 새로운 사회적 정체성을 수립하고 "참여의 구조 그리고 토론과 논쟁의 지평"을 바꾸는 하나의 방식으로서 학습과 설득의 과정을 발달시키는 영역이다.[17]

이 경우에 정치 투쟁은 새로운 행위의식을 조장하고 지배권력 자체를 전복시키기 위해서 지배적 의미형태들을 파괴하려는 목적을 지닌 교육적 개입과 연계되어 있다. 버틀러(Judith Butler)가 지적한 것처럼 행위는 이제 그것을 통해서 권력이 초월되는 것이 아니라 권력이 생산적인 방식으로 다시금 작용하고 재연출되는 사이트가 되고 있다.[18] 여기서 중요한 것은 시민교육과 비판적 교육의 문제(유능한 행동가가 되는 법을 배우는 것)가 정치적 행위와 민주주의에 관한 투쟁의 핵심이라는 것을 지적함으로써 정치가 단순히 권력에 관한 것뿐만 아니라, 카스토리아디스

(Cornelius Castoriadis)가 지적한 것처럼 "정치적 판단과 가치의 선택과도 관련이 있다"는 사실을 전제하는 것이다.[19] 시민교육과 비판적 교육은 비판적 성찰을 강조하며, 학습과 일상생활과의 간극을 메우고, 권력과 지식과의 관계를 볼 수 있게 하며, 역사의 교훈을 통해 민주적 권리, 가치 그리고 정체성을 확장할 수 있는 조건들을 제공해 준다. 하지만 많은 교육자와 사회이론가들은 교육이 정치적 행위를 확대하고 가능하게 하는 수단 내지는 그와 같은 교육이 학교뿐만 아니라 문화 자체의 메커니즘을 통해 조정된 폭넓은 공공 영역 속에서 이루어지고 있다는 것을 인식하는 매우 중요한 수단이라는 사실을 잘 받아들이지 않고 있다.

오늘날 민주주의는 이른바 '자유로운' 시장에 대한 하나의 은유 (metaphor)로 전락했다. 그리고 민주주의라는 용어가 지닌 본질적인 의미와도 동떨어져 있다. 촘스키(Noam Chomsky)는 민주주의의 본질을 "사람들이 그들 자신의 집단적·개인적 관심사를 처리하기 위해 관여하는 기회"로 보고 있다.[20] 진정한 민주적 공공 영역이 이상적 형태로 한때 존재했었고, 그것이 지금은 시장가치에 의해 부패되었다는 것이 아니다. 오히려 그보다는 이러한 민주적 공공 영역이 비록 제한된 형태라 할지라도 민주주의의 현실과 이상 사이의 모순과 긴장을 드러내 보여주는 생생한 개념이 더 이상 아니라는 사실이다. 자유 민주주의는 권리, 자유, 참여, 자율, 시민성의 쟁점을 둘러싼 중요한 담론을 제공하고 있다. 하지만 이것은 브렌크먼(John Brenkman)이 주목하고 있는 것처럼 역사적으로 인종과 성차에 따른 배제라는 '상처입고 부담스러운 전통', 경제적 불의, 민주적 참여의 이상을 가짜로 대체한 형식적이고 의식화된(ritualized) 민주주의를 통해서 중재된 것이다.[21] 본질적 포괄적 민주주의를 구현하기 위한 도전은 새로운 투쟁장소, 어휘 및 주체적 입장을 구축하는 데 달려 있다. 그렇게 될 때 폭넓은 공공 영역에서 사람들이 지금보다 더 나아지고, 현재의 제도적·사회적 틀 내에 있는 자신의 모습과 위치를 뒤돌아보며, 또한 무페(Chantal Mouffe)가 지적한 것처럼 "그들의 경험을 반추해서 예종과 억압의 관계를 변혁시킬 수 있다."[22]

현재의 긴박한 역사적 상황에도 불구하고 교육자들은 행동에 대한 조잡하고 노골적인 반이론적(anti-theoretical) 요청을 피해야 한다. 그들은 이전보다도 훨씬 더 학문적이고 대중적인 자료를 이용할 수 있다. 그리고 특정한 문제들을 분명히 지적하고, 정치적인 것과 문화적인 것을 연결하며, 바하바(Homi Bhabha)가 말하는 '지속성과 상식의 합의(continuity and consensus of common sense)'를 깨기 위한 비판적 수단으로서 이론을 활용할 수 있다.[23] 이론은 사회변혁을 이끄는 조건, 맥락 및 투쟁전략을 이해하기 위한 광범위한 노력의 일부로서 언어, 텍스트, 일상생활, 권력구조 가운데 비판적으로 관여하고 그들 사이의 결정적 관계를 묘사할 수 있는 중요한 방법이 되고 있다. 이론의 도구들은 과거와 현재가 교차하는 곳에서 나타나며, 가까이 있는 조건들에 반응하고 그것들에 의해 구체화된다. 이 경우에 이론은 상징적이며 표현적인 세계를 구체적 권력관계에 기초한 일상적 쟁점들의 영향력이나 사회적 의미와 연결시켜야 한다.

여기서 쟁점이 되고 있는 지배적 정치 프로젝트는 교육자들이 이론, 비판, 교육 및 가능성의 담론을 부르디외(Pierre Bourdieu)가 말하는 이른바 현실주의적 유토피아(realist utopia)의 집단적 생산을 위한 사회적 조건의 창출과 연결시킬 수 있는 새로운 이론적 도구들(새로운 어휘와 일련의 개념적 수단들)을 개발할 것을 요구하고 있다.[24] 그와 같은 프로젝트는 단순히 이론과 실천, 비판과 사회적 행동 사이의 관계를 요청하는 것만으로는 충분치 않다는 인식 하에 우리가 읽는 것을 사회변화를 위한 운동과 연결시킬 수 있는 새로운 어휘의 구성을 강조하고 있다. 왜냐하면 브렌크먼(John Brenkman)이 지적한 것처럼 "이론이 사회문제들을 공공 생활 속에서 검토하지 않고서도 이를 이해할 수 있다고 가정할 때에 그것은 폐쇄회로가 되기 때문이다."[25] 그와 같은 이론은 또한 정치적인 것에 관한 포스트모던한 인식을 지닌 가치와 신념들에 대한 전투로부터의 후퇴를 암시하기도 한다. 본질적 민주정치에 새로운 생명을 부여하기 위해서는 공식적 기억의 생산자들에게 고용된 사람들이 선택할 수 있는 다른 이야기를 제공해야 하며, 교육적인 것을 더욱 정치적으로 만든다는 것이 의미하는 바에 주목해야만 한다. 요컨대 이것은 사람들이 현존 제도에 대해서 근본적 비판을 가할 뿐만 아니라, 지배권력의 작동을 가로막고 바우만(Zygmunt Bauman)이 말하는 이른바 '인간적 고통의 통화(hard currency)'에 주목하기 위해 공공 영역에 동참할 수 있는 모든 지적 자원과 기능을 최대한 활용할 수 있도록 하기 위해서는 다양한 공공 영역 내에서 어떤 종류의 교육활동이 필요한가 하는 문제에 관심을 기울여야 한다는 것이다.[26]

해방적 정치가 신자유주의적 자본주의의 도전에 대항하기 위해서는 정치를 과학이나 일련의 객관적 조건이 아닌 특수하고 구체적 상황에서 하나의 출발점으로 이론화할 필요가 있다. 이것은 정치가 방향감각을 제공할 수는 있지만 더 이상 완벽한 해답을 제공하기 위해 사용되지 않도록 정치적인 것의 의미를 재고한다는 것을 뜻한다. 요컨대 이러한 정치는 특정한 사회가 왜, 어떻게 이루어졌는가, 그리고 투쟁과 운동을 위한 새로운 사이트들을 개척하는 데 그와 같은 사회적 구성이 과연 무슨 의미가 있는가 하는 질문을 수반하게 된다. 정치는 이러한 의미에서 결코 완성되는 것이 아니라 정치적 결정, 배제 메커니즘 그리고 권력작용의 불확실성에 대해 서로 다른 이해를 지닌 민주주의 관념과 함께 사회적인 것에 관한 개방적이고 잠정적인 관념을 제시하고 있다.[27] 이와 같은 정식화에서 정의를 위한 투쟁과 불의에 대한 투쟁은 끝이 없다. 이러한 언어들과 이것들이 작용하는 공공 영역이 없는 상황에서 정치는 자아도취적이고 환원주의적인 것이 되며, 널리 퍼진 회의주의 무드, 그리고 구경거리를 통한 카타르시스의 마력 혹은 소비주의의 유혹과 영합하게 된다. 정치적 내용이 빠져버린 공공 영역은 점차 자기 과시의 사이트—공적 관계 지식인들이 가장 좋아하는 공간—아니면 타인의 약점에 대한 끝없는 충동, 그리고 잔혹성과 남성적 힘에 대한 피학적 확인으로 가득 찬 리얼리티 TV 프로그램에서 가장 잘 드러나는 사회적 다윈이즘을 되찾기 위한 사이트가 되고 있다. 또는 시민적 책임이 제거됨으로써 시민성이 아무런 구속이 없는 개인주의의 협애한 의무와 필요로 전락하는 사이트가 되고 있다. 오늘날 탈출, 회피, 자아도취가 개인들의 대중적 과시와 결합되고 있다. 이들 개인은 대화, 비판적 성찰, 연대성에 대한 헌신 그리고 중요한 사회적 쟁점들에 대한 공적 관여를 약속하는 관계보다도 오히려 생존기술이라는 측면에서 사회적 행위를 규정하고 있다. 실제로 오늘날 리얼리티 TV는 다운사이징과 널리 퍼져 있는 공포의 정치경제를 정당화하는 동시에 우리에게 미소를 짓고 있는 신자유주의 권력의 오만함을 그대로 보여주고 있다.

교육된 희망[28]

점점 더 억압적인 기업 중심의 세계화에 대항해서 교육자와 문화 종사자들은 저항과 가능성의 언어를 부활시켜야 한다. 즉 희망을 새로운 슬로건으로 대체하려고 하거나 또는 주어진 지평선 너머를 바라보는 사람들을 처벌하고 추방하는 그러한 세력을 예의주시하는 가운데 호전적 유토피아주의(militant utopianism)를 포괄하는 언어를 되찾을 필요가 있다. 정치의 관념에서 중심이 되는 것은 희망이다. 요컨대 희망이 바로 "소유한 자유는 기꺼이 누리며 소유하지 못한 자유는 쟁취하고자" 하는 개인적·사회적 행위자를 길러내기 위한 교육적 조건을 창출하는 광범위한 운동의 일부가 되어야 한다.[29] 여기서 희망은 개인적·사회적 투쟁을 위한, 다양한 사이트에서 비판적 교육을 실천하기 위한, 그리고 긴급한 사회문제를 해결하기 위해 이론을 활용하는 지식인들의 용기를 북돋우기 위한 전제조건의 하나이다. 하지만 희망은 또한 시민적 용기를 나타내고 상실된 기억과 불의의 경험을 중재하는 능력을 표시하기도 한다. 그리고 이것은 새로운 투쟁장소를 개척하고, 억압적 권력작용에 대해 논쟁을 벌이며, 다양한 형태의 지배를 무너뜨리기 위한 광범위한 시도의 일부라고 할 수 있다. 희망이 공허한 추상적 개념이 되지 않기 위해서는 현실과 일상생활의 모순에 확고하게 닻을 내려야 하며, 현재에 대한 어느 정도의 이해가 있어야 한다. 이것이 바로 데리다(Jacques Derrida)가 묘사한 것처럼 오늘날 진행되고 있는 공공 생활과 전 세계 민주주의에 대한 공격에 직면해서 "가능한 것과 불가능한 것의 관념을 재고할 필요성"을 기꺼이 받아들이는 희망의 관념이다.[30]

블로흐(Ernst Bloch)는 희망의 중요성에 관해 의미심장한 이론적 통찰을 제공하고 있다.[31] 그는 희망이 구체적이어야 한다고 주장한다. 그것은 사유화를 둘러싼 공허함을 뛰어넘을 뿐만 아니라 미래의 보다 나은 세계를 예견하는 하나의 불꽃이 되어야 한다. 그 세계는 현 시대가 도전해야 하는 과업을 제시함으로써 우리에게 말을 거는 세계이다. 블로흐에게 있어서 유토피아주의는 그것이 '아직 성취되지 않은 것(not yet)'의 가능성을 긴급한 사회문제나 실현가능한 과업을 해결하기 위하여 과거와 현재에 비판적으로 관여하는 정치적 행위와 연결시킬 때에 구체적인 것이 된다.[32] 블로흐는 유토피아주의가 세상에서 사라질 수 없으며, "넌센스나 절대적 환상과 같은 것이 아니라고 믿고 있다. 오히려 그것은 가능성의 의미에서 볼 때 아직 성취되지 않은 것이다. 즉 우리가 그것을 위해 무엇인가를 한다면 거기에 도달할 수 있다."[33] 비판과 사회변혁의 담론으로서 블로흐의 유토피아주의는 '호전적 낙관주의(militant optimism)'를 특징으로 한다. 이는 한편으로 비판적 교육과 정치적 행위 사이의 결정적 관계를, 그리고 다른 한편으로는 모든 현재는 불완전하다는 인식에 기초한 구체적 투쟁을 중시하고 있다. 블로흐와 같은 이론가에게 있어서 유토피아적 사고는 메시아적이기보다는 예견적이며(anticipatory), 치료적이기보다는 동원적이다. 라비나크(Anson Rabinach)가 주장하는 것처럼 그와 같은 사고는 "그 안에 머물면서 주어진 것 너머를 가리키고 있다."[34] 이 경우에 보다 인간적인 사회에 대한 갈망은 세상으로부터 도피하는 것이 아니라 현재의 행위, 제도 그리고 일상의 관행에 대한 비판적·실천적 관여로부터 나타난다. 이러한 맥락에서 희망은 최악의 인간적 고통과 착취, 사회관계들을 간과하지 않는다. 오히려 희망은 "최악의 상황을 지켜보고 더 많은 배려를 해야 할" 필요성을 인정한다.[35] 비판적 사고를 살릴 수 있는 희망을 지닌 호전적 유토피아주의에 대한 가장 큰 도전은 신자유주의적 민주주의가 우리가 할 수 있는 최선이라는 합의가 광범위한 정치적 분파 가운데 형성되고 있다는 점이다. 오늘날 인간적 고통과 사회적 불의에 대해 관심을 표명하지 않는 지식인들의 허약함이 어떠한 다른 선택도 상상할 수 없는 사회질서의 빈곤과 조화를 이루고 있다.

사회가 근본적으로 시장의 영향력 밖에서는 개선될 수 없다는 지배적 견해를 조장하고 있는 신자유주의는 유토피아주의가 지닌 사회적 비판과 민주적 관여의 가능성을 박탈하고 있다. 이를 통해 신자유주의는 인간의 권리에 대한 담론, 그리고 부와 권력의 지배구조를 해체하고 변혁시키기 위한 도덕적 지표로서 유토피아적 사고를 되찾아야 할 필요성을 잠식시키고 있다.[36] 그와 동시에 신자유주의는 연대성의 언어, 그리고 그것이 길러지고 사용되며 활기찬 사회운동과 정치적 영향력으로 전환되는 공공 영역을 무너뜨리고 있다.

희망의 상실과 냉소주의가 좌파에서 우파에 이르는 모든 이데올로기적 스펙트럼 속에서 나타나고 있다. 이들은 공통적으로 유토피아적 사고가 국가 테러리즘과 같은 뜻이며, 진보적 인사들은 비록 위험하지는 않아도 비현실적 이데올로그에 불과하다고 가정하고 있다. 여기서 제시된 다른 선택 대안이 바로 자코비(Russell Jacoby)가 말하는 '편리한 냉소주의(convenient cynicism)',[37] 말하자면 인생 전반에 걸친 인간적 고통과 고난 그리고 대규모 불평등은 단지 인간의 본성에 내재된 것이며 되돌릴 수 없는 사회적 조건의 일부라는 믿음이다. 혹은 자유주의의 시각에서 본다면 이것은 테러리즘으로서의 유토피아주의에 대한 "미국의 최상의 방어는 지금 지구상에 존재하고 있는 민주주의를 그대로 보존하는 것이라는 믿음이다."[38] 그리고 이러한 관점은 대체로 체니(Lynne Cheney),

애쉬크로프트(John Ashcroft), 포드호르츠(Norman Podhoretz)와 같은 극단적 보수주의자들에 의해 공유되었다. 이러한 담론 내에서 희망은 차단되고, 정치는 군사화되며, 저항은 사유화되고 미학적인 것이 되거나 아니면 고도로 상업화된 도피주의의 형태로 전락하고 만다. 호전적이고 민주적인 유토피아주의에 대항해서 테러리즘과 유토피아주의가 매우 냉소적으로 동일시된다. 신자유주의는 과격하지 않은 것처럼 보일 뿐만 아니라 인위적으로 조절된 낙관주의를 제공하고 있다. 이는《패스트 컴퍼니(Fast Company)》,《와이어드 매거진(Wired Magazine)》,《월스트리트 저널(Wall Street Journal)》,《포브스(Forbes)》등의 지면은 물론 조지 길더(George Gilder)나 나이키(Nike)와 같은 회사의 무자비한 기업적 판촉활동, 그리고 마이크로소프트사의 혁명가들 가운데서 크게 작용하고 있다. 그 속에서 점점 시장의 쾌락, 통신판매 카탈로그, 쇼핑몰, 디즈니랜드를 벗어난 삶을 상상하는 것이 더욱 어려워지고 있다.[39] 신자유주의에 의해 고무된 반유토피아주의(anti-utopianism), 시민을 소비자로 그리고 시장을 주권을 지닌 실체로 보는 신자유주의의 신화, 그리고 시장의 자유와 시민적 자유, 시장경제와 시장사회 사이의 차이의 붕괴는 정치적 행위의 비판적 관념을 상품화하고 있을 뿐만 아니라 다양한 민주적 공공 영역의 중요성을 잠식하고 있다.

신자유주의의 반유토피아주의에 대항해서 내가 강조하고자 하는 것은 교육된 희망의 필요성이다. 이것은 "광범위한 시민적 참여와 대중적 의사결정에 기초한" 정치를 구성하는 핵심적 요소 가운데 하나이다.[40] 교육된 희망은 진보주의자와 비판적 지식인들이 제도적·상징적 권력과 일상의 경험이 뒤얽히는 방식에 주목해야 한다는 것을 잘 보여주고 있다. 희망의 정치는 개인적 경험을 활용해야 하는 동시에 개인적 책임을 진보적인 사회적 행위의식과 연계시켜야 한다. 정치와 교육은 한결같이 "실제 상황에서 그리고 거기서 우리가 말하고 행동할 수 있는 것으로부터" 나온다.[41] 최상의 경우 희망은 한 사람의 삶이 더 이상 당연한 것으로 받아들여질 수 없을 때 시작되는 정치적·교육적 실천을 의미하는 시민적 용기로 해석된다. 그렇게 함으로써 정치를 윤리적 영역과 공적 행동으로 변화시킬 수 있는 가능성이 구체화된다. 윤리적 영역과 공적 행동은 일상의 경험은 물론 개인적·집단적 저항, 그리고 민주적 사회변혁의 지난한 프로젝트로 인한 사회적 고통의 무게와 맞서고 있다. 정치를 하나의 교육적 실천과 수행적 행동으로 강조함으로써 교육된 희망은 정치가 상상과 욕구의 영역에서 이루어진다는 사실을 강조한다. 그뿐만 아니라 정치가 비판적인 정치행위자가 될 수 있는 조건과 능력을 창조하기 위한 투쟁결과에 따라 조정된 권력관계에 토대를 두고 있다는 점을 강조하고 있다.

비판과 희망의 담론을 결합하는 것은 비판적 행동이 사회변화의 가능성을 제공한다는 사실을 분명히 하며, 민주주의를 하나의 프로젝트 내지 과업으로, 즉 결코 완수되지 않았을 뿐만 아니라 변화되어야 하는 사회적 현실 속에 강력한 적대자를 지닌 하나의 이상적 형태로 인식하는 데 있어서 매우 중요하다. 아민(Samir Amin)은 민주화 과정의 일부로서 민주주의를 보다 더 실현하는 프로젝트에 교육이 관심을 쏟아야 한다고 주장함으로써 이와 같은 입장을 뒷받침하고 있다. 아민에 따르면 민주화는 명확한 공식이 주어진 민주주의 관념을 거부하는 한편 "아직 끝나지 않고 진행되고 있는 역동적 과정을 중시한다."[42] 문화정치는 많은 형식을 취할 수 있다. 하지만 민주적 공공 영역에 대한 최근의 공격을 고려할 때 진보주의자들이 사회적 시민성을 위한 투쟁, 요컨대 자유를 확대하고, 자원의 하향 분배를 보장하며, 개인적 무능력과 불행에 대해 안전망을 제공하기 위한 투쟁을 재개하는 것이 반드시 필요한 것처럼 보인다. 이와 동시에 문화정치는 또한 사회적 필요가 상업주의와 자본의 명령에 예속되는 상황에 도전할 수 있는 집단운동의 중요성에 주목해야 한다.

이와 같은 정치의 핵심이 되는 것이 바로 다양한 사이트에서 민주적 관계의 새로운 모델을 제시하고자 하는 비판적 공교육일 것이다. 이러한 공간들은 다음과 같은 근본적 질문들을 제기함으로써 교육적인 것을 더욱 정치적으로 만들 수 있다. 사회정의 그리고 공공 자원 및 재화의 분배 사이의 관계는 무엇인가? 정치적 행위와 사회변화를 위한 필수조건은 무엇인가? 적어도 이러한 프로젝트는 이해와 관련이 있으며, 광범위한 일련의 역사적·제도적 맥락 내에서 지배적인 공적 문건과 가치에 비판적으로 관여하는 것과 관련이 있다. 이것은 종종 무력화되고 있는 비판의 언어를 넘어서거나 또는 정치의 담론을 사람들의 일상적 관계와 연결시키는 것을 의미한다. 이는 또한 정체성, 행위, 미래에 대한 특정한 관념에 사람들을 고정시키는 대본이 있는 해설을 거부하는 것을 뜻한다. 앞에서 강조한 것처럼 많은 교육자들은 "모든 헤게모니 관계는 필연적으로 교육적 관계"라는 그람시(Antonio Gramsci)의 통찰을 신중하게 받아들이지 않았다. 그람시의 관점은 다양한 맥락 속에서 교육이 어떻게 우리를 권력관계의 주체로 만들고 권력관계에 예속되게 만드는가를 보여주는 것처럼, 문화적·교육적 실천으로서의 교육이 다양한 사이트에 걸쳐 이루어지고 있다는 것을 암시하고 있다.[43] 이러한 의미에서 교육은 행동에 비판적 의미를 부여하며, 이해를 관여와 연결시키고 관여를 민주적 변혁의 희망과 연계시키고 있다. 말하자면 교육은 다양한 권력과 정치조직 내에서 그들 자신의 역사를 만들 수 있는 주체를 길러내기 위한 전제조건이다. 사이드(Edward Said)가 주장한 것처럼 희망의 정치를 통해 중재된 교육은 권력을 전용해서 이것을 새로운 형태의 정통성과 반민주적 권위를 만들어내는 데 사용하는 것이 아니다. 이는 인간적 고통을 덜어주기 위해 노력하고, 기업의 방탕함을 줄이며, 자원을 공동체와 개인들에게 되돌리는 것과 같은 단순하지만 보다 고상한 동기를 활용하는 것이다.[44] 이제부터는 공공 고등교육의 민주적 역할을 되찾기 위한 광범위한 노력의 하나로서 교육적인 것을 더욱 정치적으로 만든다는 것의 의미에 관해서, 그리고 교육자를 비판적 공적 지식인으로 생각한다는 것이 과연 무슨 의미가 있는가에 대해서 살펴보고자 한다.

공적 지식인과 고등교육

학교의 기업화에 반대해서 교육자들은 공공 고등교육을 민주적 생활에 대한 약속, 그리고 이를 실현하기 위한 결정적 자원으로 규정할 필요가 있다. 그와 같은 과업은 리딩스(Bill Readings)가 말하는 이른바 책임성보다는 회계에 더 관심이 많은 소비지향적이고 기업적인 대학에 저항하기 위해서 학자, 학생, 부모, 사회운동가, 예술가들이 함께 힘을 모아 고등교육이 상업적 영역으로 변모되는 것에 반대해야 한다는 점을 지적하고 있다.[45] 바우만(Zygmant Bauman)이 일깨워 주고 있듯이 학교는 얼마 남지 않은 공공 영역으로, 여기서 학생들은 "시민적 참여와 효율적 정치행동을 위해 필요한 기술을 배울 수 있다. 그리고 그와 같은 기관이 없는 곳에는 '시민성' 또한 없다."[46] 마찬가지로 고등교육은 얼마 남아 있지 않은 사이트들 가운데 하나로서 학생들은 거기서 상업적 가치의 한계에 관해 배울 수 있고, 사회적 시민성의 기술을 배우는 의의에 주목하게 되며, 집단적 행위와 민주적 생활의 가능성을 확대·심화시키기 위해 노력할 수 있다. 모리슨(Toni Morrison)이 적절하게 지적하고 있는 것처럼 "만일 대학이 폭넓은 시민적 자유의 수호자로서, 더욱 더 복잡해지고 있는 윤리적 문제의 탐구자로서, 그리고 민주적 관행을 위해 봉사하고 이를 보존하는 존재로서의 역할을 신중하고 엄격하게 받아들이지 않는다면 다른 것들이 우리와 관계없이 그것을 할 것이다."[47]

고등교육을 하나의 중요한 공공 영역으로 보호하는 것이 시민사회와 기업권력 사이의 관계, 민주적 원리에 기초한 정체성과 이기심, 이윤 추구, 탐욕을 칭송하는 경쟁적이며 사익에 사로잡힌 개인주의에 함몰된 정체성 사이의 적절한 중재를 발전시키고 조장하기 위해서 필수적이다. 이러한 견해는 공공 기관의 민주적 명령이나 가능성과 시장의 원리가 지배하는 사회에서 발생하는 긴장을 의식적으로 요청하는 지적 작업을 통해서 고등교육이 보호되어야 한다는 것을 의미한다. 비록 정치적 행위가 시민을 단지 소비자로 환원시키지는 않는다는 것을 인정한다 할지라도 교육은 훈련이 아니며, 최상의 학습은 사회적 책임에 대한 명령과 연결되어 있다.

우리는 민주적 정치문화를 다시 살려냄으로써 신자유주의에 대항해야 하는 막중한 책무를 떠맡고 있다. 이를 위해 교육자와 학생들은 대학을 사회적 기관보다는 사업체로, 공공선보다는 사적 이윤의 관점에서 규정하는 기업의 영향력에 맞서 개인적·집단적으로 조직화되어야 한다. 고등교육이 시장의 주권 아래 놓여지면서 교수들이 통치의 쟁점들로부터 배제될 뿐만 아니라 점점 교수를 시간제 노동자로, 그리고 전임 경력

직을 한시적 임용직으로 대체하는 방식으로 학문 노동이 재편되고 있다. 예를 들어 "2001년에는 신규 교수의 대략 1/4만이 정규 정년 트랙에 임용되었다. 즉 절반 정도가 시간제이고 나머지 전임직의 절반 이상이 정년 트랙에서 벗어난 것이었다."[48] 고등교육에 대한 이와 같은 공격에 저항하기 위해서는 교육자들이 정치교육과 비판적 교육의 중요성을 심각하게 받아들여야 한다. 말하자면 민주사회를 창조하는 데 핵심이 되는 공공 영역의 하나로서 고등교육의 의미와 목적을 새롭게 규정하는 데 있어서 이것들이 차지하는 위상을 분명하게 인식할 필요가 있다. 하나의 저항형태로서 급진적 교육은 기업의 영향력과 결합되어 있는 자유주의자와 보수주의자들이 교육자의 역할을 기술자 혹은 다국적 활동가의 지위로 떨어뜨리고자 하는 시도에 맞서야 한다. 이와 함께 또한 중요한 것은 그러한 쟁점들이 사회정의와 민주주의를 위한 투쟁을 새롭게 하기 위한 광범위한 관심사의 일부로 여겨질 필요가 있다는 점이다. 로이(Arundhati Roy)가 지적하고 있듯이 그러한 투쟁은 우리가 지식인으로서 "우리의 가치와 전통, 미래를 위한 비전, 시민으로서의 책임, '민주적 제도'의 정통성, 국가 · 경찰 · 군대 · 사법부 그리고 지적 공동체의 역할 등에 관한 불편한 질문들을 우리 스스로에게 던질 것을 요구하고 있다."[49]

사이드(Edward Said)는 공적 지식인들이 제도 내에서 망명자와 같은 역할, 말하자면 "당혹스런 질문들을 공공연하게 제기하고, 정통과 이단에 맞서며, 정부와 기업이 쉽게 흡수할 수 없는 존재"로 기능해야 한다고 주장한다.[50] 이와 같은 관점에서 볼 때 공적 지식인으로서 교육자는 지식, 정체성, 사회적 가치들을 생산하는 대학의 다양한 경험을 사회에서의 도덕적 · 정치적인 삶의 질과 연계시켜야 할 책임이 있다. 그리고 비판적 태도를 취하거나 논쟁하는 것에 대한 두려움 없이 공적 대화에 뛰어둠으로써 이와 같은 일을 해야 한다.

여기서 쟁점은 공교육이나 고등교육이 정치로 더럽혀졌느냐 하는 것이 아니다. 오히려 중요한 것은 교육이 이미 정치, 권력 그리고 권위의 공간이라는 것을 인정하느냐의 문제이다. 결정적인 문제는 교육의 제도적 형태 그리고 지식, 가치 및 정체성에 관한 관념을 정립시키려는 신중한 투쟁의 산물인 교육을 구성하고 있는 정치와 권력의 다양한 층위를 어떻게 활용하고, 고안하며, 지시하고, 통제할 수 있는가 하는 것이다. 위임을 받은 교육자들이 정치를 제거할 수는 없지만 확실성의 정치, 검열의 교육 그리고 민주적 관계를 차단하는 제도적 형태에는 반대할 수 있다. 이는 우리가 보증이 없는 정치, 즉 정치 자체에 대해서, 그리고 질문과 논쟁, 심사숙고의 과정을 넘어선 것처럼 보이는 모든 형태의 지식과 가치, 관행에 대해서 끊임없이 회의하는 정치를 해야 한다는 것을 요구하고 있다. 확실성의 교육과 정치에 맞서 교육자들이 제도적 위상, 전달 메커니즘 그리고 사회적 결과 등을 문제시하는 교육적 노력을 기울이는 것이 중요하다.

공적 지식인들은 인류를 하나로 묶는 다양한 연결고리나 욕구들과 관련된 사회적 쟁점에 접근할 필요가 있다. 그리고 이를 위해서 다양한 학습 사이트들을 넘나드는 폭넓은 지식인으로서 활동할 필요가 있다. 이것은 "질문하고, 구별하며, 집단적 판단과 행동과정에서 간과되었거나 지나쳐 버린 모든 기억을 되살리는 것"이 중요하다고 보는 실천적 정치의 일부이다.[51] 교육자들이 공적 지식인으로서 기능하고자 한다면 지식과 권력 사이의 관계가 해방적인 것이 될 수 있고, 학생들의 역사와 경험이 중요하며, 그리고 그들이 말하고 행동하는 것이 특권을 버리고, 타인과의 관계를 생산적으로 재건하며, 필요한 경우에 그들을 둘러싼 세계를 변혁시키기 위한 투쟁에서 가치가 있다는 사실을 학생들이 배울 수 있는 기회를 제공해야 한다. 보다 구체적으로 교육자들은 대학과 일상생활 사이의 간극을 메울 수 있는 교육적 형태에 관해 논쟁을 벌일 필요가 있다.

어떤 면에서 이것은 학생들이 실제로 사용하는 의미, 언어, 지식 등을 확증하고 풍요롭게 하는 교육적 실천을 주장하는 것이다. 하지만 불행하게도 젊은이들을 위한 주요한 교육적 수단으로서 대중문화가 수행하고 있는 정치적·윤리적·사회적 중요성에 대한 전반적인 검토가 이루어지지 않고 있다. 교육자들은 대중문화의 텍스트가 예컨대 가난, 인종갈등, 성차별처럼 사회적 렌즈를 통해 형성된 중요한 쟁점들을 가르치는 데 있어서 전통적 학습자료보다 근본적으로 중요할 수 없다는 전제에 도전할 필요가 있다. 이것은 전통적 교육과정과 그것의 출처에 도전하는 대중문화 사이의 경쟁문제가 아니다. 더욱 중요한 것은 학생들을 기능을 갖춘 시민으로 교육하는 데 이러한 지식영역이 어떻게 사용될 수 있는가를 항상 염두에 두면서 상호 유익한 방식으로 이 두 가지를 함께 사용하는 것이다. 이것은 헌법상의 권리를 알고, 다른 사람들과 연대하고, 정책 논문을 쓰고, 민주주의의 도구를 학습하고, 사회문제를 분석하는 가운데 정보공개법(Freedom of Information Act)을 활용하는 방법을 배운다거나 또는 개인적·사회적 관여를 통해 개인의 일생을 의미 있게 만드는 방법을 배우는 것이다.

지금까지 일관되게 주장한 바와 같이 대중적 설득과 권력의 영향력이 지구상에 있는 민주적이고 비상업적인 모든 것들을 공격하고 있는 이 순간에 지식인들은 특별한 윤리적·정치적 책임을 떠맡아야 한다. 지금과 같은 절박한 역사적 순간에 지식인들은 전문가 정신, 입신출세주의 그리고 사회를 초연한 고립주의를 던져버려야 한다. 대학 안팎의 지식인들은 대안이 될 수 있는 비판적 분석을 제공하고, 권력의 환상적 담론을 해체하며, 사회정의와 근원적 변화를 위한 국제적 사회운동을 창출하기 위해서 다른 사람들과 협력해야 할 의무가 있다. 요컨대 교육자는 선전가(provocateur)가 될 필요가 있다. 교육자들은 냉소적 상대주의 아니면 공론적인 정치에 연루되는 것을 거부하는 태도를 확고히 해야 한다. 지식인의 삶에서 중요한 것은 거짓 예언에 도전하고, 불변적 교리에 대한 주장을 억누르며, 구체적이거나 상징적인 폭력을 조장하는 모든 사회적 관계에 비판적으로 관여할 수 있는 하나의 완고한 세력이 되는 가운데 엄격한 사회비판에 참여해야 한다는 교육적·정치적 명령이다.

동시에 지식인들은 그들 자신의 권위에 철저하게 비판적이어야 하며, 그것이 어떻게 교실 내의 관계와 문화적 관행을 구조화하고 있는지 이해해야 한다. 이와 같은 방식으로 지식인들이 교실에서 그리고 다른 공공 영역에서 정당화하고 있는 권위는 자기 비판의 대상이 되며, '권위 자체에 대한 보다 근본적 논쟁'을 표출할 수 있는 하나의 비판적 준거가 될 수 있다.[52] 이는 일부 급진적 교육자들이 주장하는 것처럼 교사들이 권위를 포기해야 한다거나 또는 모든 형태의 권위를 지배의 실천과 동일시해야 한다는 의미는 아니다. 이와는 반대로 여기서 말하고 있는 권위는 그람시(Antonio Gramsci)의 관점을 수용한 것이다. 그람시는 학생들이 상식의 전통을 넘어서 생각하고, 그들이 알고 있는 것의 지평을 확대하며, 그들 자신의 정치적 행위의식을 발견하고, 교육을 하나의 비판적 기능으로 전용한다는 것이 의미하는 바를 깨닫도록 하는 데 봉사할 수 있는 교육자의 권위를 요구하고 있다. 여기서 중요한 것은 교사는 "사회적·정치적 무대 위에 서 있는 배우이며, 교육자의 사명은 인간적 행위를 피그말리온(Pygmalion)의 방식대로 틀에 맞추어 만들어내는 것이 아니라 이를 북돋우는 것이라는 점을 분명히 인식하는 것이다."[53] 사이드(Edward Said)가 언급했듯이 "지식인의 역할은 권위를 강화하는 것이 아니라, 그것을 이해하고 해석하며 그것에 의문을 제기하는 것이다 : 이것은 권력에 대한 또 하나의 진실이다."[54]

결론

최근 많은 학자들이 정치의 사망에 대해서, 그리고 보다 공평하고 정의로운 세계를 상상할 수 없는 인류의 무력감에 대해 이야기하고 있다. 내가 바라는 것은 이러한 전제에 도전하는 것이며, 많은 집단 가운데 특히 교육자들이 가장 목소리를 높이며 적극적으로 나서는 것이다. 이는 대학의 혁명적 역할을 되찾는 데서 시작된다. 보다 구체적으로는 포괄적이고 본질적인 민주주의를 위해 필요한 정치적·경제적·사회적·교육적 조건을 창출하기 위해 노력하는 가운데 지배적 담론과 이를 지지하고 재생산하는 제도적 형태들에 대한 비판을 인간적 고통을 제한하기 위한 목표와 결합시킬 때 가능할 것이다. 이와 같은 과업을 위해서는 비판적 학문정신이 매우 중요하지만 그것만으로는 충분하지 않다. 과거와 다르게 생각하고 행동할 때 개인적·사회적 행위가 의미를 띠게 되는 것이다. 학문정신은 시민적 기능과 공적인 기능을 지니고 있으며, 지식과 사회가 연결될 때 비로소 그것이 지닌 윤리적·정치적 기능이 드러나게 된다. 지식은 단순히 이윤이나 미래의 경력을 위해서가 아니라 인간의 자유를 확대하며 사회정의를 증진시키는 데 사용될 수 있고 또 사용되어야 한다. 지식인들은 태도를 분명히 할 필요가 있다. 사이드(Edward Said)가 주장한 것처럼 그들은 "청중들에게 공적 논쟁의 소란 가운데 숨겨져 있을 수 있는 도덕적 질문들을 상기시켜 주고 … 신자유주의가 펼치는 불변의 교리에 대한 주장을 억눌러야" 할 의무가 있다.[55] 이론적 엄밀성과 사회적 관련성을 결합하는 것은 정치적으로 교육적으로 위험을 수반할 수 있다. 하지만 본질적 민주주의의 장래가 학문적으로 사회와 전혀 관련이 없는 상태 내지 사빈(Paul Sabin)이 말하는 이른바 '사회로부터의 고립과 정치적 순결서약(isolation from society and vows of political chastity)'을 요구하는 아무런 위험이 없는 전문가 정신의 안전한 피난처로 물러날 때 얻게 되는 안전과 이익보다도 훨씬 더 가치가 있다.[56]

주어진 상태를 초월해서 생각하는 것이 정치의 핵심적 요구 가운데 하나이지만 그것은 또한 개인적·집단적 행위의 조건이기도 하다. 그와 같은 과업의 중심에 있는 것이 바로 희망에 내재된 가능성, 그리고 비판적 교육에서 우리가 발견할 수 있는 지식과 기능들이다. 오늘날 미국에서는 냉소주의가 민주주의와의 전쟁에서 하나의 주요한 수단이 되었다. 하지만 절망이 설득력을 갖게 해서는 안 된다. 무엇보다도 중요한 것은 "우리는 불가능한 것을 생각하고 이것을 해야 한다. 가능한 것만 발생한다면 어떤 일도 더 이상 일어나지 않을 것이다. 내가 할 수 있는 것만 한다면 아무 것도 할 수 없을 것이다"라는 데리다(Jacques Derrida)의 도발적인 주장을 심각하게 받아들이는 것이다.[57] 다음 장에서는 신자유주의적 상식의 내용과 그것이 특별한 정체성, 가치 및 사회적 관행을 산출하기 위해 문화의 교육적 영향력을 통해서 작용하는 과정을 살펴볼 것이다. 여기서 중요한 것은 눈에 보이는 것들을 수정하는 가운데 신자유주의 이데올로기가 동의를 확보하고 불확정성, 행위, 정의, 투쟁의 요소를 몰아내기 위해서 활용하는 의미의 지도를 조각내는 것이다.

제6장

신자유주의의 상식에 대한 투쟁
문화정치와 교육

신자유주의와 새로운 호황기

1935년 연두교서에서 루즈벨트(Franklin Delano Roosevelt) 대통령은 오늘날에는 상상하기 어려운 말을 했다.

───── 우리는 국민들이 오랜 불평등으로 고통받고 있으며 광범위한 대책들을 통해서도 변화된 것이 거의 없다는 것을 잘 알고 있습니다. 우리의 언급과 노력에도 불구하고 소수의 특권층을 제거하지 않았고, 권리가 박탈된 계층을 효과적으로 부양하지도 않았습니다. 이처럼 정의롭지 못한 모습들이 우리의 행복을 가로막았습니다 … . 그러나 우리는 막대한 이윤을 통해 사적인 일뿐만 아니라 공적 관심사에도 과도한 사적 권력을 행사하는 부의 취득에 관한 관념을 맹세코 거부해야 한다는 국민들의 확고한 명령을 받고 있습니다. 이러한 목적을 달성하는 데 있어서 우리는 야망을 파괴하지

않을 것입니다 … . 자신은 물론 자신의 적절한 안전, 합리적 레저, 고결한 삶을 유지하기 위한 개인들의 야망이 많은 재산과 큰 권력에 대한 욕망보다 더 선호되어야 합니다.[1]

루즈벨트는 불평등, 지나친 부, 무제한의 권력에 반대하는 투쟁이 민주주의를 위한 투쟁과 불가분의 관계가 있다고 주장했다. 더욱이 그는 정치체의 구성원들이 삶의 모든 분야에서 정치적·시민적 행위자가 될 수 있게 하는 사회적 권리를 제공하는 데 있어서 연방정부가 중요한 역할을 담당해야 한다고 믿었다. 또한 그는 개인적 불행과 취약한 안전에 대한 국가적 차원의 보호를 주장했으며, 민주주의와 정의가 만개하기 위해서는 정치의 가능성을 무력화시키는 실존적 불안과 물질적 박탈로부터 개인들을 보호해야 한다고 생각했다.[2] 여기서 정치는 공적 헌신, 심사숙고, 비판적 관여의 문제로 간주된다. 이 경우에 현 세대와 미래 세대가 사회의 시민적·정치적 삶에 적극적으로 참여할 수 있는 지식, 기술, 직업, 주택, 교육, 안전을 향유할 수 있도록 하는 사회보장 조치와 연방정책을 통해서만 윤리적·정치적 실천으로서의 민주주의가 의미를 지닐 수 있다. 루즈벨트 통치 하의 미국이 당면한 도전은 공포의 담론, 맹목적 애국심, 제국의 건설도 아니고 국가를 처벌체제로 환원시키는 것도 아니었다. 이와 반대로 루즈벨트는 국민들의 품위 있는 삶, 커다란 재앙과 예기치 못한 불행으로부터의 보호, 그리고 국민들에게 안락한 가정과 직장 및 적정한 퇴직수당을 제공하는 정부 정책에 필요한 사회적 지출과 연방법안을 마련하기 위해 정치적 리더십을 발휘하고 정부를 동원했다.[3] 루즈벨트의 민주주의 관념은 1930년대 대공황의 직접적 폐해를 교정한 것이고, 또한 19세기 호황기(Gilded Age)의 정치를 재생산하는 것에 대한 정치적 거부이기도 했다. 19세기 말의 정치는 "최소한의 과세, 규제의 부재 그리고 정부의 사회 프로그램이 아니라 신앙에 기초한 자선에 의존하는 정치를 말한다."[4] 뉴딜(New Deal)의 유산이며 이를 이데올로기적으로 계승한 1960년대 존슨(Lyndon Johnson) 대통령의 위대한 사회(Great Society)의 이상은 불행하게도 지난 몇십 년 동안 정치적 수사는 물론 통치의 의미에서 배제되어 왔다. 이것은 루즈벨트와 존슨이 평등, 공공복지, 정치적 시민성 등과 같은 모든 원칙에 충분한 주의를 기울였다고 주장하는 것이 아니다. 그들의 감동적인 주장에도 불구하고 실제로―사람들이 공정하고 존귀한 삶을 살 수 있는 경제적·사회적·문화적 조건을 조장하는 데 앞장서는 것은 차치하고라도―자본주의의 구조적 영향력이 지닌 급진적 불평등과 양극화 추세에 도전할 수 있는 평등정책을 지지하거나 이를 채택하는 데까지는 나아가지 못했다. 그들은 공고화된 기업권력의 해체는커녕 이에 도전하는 세력을 견제하는 가운데 노동계층의 과격화를 제한하는 정책을 수립하는 데 주저하지 않았다. 그들이 기여한 것이 있다면 적어도 수사학적으로나마 사회계약을 지지하는 정부의 책임은 무엇보다도 "특정 엘리트의 협소한 이해관계가 아닌 사회의 광범위한 복지"를 위해 정부가 얼마나 헌신하느냐에 따라 평가될 수 있다는 생각을 유지시켜 주었다는 점이다.[5]

　여기서는 신자유주의적 상식의 정치와 교육에 주목하는 가운데 이것이 새롭고 강력한 형태의 신자유주의적 헤게모니를 확보하는 데 있어서 묵시적으로 수행했던 결정적 역할에 대해 살펴보고자 한다. 그리고 이것이 바로 이 책 전체에 영감을 부여해 준 프로젝트이기도 하다. 그 밖에도 신자유주의가 어떻게 새천년의 지배적 이데올로기가 되었으며, 신자유주의적 상식이 문화의 교육적 영향력을 통해 어떻게 미국 국민들의 폭넓은 동의를 확보하게 되었는가를 규명하고자 한다. 이와 동시에 나는 신자유주의적 상식에 도전할 수 있는 개인적·사회적 운동을 요청하고자 한다. 이것은 21세기 문화정치의 의미를 재음미할 뿐만 아니라 민주정치의 핵심인 다양한 공공 영역에 적극적으로, 그리고 교육적으로 관여하는 것을 재고함으로써 가능하다. 비록 단순한 기술(description)에 불과하다 하더라도 민주정치뿐만 아니라 이처럼 타락한 시대에 인간으로서 살아가야 하는 실존적 수수께끼의 광범위한 위기를 보여주는 단편적이고 추상적인 문화적 모습과 순간들을 살펴보고자 한다. 따라서 여기서는 추상적인 것에서 시작하는 대신에 신자유주의적 상식의 합리성과 논리가 구체적으로 나타난 특수한 것들로부터 시작할 것이다. 요컨대 신자유주의적 문화정치의 일상적이고 작은 변화로부터 시작해 그것이 이론적·정치적·교육적 측면에 미치는 의미를 도출하게 될 것이다. 이와 같은 맥락에서 이론은 비판적 분석을 위한 자원과 토대가 된다. 비판적 분석을 통해 사려깊은 대중들은 현란한 광고, 엔터테인먼트 뉴스, 유명인사의 문화와 같은 것을 우리의 일상적 의식 속에 강요하는 것과는 다른 신자유주의적 상식의 결과들에 대해 신중하게 고려할 수 있을 것이다. 이 장의 핵심적 주장 가운데 하나는 신자유주의가 단순히 국가 기능의 방향을 수정했다는 것이 아니다. 그보다는 신자유주의가 사회복지의 책무를 떠맡은 국가로부터 자본의 세계적 흐름을 규제하며, 사회를 통제·처벌·군사화하는 국가로 그 기능과 이념 모두를 변화시켰다는 것이다.[6] 경제 영역이 정치로 확대됨에 따라 오늘날에는 시장의 합리성이 국가의 기본 원칙과 활동을 조직하고, 규제하며, 규정하고 있다. 국가가 "일련의 사회적 필요에 대한 책임을 떠맡았던" 시대는 지나가 버렸다.[7] 그 대신 오늘날 국가는 광범위한 "'규제철폐'와 민영화를 추구하고 있으며, 국가의 책무를 시장과 사적인 자선행위에 떠넘기고 있다."[8] 더욱 중요한 것은 이러한 변화가 시장의 사고방식과 기업 패러다임으로 세계를 이해하도록 가르치는 교육을 통해 완수되었다는 사실이다. 따라서 여기서는 정치를 회복하고 사회적으로 위임된 국가를 재건하는 데 필수적인 비판적 수단으로서 교육의 분별력을 되찾기 위해 신자유주의 국가와 이를 뒷받침하는 교육적 실천의 문제에 주목하고자 한다.

1970년대의 재정위기 이래 시작된 신자유주의 체제 하에서[9] 큰 정부는 민주주의의 적으로 간주되었다. 그리고 루즈벨트와 존슨이 제공한 것과 같은 사회적 대책들은 사회주의적인 것으로 퇴출되었다. 또한 정치는 재발견된 '자유시장경제'의 명령에 전적으로 예속되었고 본질적 민주주의를 비웃는 제도들이 정부권력의 최대 수혜자가 되었다. 조세개혁을 위한 미국인 모임(Americans for Tax Reform)의 대표이고 부시 대통령 재임기간 동안 신자유주의 정책을 주도한 전략가로 알려진 노퀴스트(Grover Norquist)는 사회계약과 공적 하부구조를 지지하는 정부 정책을 유지하고 있는 우파 정치인과 이데올로그들에 대해 극도의 경멸감을 드러낸 바 있다. "나의 목표는 25년 이내에 정부를 반으로 줄여 욕조에 담을 수 있을 정도의 규모로 축소하는 것이다."[10] 노퀴스트와 그의 추종자들은 보다 적극적으로 정부의 다운사이징을 위한 목표를 설정했다. 그들은 무엇보다도 미국 국민들 가운데 가난한 다수의 사회적·민주적 필요에 봉사하는 공공 부문의 일부를 해체하는 데 관심이 있었다. 가난한 계층을 처벌하는 가운데서도 기업 보조금, 기업체와의 군사계약 그리고 풍요로운 소수에게 복지를 제공하는 분야들은 국내에서 활용할 수 있는 가장 강력한 전쟁수단인 예산삭감을 피해갈 수 있었다. 레이건 행정부 이후 신자유주의적 국정 운영에서 가장 기본적 전략은 메디케어(Medicare), 메디케이드(Medicaid), 교육, 빈민층에 대한 식량지원(food stamp), 공동체 개발을 위한 포괄적 보조금 등과 같은 다양한 사회 프로그램의 감축을 강제하기 위해 대규모 예산부족을 발생시켜 '야수를 굶겨 죽이는(starve-the-beast)' 것이었다. 예를 들어 2007년 부시 행정부의 연방 예산에서 "가장 크게 삭감된 정부 프로그램은 음식물, 아동보호, 건강의료 및 사회의 극빈층에 대한 주택 제공 등과 같은 분야이다."[11] 그리고 "공식적 빈곤선 아래에서 생활하고 있는 미국인이 3,700만 명을 넘어서고 있고",[12] 수많은 사람들이 기본적 생필품을 구하기 위해 힘겨운 싸움을 벌이는 등 빈곤률이 치솟는 순간에도 이러한 삭감정책이 지속되었다. 2001년 이후 가난한 미국인이 500만 명이나 늘었다는 사실에도 불구하고[13] 부시 행정부는 부유층에게 감세혜택을 제공하고, 이라크와 아프가니스탄에서의 대규모 전쟁수행 비용 등으로 잔뜩 부풀려진 2007년 국방 예산에 6,260억 달러를 할당하기 위하여 사회 프로그램의 재정을 전용하려고 했다.

부시의 신자유주의 정책은 소득을 부유층, 특히 "상위 1% 계층에게 상향 분배했다. 이들의 평균 소득은 125만 달러에 달하며, 실질적 개인세율은 2000년 24.2%에서 2004년에 19.6%로 떨어졌다."[14] 부시의 감세조치는 부유층에게 혜택을 주는 것 이상의 의미가 있다. 이는 주요 사회 프로그램의 감축은 물론 인종과 계층에 따른 불평등을 심화시키는 결과를 낳았다. 이러한 사실은 부시 행정부가 허리케인 카트리나에 의해 희생된 가난한 흑인들에게 보여준 극도의 무관심에 대해 살펴보는 것만으로도 충분하다. 이들은 처음에는 허리케인의 희생자가 되었고, 그 다음에는 이러한 비극을 대하는 미국 정부의 초기의 충격적인 무관심의 희생자가 되었다. 이른바 '야수 굶겨 죽이기'로 야기된 재앙에도 불구하고 "최고 경영자의 하루 수입이 노동자의 연소득보다도 많은"[15] 시장 중심의 사회를 재생산하고, 확장하며, 환영하는 연방정책이 지속되었다. 신자유주의적 불평등의 정치는 최고 경영자에 돌아가는 보수와 보너스에서 분명히 엿볼 수 있다. 예를 들어 최고 헤지 펀드(hedge fund) 매니저 가운데 한 사람인 시몬스(James Simmons)는 2006년에 17억 달러를 벌어들였고, "헤지 펀드 매니저 상위 25명의 소득을 합하면 140억 달러에 달한다. 이는 뉴욕 시 공립학교 교사 8만 명의 대략 3년 동안의 보수를 합한 것과 같은 규모이다."[16] 이러한 상황은 더욱 악화되고 있다. 연합통신(AP)의 보도에 의하면 스탠더드 앤 푸어스(Standard & Poor's)의 500대 기업에 포함된 미국의 CEO 가운데 절반 정도가 2006년에 평균 830만 달러 이상의 보수를 받았다.[17] 일부의 경우 최고 경영자가 엄청난 보수와 보너스를 받고 있는 반면에 피고용인들은 임금, 은퇴수당, 의료혜택이 축소되고 있을 뿐만 아니라 더 많은 시간 일해야 하는 상황이 되고 있다. 윤리적·정치적으로 더욱 당혹스러운 것은 일부 기업의 경우 피고용인들에게는 지나친 고통을 요구하면서도 고위 경영자에게는 막대한 보수와 보너스를 지급하기 위해 파산보호 신청을 악용하고 있다는 점이다. 예를 들어 노스웨스트 항공(Northwest Airlines)은 CEO인 스틴랜드(Doug Steenland)에게 제 경비를 제외한 2,660만 달러를 지급하고 이사 4명에게 4,000만 달러를 분배하고자 했던 반면,[18] "노동자들에게는 새로운 근로계약을 통해 저임금과 기업에 유리한 근로조건을 강요했다 … . 승무원들의 경우에 파산보호 신청 이전의 연간 소득이 44,190달러였던 반면에 이후에는 최고 소득이 35,400달러 정도로 줄어들었다."[19] 일부 노동자들은 식탁에 음식을 올릴 것인가 아니면 의료 서비스를 이용할 것인가 하는 선택을 강요받고 있는 실정이다. 지구상에서 가장 부유한 나라에서 나타나고 있는 이와 같은 소득, 재산, 기회의 불평등은 하나의 치욕으로 간주되어야 할 것이다.

'소비, 재산 그리고 권력에 대한 꿈의 세계'를 펼쳤던 19세기의 호황기(Gilded Age)가 새천년의 벽두에 복수를 감행하고 있다.[20] 오늘날 민주주의는 대외적으로 제국을 건설하는 데 필요한 정당성을 부여하는 기능을 하고 있다. 국내적으로는 '테러와의 전쟁'에 요구되는 정치적 방책이나 편의의 차원에서 민주주의가 요청되고 있다. 그리고 정부 고위층에 만연된 비밀주의와 부패문화에 깃든 허영과 속임수를 흉내내는 것으로 민주주의가 전락하고 말았다. 테러와의 전쟁은 공포문화를 낳았다. 그리고 이리 저리 난타당한 시민들은 안보, 사유화, 규제철폐, 그리고 하비(David Harvey)가 말하는 이른바 '강탈에 의한 자본축적'의 미명 하에 거의 만신창이가 되다시피 한 민주주의의 이상과 자유를 보호하기에는 점점 무기력한 존재가 되고 있다.[21] 하트(Michael Hardt)와 네그리(Antonio Negri)가 주장한 바와 같이 "전쟁이 사회를 구성하는 원리가 되었고, 정치는 단지 전쟁의 수단 내지 이를 위장한 것에 불과하다."[22] 실제로 모든 권력관계의 기반인 전쟁은 정치 자체의 토대가 되었고, 이는 사회적 국가(social state)에서 처벌국가(punishing state)로의 역사적 전환을 보여주고 있다. 전쟁, 공포, 죽음, 폭력, 탐욕 등은 오늘날 미국인들의 생활을 결정하는 일차적 요인이 되었으며, 민주주의와 반대를 증오하는 신자유주의 체제의 독특성에 새로운 특징을 더해주고 있다.[23] 오늘날 민주주의의 가능성에 대한 답은 법의 지배―그것이 얼마나 정통성을 결여한 것이든 관계없이―가 아니라 폭력의 위협이나 실제하는 폭력 속에서 찾을 수 있다.[24]

사회적 국가, 시민과 사회의 안전, 집단보장의 이상이 붕괴된 책임을 전적으로 신자유주의 탓으로 돌릴 수는 없다. 물론 신자유주의가 이와 관련이 있기는 하지만 또다른 설명이 필요하다. 이와 같은 현상을 초래한 보다 일반적 요인들을 간단히 정리해 보면 다음과 같다 : 제2차 세계대전 이후의 군대-산업복합체의 등장, 1960년대 기업의 조세저항, 1970년대의 악화되는 경제위기 상황 속에서 캘리포니아에서 시작된 중산층의 조세저항, 1970년대의 경기후퇴와 천정부지의 이자율 폭등, 레이건의 노동조합 탄압 정책, 탐욕스런 자유무역협정의 등장, 시민권 운동, 특히 1960년대 자유주의적·급진적 이상주의에 기초한 시민권 운동의 사회적·문화적 성과에 대한 반격 등이다. 시민권 투쟁의 핵심이었던 교육받을 수 있는 권리는 1970년대 이후 엄청난 공격을 받아왔다. 하지만 이는 우파가 교육 자체에 관심이 없었다는 것이 아니다. 어떤 의미에서 우파는 윌리암스(Raymond Williams)의 긴 혁명(long revolution)이라는 관념을 좌파보다 더욱 심각하게 받아들인 것이 사실이다. 지적 능력, 세계 시민주의, 사려 깊은 시민성 등을 고양할 수 있는 기관들, 즉 공식적 교육 사이트는 물론 뉴스 서비스에서 도서 출판에 이르는 매스 미디어 등을 재정적으로 철저하게 압박하거나 기업화함으로써 우파는 공적인 것에 관여할 수 있는 자신만의 교육적 영역을 발전시켰다. 이와 같은 노력의 결과 1990년대 초까지 라디오 토크에 우파가 성공적으로 진입하면서 지배력을 장악하게 되었다. 그 밖에도 네오콘 싱크 탱크와 공적 지식인들로 구성된 강력한 네트워크가 출현했으며, 미디어가 기업 이해관계의 수중에 넘어가는 것과 함께 수많은 미디어 지국들이 폭스화(Foxfication)되었다. 또한 공립학교가 시험장소로 변모되거나 혹은 감시 메커니즘과 무관용 정책이 도입되면서 국가 교도소 시스템의 전형처럼 변질되었고, 고등교육의 기업화와 군사주의화가 진행되었다.[25] 이러한 모든 것들이 사회적 국가와 그 통치기구를 와해시키는 데 중요한 역할을 했다.

복지국가가 와해되면서 시장의 이데올로기와 도덕성이 출현했다. 이것은 자유의 의미뿐만 아니라 공공선, 공공제도, 사회보장, 사회안전 망 등의 성격 자체를 협소하게 만들었다. 그리고 이와 같은 변화로 인해 개인적 행위나 시민성 등과 같은 추상적 관념 또한 더욱 좁은 의미로 한 정되었다. 경제적 담론이 오늘날 사회정의를 압도하고 있으며, 신자유주 의적 담론이 유행하면서 이것이 더욱 강화되고 있다. 신자유주의적 담론 에서는 소비자의 선택, 시장의 효율성, 그리고 엄격한 경쟁을 통해서만 손에 넣을 수 있는 일종의 탁월성을 위해 "인간의 모든 행동과 영역들이 경제 체제 안으로 흡수될 수 있고 또한 흡수되어야 한다."[26] 여기서 문제 가 되는 것은 "정치에 반대하는(against politics) 주장, 아니면 적어도 사회 를 경제적 측면보다는 사회적 측면에서 통치하고자 하는 하나의 정치에 반대하는(against a politics) 주장이다."[27] 오늘날 자유 속에는 사회적인 것 의 흔적이 사라졌으며, 대부분의 복지 대책들은 완전히 무가치한 존재는 아니라 할지라도 비도덕적이고 게으르다고 생각되는 사람들에게 혜택 을 주는 것으로 간주되었다. 이와 동시에 복지국가나 사회적 국가의 조 치에 반대하는 사람들은 바로 그들 자신의 성실과 검소 그리고 행운 때 문에 부당하게 세금을 내고 희생당하고 있다고 생각한다.[28] 이처럼 연대 성과 평등의 윤리가 위축된 것은 정치적으로 능동적인 시민성뿐만 아니 라 그것이 가능할 수 있는 근본적 토대를 제공한 비판적 교육의 쇠퇴에 서 기인한 것이다. 그리고 공공 고등교육뿐만 아니라 문화를 교육하고 전달하는 데 핵심이 되는 비판적 공공 영역들에 대한 공격은 신자유주 의가 하나의 상식이 되었다는 사실에서 잘 엿볼 수 있다. 상식의 관념을 통해서 신자유주의가 확고히 뿌리를 내릴 수 있는 조건이 마련되었고, 시민들은 민주국가에 대한 책임과 장기적 헌신보다는 소비사회의 엄청

난 위험과 동시에 안락함(행운이 있는 극소수에게 해당되는)을 기꺼이 받아들일 수 있게 되었다.[29]

지난 30여 년 동안 미국 정치의 가장 두드러진 특징 가운데 하나는 사회적 국가 그리고 민주주의 관념의 토대가 되는 평등, 인간 존엄성, 인종적 정의, 자유에 대한 약속에서 가차 없이 벗어나 민주주의를 시장 정체성, 가치 및 관계와 동일시하는 협애하고 빈약한 가정을 받아들이고 있다는 점이다. 사유화, 규제철폐, 금융화의 삼위일체를 찬양하는 정치 체제 하에서 알맹이가 빠져버린 민주주의는 디스토피아적인 것으로 전환되었다. 소비는 시민성의 인증 마크가 되었고, 개인적 경쟁과 사적 책임이 부와 물질적 구제를 위한 새로운 복음으로 고양되었다. 자본축적의 명령에 따라 움직이는 신자유주의 이데올로기는 소비자 사회에 동참하는 사람들에게는 시민이라는 보호막으로 보답하는 반면에, 소비자가 될 수 없는 사람들은 '실패한 존재'나 심지어는 '처분될 수 있는 대상'으로 그 가치를 규정하고 있다.[30] 이러한 시나리오에서는 소수의 특권계층만이 시간과 상품, 서비스와 안전을 구매할 수 있는 반면에 나머지 대다수는 점점 더 보호와 혜택, 그리고 지원이 없는 삶으로 내몰리면서 자유가 대다수 국민들에게는 정반대의 의미로 변질되었다. 인종과 계층에 의해, 그리고 젊다는 이유 때문에 마치 소모품처럼 취급되고 보이지 않는 존재로 간주된 국민들에게 삶은 점점 더 위태로운 것이 되고 있다.

없어도 그만인 여분의 존재들과 사회적 홈리스가 증가하고 있다는 사실은 흑인 젊은이들이 겪고 있는 불경기 수준의 실업률에서 잘 엿볼 수 있다. "지난 몇 년 동안 흑인 젊은이들의 실업률은 59%에서 72% 사이"를 오르내리고 있다.[31] 이같은 통계는 '자유가 아니면 죽음을(Live free or die)'이라는 슬로건에 새로운 의미를 던지고 있다. 이러한 전쟁의 정치와 전쟁 경비 지출로 인한 대가는[32] 건강보험 없이 살다가 극도의 가난 속에서 사망한 젊은이들의 사례에서 분명하게 확인할 수 있다. 가까운 사례 가운데 하나로 메릴랜드(Maryland) 프린스 조지 카운티(Prince George's County)의 7학년생인 드라이버(Deamonte Driver)는 치아를 뽑는 데 필요한 치료비 80달러를 충당할 수 있는 건강보험이 없어서 사망했다. 보험에 가입하지 못한 그의 어머니는 아들을 치료해 줄 구강외과 의사를 찾을 수 없었다. 가까스로 병원 응급실을 찾았을 때는 이미 농양이 생긴 치아의 박테리아가 뇌로 번진 상태였다. 마지막으로 받은 최고의 의료시술에도 불구하고 그는 결국 사망하고 말았다.[33] 코마로프(Jean Comaroff)가 지적하고 있는 것처럼 "일부 '어린이들이 역사의 관(coffin of history)에 할당된' 그러한 세계에서"[34] 고통과 죽음의 예방은 … 신자유주의적 시장 근본주의를 옹호하는 사람들에게는 충분한 유인책이 아닌 것처럼 보인다. 미국은 어린이들에게 보편적인 건강의료 서비스를 제공하지 않는 세계에서 몇 안 되는 나라 가운데 하나다. 인간적 필요보다는 부와 특권에 기초해서 의료 서비스에 대한 접근을 허용하고 있는 건강의료 시스템 때문에 수많은 어린이들이 죽을 위험에 처해 있다. 미국에서 건강보험이 없어서 죽어가는 어린이들의 숫자가 점점 늘고 있는데도 불구하고 부시 행정부는 아무런 부끄러움 없이 아동 건강보험 프로그램(State Children's Health Insurance Program)에 대해 거부권을 행사함으로써 전국적으로 무수히 많은 어린이들의 생명을 위험에 빠뜨렸다.[35] 2008년의 대통령 선거에 관해 언급하면서 《뉴욕타임스》 칼럼리스트인 허버트(Bob Herbert)는 다음과 같이 주장했다 : "미국 어린이들이 건강의료 서비스에 접근할 수 없어 죽어가고 있다. 우리는 롬니(Mitt Romney)의 종교에 대해 우려하고 있으며, 후보자들에게 그들이 진화론을 믿고 있는지 손을 들어 표시해 달라고 요구하고 있다. 이 나라가 분명 뒤로 가고 있기 때문에 나는 시간 여행을 믿기로 했다."[36] 크래머(James Cramer)는 변명의 여지없이 "부의 추구가 우리의 진정한 국가적 오락"이라고 주장함으로써 허버트의 관점을 확인시켜 주고 있다.[37]

미국 국민정신의 정수로서 시장관계에 대해 경의를 표하는 가운데 크래머는 시장이 모든 문제를 해결할 수 있다는 비합리적 신념을 지지하는 신자유주의적 담론과 정책에 기초한 체제 아래에서 육체, 절망, 죽음 그리고 처분가능성에 함축된 의미를 간과하고 있다. 이처럼 견고한 상식의 거짓을 폭로할 때 뒤따르는 충격과 상처는 의료보험의 혜택을 받지 못하는 수많은 어린이들의 운명뿐만 아니라, 가장 취약한 사회 계층의 필요에 봉사하는 소수의 공공 영역으로부터 들려오는 절망적인 이야기와 그 속에 담긴 불편한 진실 속에서 엿볼 수 있다.

솔트레이크 시(Salt Lake City) 공공 도서관의 워드(Chip Ward)는 홈리스들의 가중되는 곤경, 그리고 한때 사회적 국가가 제공했던 서비스가 실종되면서 도서관에 가해진 엄청난 부담에 관해 말하고 있다. 워드는 다른 많은 홈리스처럼 화장실을 사용할 곳이 없어서, 궂은 날씨에 일시적인 피난처를 구하기 위해, 또는 그냥 쉬고 싶어서 도서관으로 찾아온 오펠리아(Ophelia)에 관해 이야기하고 있다. 정신질환을 겪고 있는 오펠리아는 아메리칸 드림에서 배제된 소모될 수 있는 대상 또는 하나의 위협으로 취급되고 있다. 어쩌면 자신의 처지를 통해 하나의 쓸쓸한 비유를 제공하고 있는 것이 그녀가 존재하는 유일한 이유일지 모른다. 워드는 오펠리아의 출현과 그녀의 행동을 다음과 같이 적고 있다 :

───── 오펠리아가 벽난로 옆에 앉아 조용히 중얼거리고 있다. 특별히 누구를 향

해 웃거나 몸짓을 하는 것도 아니다. 그녀는 두 개의 안경을 쓰고 커다란 창문 밖을 응시하고 있다. 그녀의 조그만 코 위에 작은 안경이 떨어질 듯 걸쳐져 있고, 그 위에 자동차 앞유리만한 안경이 겹쳐져 있다. 아마도 네 개의 렌즈가 그녀가 응시하는 보이지 않는 타인을 볼 수 있게 해주는지 모르겠다. 그녀의 '말 상대 없는' 대화가 옆에 있는 사람을 방해하게 되자 오펠리아는 시선을 돌려 불편해 하는 사람을 보고는 웃다가 말한다. "저에게 신경 쓰지 마세요. 저는 죽었어요. 괜찮아요. 저는 지금 죽어 있는 거예요." 그녀는 말을 멈추었다가 다시 안심시키듯 말을 잇는다. "그렇게 나쁘지 않아요. 곧 익숙해질 거예요." 전혀 안심이 안 된 그 사람은 자신의 소지품을 챙겨 곧장 자리를 뜬다. 오펠리아는 몸을 움츠린다. 말로 하는 대화는 믿을 것이 못 된다. 그녀는 텔레파시를 더 좋아하지만 그것은 어렵다. 왜냐하면 오펠리아가 나에게 말한 것처럼 "우리가 그 규칙을 모르기 때문이다."[38]

오펠리아는 공공 도서관이나 접근가능한 다른 공공 장소를 피난처로 사용하는 20만 명의 상습적 홈리스 가운데 하나일 뿐이다. 많은 홈리스들은 매일같이 직면하는 스트레스, 불안감 그리고 위험 때문에 아프기 일쑤고, 방향감각이 없으며, 대부분 약물에 의존하거나 중독된 경우가 많다. 또한 정신적으로 장애가 있거나 신경쇠약에 시달리는 경우가 많다. 처벌이 마치 가난, 정신적 질병 그리고 인간적 고통에 대한 적절한 시민적 반응인 것처럼 미국에서 매년 홈리스를 경험하는 350만 명을 포함해 이들 상습적 홈리스들은 점점 범죄자 취급을 당하고 있다. 오늘날 많은 도시들이 구걸하는 홈리스에게 벌금을 물리거나 아니면 플로리다의 키 웨스트(Key West)처럼 "거지들에게 60일 동안의 구금형과 500달러의 벌금형을 선고할 수 있는" 법안을 만들고 있다.[39] 일부 교도소는 동 전체가 정신질환자를 수용하기 위한 시설이며, 수용자 대다수가 가난한 홈리스들이다. 물론 홈리스를 범죄시하고 이들을 감금하는 것은 비윤리적일 뿐만 아니라 재정적으로도 큰 낭비가 아닐 수 없다. 워드가 추산한 바에 따르면 유타(Utha) 주에서 정신질환자 1명을 수감하는 데 소요되는 "연간 경비가 아이비리그 대학의 학비와 비슷하다."[40] 인적 자원이 이러한 일에 소비되고 있는 가운데 정작 문제가 되는 것은 정치, 법, 권력의 남용 그리고 사회적 불의와 불필요한 인간적 고통을 조장하는 비뚤어진 합리성이다. 오펠리아가 한 말들이 한 '미친' 여성의 횡설수설로 치부될 수 있겠지만 이는 또한 미국 사회의 현재 상황, 그리고 신자유주의 사회질서 속에서 인간 쓰레기처럼 취급받고 있는 사람들을 방기하고 있는 우리의 치부를 그대로 보여주고 있다. 이러한 맥락에서 오펠리아가 처한 곤경을 사회적 쟁점으로 파악하고 있는 워드의 관점은 교훈적이다 :

───── 결국 오펠리아는 그렇게 멀리 떨어져 있지 않다—어떠한 의미에서 그녀는 죽었거나 잠시 동안 죽어 있었다. 그녀의 죽음은 사회로부터 꺼려진 데서 온 사회적 죽음이다. 그녀는 무시되었고, 회피되었고, 잊혀졌고, 거부되었고, 간과되었고, 걱정거리였으며, 미움을 받았고, 동정을 샀고 그리고 버려졌다. 그녀는 사회적 지옥과도 같은 곳에 홀로 존재하고 있다. 그녀는 많은 안경알을 통해 우리를 응시하며 그녀의 보이지 않는 친구들에게 더듬더듬 말을 하는 가운데 도서관에서 하루하루를 기다리고 있다. 그녀는 구조되거나 구제될 것이라고 기대하지 않는다. 그녀가 말한 것처럼 그녀는 "그것에 익숙해져 있다." 그녀는 우리의 부끄러움이다. 고통받고 있는 사람들을 포기한 채 그들이 길거리에서 스스로 삶을 이어가기를 기대하는, 그리고는 그들이 통제할 수 없는 질병의 징후를 보인다는 이유로 범죄자 취급을 하는 문화를 당신은 어떻게 생각하는가? 우리는 이러한 비극에 대해 입에 발린 말만 하고는 곧 외면해 버리고 만다.[41]

경쟁적 개인주의, 사익의 추구 그리고 소비주의처럼 사회적으로 목을 조이는 정치가 일상을 조직하는 원리가 됨에 따라 이른바 사회적 죽음이 점점 더 많은 사람들의 운명이 되고 있다. 오늘날 사회문제의 해결책은 치료나 감정과 같은 탈정치적 어휘 속에서 구안되고 있다. 그리고 이것은 종종 편견, 불관용, 인종차별주의, 이데올로기적 순결성 그리고 종교적 근본주의의 엄격한 정치적·도덕적 확실성에 사로잡혀 있다. 오늘날은 단순히 문제를 없애버리는 시장의 문제해결 방식이 하나의 모델이 되고 있다. 따라서 우리 시대의 주요한 사회적 쟁점들에 대한 관심과 이해를 위해 요구되는 모든 것들을 효과적으로 제거하는 가운데 자조, 자립, 그리고 개인적 책임의 담론이 중립성과 효율성이라는 미명 하에 작동하고 있다.

━━━ 자유를 주장하는 수많은 운동들이 꿈꾸었던 모든 사람을 위한 혹은 아버지와 같은 정부, 평등한 미래에 대한 공식적 언급들이 모두 사라져 버렸다. 해방과 제한을 조롱하듯이 뒤섞어 가며 규제철폐의 정신이 이와 같은 아이디어를 대체했다. 키 없는 배와도 같은 국가에 의해 무인도에 버려진 많은 시민들이 기업이라는 좋은 배 가까이에 기어오르려고 애쓰고 있다.[42]

최근의 상황 속에서 루즈벨트의 사회적 국가의 유산은 대부분 해체되었다. 그리고 처분될 수 있는 대상으로 간주된 국민들에게 정치와 삶의 관계는 매우 불길한 조짐을 보이고 있다. 사회정의와 민주주의에 대한 무관심과 더불어 신자유주의의 합리성은 테러, 죽음, 인간적 고통이 서로 맞물려 있는 후기 모더니티 시대를 예고하고 있다.[43] 보수주의적 공화당원들이 10센트 주화에 새겨진 루즈벨트의 이미지를 신자유주의적 근본주의의 화신인 레이건(Ronald Reagan)의 이미지로 대체하고 싶어

했다는 사실은 결코 놀랄 만한 일이 아니다.[44]

신자유주의 국가의 군사주의화

—— 미국 역사에서 오늘날처럼 군사적 권력에 마음을 빼앗겼던 적은 없다. 오늘날 우리가 향유하고 있고 영속화시키려고 하는 세계적 차원의 군사적 우월성이 국가정체성의 핵심이 되었다. 우리의 비할 데 없는 물질적 풍요나 팝 문화 이상으로 첨단 군사장비와 이것으로 무장한 군대가 바로 우리가 누구이고 무엇을 위해 싸우는가를 표시해 주고 있다.[45]

일부에서 상상하는 것처럼 국가가 위축되고 시들해지면서 사라지기보다는 사회질서를 규율하고 사회를 마치 군대처럼 만드는 국가의 기능이 사실상 확대되어 왔다.[46] 많은 사회적 혜택들이 해체됨에 따라 국가는 바우만(Zygmunt Bauman)이 말하는 이른바 '질서를 유지하는 경찰과 같은 기능'을 증진시키기 위해 국가권력의 본질과 의미를 수정함으로써 스스로를 변화시키고 있다.[47] 이러한 현상은 특히 미국의 경우에 더욱 그러하다. 하트(Michael Hardt)와 네그리(Antonio Negri)가 말하는 이른바 '복지국가(welfare state)에서 전쟁국가(warfare state)로의 변환'을 통해서 미국은 9·11 사건 이후에 군사주의적 의제를 강화시켜 왔다.[48] 군사주의화가 시간과 장소에 따라 형태를 달리하는 매우 역사적인 과정이지만 부시(George W. Bush)와 체니(Dick Cheney) 행정부 하에서는 이것이 제일의 선택 메커니즘이 되어왔다. 부시 행정부는 군사주의적 상징과 권력에 사로잡혀 왔으며, '군사주의적 사명과 유토피아적 목표의 결합을 미국 정책의 특징적 요소'로 더욱 강화시키기 위해 끊임없이 노력해 왔다.[49] 마찬가지로 부시 개인의 군사주의적 성향 또한 군사적 기능과 시민적 기능 사이의 경계를 모호하게 하고, 가난한 계층을 위한 사회 프로그램의 재정을 '테러와의 전쟁' 자금으로 전용하고, 국가안보 상태에 대한 관심을 강화하며, 국내문제와 외교문제의 해결을 위해 정치적 해법보다는 군사적 해법에 더 의존하는 정책들과 잘 조화를 이루었다. 이러한 상황 속에서 군사주의적 수사학, 말투, 관행 등이 삶의 상당 부분을 차지하게 되면서 우리는 "정치의 영역과 폭력이 더 이상 분리되지 않는다"는 사실을 거의 깨닫지 못하고 있다.[50] 더욱 군사주의화된 새천년의 시작과 함께 우리는 폭력의 무의식적 반복 속에서 폭력을 들을 수 없으며 훨씬 더 많은 폭력을 구경하면서도 그것을 볼 수가 없게 되었다. 약물, 도시범죄, 가난과의 전쟁, 심지어는 비만과의 전쟁 혹은 기타 사회문제와의 전쟁이라는 표현에서 볼 수 있듯이 군사주의적 비유가 더욱 일반화되고 있다.[51]

미국 사회가 군사주의화되고 있다는 것을 보여주는 강력한 예는 군사적 경험과 지식, 가치 그리고 담론이 점점 더 공립학교를 조직화하는 하나의 원형이 되고 있는 모습에서 찾을 수 있다. 군대와 같은 규율, 그리고 무관용 정책이 많은 학교, 특히 도시의 많은 학교들을 교도소와 같은 기관으로 변모시키고 있다. 오늘날 학교는 무장 경호원에 의해 통제·규제·감시되고 있을 뿐만 아니라, 인권을 침해하는 감시기법과 학생들에 대한 권리침해 등에 의해 점차 특징지어지고 있다.「*Criminalizing the Classroom*」,「*Education on Lockdown*」,「*Derailed*」 등과 같은 보고서에 따르면 공립학교에서 과도한 통제행위가 증대하고 있다. 그리고 과거에는 교장 선생님의 따끔한 훈계로 처리했을 사소한 행위를 이유로 학생들을 감금하고 있으며, 문제아로 지목된(대부분이 흑인인) 학생들을 학교 밖으로 내몰고 있다.[52] 미국 사회에서 학생들을 민주적 미래를 위한 사회적 투자로 보기보다는 문젯거리로 보는 경향이 커지고 있다는 것은 점점 더 많은 젊은이들이 학교, 경찰 그리고 다른 사회기관에 의해 유기되거나 짐승처럼 취급되고 있다는 것을 의미한다. 「Education on Lockdown」은 공립학교의 군사주의화가 중대되면서 이것이 학생들에게 미치는 부정적 사례를 잘 보여주고 있다. 그 중의 하나가 2003년 2월 시카고 공립학교에서 벌어진 사례이다. "당시 7살 소년이 구타를 당하고 수갑이 채워져 1시간 넘게 바닥에 얼굴을 대고 엎드린 채 보안담당관에게 감금되어 있었지만 … 교장이나 교감 그 어느 누구도 1학년 학생을 도와주지 않았다. 그 사건으로 상처를 입은 어린 학생은 다시 학교로 돌아갈 수 없었다."[53]

　　신자유주의 국가 아래서 사회문제를 범죄시하고 젊은이들에 대한 전쟁이 강화되면서 점점 더 많은 젊은이들이 형사재판 제도에 의한 무차별적이고 잔인한, 그리고 불법의 여지가 있는 관행의 희생자가 되고 있다.[54] 허버트(Bob Herbert)는 최근 "전국에 걸쳐 어린이와 10대들을 죄인처럼 취급하는 가운데 몇 년 전만 해도 법이 전혀 개입할 문제가 아니었던 행위를 했다는 이유로 이들을 체포하고 감옥으로 보내는" 체계의 사회정의에 대해 우려를 표한 바 있다. 그는 이러한 모습이 "과거에는 거의 볼 수 없었던 사법제도의 한 단면"이라고 주장한다. "하지만 정당한 사유도 없이 젊은이들을 경찰서나 교도소로 보냄으로써 나타나는 결과는 매우 심각하다."[55] 특히 대량실업에 직면하고 있거나 아니면 막대한 재정적 어려움에 처한 공립학교나 기타 공공 영역, 특히 도시 중심부에 거주하는 젊은이들이 더욱 큰 어려움을 겪고 있다. 인종차별적 폭력과 처벌 조치는 국가가 흑인과 아시안계 젊은이들을 다룰 때 일차적으로 사

용하는 수단이 되곤 한다.[56]

군사주의 국가는 가난하고 권리를 박탈당한 젊은이들에게 좋은 학교 환경과 직업에 대한 희망을 제공하는 대신에 감금을 택하고 있다. 홈리스들에게 적당한 피난처와 음식을 제공하는 대신에 국가는 그들이 감당할 수 없는 벌금을 부과하거나 그들을 쉽게 가두어 버렸다. 사람들에게 적당한 건강의료 서비스를 제공하는 대신에 국가는 파산신청을 더욱 어렵게 하고 형사재판으로 문제를 쉽게 끝낼 수 있게 하는 법안을 통과시켰다. 새로운 이민자들을 존엄한 존재로 대우하는 대신에 정부는 우파의 호전적 집단들이 옹호하는 정책과 관행들을 지지하며 장벽을 높이 쳐서 국경방위를 강화하고 있다. 이는 동서 베를린을 28년 동안 분리시켰던 베를린 장벽이나 이스라엘 정부가 팔레스타인 점령지 내부에 구축했던 장벽과 다를 바가 없다.[57] 9·11 테러 이후 신자유주의는 무장화되었으며, 신자유주의가 해외에서 조장하고 있는 고강도 전쟁행위가 국내의 저강도 전쟁행위로 복제되고 있다. 군사주의와 신자유주의는 미국에서 오랜 역사를 지니고 있다. 하지만 둘 사이의 공생관계, 그리고 그것이 정상적인 것이 되어온 과정에는 독특한 역사적 계기가 있다. 더욱이 금융자본, 권위주의적 질서, 광범위한 전쟁설비 사이의 상호 의존을 특징으로 하는 군사주의적 신자유주의 국가는 역사와 정의 그리고 민주주의에 관해 우리가 생각하고 우리가 알고 있는 모든 것들을 지워버리는 가운데 오늘날 우리의 삶과 기억, 일상적 경험을 형성하는 강력한 교육적 영향력이 되고 있다.[58]

신자유주의와 처분가능성의 정치

—— 오늘날 정치가 전쟁, 저항 그리고 테러와의 싸움을 가장하여 적을 살해하는 것을 가장 일차적이고 절대적인 목표로 삼는 방식을 과연 생의 권력(biopolitics)이라는 관념으로 충분히 설명할 수 있을까? 결국 전쟁은 죽일 수 있는 권리를 행사하는 방식만이 아니라 주권을 성취하는 하나의 수단이기도 하다. 정치를 전쟁의 한 형태로 상정할 때 우리는 다음과 같은 물음을 던져야 한다 : 삶과 죽음 그리고 인간의 육체(특별히 상처입거나 살해된 육체)가 거할 장소는 어디인가? 권력의 명령 속에 그것들이 어떻게 새겨져 있는가?[59]

정치는 결코 선거만의 문제가 아니다. 정치는 국가의 자발적 시민들을 길러내고, 국가의 이익을 보호하며, 여러 기관들을 규제하고 규율하며, 충성스런 소비주체를 유지시켜 주고, 충성되지 않은 사람들을 처벌하는 등 국가의 모든 프로젝트를 통해 물질적·문화적 자원을 배분한다. 최근에는 국가권력의 목록에 또 하나의 권한이 추가되었는데, 그것은 모든 시민들을 처분할 수 있는 대상으로 운명지을 수 있는, 그리고 삶과 죽음을 정치적 통제의 가장 중요한 목표로 만들 수 있는 능력이다. 국가가 더 이상 처분할 수 있는 국민들의 노동력에게 의존하지 않게 되면서 오늘날 처분가능성의 새로운 정치가 미국의 국내외 정책을 지배하고 있다. 이러한 담론 내에서 생산성이 없는 것으로 여겨진 시민이나 주민들(가난하고 약한 그리고 인종적으로 소외된 존재들)은 쓸모가 없는, 그래서 소모될 수 있는 대상으로 간주된다. 이것이 바로 모든 국민들이 처분될 수 있는 대상, 즉 국고에 불필요한 부담만을 주는 존재로 간주되며 스스로 그럭저럭 살아가도록 방치되고 있는 정치이다.[60] 오늘날 처벌국가는 해외에서 뿐만 아니라 국내에도 수용소(Gitmos)를 만들고 있다. 수많은 이민자들이 사라지고 있고, 어떤 경우에는 "비밀 감금 시스템, 연방 센터의 구치소, 사설 교도소나 지역 감옥에서 죽기도 한다."[61] 클라인(Naomi Klein)이 주장하고 있듯이 처분가능성의 정치가 확산되면서 그것이 오늘날에는 전 세계적인 현상이 되고 있다.

───── 대규모의 사유화와 규제철폐가 감금된 사람들을 양산하고 있다. 이들의 서비스는 더 이상 필요가 없고, 이들의 라이프스타일은 '퇴행적인 것'으로 치부되며, 이들의 기본적 욕구는 충족되지 않고 있다. 이와 같은 사회적 배제의 울타리는 전 산업을 버릴 수 있고, 또한 아르헨티나에서 벌어진 것처럼 국가를 망쳐버릴 수도 있다. 아프리카의 경우 전 대륙이 중요하지 않은 대상으로 간주되어 지구의 그림자 세계로 추방된 것을 알 수 있다. 아프리카의 주민들은 그들이 잠재적 군사요원으로, 그리고 장차 테러리스트나 반미 열광주의자가 될 수 있는 존재로 의심을 받게 되는 전쟁기간 동안에만 세상의 주목을 받고 뉴스에 등장하게 된다.[62]

미국 사회에 넘쳐나는 소비상품처럼 이민자, 난민, 실업자, 홈리스, 가난한 사람, 젊은이, 장애인들은 보이지 않는 국경지대로 내쫓기고 있다. 이는 경제적 불평등, 인종차별주의, 복지국가의 붕괴 그리고 군사주의화된 사회의 잔인성이 결합되어 나타난 결과이다. 거기서 이들 모두는 "인간 쓰레기나 버려진 인간일 뿐이다."[63]

신자유주의의 합리성과 부정적 세계화가 일상에 미치는 결과는 자주 거론되는 금융자본의 위력, 국민국가에 기초한 정치와 글로벌 기업이 지닌 영향력의 분리, 기업의 규제철폐, 부상하고 있는 군사주의 그 이상이다. 또한 신자유주의 정책들은 문화정치를 활용하고 있다. 이를 통해 신자유주의 가치를 정상적인 것으로 만들고 있다. 그리고 확대되고 있는 시장관계와 약화되고 있는 인간적 관계에서 파생되는 결과들로부터 윤리적·사회적 책임을 분리시키고 있다. 생의 자본(biocapital) 형태로서의 신자유주의가 지구적 차원의 사회질서 모든 부분으로 파급되고 있다. 그리고 '통치행위(governmentality)의 형태를 취할 때'[64] 신자유주의는 사람들의 행위를 규제하고, 구체화하고, 안내하고, 구성하며, 이에 영향을 미치려고 한다. 신자유주의 하에서 경제적·정치적 권력은 상품의 생산과 법률의 제정을 뛰어넘어 훨씬 확대된다. 신자유주의가 생의 정치가 됨에 따라 문화, 경제, 정치적인 것 사이의 경계가 무너지면서 상호 침투가 이루어지고 있다. 이들은 비록 상이한 방식이긴 하지만 정체성, 상품, 지식, 커뮤니케이션 양식, 감정적 투자, 기타 사회생활과 사회질서의 모든 측면을 생산하는 과업을 공유하고 있다.[65] 신자유주의는 독특한 세계관을 생산하고 있으며, 신자유주의의 통치양식, 주체적 입장, 시민성의 형태 및 합리성을 정상적인 것으로 만들기 위해 다양한 사이트에서 교육적 실천을 동원하고 있다.[66] 오늘날 신자유주의 이데올로기의 지배 하에서는 '자유시장의 파고(The Rising Tide of Free Markets)'가 자유를 위한 전제조건으로 받아들여지고 있고, "경제 개발이 인간 계발보다 중요한 것으로 이해되고 있다."[67] 더욱이 억압적 공교육 양식으로서의 신자유주의가 "시장가치를 모든 제도와 사회행위로 확대·전파하고 있으며, 신자유주의적 질서 속에서 시민주체를 규정하고 있다."[68] 신자유주의적 주체를 규정하는 데 핵심이 되는 것은 체셔(Lynda Cheshire)와 로렌스(Geoffrey Lawrence)가 말하는 이른바 "위험의 개별화(individualization of risk)를 수용하는 것이다. 이를 통해 삶의 위험을 관리할 책임이 국가와 경제로부터 개인들에게로 재분배되었다 … . 이와 같은 변화는 자신의 삶의 조건을 개선할 책임이 바로 자기 자신에게 있다고 생각하는 자율적 개인의 육성을 중시하는 진전된 자유주의적 통치양식의 등장을 의미한다."[69]

신자유주의적 담론에서 작동하고 있는 억압적인 공교육은 모든 공적 어려움이 개인적 결정에 따른 것이며, 모든 사회문제가 전기적 해법(biographical solution)으로 환원될 수 있다고 주장한다. 바우만(Zygmunt Bauman)이 지적하고 있듯이 "개인들로 구성된 사회에서 사람들이 처할 수 있는 곤경은 스스로 자초한 것이며, 또한 누군가 빠질 수 있는 뜨거운 물은 그 속에 빠진 사람의 불행한 실패로 인하여 데워진 것이라고 주장하고 있다. 인생의 좋은 일과 나쁜 일에 대해서 개인은 오직 자신에게 감사하거나 자신을 비난할 수 있을 뿐이다. '인생사(whole-life-story)'를 이렇게 받아들인다면 이것은 하나의 공리(axiom)가 될 수 있다."[70] 마찬가지로 신자유주의적 담론에서는 자유와 민주주의의 의미를 확대·심화하기 위한 집단적 목표라는 관념이 완전히 사라져 버렸다. 말하자면 "재분배, 공공의료, 공공선 등과 같은 집단적 목표는 이처럼 개인적 선호에 기초한 전망과는 거리가 멀다."[71] 그 대신에 신자유주의의 이론과 실천은 사회계약을 시장계약으로 대체했다. 시장계약에서 정치적 권리는 엄격하게 제한되고, 경제적 권리는 규제가 사라지고 사유화되며, 사회적 권리는 개인적 의무와 자립으로 대체된다. 사유화, 앞지르기, 선택의 극대화와 과세의 최소화를 약속하는 과장된 물질주의 등의 빈곤화된 어휘 속에서 새로운 시민 소비자는 공공 영역으로부터 너무 쉽게 물러나고 만다. 공공 영역은 비판을 민주적 가치로, 집단적 책임을 민주주의를 육성하기 위한 토대로, 그리고 집단적 보호의 확대와 심화를 국가의 정당한 기능으로 간주한다. "시장이 모든 문제들을 해결할 수 있다는 과장되고 비합리적인 믿음"이 일반화되면서 공공 영역은 "보편적 건강의료 서비스, 대중교통, 주택공급, 광역 철도망, 젊은층과 노약자에 대한 배려, 정부의 탄소 배출량 감축 노력 등과 같은 중요한 사안에 관심을 갖는 데 필요한 민주적 이상과 담론, 정체성을 박탈당했다. 물론 공공 영역이 주목해야 하는 사안은 끝이 없다."[72] 신자유주의적 합리성의 근저에는 마치 상식과도 같이 활개를 치고 있는 교육적 실천이 자리 잡고 있다. 이러한 상식은 시끌벅적한 보수적 토크 라디오에서부터 학교의 강당과 강의실, 그리고 대중 미디어의 영상문화 등에 이르는 수많은 제도적·문화적 사이트에서 생산되고 전파된 것이다.

하나의 독특한 통치행위 형태인 신자유주의는 민주주의를 훼손시키고, 사회적 국가를 파괴하며, 처벌국가가 출현할 수 있는 조건들을 강화하고, 공공선의 관념을 손상시켰을 뿐만 아니라 문화의 경화(hardening of the culture)를 초래하기도 했다.[73] 사람들을 가난, 질병 그리고 운명의 장난과 같은 끔찍한 불행으로부터 보호한다는 관념이 그릇된 믿음으로 간주된 것처럼 공공선에 투자하는 공적·사적 정책들은 바람직하지 않은 것으로 폐기되었다. 장기적 헌신이 하나의 함정으로 여겨지게 되었고, 약하다는 것(weakness)이 이제는 사회적 배제를 통해 처벌받을 수 있는 죄악으로 간주되었다. 사회는 당신을 원하거나 보살피지도, 필요로 하지도 않는다는 것이 국가가 원하지 않는 국민들에게 보내는 메시지다. 오늘날 아무런 제약도 받지 않는 사회적 다윈이즘이 문화 전반에서 맹위를 떨치면서 타인들, 특히 시장가치가 사람의 가치를 결정하는 세계 속에서 남아도는 여분의 존재로 취급받고 있는 사람들의 고통과 곤경에 대해 점점 무감각해지고 있다. 뿐만 아니라 사회적 다윈이즘은 가장 취약한 사회계층을 악마처럼 규정하고, 불행을 경멸하며, 승자에게 큰 상을 베푸는 경쟁의 에토스에 정당성을 부여해 주고 있다. 문화 사이트들 가운데서도 할리우드(Hollywood)와 리얼리티 TV 등은 아무런 거리낌 없이 엔터테인먼트라는 이름으로 신자유주의적 처분가능성 정치의 이데올로기적 저류를 제공하고 있다.[74] 좋은 성격과 개인적 책임, 문화적 동질화의 경향과 결합된 초개인주의(hyper-individualism)의 사회적 명령 속에서 '결핍(lack)'의 담론이 만연하면서 모든 사람들이 도덕적 관심의 대상에서 제외되었다. 이들은 생산자도 아니고 소비자 아닌 존재로 규정되면서 무가치한 상품이 되었으며, 가장 과격하고 효과적인 방식으로 "나머지와 같은 대상처럼 버려졌다. 우리가 관심있게 보고 생각하지 않음으로써 그들은 보이지 않는 존재, 생각할 가치조차 없는 대상들이 되었다."[75]

처분될 수 있는 집단이나 사람들을 눈에 띄지 않게 하는 것이 쉬운 일은 아니다. 특히 계층과 인종이 전쟁, 국가적 명예나 충성심 등의 문제와 뒤섞이게 될 때는 더욱 그렇다. 한 가지 분명한 예가 바로 젊은 흑인들이나 아시안계 젊은이들이 직업에 필요한 기능을 익히거나 어느 정도의 경제적 보장을 꿈꾸며 군대에 입대함으로써 처분가능성의 정치를 피하려고 하는 경우이다. 하지만 그러한 희망은 거리에서 이라크와 아프가니스탄의 전쟁터에서 매일 폭력에 시달리는 총알받이라는 지위, 그리고 결국 남는 것이라고는 부서진 몸과 조각난 꿈이라는 것을 보여주는 시체운반용 부대나 절단된 사지에 의해 물거품이 되고 만다. 그러나 이러한 모습들을 지배 미디어의 좁은 시야에서는 거의 찾아볼 수가 없다. 처분가능한 사람들을 보이지 않는 곳으로 내쫓는 것이 불가능하게 될 때, 신자유주의 이데올로기는 그들이 사회에 있다는 것을 구체적으로 보여주며 계속해서 인신공격을 퍼붓는다. 이는 몇 가지 예만 살펴보아도 충분하다. 허리케인 카트리나의 비극이 한참 지난 후에, 그리고 이러한 비극을 낳은 정부의 무능이 밝혀진 후에도 희생자들은 국가의 보호를 받을 만한 가치가 없을 뿐만 아니라 위험하며 얼마든지 처분될 수 있는 대상으로 간주되었다. 예를 들어 CNN 「360°」의 쿠퍼(Anderson Cooper)는 1년 후에 카트리나의 현장을 찾았다. 그는 여기서 사회 프로그램과 사회적 국가를 경멸하는 부시 행정부의 입장과 뉴올리언즈의 재건 실패가 어떠한 관련이 있는가를 묻지 않는다. 대신에 그는 카트리나 비극 이후 늘어난 범죄와 불법적 행위에만 초점을 맞춘다. 이러한 상황에서 작용하는 정치는 과연 무엇인가? 공영 라디오 방송(National Public Radio)의 수석 기자인 윌리암스(Juan Williams)는 《뉴욕타임스》에서 카트리나의 진정한 교훈은 가난한 사람들이 "스스로 문제를 야기했으며", 그들이 "정신의 가난(poverty of spirit)에 맞서지 않는 것"에 대해 비난받아야 한다는 것이라고 주장했다. 이러한 문화 속에 작용하고 있는 힘은 도대체 무엇이란 말인가?[76] 윌리암스는 사회적 행위자가 되기 위해 절실하게 필요한 경제적·교육적·정치적·사회적 조건들을 거의 제공받지 못하고 있는 국민들을 악마처럼 만들기 위해 개인적 책임과 자립이라는 유령을 불러들이고 있는 것이다.

　　문화의 경화현상은 2007년 영화 「컨뎀드(The Condemned)」에서도 찾아볼 수 있다. 이는 카지노 자본주의(casino capitalism)와 넘쳐나고 있는 처분가능한 집단들이 결합된 극명한 사례 가운데 하나이다. 줄거리는 막대한 부를 소유한 TV 대기업의 사악한 음모를 중심으로 하고 있다. 세계 각지에서 10명의 죄수를 돈으로 사서 한 섬에 살게 한다. 이들은 30시간이 지나 마지막까지 살아남게 되면 자유의 몸이 될 수 있다는 약속을 믿고 서로를 죽여야 한다. 수백만 명의 시청자를 끌어들이기 위해 살인이 인터넷으로 생중계된다. 콘(Sally Kohn)은 영화와 문화의 지나친 폭력성에 대해 논평하는 가운데 만일 이러한 유형의 프로그램이 실제로 생겨서 "죽음을 인터넷으로 생중계한다면 최근 엄청난 인기를 끌고 있는 「아메리칸 아이돌(*American Idol*)」보다도 더 많은 시청자를 확보할 수 있을 것이라고" 주장한다.[77] 2007년에 네덜란드의 한 TV 네트워크는 「빅 도너 쇼(*The Big Donor Show*)」라는 리얼리티 TV 프로그램의 제작을 발표함으로써 카지노 자본주의의 흐름에 편승했다.[78] 이 프로그램은 죽음을 앞둔 여성으로부터 신장을 기증받기 위해 경쟁하는 3명의 환자를 중심으로 구성되었다. 그 여성은 프로그램을 본 시청자들의 문자 메시지를 받아본 후에 최종 선택을 하기로 되어 있었다. 그러나 이 프로그램은 결국 속임수로 드러났다. 이와 관련해서 프로그램 스폰서는 "심각한 장기기증 부족상태에 대한 의식을 제고하기 위하여" 프로그램을 기획하게 되었다고 주장했다.[79] 이에 대해 많은 사람들은 장기를 필요로 하는 사람의 처지에 대해 관심을 환기시켰다는 이유에서 방송 의도가 좋았다고 생각했던 반면에, 일부에서는 이미 인터넷에서 개인적으로 장기를 사고파는 상황과 다를 것이 없다고 주장했다. 물론 기업적 미디어는 이 프로그램이 사회적 책임과 행위, 그리고 공적 가치에 대한 편협한 의식을 조장하는 지배적인 시장가치와 어떻게 관련되는가에 대해 별 관심이 없었다. 또한 생의 자본(biocapital) 형태로 기능하는 신자유주의가 어떻게 생사와 관련된 중차대한 의학적 결정이 게임 쇼의 논리와 볼거리로, 높은 TV 시청률을 보장하는 것으로, 그리고 극도의 사유화된 선택으로 전락하게 된 조건들을 제공하게 되었는가에 대해서도 관심을 보이지 않았다.

상업적이고 사유화된 관심의 영향으로 공공 영역이 사라짐에 따라 우리는 민주적 정체성과 신뢰, 성실, 사랑, 열정, 존경, 예의, 용기, 시민성 등과 같은 비시장적 가치들을 발전시키는 언어에 접근할 수 없게 되었다. 공간과 자본의 관계를 새롭게 규정함에 따라 신자유주의는 비정치적인 시장의 세계와 점증하는 군사적 관계 속에서 정치적인 것을 위한 어휘들을 발전시킬 수 있는 공공 영역을 제거하고 있다. 게다가 공공 문화와 상업적 이해관계 사이의 경계가 무너지면서 상업화된 공공 영역과 사적 영역들이 도덕적 고려를 위한 맥락을 제공하지 못하는 것은 물론 중요한 사회제도들을 공공선으로서 보호할 수 있는 언어도 제공하지 못하고 있다. 그 결과 군사주의적 열정, 구조적 권력, 상업적 가치들이 공정하고 민주적인 사회의 핵심이 되는 공공 영역과 가치체계를 압도하고 있다. 현재의 신자유주의 체제 하에서는 상업화된 영역만이 고결한 삶을 살 수 있는 기회를 꿈꾸거나 아니면 삶과 죽음을 가르는 어려운 결정들을 조정할 수 있는 유일한 공간처럼 보인다.

상업화된 즐거움, 지나친 경쟁, 탐욕, 점증하고 있는 빈부격차와 끔찍스런 고통이 스스로에게 더 이상 질문을 던지지 않는 사회 속에 뒤섞여 있다. 이러한 사회에서는 공적 쟁점이 토크 쇼나 광고 그리고 유명인사의 문화 속으로 용해되어 버리고 만다. 시장에 기초한 미디어 문화가 기업 스폰서를 만족시키기 위해 애쓰고 문맹 취급을 받는 관객들을 사로잡기 위해 노력하는 가운데 정치, 권력, 전쟁, 삶과 죽음 등에 관한 중요한 쟁점들이 사사로운 것이 되어버리거나 공적 담론에서 배제되고 있다. 기업 미디어가 중요한 사회적 쟁점들을 미미한 것으로 취급하고 이를 잘못 전달하거나 아니면 배제시키고 있는 반면에, 미국 정부는 계속해서 반대의 비판적 역할을 충성스럽지 않거나 미국적이지 않은 것으로, 심지어는 반역의 조건으로 치부하고 있다.[80]

민주주의적 상상력에 대한 신자유주의의 공격과 그 부산물이 곳곳에 산재해 있다. 전체 수감자 수가 2백여 만 명에 달할 정도로 교도소와 감옥을 가득 채우는 가운데[81] 처벌국가의 역할 그리고 교도소 문화로 가득찬 공적·사적 세계가 미디어의 관심을 끌고 있다. 하지만 미디어는 유명 여배우 힐튼(Paris Hilton)이 2007년 여름 짧은 기간 동안 수감 명령을 받았을 때 보여주었던 것처럼 뉴스를 엔터테인먼트처럼 보도하는 방식으로 이 문제에 접근하고 있다. 문화의 경화현상은 또한 문화산업에 넘쳐나고 있는 시각적 표현 속에서도 뚜렷하게 나타나고 있다. 여기서는 두 가지 예만 살펴보도록 하자. 시카고의 한 변호사는 섹시하고 요염한 젊은 여성, 그리고 상반신을 노출한 건장한 젊은 남성의 사진과 함께 "인생은 짧다. 이혼하자"는 문구를 담은 광고물을 게시했다. 기업 미디어는 최근 문화 속에서 이러한 광고가 과연 무엇을 말하고 있는가에 관해서 관심을 보이지 않았다. 말하자면 가족 간의 친밀함이나 배우자와 자녀에 대한 오랜 헌신의 의미가 약화되고 있는 것에 관한 관심과 토론보다도 대체로 "술집과 상점, 사무실 등지에서 많은 사람들이 단지 이혼하고 싶다는 이유만으로 이혼하는 것이 과연 좋은가" 하는 문제를 놓고 벌이는 흥미 위주의 논란에 초점을 맞추었다.[82] 건강보험이 없는 아동이 9백만 명을 넘고 있고 수많은 사람들이 빈곤상태에서 살고 있는 국가적 수치에 관심이 없는 지배 미디어는 최근 유행하고 있는 호화판 어린이 생일파티를 아무런 비판 없이 보도하고 있다. 심한 경우는 5만 달러짜리 행사도 있다. 수많은 미국 아동들이 겪고 있는 빈곤과 박탈상태에 관심을 갖기보다 기업 미디어는 "'이웃 사람들(baby Joneses)'에게 과시하고픈 과다한 경쟁이 어떻게 미국의 부모들을 동네에서 제일가는 생일 파티를 열어주기 위한 경쟁으로 몰고가고 있는가" 하는 데 초점을 맞추고 있다.[83]

1987년 영화 「월스트리트(*Wall Street*)」에서 게코(Gordon Gekko)는 1980년대에 널리 퍼진 투자은행의 무자비하고 비인간적 정신을 사로잡은, 그 어떠한 제약도 없는 탐욕에 관해 언급하고 있다. 그가 지적하고 있듯이 "신사 숙녀 여러분, 중요한 것은 '탐욕(greed)'이—이보다 좋은 말이 없기 때문에—좋다는 것입니다. 탐욕은 옳습니다. 탐욕은 통합니다. 탐욕은 진화론적 정신의 본질을 분명히 보여주며, 이를 꿰뚫고 있고 또한 사로잡고 있습니다. 인생, 돈, 사랑 그리고 지식에 대한 탐욕 등 모든 형태의 탐욕이 인류의 발전을 이끌어 왔습니다." 게코의 배역은 충격적이고 도발적인 의도를 지닌 것이었다. 그는 권력에 굶주린 악한으로 묘사되었고, 그의 연설은 기업권력과 가치에 의해 지배될 수 있는 미래에 대한 경고였다. 하지만 불행하게도 게토가 가장 근원적인 인간적 가치로 포용한 탐욕이 오늘날 많은 사람들에게 영감을 제공하는 원천이 되고 있다. 뿐만 아니라 오늘날 너무나 정상적인 것이 되어버린 신자유주의의 **핵심을 이루고** 있다. 시장이 사회질서의 모든 측면을 틀짓는 가운데 맹렬한 기세를 떨치게 되면서 투자와 상업의 영역에서 벗어날 수 있는 것은 아무 것도 없게 되었다. 공공선과 예술, 그리고 지적 문화와 관련된 문제들이 전적으로 사적 이해관계와 시장가치에 종속되면서 인간적 삶과 광범위한 공적 가치들이 사적인 금전적 이익과 시장결정론에 떠밀려 무시되기 일쑤다. 일상생활의 모든 측면들이 상품화의 렌즈를 통해 조정되고 있다. 개인의 목적의식과 행위의식 또한 시장사회에서 최상의 가치가 바로 이윤창출이라는 전제 위에서 평가되고 있다. 유명한 부자의 라이프스타일 관련 기사들이 신문과 미디어에 넘쳐나고 있다. 기업 경영자들이 비즈니스 문화의 모델로 조명되고 있는 가운데 그들이 종종 받는 깨끗지 못한 보너스를 통해 리더십이 평가되고 있다. 부시 행정부 하에서 권력과 탐욕은 오만하고 무자비할 뿐만 아니라 권력의 영역에서 배제된 사람들에 대한 경멸과 응징수단의 특성을 지닌 일종의 공적 위상을 확보했다. 지식과 정보를 지닌 참여적 시민들을 길러내야 할 책임을 져버림으로써 지배 미디어는 기업과 정부권력에 대한 비판과 감시의 역할을 상실했다. 그 대신에 지배 미디어는 신자유주의 문화와 가치를 정당화하고 시민 소비자를 양산하기 위한 광고 내지는 강력한 교육적 영향력으로 기능하고 있다. 부유층과 권력층으로부터의 보상을 갈구하는 지배 미디어가 주주를 위해 돈을 버는 것 이외의 다른 목표를 가지고 있다고 믿기는 어렵다. 이러한 사실은 그들이 정치와 권력에 대해서 이야기하고 있는 것들뿐만 아니라 지식과 예술 그리고 공공 문화의 가치를 규정하는 방식에서도 그대로 드러나고 있다.

신자유주의적 근본주의의 지배 하에서 미국이 어떠한 나라가 되었는가를 보여주는 하나의 예를 우리는 기업 미디어가 허스트(Damien Hirst)의 예술작품인 「신의 사랑을 위하여(For the Love of God)」를 다룬 유명한 기사에서 찾아볼 수 있다. 이 작품은 8,601개의 최고급 다이아몬드로 장식한 실물 크기의 백금 두개골로 판매가격이 대략 1억 달러로 추산되었다. 이 기사를 다룬《뉴욕타임스》는 다이아몬드 두개골의 제작을 위해 허스트가 2,360만 달러를 사용했으며, 빈약한 예술시장에서 1억 달러를 호가한 것으로 볼 때 이 작품의 구매자를 찾기가 쉽지 않을 것이라는 데 초점을 맞추었다.[84] 시장의 쟁점으로 문제에 접근한 이 기사는 두개골에 박힌 다이아몬드의 "출처에 윤리적으로 아무런 문제가 없다는" 점을 분명히 함으로써 허스트에 대한 본질적 비판을 비켜나갔다. 이는 마치 스스로 옳다고 생각하는 공적 관계를 드러냄으로써 신자유주의적 세계 자본과 처분가능성의 정치 배후에 자리하고 있는 광범위한 결과와 역학관계를 간과하거나, 아니면 허스트의 작품을 극도로 타락한 상업화의 사례나 예술의 의미에 관한 매우 천박한 표현으로 바라볼 필요성을 완화시키는 것과도 같은 맥락이다. 파시스트적 미학과 자본주의적 합리성이 어떻게 피 묻은 다이아몬드와 처분될 수 있는 아프리카인의 신체를 상징하는 두개골을 결합시킨 예술적 표현으로 통합될 수 있는가 하는 아이러니는 허스트를 단순히 "세계에서 가장 사치스런 예술가"로 간주하는 논평 속에서는 거의 찾아볼 수가 없다.[85] 대부분의 기업 미디어나 일반 대중들이 보기에 허스트의 작품은 지나치게 많은 돈을 필요로 한다. 그리고 바로 이 점이 허스트에게는 자부심이 될 수 있다. 하지만 예술작품과 이를 둘러싼 표현이 자본의 축적뿐만 아니라 "죽음의 분배를 규제하고 국가의 살인적 기능을 가능하게 하는", 이른바 무벰베(Achille Mbembe)가 말하는 신자유주의적 생의 정치(biopolitics)의 인종차별적 경제와 연루되는 방식은 철저하게 간과되고 있다.[86]

다른 한편 사회질서는 훨씬 더 탈정치화되고 있고 권력의 영역으로부터 배제되고 있다. 심지어는 대통령이 이라크 전쟁을 정당화하기 위해 거짓말을 하고, 영장 없는 첩보활동을 허용함으로써 시민적 자유를 침해하고, 2006년에는 군사위원회법(Military Commissions Act)을 통과시켜 인신보호영장제(habeas corpus)를 폐지하고, '국가의 적들'을 납치해서 비밀 감옥에 수감하고, 그리고 '적의 요원들'을 관타나모(Guantanoamo)에 가두어 국제법을 무시할 때조차도 대중적 분노라고는 거의 찾아볼 수 없는 진부한 정치가 나타났다. 관타나모 수용소는 인권의 지지를 외치는 미국의 위선과 함께 미국 정부가 기꺼이 국제법과 헌법 그리고 민주주의 자체에 대한 어떠한 주장도 포기할 수 있다는 것을 상징적으로 보여주고 있다.[87]

억압적 공교육의 한 형태인 신자유주의 이데올로기는 특히 제2기 부시 행정부 하에서 자유와 행위의 의미, 그리고 통치행위의 성격을 변화시켰다. 장기간에 걸친 '테러리즘과의 전쟁'과 결합된 신자유주의는 더욱 세계적인 것이 되고 있다. 더욱이 폭력, 군사력, 전쟁 그리고 신자유주의의 보편적 정당성을 거부함으로써 '타자(others)'로 규정된 모든 사람들에 대한 강압을 통해 더욱 위협적인 양식의 통치행위를 위한 조건들을 제공하고 있다.[88] 오늘날에는 불안, 순응, 박탈, 극도의 가난, 질병 그리고 고도의 상업화가 일상화된 정치형태를 창조하는 가운데 제왕적 대통령제가 시장의 가치와 관행을 모든 제도와 사회관계로 확대시키고 있다. 이러한 징후는 아담 스미스(Adam Smith)에서부터 하이예크(Friedrich Hayek)와 프리드만(Milton Friedman)에 이르는 경제 이론의 역사보다도—물론 이들의 사상이 지닌 영향력과 이를 유포한 제도들이 과소평가되어서는 안 되지만—정치가 구체적으로 표현된 일상생활의 다양한 상황 속에서 더 많이 찾아볼 수 있다. 불평등, 불확실, 불안의 역학관계 내에서 구조화된 일상의 정치에서 가장 중요한 선택은 주로 삶과 죽음 사이의 선택, 그리고 그럭저럭 살아가느냐 아니면 공동체로 후퇴하느냐 하는 것 사이의 선택이다. 그리고 이와 같은 현상에 대한 서툰 이해와 사회적 기억상실 뒤에는 엄청난 기업의 부패 그리고 부와 자원의 심각한 불평등에 의해 조장된 일련의 전 세계적 문제들이 가로놓여 있다.

—— 오늘날 기업의 이윤이 전 세계적으로 치솟고 있는 반면에 89개국의 경제 사정은 오히려 1990년대 초반보다도 어려워졌다. 자본주의는 세계화가 빈부의 격차를 좁힐 것이라고 약속했지만 오히려 격차가 확대되었다. 지구 상에서 가장 부유한 356가구가 향유하고 있는 부를 모두 합하면 전 세계 인구 40%의 연 소득을 초과한다. 전 세계 인구의 2/3가 전화를 사용한 적이 없으며 1/30이 전기 없이 생활하고 있다.[89]

신자유주의가 초래하고 있는 엄청난 불평등에 대한 윤리적·정치적 논쟁이 미국에 당연히 있어야 함에도 불구하고 이를 전혀 중요하게 취급하지 않고 있다. 문화정치를 통해 주체성이 형성되고 동일시가 이루어지는 세계 속으로 정치적·경제적·사회적 쟁점이 통합되고 있다. 문화정치에서는 공공선과 사회정의가 훼손된다. 왜냐하면 그것들이 재정적 부담을 줄 뿐만 아니라 친밀성, 비상품화된 가치와 오랜 헌신의 부담을 수반하기 때문이다. 신자유주의가 우리 시대의 지배적 이론, 실천, 정치로서 지난 30여 년 동안 "빈부의 격차, 노동의 본질, 정치에서의 거대자본의 역할, 공적 서비스의 양과 질, 가정생활의 성격 등을 포함한 사회생활의 모든 측면에 실제적인 영향을 끼쳤다"는 코츠(David Kotz)의 주장은 타당하다.[90] 신자유주의에 대해 새롭게 인식해야 할 중요한 사실은 신자유주의가 일단의 핵심적 신념을 정상적인 것으로 만들 수 있는 능력을 지녔을 뿐만 아니라, 교육적 노력을 통해 신자유주의의 이론과 실천을 상식이라는 설득적 관념으로 전환시킬 수 있다는 점이다. 그 과정에서 신자유주의는 큰 정부를 독점, 낭비, 무능력과 동일시하고 있다. 또한 개인주의와 자유를 선택을 통해 결정된 엄격한 시장의 관념으로 묘사하고 있으며, 시장관계와 민주주의를 동의어로 만들고 있다. '큰 정부에 대한 공격'이 사회적 국가의 잔재를 일소하기 위해 신자유주의자들을 결집시키는 구호가 되고 있다. 오늘날 기업권력이 정부규제를 위한 조건들을 마련하고 있으며, 산업의 발전을 시장의 지혜에 맡기도록 하고 있다. 바우만(Zygmunt Bauman)이 지적하고 있듯이 "경쟁, 비용 대비 효과, 이윤창출 능력 및 기타 자유시장의 규칙이 지배하는 사회에서 공공선을 위한 윤리적 논쟁이 차지하는 위상은 미미하다."[91] 미국의 민주주의가 지금과 같은 시민적·정치적 위기의 시대보다 더 취약하고 위험했던 적은 없었다.

상품화, 규제철폐, 사유화에 직면해서 민주적 공공 영역들이 사라지고 있으며, 이와 함께 민주적 가치와 담론 그리고 사회관계의 유산도 사라지고 있다. 사유화를 통해 공공선을 팔아치우려는 신자유주의의 공격을 보여주는 단적인 예 가운데 하나는 부시 대통령의 백악관 예산 담당관을 역임한 인디애나(Indiana) 주지사 다니엘스(Mitch Daniels)에게서 찾아볼 수 있다. 비판자들은 다니엘스를 '사유화 주지사(Governor Privatize)'라고 부르고 있다. 다니엘스는 이미 "일부 복지 프로그램 신청자들의 분류업무, 교도소 운영 그리고 157마일에 달하는 인디애나 주 유료 도로의 운영을 사기업에 넘겨주었다 …. 또한 새로운 도로의 민간 운영과 주의 복권사업 임대를 요청했다." 다니엘스는 "정부가 마지막 독점자"이고 정부는 경쟁의 이익만큼 효율적이지 않다는 신자유주의 옹호자들의 끝없이 되풀이되는 주장에 기대어 자신의 입장을 변호하고 있다.[92] 이러한 관점을 이해할 수 없는 것은 아니다. 하지만 특히 카트리나 재해에 대한 연방정부의 서툰 대응이 초래한 비극을 경험한 이후에도 이를 마치 아무런 문제가 없는 자명한 이치처럼 주장한다면 이는 참으로 기이한 입장이 아닐 수 없다. 앞에서 지적했듯이 카트리나 비극의 많은 부분은 정부의 중요한 지원 프로그램을 파괴한 신자유주의적 경향에서 비롯된 것이다.[93]

신자유주의 시대와 정치의 재고

──── 현대 세계에서 생의 정치(biopolitics)의 어떠한 측면도 생의 자본(biocapital)의 파괴적 역사를 간과할 수 없을 것이다. 이는 인간 실존 자체의 본질

을 대상화하고 규제하는 데, 그리고 그것을 위한 투쟁에 필수적이다.[94]

신자유주의적 합리성이 미국 전역으로 확대되면서 민주적 가치와 자본의 필요 사이의 긴장이 사라지고 있다. 동시에 이는 새로운 형태의 권위주의를 위한 토대를 제도화하는 가운데 민주정치가 어디서 발생하며 신자유주의가 교육적·정치적 측면에서 어떻게 저항에 부딪치게 될 것인가 하는 근본적 질문을 제기하고 있다. 이제부터는 신자유주의의 본질과 영향력 그리고 본질적 민주주의에 대한 위협 등에 관해 서로 다르지만 중요한 분석을 시도한 하비(David Harvey)와 브라운(Wendy Brown)의 저서를 간단히 살펴보고자 한다. 이들의 저서는 신자유주의를 이데올로기, 정치 그리고 합리성의 양식으로 이해하기 위한 시도뿐만 아니라 신자유주의에 관한 교육과 신자유주의에 반대하는 교육을 이론화하기 위한 노력을 위해서도 매우 중요하다. 이 경우에 교육은 서로 다른 형태의 지식, 사회관계, 주체적 입장, 윤리적 가치에 토대를 둔 변증법적 성격을 취하게 된다. 현재의 권력구도를 생산하는 일과 결부된 교육적 프로젝트와 실천은 정치적으로 무기력한 경향이 있고 지배적 이해관계에 유리하게 작용하게 된다. 반면에 비판적 교육은 정치와 권력의 작용을 직접 볼 수 있게 하고, "지식이 권력관계 내에서 무엇인가를 할 수 있는 가능성을 지니고 있다"는 사실에 주목하며,[95] 주요한 사회적 이슈에 비판적 관심을 표명하고, 민주적 공공 생활에 필수적인 조건들을 확대하고 심화시킨다.

하비는 신자유주의가 새로운 상식이 되었다고 주장한다. 그리고 만일 신자유주의에 저항하고자 한다면 주요 이론적 전제뿐만 아니라 신자유주의의 역사를 분명하게 이해하고 그 한계를 설정해야 한다고 주장한다. 이러한 과업을 위해 하비는 자유 및 개인적 자유의 형태에 관한 18세기 자유주의의 교의 속에서 신자유주의의 뿌리를 추적하고 있다. 그리고 이것이 1970-1980년대에 칠레, 미국, 영국, 중국 등지에서 처음으로 모습을 보인 훨씬 더 무자비한 경제학 모델의 등장과 어떻게 연결되고 있는가를 분석하고 있다. 하비는 매우 보수적이고 시장지향적인 정치가들이 통치한 이들 국가에 신자유주의의 원칙이 적용된 것과 신자유주의의 원칙에 따라 1982년에 세계은행과 국제통화기금(IMF)이 재건된 것, 신자유주의 정책에 대한 대중의 동의를 유지하기 위해 교육적 청사진을 마련한 것과 계급권력이 복원된 것 사이에는 직접적 관계가 있다고 보고 있다. 세심한 주의를 기울이는 가운데 하비는 부, 권력, 제도가 역사적으로 신자유주의 이데올로기에 어떻게 봉사하고 있는가에 주목하고 있다. 하비는 신자유주의의 원칙이 1970년대 뉴욕 시의 채무개혁에 어떻게 작용했는가, 피노체트(Pinochet) 정권의 칠레는 어떻게 프리드먼(Milton Friedman)의 신자유주의적 이상을 위한 시험대가 되었는가, 레이건(Ronald Reagan)과 대처(Margaret Thatcher)는 복지국가를 해체하고, 노동조합을 무력화시키며, 가격이 시장에서 결정되도록 하고, 매매와 금융을 자유화하기 위해 어떠한 시도를 했는가, 그리고 부시 행정부는 신자유주의적 국정운영의 최종 지점을 어떻게 표현하고 있는가 등에 관한 상세한 분석을 시도했다. 특별히 하비는 이라크 임시연합(Coalition Provisional Authority in Iraq)의 대표인 브레머(Paul Bremer)의 시도를 지적하면서 신자유주의 정책과 군사주의의 통합을 확신하고 있다. 브레머는 2003년 9월 19일에 부시 행정부가 취한 신자유주의 국가의 전형적 모습이 담긴 일련의 명령을 공포했다. 브레머의 명령 가운데는 "공공 기업의 전면적인 민영화, 이라크 내의 외국 기업체에 대한 전면적인 소유권 보장, 외국인 이윤의 본국 송금 허용 등 이라크 은행에 대한 외국인 통제의 개방, 외국 기업체들에 대한 국가 차원의 대우 … 거의 모든 무역 장벽의 제거" 등이 포함되어 있다.[96] 하비는 신자유주의가 민주주의 이념에 대한 전투에서부터 "자본축적을 위한 조건을 다시금 마련하고 경제 엘리트들의 권력을 복구하기 위한—그가 분명히 말하고 있는 계층권력의 복원을 위한—무자비한 정치적 프로젝트"에 이르는 수많은 전선에서 민주주의에 대한 전쟁을 감행하고 있다고 강력하게 주장하고 있다.[97]

하비는 "우리 대다수가 세계를 해석하고 살아가고 이해하는 상식적 방법이 되었을 정도로 신자유주의가 우리의 사고방식에 지대한 영향을 미치고 있다"고 주장함으로써 문화정치의 패권적 양식으로서 신자유주의의 중요성에 주목하고 있다.[98] 하비는 우파 싱크 탱크의 출현, 점증하고 있는 고등교육의 기업화, 새로운 정보기술의 등장과 신자유주의를 패권적 담론의 양식으로 만들고 있는 미디어의 역할에 대해 언급하고 있다. 하지만 하비는 교육이 문화정치의 한 형태로서 특별한 대응 방식, 동일시 양식, 감정적 투자 그리고 신자유주의 에토스와 관행에 동의하고 연루되는 사회관계를 실제로 어떻게 조성하는가에 대해서는 충분한 주의를 기울이지 못하고 있다. 그러한 까닭에 하비는 신자유주의적 헤게모니가 단순히 경제적 시각을 통해서 설명될 수 있다는 관념에 대해 심각하게 반박하지 않고 있다. 결과적으로 그는 정치, 문화, 계층 사이의 관계에 대한 충분한 분석을 시도하지 못하고 있다. 이론과 실천으로서의 신자유주의가 시장경제와 그 권력관계의 도움을 크게 받았다면 신자유주의는 또한 어떠한 사안을 결정짓는 데 있어서 시장이 민주주의보다도 유리한 위치에 있다고 가정하는 패권적 담론을 성공적으로 동원한 문화정치의 가치를 잘 알고 있다. 여기에서 간과하고 있는 것은 정치를 변혁시키고 권력관계를 재편하기 위한, 그리고 시민성과 국가 및 시장관계의 우월성에 대한 신자유주의의 관점을 정상적인 것으로 만드는 일련의 담론과 징벌수단을 생산하기 위한 노력의 일환으로 "지식형태, 권력의 전략 및 자체의 기술"[99]을 결합시키는 통치행위로서의 신자유주의에 대한 관념이다. 지난 30여 년 동안 미국의 대중들에게 끼친 신자유주의의 호소력을 고려할 때 신자유주의 이데올로기의 성공은 하나의 근본적 질문, 즉 그토록 교묘한 방식으로 어떻게 그토록 많은 미국인들의 동의를 이끌어낼 수 있었을까 하는 질문을 던지고 있다. 그런데 이 미국인들은 "노동자 계층의 구성원들이 정상적 조건 하에서 자신의 월급 명세서 이외의 다른 일에는 전혀 신경을 쓰지 않는다"고[100] 주장하는 많은 좌파주의자들에 의해 대체로 포기된 존재들이었다. 그로스버그(Lawrence Grossberg)가 주장한 것처럼 대중적 상상(popular imaginary)은 정치적·교육적 투쟁의 일부로서 매우 중요하다.

──── 헤게모니를 장악하기 위한 투쟁은 사람들의 일상적 의식과 대중문화 속에 닻을 내려야 한다. 권력을 추구하는 사람들은 상식과 대중문화의 모순적 영역 속에서 그리고 그것과 투쟁해야 한다. 사람들이 옳은 것과 그른 것, 할 수 있는 것과 할 수 없는 것, 해야 할 것과 해서는 안 되는 것을 계산하기 위해 사용하는 언어나 논리와 투쟁해야 한다. 사회적 상상력이 규정되고 변화되는 곳, 개인적 정체성, 동일시, 우선순위 그리고 가능성이 만들어지는 곳, 그들과 사회를 위한 도덕적·정치적 아젠다를 형성하는 곳, 그들을 대변해 줄 권력에 투자할 것인지, 그리고 무엇에 또는 누구에게 투자할 것인지를 결정하는 곳이 바로 그러한 곳들이다. 또한 사람들이 현재에 대한 인식을 토대로 미래를 위한 희망을 형성하는 곳, 그리고 무엇이 문제이고, 무엇이 관심을 가질 만한 가치가 있으며, 무엇에 헌신할 것인지를 결정하는 곳이 바로 그와 같은 투쟁의 장소들이다.[101]

불행하게도 하비의 관점에서는 문화의 교육적 영향력이 어떻게 신자유주의 이데올로기와 가치 그리고 동의를 산출하는지 알 수가 없다. 요컨대 대중적 상상력이 어떻게 권력을 배치하며 권력에 의해 어떻게 영향을 받게 되는지를 알 수 없다. 하비는 그람시(Antonio Gramsci)의 헤게모니와 상식이라는 상호 연관된 관념들에 크게 의존하고 있다. 그럼에도 불구하고 그 관념들 속에서 교육적 차원을 배제하고 있다는 것은 참으로 아이러니한 일이 아닐 수 없다. 잘 아는 바와 같이 그람시는 "모든 헤게모니 관계는 필연적으로 교육적 관계"라고 주장한다.[102] 그리고 그 과정에서 그람시는 문화를 경제적 권력관계와 분리하거나 정치와 교육을 지식, 정체성 및 사회적 구성의 생산과 분리하는 것에 반대하고 있다. 하비는 문화를 단지 상부구조적이고 장식품과 같은 것으로, 혹은 계층에 기초한 정치에 대한 하나의 부담으로 취급하고 있는 대다수 좌파주의자들의 실수를 되풀이하지 않고 있다. 하지만 그는 신자유주의의 동의 산출에 관여하는 교육과 문화정치 사이의 중요한 상호 관련성을 충분히 다루지 못하고 있다. 하비는 교육의 중요성, 변화하고 있는 계층구성의 정치와 신자유주의 국가의 창출을 서로 연결시키지 못하고 있다. 여기서 교육은 역동적으로 변화하면서 자본주의의 제도적 배열을 정당화하는 상식의 양태들을 조정하는 광범위한 정치의 일부로 볼 수 있다. 마찬가지로 물질관계의 우선성을 주장하는 하비의 관점은 예컨대 노동과 생산 자체의 본질이 근대 후기에 급격하게 변화된 것과 같은 신자유주의 이데올로기의 변화를 적절하게 다룰 수 없다. 하비는 교환과 착취의 합리성이 난민, 직업이 없는 젊은이, 가난한 노인들, 이민자, 가난한 소수 유색인종과 같은 사람들, 즉 시민 소비자라는 의미의 생산적 관념 밖에 존재하고 있다는 이유 때문에 점점 더 처분가능한 대상으로 간주되고 있는 사람들의 운명을 왜 사로잡을 수 없는가, 또는 그와 같은 집단들이 운명의 문제와도 같은 사회적·경제적·정치적 배제에 집단적으로 저항하기 위해 어떻게 동원될 수 있는가 하는 문제에 관해서 비판적 견해를 거의 제시하지 못하고 있다. 또한 헤게모니와 교육 사이의 결정적인 관계에도 불구하고 우리는 하비에게서—그리고 대다수 진보적 사회이론가들에게서—신자유주의 이데올로기에 저항하기 위해 젊은이들이 교육과 문화를 전용하는 방식에 관해 배운다는 것, 그리고 점차 젊은이들을 문젯거리 혹은 이윤추구를 위한 시장으로 바라보는 세계 속에서 그들을 비판적이고 참여적인 행위자로 키우기 위해서 우리가 교육을 어떻게 활용할 수 있는가를 이해한다는 것이 과연 어떠한 의미가 있는가에 대해 알 수가 없다.[103]

브라운(Wendy Brown)은 신자유주의를 통치행위(governmentality)의 형태로 접근함으로써 하비와는 다른 방식을 취하고 있다. 그녀의 주장에 의하면 많은 이론가들은 신자유주의가 미치는 "중요한 결과를 파악하고 있다. 하지만 그들은 정치적·사회적 결과를 등한시하는 가운데 신자유주의를 일단의 경제정책으로 축소시키고 있다. 요컨대 그들은 경제정책을 조직하고 시장 너머까지 영향을 미치는 정치적 합리성에 주목하지 못하고 있다."[104] 브라운에게 신자유주의는 일단의 경제정책이 아니다. "통치행위의 형태로 전개되는 신자유주의는 교육정책의 영향을 받는 시민의 영혼에서부터 제국의 관행에까지 이르는 하나의 사회분석이다. 통치의 규제적 전략인 신자유주의적 합리성은 비용효과 분석의 경제를 통해 삶의 모든 측면을 규정하는 행정 프로젝트로서 헤게모니를 행사한다. 신자유주의적 합리성이 시장을 중시하기는 하지만 단지 경제에만 초점을 맞추지는 않는다. 그것은 또한 시장가치를 모든 제도와 사회행위로 확장하고 전파하는 것과 관련이 있다."[105]

    권력을 다른 사람들을 통치하기 위한 개입의 기술, 그리고 권력행사가 합리화되고 동의가 성취되는 자치의 형태를 산출하기 위한 교육적 표현기술의 상호 보완적 구성으로 볼 만큼 통치행위가 하나의 조작적 개념으로서 중요한 것이 되고 있다.[106] 이와 같은 이론적 통찰을 발전시키면서 브라운은 그러한 합리성을 구성하는 기본 요소들을 밝혀내고 그것이 어떻게 다양한 사회질서의 영역들을 형성하는지 설명하고자 한다. 예를 들어 그녀는 신자유주의가 얼마나 인간 삶의 모든 차원을 경제관계의 측면에서 바라보려는 경향이 있는가를 지적하고 있다. 또한 신자유주의가 어떻게 "시장을 국가를 조직하고 규제하는 원리로 규정하는가", 신자유주의가 어떻게 자신의 원칙에 따라서 제도들을 발전시키려고 하는가, 신자유주의가 어떻게 삶의 모든 영역에서 개인을 기업가적 주체로서 간주하는가, 신자유주의가 어떻게 사회적 국가의 책임을 '자유로운' 그리고 '책임감 있는' 개인들에게 전가시키고 있는가를 살피고 있다.[107] 하비와는 약간 다른 관점을 취하는 가운데 브라운은 신자유주의를 사회질서의 모든 측면에 영향을 미치는 계산적이고 시장에 기초한 합리성으로 간주하고 있다. 신자유주의는 미국에서 민주주의 이념 자체와 민주주의의 실천에 대한 강력한 위협이 되고 있다. 그녀는 신자유주의적 통치행위가 협소한 경제적 이해관계를 조장하기 위해 자유와 민주주의의 언어로 자신을 숨기는 방식에 대해 특히 우려를 표하고 있다. 브라운은 신자유주의 국가의 활동과 신자유주의적 합리성의 요소들을 분석하고 있을 뿐만 아니라, 사회적·경제적·정치적 측면에서 신자유주의 이데올로기가 어떻게 시민적 자유와 민주적 가치에 대한 공격을 감행하고 있는가에 대해 검토하고 있다.

───── 신자유주의는 지구적 통치권에 상응하는 국내적 통치권(imperium)을 나타내는 조직편성(formation)이다. 이러한 통치권은 비밀스런 첩보국가의 행위, 요컨대 기업화된 미디어, 학교, 교도소 그리고 한층 강화된 행정적·규제적 경찰력을 위한 다양한 기술들을 통해서 성취된 것이다. 신자유주의는 삶의 모든 영역에 걸쳐 시민들을 개별적인 기업가적 행위자로 길러냄으로써, 시민사회를 이러한 기업가적 정신을 발휘하는 영역으로 환원시킴으로써, 국가를 합리적인 개별적 주체라는 생산품을 만들어내는 기업처럼 배치함으로써 그리고 확장되고 있는 경제, 국가안보 및 지구적 권력에 의해 가능해진 하나의 조직편성이다.[108]

아이러니한 것은 신자유주의적 합리성과 정책들에 의해 배타적으로 규정된 브라운의 통치행위라는 관념이 바로 그녀로 하여금 다른 중요한 반민주적 영향력, 예컨대 종교적 근본주의, 군사주의, 고등교육과 비판적 미디어에 대한 공격 등을 인식하는 데 방해가 되고 있다는 점이다. 이와 같은 반민주적 영향력은 미국에서 새로운 형태의 권위주의의 출현을 암시하고 있다. 게다가 통치행위로서의 신자유주의에 대한 저항과 신자유주의 국가의 근본적 재편을 요구하는 가운데서도 브라운은 그러한 과업에서 핵심이 될 수 있는 교육적 개입이나 문화정치와 같은 것에 대한 비판적 이해를 심화시키지 못하고 있다. 브라운의 분석 속에는 문화, 정치 그리고 의미의 혼합이 어떻게 신자유주의적 합리성을 정당화시켜 주고 가능케 하는 사회형태를 제공하는가 하는 핵심적 쟁점들이 간과되어 있다. 더욱이 브라운은 교육적 기제와 장소 그리고 공간들이 "서로 경쟁하거나 대립하고 있는 합리성을 공격하고 폐기시키는 구체적 방법들"에 대해서,[109] 혹은 패권적 신자유주의 교육이 감정적 투자와 욕구 그리고 정체성을 상식과 사회통제 그리고 동의의 망(web)으로 조직화하는 방법에 대해 전혀 언급하지 않고 있다. 통치행위 이론이 생명력을 갖기 위해서는 단지 시민사회에 대한 폭넓은 권력작용뿐만 아니라 신자유주의적 합리성을 창출하고 정당화하는 교육적 사이트에 관여하는 것에도 관심을 가져야만 한다. 게다가 공적 지식인, 싱크 탱크, 미디어, 대학들이 실제로 신자유주의적 상식의 관념을 구성하고 정당화하는 데 있어서 교육적으로 무슨 역할을 하는지, 그리고 신자유주의적 상식이 신자유주의의 주체들을 생산하고 패권적 동의를 확보하는 데 있어서 교육적으로 어떻게 작용하는지를 검토하는 것이 매우 중요하다. 브라운은 신자유주의적 합리성이 어떻게 다양한 사회적·인종적·계급적 구성, 혹은 보들리아르(Jean Baudrillard)가 말하는 이른바 '사회관계의 마술(a sorcery of social relations)'을 견뎌냈는가에 대해 거의 인식하지 못하고 있다.[110] 또한 신자유주의적 담론과 가치, 이념이 어떻게 문화, 의미 그리고 정체성을 둘러싼 지속적인 투쟁에 반영되었는가 하는 근본적 문제도 인식하지 못하고 있다.[111] 브라운은 "개인적 부나 권리를 극대화하는 것이 아니라 권력을 공유하며 스스로를 통치할 수 있는 시민의 능력을 개발하고 고양하는 데 중점을 두는 정의의 새로운 비전"을[112] 요청하고 있다. 그럼에도 불구하고 그녀는 그와 같은 과업이 교육적으로 어떻게, 어떠한 조건 하에서, 어떠한 영역에서 이루어질 수 있는가에 관한 통찰은 거의 제공하지 못하고 있다. 만일 교육이 통치행위를 대체로 "행위의 행위에 관련된 계산과 실험 그리고 평가의 기준선"으로 기능하는 '인지영역(domain of cognition)'에 매어둔다면,[113] 그와 같은 프로젝트에서 작용하고 있는 교육적 도전을 이해하는 것이 매우 중요하다. 예를 들어 뿌리 깊은 반지성주의가 라디오나 TV 방송의 인포테인먼트(infotainment) 분야와 같은 공교육의 다양한 형태들을 통해 매일 강화되고 있는 미국 문화에 대한 인상을 극복하는 데 있어서 교육적 도전이 주목해야 하는 것은 무엇인가?[114] 시민성을 소비주의나 계산적 야망으로 전락시키는 신자유주의의 전제를 거부하고 이에 저항할 수 있게 하는 질문문화(culture of questioning)를 통해서 신자유주의의 통치와 권위에 도전할 수 있는 영역을 개척하는 교육적 실천에 우리가 어떻게 관여할 수 있는가? 교육과 학습의 실천을 사회변화에 본질적인 것으로 이론화한다는 것이 의미하는 바는 무엇이고 그와 같은 개입은 어디에서 일어날 수 있는가? 경험과 학습, 지식과 권위, 역사와 문화자본처럼 서로 관련된 문제들이 어떻게 더욱 광범위한 비판과 가능성의 교육으로 이론화될 수 있는가? 사람들에게 사회적 책임과 비판적 행위의식을 제공하기 위한 광범위한 정치적·교육적 시도의 일환으로 패권적 '인지영역'을[115] 뒤흔들고 합의와 상식의 지속성을 깨뜨리기 위한 수단을 제공하는 데 있어서 어떠한 종류의 교육적 실천이 적절할 수 있는가? 새로운 미디어와 정치적 교양의 교육적 중요성, 그리고 이것을 활용한 문화적 생산을 이론화하는 것 또는 신자유주의의 방대한 기구나 공교육을—라디오와 영상문화에서부터 인터넷과 신문에까지 이르는—구성하고 있는 권력의 순환과 전이, 그리고 배분을 분석하는 것이 어떻게 가능할 수 있는가? 여기서 문제가 되는 것은 공교육 사이트로서 미디어의 중요성을 인식하는 것과 신자유주의적 상식의 요체인 정보의 독점을 깨는 것이다. 하트(Michael Hardt)와 네그리(Antonio Negri)가 지적하고 있는 것처럼 기업 미디어의 정보 독점에 도전하는 것은 "정보의 생산과 분배에 적극적으로 관여하는" 것이기도 하다.[116] 더욱이 이러한 프로젝트는 '평등한 접근과 적극적 표현'을 통해 미디어를 민주화하기 위한 광범위한 노력의 일부로 간주되어야 한다. 이와 같은 사례는 선택 대안이 될 만한 다른 담론에 사람들이 접근할 수 있을 뿐만 아니라, 자신의 이야기나 견해, 설명 등을 업로드할 수 있는 수많은 웹사이트에서 찾아볼 수 있다.[117] 이러한 것들은 몰이해에 대한 투쟁 그 이상의 의미가 있는 비판, 그리고 강력한 개입의 토대가 되는 사회적 책임을 가능하게 하는 하나의 조건으로서 교육을 이론화한다는 것이 의미하는 바를 인식하는 데 있어서 중요하다.

문화정치와 공교육

—— 중요한 것은 완벽한 이념들을 심어주는 것이 아니라 자기 비판적이고, 반성적이며, 타인에게 비판적인—물론 다른 사람을 짜증나게 하는 것과 같은 의미에서의 비판이 아닌—사람이 되도록 만드는 것이다. 사람으로 하여금 특히 그 자신의 동기에 관해 눈을 뜨게 하며 자율적인 존재가 되도록 격려하는 것이다. 바로 이것이 분석의 주된 목적이며 사회변화의 필수 조건이라고 생각한다.[118]

하비와 브라운은 신자유주의를 이해하는 데 중요한 기여를 했다. 우리는 이를 바탕으로 교육의 관념을 보다 충실하게 이론화할 필요가 있다. 교육의 관념은 문화의 교육적 영향력이 어떻게 상식과 합리성의 형태로 신자유주의에 이용되었는가를 보다 잘 이해할 수 있도록 해준다. 이와 같은 인식은 신자유주의와 부정적 세계화를 재생산하고 있는 교육적 조건에 대한 관심을 요구하고 있다. 교육을 문화정치의 형태로 보는 것은 의미의 생산과 표출에 대한 분석과 함께 이러한 교육적 실천이 어떻게 사회적 권력의 역학관계와 결부되었는가에 대한 이해를 필요로 한다. 문화정치 형태로서의 교육은 어떻게 교육적 활동이 학교 밖의 다양한 사이트에서 발생하는 도덕적·정치적 실천으로 이해될 수 있는가 하는 쟁점을 제기하고 있다. 이처럼 규정된 교육은 정치, 주관성 그리고 문화적·물질적 생산 사이의 관계와 근본적으로 관련되어 있다. 문화적 생산으로서의 교육은 지식, 욕구, 감정적 투자, 가치, 사회적 실천의 구성 및 조직과 결부되어 있다. 여기서 중요한 것은 특히 신자유주의의 주체를 생산하는 감정적·이데올로기적 투자로 개인들을 이끄는 다양한 형태의 상징적 생산과 겨룰 수 있는 공교육의 관념을 발전시키는 것이다. 그람시(Antonio Gramsci)가 상기시켜 주고 있듯이 모든 헤게모니 관계는 교육적 관계이며, 교육적 실천으로서의 헤게모니는 언제나 필연적으로 설득교육의 일부이다.[119] 윌리스(Ellen Willis)가 지적한 것처럼 이것은 "인간적 필요, 이해관계 및 욕구에 대해 말할 것을 요구하고 있으며, 그에 따라 많은 사람, 결국은 대다수 사람들에게 설득적인 것이 될 수 있다."[120]

부분적으로 신자유주의 헤게모니는 오늘날 미국 정치의 많은 부분을 특징짓고 있는 행위의 위기(crisis of agency)에서 비롯된 것이다. 신자유주의 이데올로기가 그 기본 전제들과 시장에 기초한 세계관을 일상적인 것으로 만들고 탈정치화하는 데 성공함으로써 신자유주의적 합리성이 역사적·정치적 구성물이라는 사실을 인식하기가 쉽지 않다. 또한 민주주의의 관념을 시장원칙의 확장으로, 그리고 시민을 초소비자(hyper-consumer)나 아무 생각 없는 애국자 이외의 다른 식으로 생각하는 것이 어려워지고 있다. 신자유주의적 헤게모니에 도전한다는 것은 신자유주의가 계급과 기업권력에 어떻게 봉사하는가를 규명하는 가운데 신자유주의의 역사적 성격, 그리고 선택을 통해 자유를 조장한다는 빈약한 주장을 폭로하는 것이다. 하지만 신자유주의적 지배구조와 이데올로기는 단지 경제적 담론뿐만 아니라 억압적 형태의 공교육과 문화정치로서, 말하자면 체계적 형태의 거짓 표현과 왜곡, 상업적 이해관계로 얼룩진 정치적 설득의 실천으로 파악해야 한다.[121]

설득기구로 작용하는 제도와 사이트들이 모든 문화체계의 중심에 놓여 있다. 그리고 이것들이 내가 말하는 이른바 공교육의 영역(spheres of public pedagogy)과 공교육에 관한 영역(spheres about public pedagogy)의 주요 사이트들이다. 이것을 인식한다는 것은 문화, 권력 및 정치의 갈등을 교육적 쟁점으로 취급하며 문화교육을 민주주의와 관련된 프로젝트로 파악한다는 것을 의미한다.[122] 이 책에 동기를 부여한 관심사는 정확히 어떻게 신자유주의가 스즈만(Imre Szeman)이 말하는 이른바 "교육의 문제(problem of pedagogy) 그리고 교육을 위한 문제(problem for pedagogy)"가 되는가에 주목하는 것이다.[123] 만일 신자유주의가 지지적 정치문화를 요구한다면, 문화가 바로 깊이 간직된 의미와 가치들이 산출되고 내면화되고 동일시되며, 그리고 이들을 둘러싼 다툼이 벌어지는 장소라는 것을 인식하는 것이 무엇보다도 중요하다. 시장의 규제 하에 있는 문화는 단지 텍스트, 상품, 소비 또는 극도로 사유화된 주체의 창출에 관한 것만이 아니다. 그것은 또한 다양한 사람들이 일상적 이해와 커뮤니케이션 속에서 어떻게 다양한 상징적 표현을 취하고 이에 투자하는가에 관한 것이기도 하다. 문화는 경제적 투자를 위한 일종의 자본이 되었다. 하지만 문화는 자기 규정의 힘 또는 정의와 자유의 영역을 확장하는 데 필요한 능력과는 관계가 없다. 여기서 교육이 짊어진 과제는 지식, 가치, 욕구가 비판적이며 변혁적인 의미를 지닐 수 있는 의식의 공간을 제공하는 것이다. 만일 새로운 통치행위의 양식인 신자유주의에 도전하기 위해서는 단순히 정치경제적 이론이나 상식 혹은 합리성의 양식이 아니라 문화정치의 형태와 교육적 영향력의 관점에서 접근해야만 한다.

민주제도의 규모가 축소되고 공공선이 기업적 이익에 희생됨에 따라 평등, 인권, 정의, 자유와 관련된 쟁점들을 심각하게 받아들이는 사람들은 정치, 즉 바우만(Zygmunt Bauman)의 지적처럼 "더 많은 정의와 더 나은 정의를 추구하면서 이미 성취한 정의의 수준을 끊임없이 비판하는"[124] 정치와 교육 사이의 관계를 정식화해야 하는 중요한 도전에 직면하고 있다. 이는 21세기가 당면한 긴급한 문제와도 관련이 있다. 그 가운데 일부는 국가적·지구적 차원에서 새로운 교육영역을 개척하기 위한 신자유주의 이데올로기와 실천에 도전하는 것이다. 신자유주의 이데올로기는 라디오 방송국, 디지털 비디오, 인터넷, 디지털 통신기술, 케이블 TV 등을 포함하는 방대한 미디어와 전송 플랫폼을 활용하고 있다. 이는 비판적 교육을 정치관념의 핵심으로 간주해야 할 뿐만 아니라 "공공 생활, 민주적 논쟁 그리고 문화적 표현을 위한 공간"을 확장하기 위한 투쟁이 중요하다는 것을 의미한다.[125] 최상의 비판적 교육은 권력작용을 직접 볼 수 있게 해주며 사람들이 그들의 신념에 따라 행동할 수 있도록 해준다. 요컨대 이것은 "사람들이 어떠한 순간에 대해 생각하는 방식을 변화시킬 뿐만 아니라 그들에게 활기를 불어넣어 그 순간에 다른 것을 할 수 있도록 해야만 한다."[126] 교육은 보이는 것들을 변화시키고, 가능한 것들의 좌표를 다시금 명료하게 하며, 지배적이고 공식적인 기대들을 방해한다는 점에서 정치적이다. 이러한 교육은 이론을 하나의 자원으로 전환하며 권력이 문화를 활용하는 방식과 문화가 권력을 낳는 방식을 분석할 수 있는 잠재력을 지니고 있다. 더욱이 비판적 교육은 특수성과 맥락의 문제와 깊이 관련되어 있다. 또한 듣고 목격하고 공적 연결을 맺을 수 있는 능력, 그리고 그들의 삶에 의미를 부여하는 타인이나 조건들에 개방적인 능력을 요구하고 있다.[127] 콜드리(Nick Couldry)가 지적하고 있듯이 민주주의를 위한 교육은 추상적 개념, 미사여구, 도구화 그리고 전문화의 용어에 대한 강박관념 그 이상을 요구하고 있다. 그것은 "다른 사람들의 주장과 정의의 문제에 대한 관여를 요구하며, 정의는 언제나 추상적 타인이 아닌 구체적 타인에 대한 관여를 요구하고 있다. 따라서 정의와 적절한 시민성의 관념 속에는 구체적 타인과의 대화에 대한 헌신이 들어 있어야 한다."[128]

민주주의와 사회적 국가의 위기

―― 우리가 옹호하는 정치의 관념은 '모든 것이 가능하다'는 생각과는 거리가 멀다. 사실상 많은 것들 가운데 몇몇 가능한 것들을 제안하기 위해 노력하는 것은 엄청난 과업이다―우리가 들은 것과는 달리 몇몇 가능한 것들만이 가능하다. 그것은 가능한 것의 영역이 정해진 영역보다 얼마나 큰가 하는 것을 보여주는 문제이다. 정해진 영역 이외의 다른 어떤 것이 가능하지만 모든 것이 가능한 것은 아니다. 여하튼 본질적인 것은 정치가 총체성의 범주를 거부하는 것이다. 아마도 이것은 이전 시기에서 보자면 또 다른 변화일 것이다.[129]

민주주의를 제국을 확장하고 무역장벽을 제거하며 새로운 시장을 추구하기 위한 정당성의 근거로서 간주하는 경우를 제외하고는 신자유주의를 지지하는 사람들이 민주주의에 전혀 쓸모가 없는 그런 시대에 우리는 살고 있다. 하지만 윤리적 지표이며 더 나은 미래의 약속인 민주주의를 신자유주의 옹호자나 근본주의자들이 새롭게 발전시킨 그럴 듯한 권위주의에 양보하기에는 민주주의가 너무나 중요하다. 사회정의와 노동운동의 회복뿐만 아니라 국내외 사회운동의 전개와 사회적 국가를 위한 투쟁을 위해서, 또한 맹위를 떨치는 신자유주의 시대에 위계질서와 불평등, 통치원리로서의 권력에 맞서기 위해 민주주의를 활용하고자 한다면 더 나은 미래를 위한 이론과 실천 그리고 약속으로서의 민주주의에 비판적으로 관여하고, 투쟁을 통해 이를 성취하며, 그 위상과 권리를 되찾아야 한다.[130] 위계질서나 불평등, 권력에 관한 여러 쟁점들이 신자유주의에 대한 비판의 핵심이었던 반면에, 사회적 국가의 중요성은 뉴딜의 자유주의적 이상과 국가 관료주의로의 후퇴로 치부되거나 아니면 나타나자마자 사라진 것으로서 자주 잊혀지곤 하였다. 이는 민족국가에 기초한 정치가 유동적인 지구적 차원의 경제권력과 분리되면서 나타난 논쟁의 여지가 없는 부산물이기도 하다. 이와 같은 신자유주의의 입장은 이론적 결함을 지니고 있으며, 심한 경우에는 신자유주의 옹호자들이 큰 정부를 비경제적이고 무능할 뿐더러 우리가 안고 있는 모든 문제의 원인으로 규정하는 공격수단이 되고 있다.[131] 하지만 아노위츠(Stanley Aronowitz)가 지적하고 있는 바와 같이 국가가 소멸되고 있다고 생각하기보다는 다음과 같이 말하는 편이 보다 정확할 것이다 : 국가가 사라지기보다는 오히려 국가의 "핵심 기능이 사회적 복지와 같은 제도들을 정당화하는 것에서부터 자본의 내적인—하지만 거짓인—팽창을 위한 금융 및 재정적 조건들을 제공해 주는 쪽으로, 그리고 다른 한편으로는 방대한 규모로 확대된 강압체제로, 즉 권위적 형태의 민주주의에 저항하는 폭동과 소요에 대비하기 위해 국내외에서의 정부 청찰력의 증강을 꾀하는 방향으로 이동했다."[132] 지식인, 사회운동, 학교 그리고 급진적 민주주의의 성장에 관심을 지닌 많은 사람들은 사회적 국가의 회복을 주장하는 동시에 신자유주의의 영향력 아래에 있는 처벌국가의 강압적 권력에 대항해야 한다.

규제철폐, 사유화, 개인주의화를 통한 사회적 국가의 해체는 광범위한 형태의 공동체, 연대성, 평등을 전쟁지역으로 변화시키고 있다. 이는 새로운 "이기주의의 명령과 파괴적이고 경쟁적인 '만인의 만인에 대한 투쟁'"을 특징으로 하는 진화된 사회적 다원이즘의 무자비하고 파멸적인 원칙들에 의해 정당화되고 있다.[133] 또한 사회적 국가를 기업적이고 군사주의적인 국가로 재편함으로써 정치로부터의 대규모 탈출을 조장하며 정치적 계몽과 정치적 행위의 조건을 무너뜨리고 있다. 바우만(Zygmunt Bauman)이 지적하듯이 "집단적 보장이 없다면 정치적 관여를 위한 자극도 없고 선거라는 민주적 게임에 참여하기 위한 자극도 없다. 사회적 국가가 아닌, 그리고 사회적 국가가 되는 것을 거부하는 정치적 국가(political state)로부터 구세주가 나타날 것 같지는 않다. 모두를 위한 사회적 권리가 없다면 많은, 그리고 아마도 점점 더 많은 수의 사람들이 자신의 정치적 권리가 쓸모없거나 주목할 가치가 없다는 것을 알게 될 것이다."[134] 민주적인 사회적 국가의 이념과 중요성은 아무리 강조해도 지나치지 않을 것이다. 이는 "남성과 여성을 빈곤의 재앙으로부터 보호해 줄 뿐만 아니라 '사회'를 공공선으로 재생시키며 사람들이 비참함의 공포로부터 지켜주는 것에 대해 감사하는 풍성한 연대성의 원천이 될 수 있다. 사회에서 배제당하는 테러와도 같은 전율, 급가속하고 있는 진보(progress)라는 이름의 자동차에서 떨어지거나 그것과 부딪칠 것 같은 두려움, '사회적 여분 내지 나머지'로 운명지어지거나 그렇지 않으면 '인간 쓰레기'로 낙인찍힐 것 같은 두려움이 바로 그와 같은 공포다."[135] 이와 동시에 사회적 국가는 오늘날 통치와 사회정의 그리고 자유의 중심적 기반이다. 달리 말하자면 국가는 오늘날 재화와 서비스 그리고 산업에 대한 통제보다도 사회적 보장 대책과 비상품화된 공공 영역, 그리고 지역적이고 지구적인 차원에서 비판적 행위와 본질적 민주주의를 가능하게 하는 더 큰 공유지를 제공하기 위해 요구되는 규제적 권력의 관점에서 더욱 중요해지고 있다.

또한 사회적 국가를 위한 투쟁은 신자유주의적 권위주의의 위협에 주목하는 창발적인 민주적 정치 이론을 발전시켜야 한다는 사실을 강조하고 있다. 만일 사회관계 체계로서의 자본주의에 주목하지 않는다면 권력과 정치의 핵심적 쟁점들은 냉소주의와 절망을 초래할 수 있을 것이다. 사회관계 체계로서의 자본주의는 일상적 삶을 형성하는 수많은 영향력을 통제하기 위해서 개인과 집단들이 필연과 생존의 부침을 넘어설 수 있는 능력과 가능성을 문화정치, 상품화의 양식 그리고 시장교육 등을 통해서 감소시키고 있다. 사회적 국가는 생활에 필요한 임금, 적절한 건강의료, 공공 업무, 학교에 대한 투자, 아동에 대한 배려, 가난한 사람들을 위한 주택 및 기타 인간의 삶과 죽음에 결정적인 일련의 사회적 자원 등을 제공할 수 있다. 사회적 국가의 재건과 사회계약의 갱신이 민주주의의 광범위한 기초가 되는 근본적 사회운동의 핵심적 목표가 되어야 한다. 하지만 사회적 국가의 재건은 단순히 자유 민주주의 제도를 실용적으로 조정하는 차원의 것과는 다르다. 이와는 반대로 사회적 국가의 출현은 평등, 권력, 정의의 문제가 아노위츠(Stanley Aronowitz)가 말하는 이른바 근본적 민주정치를 구성하는 핵심 요소가 되는 진정한 민주주의로 나가가는 데 있어서 자유주의와 형식주의적 정치로부터의 근본적 단절을 의미한다.[136] 그와 같은 과업은 비판적 인식을 확대하고 비판적 탐구양식을 조장할 뿐만 아니라 공적 연결을 유지하는 정치와 교육을 필요로 한다. 사이드(Edward Said)의 지적처럼 만일 그와 같은 정치가 다른 것이 되려면 그것은 세간적(worldly)인 것이 되어야 한다. [137] 요컨대 그 것은 비판적 교육과 문화정치에 대한 이해를 결합시켜야만 한다. 이는 사회문제에 대해 깊이 생각할 뿐만 아니라 새로운 형태의 민주적인 정 치적 교환을 위한 조건들에 관심을 가지며 새로운 형태의 행위, 권력 및 집단적 투쟁을 가능하게 한다. 그리고 이것은 그 범위와 비전에서 지구 적 정치를 포괄하는 교육이다. 지구적 정치는 민주적인 권력의 공유를 요구할 뿐만 아니라 불필요한 인간적 고통을 조장하며 지구의 생명체계 를 위험에 빠뜨리는 조건들을 제거할 수 있다.

사회적인 것과 새로운 민주정치 모델에 대한 이해를 새롭게 하고 이를 발전시키기 위해서는 언제 어디서나 공공 고등교육의 신자유주의 화에 저항하고, 학생과 교수 사이의 새로운 연대를 창출하며, 교육에 종 사하는 사람들과 학교 밖의 방대한 분야의 문화 종사자들 사이의 연계 가능성을 재고하는 가운데 정치를 더욱 교육적으로 만들어야 한다. 아노 위츠(Stanley Aronowitz), 진(Howard Zinn), 사이먼(Roger Simon), 수잔 지루 (Susan Giroux) 등이 반복적으로 강조한 바와 같이 교수들은 대학을 논쟁 의 사이트, 즉 신자유주의 이념의 확산에 도전하는 사이트로 만들어야 할 책임이 있다.[138] 대학의 신자유주의화에 맞서 싸우는 것이 중요한 정 치적 활동으로 옹호되어야 한다.[139] 그리고 이것이 바로 공적 지식인의 역할을 민주적 공공 영역인 대학의 의미와 목적을 규정하는 더 큰 프로 젝트의 일부로 이론화하는 데 있어서 하나의 핵심 요소가 되어야 한다. 또한 버틀러(Judith Butler)가 주장하는 것처럼 교육기관에서 이루어진 일 을 사회와 연결하는 데 있어서 교육자와 교수들은 '사려 깊은 고려를 할 수 있는' 다른 공공 영역들을 지원해야 하는 중대한 책무가 있다.[140] 그 런데 가능성과 희망의 담론에 연계되지 않은 비판에 관여하는 것이 교육자와 교수들의 오랜 유산이기도 하다. 하지만 비판 내지 사회적 비판에 대한 이와 같은 접근은 수정되어야 한다. 그렇게 할 때 비판을 민주적 가치로, 그리고 "반대를 인간적 고통을 줄여주는 정치의 기초"로 지켜나가는 동시에 우리는 비판을 넘어서는 책임감을 지닐 수 있다.[141] 이를 위해서는 비판의 담론을 새로운 가능성, 즉 바람직한 민주적 미래를 이야기하는 가운데 사회적·인종적·경제적으로 분열된 현실에 대항해서 새로운 민주적 비전을 세울 수 있는 행위자로 다른 사람들을 변화시킬 수 있는 가능성과 결합시켜야 한다. 다행스러운 일은 비록 신자유주의가 정치적·경제적 담론에서 상당한 영향력을 확보했다고는 하지만 국내외에서 신자유주의적 정치와 상식의 전제에 도전하는 세력들이 상당수 존재하고 있다는 사실이다. 시애틀(Seattle)과 다보스(Davos)에서 제노바(Genoa)와 로스톡(Rostok)에 이르기까지 많은 사람들이 신자유주의의 에토스와 가치, 관계 등에 집단적으로 도전할 뿐만 아니라 정치와 저항, 그리고 이것들이 가능한 실제 영역의 의미를 회복하기 위한 다양한 방식의 대중적 투쟁에 참여하고 있다. 실제로 이러한 움직임들이 공교육을 되찾기 위한 풀뿌리 운동과 지역운동, 신자유주의 세계화에 반대하는 다양한 운동, 에이즈 환자를 위한 투쟁, 노동자의 권리를 찾기 위한 운동 그리고 환경 정의와 공공선을 위해 싸우는 다양한 집단 속에서 분명하게 나타나고 있다.[142] 신자유주의적 세계화의 지배 하에서 지식인을 비롯한 많은 사람들은 신자유주의가 동의를 확보하고, 권위주의적 정책과 실천을 정상적인 것으로 만들며, 투쟁과 불의의 역사를 지워버리는 데 있어서 권력과 정치 그리고 정치적·도덕적 실천으로서의 교육이 어떻게 봉사하고 있는가를 이해할 수 있는 보다 나은 이론적 틀을 발전시켜야 한다. 그리고 이와 같은 과업을 간과하기에는 너무나 상황이 심각하고 중요하다. 우리는 어둠의 시대에 살고 있으며, 신자유주의와 또 다른 형태의 권위주의라는 유령이 지구 곳곳에 그 기틀을 마련하고 있다. 우리는 정치의 의미를 곰곰이 생각하는 가운데 위험을 기꺼이 감수해야만 한다. 또한 민주주의의 약속을 실현하며 싸울 만한 가치가 있는 지금과는 다른 미래를 만들 수 있는 교육적 조건, 비전, 경제적 프로젝트를 되찾기 위해 필요한 용기를 발휘해야만 한다.

서론

1. Susan George, "A Short History of Neo-Liberalism : Twenty Years of Elite Economics and Emerging Opportunities for Structural Change," *Conference on Economic Sovereignty in a Globalizing World* (March 24-26, 1999). Available online at http://www.globalexchange.org/campaigns/econ101/neoliberalism.html.

2. Thomas Lemke, "Foucault, Governmentality, and Critique," *Rethinking Marxism* 14 : 3 (Fall 2007), pp. 49-64.

3. Nick Couldry, "Reality TV, or the Secret Theatre of Neoliberalism," *The Review of Education, Pedagogy, and Cultural Studies* (forthcoming), p. 1.

4. Wendy Brown, *Edgework : Critical Essays on Knowledge and Politics* (Princeton : Princeton University Press 2005), p. 40.

5. William K. Tabb, "Race to the Bottom?" in Stanley Aronowitz and Heather Gautney, eds., *Implicating Empire : Globalization and Resistance in the 21st Century World Order* (New York : Basic Books, 2003), p. 153.

6. Richard L. Harris, "Popular Resistance to Globalization and Neoliberalism in Latin America," *Journal of Developing Societies* 19 : 2-3 (2003), pp. 365-426 ; Naomi Kein, *The Shock Doctrine : The Rise of Disaster Capitalism* (New York : Me-

tropolitan Books, 2007).

7. Lewis Lapham, "Buffalo Dances," *Harper's Magazine* (May 2004), pp. 9, 11.

8. Randy Martin, "War, by All Means," *Social Text* 25 : 2 (Summer 2007), p. 17.

9. 세계은행(World Bank)이 세계정치와 문화에 미친 근원적 영향에 관한 탁월한 분석을 위해서는 Bret Benjamin, *Invested Interest : Capital, Culture, and the World Bank* (Minneapolis : University of Minnesota Press, 2007) 참조.

10. Stanley Aronowitz and Heather Gautney, "The Debate About Globalization : An Introduction," in Stanley Aronowitz and Heather Gautney, eds., *Implicating Empire : Globalization & Resistance in the 21st Century World Order* (New York : Basic Books, 2003), p. 3.

11. Stanley Aronowitz, *How Class Works* (New Haven, CT : Yale University Press, 2003), p. 30.

12. Vincent Lloyd and Robert Weissman, "Against the Workers : How IMF and World Bank Policies Undermine Labour Power and Rights," *The Multinational Monitor* (September 2001), pp. 7–8. See also David Moberg, "Plunder and Profit," In These Times (March 29, 2004), pp. 20–21.

13. Sean Gonsalves, "How to Skin a Rabbit," *Cape Cod Times* (April 20, 2004). Available online at www.commondreams.org/views04/0420–05.htm (accessed on April 24, 2004).

14. Cheryl Woodard, "Who Really Pays Taxes in America? Taxes and Politics in 2004," *AskQuestions.org* (April 15, 2004). Available online at http://www. askquestions.org/articles/taxes/ (accessed on April 24, 2004).

15. Martin Wolk, "Cost of Iraq Could Surpass $1 Trillion," *MSNBC* (March 17, 2006). Available online at http://www.msnbc.msn.com/id/11880954/.

16. Lisa Duggan, *The Twilight of Equality : Neoliberalism, Cultural Politics, and the Attack on Democracy* (Boston : Beacon Press, 2003), p. 16.

17. For some informative commentaries on the S–chip program and Bush's veto, see Amy Goodman, "Children's Defense Fund Marian Wright Edelman Calls on Congress & Bush Administration to Help the Country's Nine Million Children Without Health Insurance," *Democracy Now* (July 24, 2007). Available online at www.democracynow.org/print.p1?sid=o7/07/24/1431211 ; Paul Krugman, "Children Versus Insures," *New York Times* (April 6, 2007), p. A21 ; Editorial, "Misleading Spin on Children's Health," *New York Times* (October 5, 2007), p. A26 ; Paul Krugman, "Conservatives Are Such Jokers," *New York Times* (October 5, 2007), p. A27.

18. Cited in Kellie Bean, "Coulter's Right–Wing Drag," *The Free Press* (October 29, 2003). Available online at www.freepress.org/departments/display/20/2003/441.

19. Report by the Center for American Progress and Free Press, *The Structural Imbalance of Political Talk Radio* (Washington, DC : Center for American Progress and Free Press, 2007).

20. Editorial, "Savage Anti-Semitism : Radio Host Targets Jewish Foes with Ethnic Derision," *Fairness and Accuracy in Reporting* (July/August 2003). Available online at http://www.fair.org/extra/0307/savage-anti-semitism.html.

21. Fredric Jameson, *The Seeds of Time* (New York : Columbia University Press, 1994), p. xii.

22. Susan Buck-Morss, *Thinking Past Terror : Islamism and Critical Theory on the Left* (London : Verso, 2003), pp. 65-66.

23. George Soros, *The Bubble of American Supremacy* (New York : Public Affairs, 2004), p. 10.

24. Christopher Newfi eld, "The Culture of Force," *The South Atlantic Quarterly*, 105 : 1 (2006), p. 244.

25. Here I am quoting David Frum and Richard Perle, cited in Lewis H. Lapham, "Dar al-Harb," *Harper's Magazine* (March 2004), p. 8. Such fascistically inspired triumphalism can also be found in three recent books churned out to gratify the demands of a much-celebrated jingoism : Joseph Farah, *Taking America Back* (New York : WND Books, 2003) ; Michelle Malkin, *Invasion : How America Still Welcomes Terrorists, Criminals, and Other Foreign Menaces to Our Shores* (New York : Regnery, 2002) ; and William J. Bennett, *Why We Fight : Moral Clarity and the War on Terrorism* (New York : Regnery, 2003).

26. Michael Foessel, "Legitimations of the State : The Weakening of Authority and the Restoration of Power," *Constellations* 13 : 3 (2006), pp. 313-314.

27. Cited in Lapham, "Dar al-Harb," p. 8. The full exposition of this position can be found in David Frum and Richard Perle, *An End to Evil : How to Win the War on Terror* (New York : Random House, 2004).

28. For a rather vivid example of how dissent is criminalized, see the *NOW with Bill Moyers* transcript of "Going Undercover/Criminalizing Dissent," which aired on March 5, 2004. The program documents how undercover agents from all levels of government are infiltrating and documenting peaceful protests in the United States.

29. Chalmers Johnson, *Nemesis : The Last Days of the American Republic* (New York : Metropolitan Books, 2006) ; Andrew Bacevich, *The New American Militarism : How Americans Are Seduced by War* (New York : Oxford University Press, 2005).

30. For the latest revelation about the refusal of the Bush administration to take responsibility for the abuse and torture perpetrated at Abu Ghraib and other U.S.

prisons, see Seymour M. Hersh, "The General's Report," *New Yorker* (June 25, 2007), pp. 58–69. See also Tara McKelvey, *Monstering : Inside America's Policy of Secret Interrogations and Torture in the Terror War* (New York : Carroll & Graf, 2007).

31. Editorial, "On Torture and American Values," *New York Times* (October 7, 2007), p. 13.

32. Zygmunt Bauman, *Globalization : The Human Consequences* (New York : Columbia University Press, 1998), pp. 9–10.

33. George, "A Short History of Neo–Liberalism."

34. David Kotz, "Neoliberalism and the U.S. Economic Expansion of the "90s," *Monthly Review* 54 : 11 (April 2003), p. 16.

35. On neoliberalism as a form of governmentality or politics of conduct, see Michel Foucault, *Society Must Be Defended : Lectures at the College de France 1975–1976* (New York : Picador, 2003).

36. David Harvey, *A Brief History of Neoliberalism* (New York : Oxford University Press, 2005).

37. See, for instance, Friedrich Hayek, *The Road to Serfdom* (Chicago : University of Chicago Press, 1994, 50th edition), and Milton Friedman, *Capitalism and Freedom : Fortieth Anniversary Issue* (Chicago : University of Chicago Press, 2002).

38. See David Harvey, *A Brief History of Neoliberalism* (New York : Oxford University Press, 2005).

39. For a comprehensive critical analysis of the New Gilded Age, see Michael McHugh, *The Second Gilded Age : The Great Reaction in the United States, 1973–2001* (Boulder : University Press of America, 2006).

40. Pierre Bourdieu, *Acts of Resistance* (New York : Free Press, 1989), p. 35.

41. Colin Leys, *Market–Driven Politics* (London : Verso, 2001), p. 2.

42. Lisa Duggan, *The Twilight of Equality : Neoliberalism, Cultural Politics, and the Attack on Democracy* (Boston : Beacon Press, 2003), p. 34.

43. Ibid., p. xvi.

44. Bill Moyers, "The Media, Politics, and Censorship," *Common Dreams News Center* (May 10, 2004). Available online at www.commondreams.org/cgi–bin/print. cgi?fi le=/views04/0510–10.htm. See also Eric Alterman, "Is Koppel a Commie," *The Nation* (May 24, 2004), p. 10.

45. Buck–Morss, *Thinking Past Terror*, p. 103.

46. Alain Touraine, *Beyond Neoliberalism* (London : Polity Press, 2001), p. 2.

47. Alex Callinicos, "The Anti–Capitalist Movement After Genoa and New York," in Stanley Aronowitz and Heather Gautney, eds., *Implicating Empire : Globalization*

& Resistance in the 21st Century World Order(New York : Basic Books, 2003), p. 147.

48. Buck-Morss, *Thinking Past Terror*, pp. 4-5.

제1장

1. Bob Herbert, "America the Fearful," *New York Times*(May 15 2006), p. A25.
2. See Philip Roth, *The Plot Against America*(New York : Vintage, 2004).
3. George Soros, "The US Is Now in the Hands of a Group of Extremists," *The Guardian*(January 26, 2004). Available online at www.commondreams.org/views04/0126-01.htm.
4. Cited in Aaron Glantz, "Bush and Saddam Should Both Stand Trial, Says Nuremberg Prosecutor," *OneWorld.Net*(August 25, 2006). Available online at http://us.oneworld.net/article/view/138319/1/.
5. James Traub, "Weimar Whiners," *New York Times Magazine*(June 1, 2003), p. 11.
6. Elisabeth Young-Bruehl, *Why Arendt Matters*(New Haven : Yale University Press, 2006), p. 46. Of course, this issue is taken up by Hannah Arendt in her classic *Origins of Totalitarianism*, rev. ed.(New York : Schocken, 2004 ; originally published in 1951).
7. Sidney Blumenthal, "Bush's War on Professionals," *Salon.com*(January 5, 2006). Available online at www.salon.com/opinion/blumenthal/2006/01/05/spying/index. html?x.
8. Herbert, "America the Fearful," p. A25.
9. The sources here are too numerous to cite in full, but I can recommend three insightful analyses in particular : Andrew J. Bacevich, *The New American Militarism* (New York : Oxford University Press, 2005) ; Carl Boggs, *Imperial Delusions : American Militarism and Endless War*(Lanham : Rowman and Littlefi eld, 2005) ; and Chalmers Johnson, *Nemesis : The Last Days of the American Republic*(New York : Metropolitan Books, 2006).
10. Achille Mbembe, "Necropolitics," translated by Libby Meintjes, *Public Culture* 15 : 1(Winter 2003), pp. 11-40. Additional discussions of disposable populations can be found in Zygmunt Bauman, *Wasted Lives*(London : Polity, 2004) and, especially, Giorgio Agamben, *Homer Sacer*, translated by Daniel Heller-Roazen(Stanford : Stanford University Press, 1998).
11. Paul Gilroy, *Against Race : Imagining Political Culture Beyond the Color Line*(Cam-

bridge, MA : Harvard University Press, 2000), p. 148.

12. See Bruce Western, *Punishment and Inequality in America* (New York : Russell Sage Foundation, 2007) ; Jeff Manza and Christopher Uggen, *Locked Out : Felon Disenfranchisement and American Democracy* (New York : Oxford University Press, 2007) Angela Y. Davis, *Abolition Democracy : Beyond Empire, Prisons, and Torture* (New York : Seven Stories Press, 2005) ; David Cole, *No Equal Justice : Race and Class in the American Criminal Justice System* (New York : The New Press, 1999) ; Christian Parenti, *Lockdown America : Police and Prisons in the Age of Crisis* (London : Verso Press, 1999) ; Mark Mauer, *Race to Incarcerate* (New York : The New Press, 1999) ; and Marc Mauer and Meda Chesney–Lind, *Invisible Punishment : The Collateral Consequences of Mass Imprisonment* (New York : The New Press, 2002).

13. See Pierre Tristam, "One Man's Clarity in America's Totalitarian Time Warp," *Daytona Beach News–Journal* (January 27, 2004). Available online at www.com mondreams.org/views40/0127–08.htm.

14. Nina Bernstein, "New Scrutiny as Immigrants Die in Custody," *New York Times* (June 26, 2007), pp. A1, A19.

15. Editorial, "Gitmos Across America," *New York Times* (June 27, 2007), p. A22.

16. See Bertram Gross, *Friendly Fascism : The New Face of Power in America* (Montreal : Black Rose Books, 1985).

17. Umberto Eco, "Eternal Fascism : Fourteen Ways of Looking at a Blackshirt," *New York Review of Books* (November–December 1995), p. 15.

18. Kevin Passmore, *Fascism* (London : Oxford University Press, 2002), p. 90.

19. Ibid., p. 19.

20. Alexander Stille, "The Latest Obscenity Has Seven Letters," *New York Times* (September 13, 2003), p. 19.

21. Robert O. Paxton, *The Anatomy of Fascism* (New York : Knopf, 2004), p. 218.

22. Mark Neocleous, *Fascism* (Minneapolis : University of Minnesota Press, 1997), p. 91.

23. Bill Moyers, "This is Your Story?—The Progressive Story of America. Pass It On," conference paper, *Take Back America Conference* (June 4, 2003). Available online at www.utoronto.ca/csus/pm/moyers.htm.

24. William Greider, "The Right's Grand Ambition : Rolling Back the Twentieth Century," *The Nation* (May 12, 2003). 지난 몇 십년 동안에 소득과 부의 불평등이 급격히 증대되었다. 예를 들어 크루그먼(Paul Krugman)은 하원예산국 (Congressional Budget Office)의 자료를 바탕으로 다음과 같이 지적하고 있다 : "1973-2000년 사이에 미국 납세자 하위 90%의 평균 실질소득이 7%

하락했다. 반면에 상위 1%의 소득은 148%, 상위 0.1%의 소득은 343%, 그리고 최상위 0.01%의 평균 소득은 599% 증대되었다."Krugman, "The Death of Horatio Alger," *The Nation*(January 5, 2004), pp. 16-17 참조.

25. David Harvey, *A Brief History of Neoliberalism*(New York : Oxford University Press, 2005) ; Stanley Aronowitz, *How Class Works : Power and Social Movements* (New Haven, CT : Yale University Press, 2003).

26. Zygmunt Bauman, *The Individualized Society*(London : Polity Press, 2001) ; see also Zygmunt Bauman, *Consuming Life*(London : Polity Press, 2007).

27. Jürgen Habermas, *The Structural Transformation of the Public Sphere*(Cambridge : MIT Press, 1991) ; David Harvey, *Justice, Nature, and the Geography of Difference* (Malden, MA : Blackwell, 1997). Beyond these two works, the literature on the politics of space is far too extensive to cite, but of special interest are Michael Keith and Steve Pile, eds., *Place and the Politics of Identity*(New York : Routledge, 1993) ; Doreen Massey, *Space, Place, and Gender*(Minneapolis : University of Minnesota, 1994) ; and Margaret Kohn, *Radical Space : Building the House of the People* (Ithaca : Cornell University Press, 2003).

28. Jo Ellen Green Kaiser, "A Politics of Time and Space," *Tikkun* 18 : 6(2003), pp. 17-19.

29. Margaret Kohn, *Radical Space : Building the House of the People*(Ithaca : Cornell University Press, 2003), p. 7.

30. Kaiser, pp. 17-18.

31. Zygmunt Bauman, *Globalization : The Human Consequences*(New York : Columbia University Press, 1998), pp. 25-26.

32. Lawrence Grossberg, *Caught in the Crossfi re : Kids, Politics, and America's Future* (Boulder : Paradigm Publishers, 2005), p. 112.

33. I take this theme up in detail in Henry A. Giroux, *The University in Chains : Confronting the Military-Industrial-Academic Complex*(Boulder : Paradigm Publishers, 2007). See also Zygmunt Bauman, *Liquid Fear*(London : Polity, 2006) ; Robert Stam and Ella Shohat, *Flagging Patriotism : Crises of Narcissism and Anti-Americanism*(New York : Routledge, 2007).

34. Susan Buck-Morss, *Thinking Past Terror : Islamism and Critical Theory on the Left*(New York : Verso, 2003), p. 29.

35. Stanley Aronowitz, *The Last Good Job in America*(Lanham, MD : Rowman and Littlefi eld, 2001), p. 160.

36. Richard Falk, "Will the Empire Be Fascist?" Transnational Foundation for Peace and Future Research(March 24, 2003). Available online at www.transnational. org/forum/meet/2003/Falk_FascistEmpire.html.

37. Victoria de Grazia, *The Culture of Consent : Mass Organization of Leisure in Fascist Italy* (New York : Cambridge University Press, 2002), p. 22.

38. Robert McChesney and John Nichols, *Our Media, Not Theirs : The Democratic Struggle Against Corporate Media* (New York : Seven Stories Press, 2002), pp. 48–49. See also, Robert McChesney, *Communication Revolution : Critical Junctures and the Future of the Media* (New York : New Press, 2007) ; Robert McChesney, *The Political Economy of the Media* (New York : Monthly Review Press, 2008).

39. Source Watch, "Clear Channel Worldwide," *Center for Media and Democracy* (January 2007), available online at http://www.sourcewatch.org/index.php?title=Clear_Channel_Worldwide ; Jeff Sharlet, "Big World : How Clear Channel Programs America," *Harper's Magazine* (December 2003), pp. 38–39 ; G. R. Anderson, Jr., "Clear Channel Rules the World," *City Pages* 26 : 1263 (February 16, 2005), available online at http://www.citypages.com/databank/26/1263/article 12961.asp.

40. *NOW with Bill Moyers*, PBS, February 13, 2004. Transcript available online at www.pbs.org /now/transcript/.

41. David Barstow and Robin Stein, "The Message Machine : How the Government Makes News," *New York Times* (March 13, 2005). Available online at http://select.nytimes.com/search/restricted/article?res=F50914FC3E580C708D DDAA0894DD404482.

42. McChesney and Nichols, *Our Media, Not Theirs*, pp. 52–53.

43. I address the assault on academic freedom in Giroux, *The University in Chains*.

44. Frank Rich, "The Swift Boating of Cindy Sheehan," *New York Times* (August 21, 2005). Available online at http://www.nytimes.com/2005/08/21/opinion/21 rich.html?ei=5090&en=6c0b54b3c1bcba20&ex=1282276800&adxnnl=1&partner=rssuserland&emc=rss&adxnnlx=1124637090−/6pGluHeUZjJ/ES9/qnIvQ.

45. Ibid.

46. Editorial, *The Nation*, "Bush's High Crimes" (January 9–16, 2006), p. 3.

47. Rory O'Conner, "United States of Fear," *AlterNet* (January 13, 2005). Available online at www.alternet.org/story/03801. To understand this issue in a larger context, see Nafeez Mosaddeo Ahmed, *Behind the War on Terror* (New York : New Society Publishers, 2003).

48. Richard Bernstein, *The Abuse of Evil : The Corruption of Politics and Religion Since 9/11* (London : Polity, 2005), p. 26.

49. Eco, "Eternal Fascism," p. 15.

50. See Paul O'Neill, "Bush Sought Way to Invade Iraq," *60 Minutes*, CBS News, June 11, 2004. Transcript available online at www.cbsnews.com/stories/2004/

01/09/60minutes/main592330.shtml.

51. Abbott Gleason, "The Hard Road to Fascism," *Boston Review*(Summer 2003). Available online at www.bostonreview.net/BR28.3/gleason.html.

52. Bob Herbert, "Casualties at Home," *New York Times*(March 27, 2003), p. A27.

53. Robert Parry, "Bush Lies ⋯ And Knows He's Lying," *Consortium News*(October 31, 2006). Available online at www.alternet.org/module/printversion/ 43686.

54. Ibid.

55. Frank Rich, "Bush of a Thousand Days," *New York Times*(April 30, 2006). Available online at http://select.nytimes.com/search/restricted/article?res=F60711F83 B5B0C738FDDAD0894DE404482. Rich develops this theme and the selling of the Bush administration in Frank Rich, *The Greatest Story Ever Told*(New York : Penguin Press, 2006).

56. Terry Gross, "Millions and Millions Lost," *Harper's Magazine*(January 2004), p. 16.

57. Juan Stam, "Bush's Religious Language," *The Nation*(December 22, 2003), p. 27.

58. 2003년 미국의 영어교사협의회는 부시 대통령을 겉과 속이 다른 말하기 수상자(Doublespeak Award)로 선정했다. Online at www.govst.edu/users/gh rank/Introduction/bush2003.htm 참조.

59. Ruth Rosen, "Bush Doublespeak," *San Francisco Chronicle*(July 14, 2003). Available online at www.commondreams.org/views03/0714-10.htm. 2004년 1월 엘고어(Al Gore) 전 부통령은 부시 행정부의 정책에 관한 연설에서 다음과 같이 말한 바 있다 : "그들은 진정한 의도를 숨기기 위해 종종 오웰식 언어를 사용하고 있다. 예를 들어 오래된 고목을 벌목할 수 있도록 하는 정책을 산림보호안(Healthy Forest Initiative)이라고 명명하고 있다. 그리고 대기오염을 크게 증진시키는 정책을 대기오염방지안(Clear Skies Initiative)이라고 부르고 있다." Bob Herbert, "Masters of Deception," *New York Times*(January 16, 2004), p. A21.

60. Cited in Jennifer Lee, "U.S. Proposes Easing Rules on Emissions of Mercury," *New York Times*(December 3, 2003), p. A20.

61. Eric Pianin, "Clean Air Rules to Be Relaxed," *Washington Post*(August 23, 2003). Available online at www.washingtonpost.com/ac2/wp-dyn/A34334-2003 Aug22.

62. 《뉴욕타임스》보도에 따르면 환경보호위원회(Environmental Protection Agency)는 지구 온난화가 적어도 부분적으로는 굴뚝의 매연과 자동차 배기가스 배출량이 증대된 데 따른 것이고, 이는 건강과 생태계를 위협할 수 있다는

결론을 내린 연구문헌들을 실제로 없애버렸다. Huck Gutman, "On Science, War, and the Prevalence of Lies," *The Statesman* (June 28, 2003). Available online at www.commondreams.org/views03/0628-04.htm 참조.

63. For all of the direct government sources for these lies, see *One Thousand Reasons to Dump George Bush*, especially the section titled "Honesty." This information is available online at thousandreasons.org/the_top_ten.html.

64. David Corn, *The Lies of George W. Bush* (New York : Crown, 2003), pp. 228-230.

65. Paul Krugman, "Standard Operating Procedure," *New York Times* (June 3, 2004), p. A17.

66. See Lloyd Grove, "Lowdown," *New York Daily News* (January 11, 2004). Available online at www.unknownnews.net/insanity011404.html.

67. Cited in Paul Krugman, "Going for Broke," *New York Times* (January 20, 2004), p. A21.

68. Bob Herbert, "America the Fearful," *New York Times* (May 12, 2006), p. A25.

69. 미국의 빈곤율은 2004년에 12.5%(3,590만 명)로 상승했다. 흑인의 빈곤율은 전체 비율의 2배였다. 미국 국민 4,500만 명 이상이 건강보험이 없는데, 이는 부시 대통령의 취임 첫해인 2000년 이후 600만 명이 늘어난 숫자이다. 미국의 아동 빈곤율은 2004년에 17.6%로 늘었으며, 가난한 아동의 숫자가 1,290만 명에 달하고 있다. 이는 전체 인구 구성비를 고려할 때 상대적으로 높은 비율이다. 전체 인구 가운데 아동의 비율이 26%인 반면에, 전체 빈민 가운데는 아동의 비율이 39%를 차지하고 있다. 첼라라(Cesar Chelala)가 지적하듯이 "유니세프(UNICEF)는 비록 미국이 전 세계에서 소득 수준이 높은 가장 부유한 나라임에도 불구하고 산업국가 가운데 가장 높은 수준의 아동 빈곤율을 보이고 있다고 밝히고 있다. 덴마크와 핀란드의 아동 빈곤 수준은 3% 미만이고, 근소한 차이로 노르웨이와 스웨덴이 그 뒤를 잇고 있다. 이것은 높은 수준의 사회적 지출 때문이다." Chelala, "Rich Man, Poor Man : Hungry Children in America," *Seattle Times* (January 4, 2006), available online at www.commondreams.org/views060104-24.htm 참조.

70. Cited in Grey Myre, "Israelis' Anger at Evangelist May Delay Christian Center," *New York Times* (January 12, 2006), p. A12.

71. Esther Kaplan, *With God on Their Side : How Christian Fundamentalists Trampled Science, Policy, and Democracy in George W. Bush's White House* (New York : The New Press, 2004), p. 13.

72. Grossberg, *Caught in the Crossfire*, p. 229.

73. Heather Wokusch, "Make War Not Love : Abstinence, Aggression and the Bush White House," *Common Dreams News Center* (October 23, 2003). Available on-

line at www.commondreams.org/views03/1026−01.htm.

74. Cited in Laura Flanders, "Bush's Hit List : Teens and Kids," *Common Dreams News Center* (February 13, 2005). Available online at www.commondreams.org/views05/0213−11.htm.

75. Frank Rich, "The Year of Living Indecently," *New York Times* (February 6, 2005), p. AR1.

76. Dana Milibank, "Religious Right Finds Its Center in Oval Offi ce," *Washington Post* (December 24, 2001), p. A02.

77. Cited in ibid.

78. Ibid.

79. Jill Lawrence, "Bush's Agenda Walks the Church−State Line," *USA Today* (January 29, 2003). Available online at www.usatoday.com/news/washington/2003−01−29−bush−religion_x.htm.

80. Cited in Sydney H. Schanberg, "The Widening Crusade," *Village Voice* (October 15−21, 2003). Available online at www.villagevoice.com.issues/0342/schanberg.phb.

81. Robyn E. Blumner, "Religiosity as Social Policy," *St. Petersburg Times* (September 28, 2003). Available online at www.sptimes.com/2003/09/28/news_pf/Columns/religiosity_as_social.shtml.

82. Paul Harris, "Bush Says God Chose Him to Lead His Nation," *The Guardian* (November 1, 2003). Available online at www.observer.co.uk.

83. Joseph L. Conn, "Faith−Based Fiat," *Americans United for Separation of Church and State*, January 2002. Available online at www.au.org/churchstate/cs01031.htm.

84. Blumner, "Religiosity as Social Policy."

85. Jonathan Turley, "Raze the Church/State Wall? Heaven Help Us!" *Los Angeles Times* (February 24, 2003). Available online at www.enrongate.com/news/index.asp?id=169632.

86. Cited in Alan Cooperman, "Paige's Remarks on Religion in Schools Decried," *Washington Post* (April 9, 2003). Available online at www.washingtonpost.com/wp−dyn/articles/A59692−2003Apr8.html.

87. Jeremy Brecher, "Globalization Today," in Stanley Aronowitz and Heather Gautney, eds., *Implicating Empire : Globalization & Resistance in the 21st Century World Order* (New York : Basic Books, 2003), p. 202.

88. Graydon Carter, "The President? Go Figure," *Vanity Fair* (December 2003), p. 70.

89. Elizabeth Amon, "Name Withheld," *Harper's Magazine* (August 2003), p. 59.

90. Cited in Blumner, "Religiosity as Social Policy."
91. Cited in William M. Arkin, "The Pentagon Unleashes a Holy Warrior," *Los Angeles Times* (October 16, 2003). Available online at http://pqasb.pqarchiver.com/ latimes/results.html? QryTxt=William+Arkin.
92. Cited in *NOW with Bill Moyers*, PBS, December 26, 2003. Transcript available online at www.pbs.org/now/transcript/transcript248_full.html.
93. Gary Wills, "With God On His Side," *New York Times Sunday Magazine* (March 30, 2003), p. 26.
94. Cited in "Bill Moyers Interviews Joseph Hough," *NOW with Bill Moyers*, PBS, October 24, 2003. Transcript available online at www.pbs.org/now/transcript/ transcript_hough.html.
95. Kevin Phillips, *American Theocracy : The Peril and Politics of Radical Religion, Oil, and Borrowed Money in the 21st Century* (New York : Viking, 2006), p. xv ; and Kevin Phillips, "How the GOP Became God's Own Party," *Washington Post* (April 2, 2006), p. B03.
96. Chris Hedges, *American Fascists : The Christian Right and the War on America* (New York : Free Press, 2006), p. 207.
97. Paul Gilroy, *Postcolonial Melancholia* (New York : Columbia University Press, 2005), p. 142.
98. Cited in Esther Kaplan, p. 13.
99. Maureen Dowd, "The Red Zone," *New York Times* (November 4, 2004), p. A27.
100. Cited in Susan Searls Giroux, "Interview with David Theo Goldberg," *JAC : The Journal of Advanced Composition* 26 : 112 (2006), pp. 11–66.
101. How this obsession affects domestic and foreign policy in the United States can be seen in Noam Chomsky, *Hegemony or Survival : America's Quest for Global Dominance* (New York : Metropolitan Books, 2003).
102. Christopher Hellman, "The Runaway Military Budget : An Analysis," *FCNL Washington Newsletter* (March 2006). Available online at http://www.fcnl.org/ now/pdf/2006/mar06.pdf.
103. Ibid.
104. Anap Shah, "High Military Expenditures in Some Places," *Global Issues* (November 9, 2006). Available online at http://www.globalissues.org/Geopolitics/ ArmsTrade/Spending.asp?p=1.
105. Richard Falk, "Will the Empire Be Fascist?" *Transnational.org*. Available online at http://www.transnational.org/forum/meet/2003/Falk_FascistEmpire.html.
106. James Sterngold, "After 9/11 U.S. Policy Built on World," *San Francisco Chronicle* (March 21, 2004). Available online at http://www.sfgate.com/cgi-bin/article.

cgi?fi le=/c/a/2004/03/21/MNGJ65OS4J1.DTL&type=printable.

107. See Johnson, *Nemesis*, p. 138.

108. Jim Wolf, "US Predicts Bumper Year in Arms Sales," *Reuters*(December 4, 2006). Available online at http://news.yahoo.com/s/nm/20061204/pl_nm/aero_ arms_summit_arms_sales_usa_dc.

109. C. Wright Mills, *The Power Elite*(New York : Oxford University Press, 1956), p. 222.

110. Bacevich, *The New American Militarism*, p. 2.

111. Michael Hardt and Antonio Negri, *Multitude : War and Democracy in the Age of Empire*(New York : Penguin, 2004), pp. 12–13. See also Chris Hedges, *War is a Force That Gives Us Meaning*(New York : Anchor Books, 2003).

112. Chris Hedges, *War Is a Force That Gives Us Meaning*(New York : Anchor Books, 2003), p. 22.

113. 도시 지역의 군사주의화에 관해서는 Mike Davis, *City of Quartz*(New York : Vintage, 1992), and Kenneth Saltman and David Gabbard, eds., *Education as Enforcement : The Militarization and Corporatization of Schools*(New York : Routledge, 2003). 그리고 최근 미국의 군사주의적 외교정책에 관한 네오콘 의 영향에 관해서는 Thomas Donnelly, Donald Kagen, and Gary Schmidt's *Rebuilding America's Defenses*, which was developed under the auspices of The Project for the New American Century (www.newamericancentury.org) and is one of many reports outlining this issue 참조.

114. Catherine Lutz, "Making War at Home in the United States : Militarization and the Current Crisis," *American Anthropologist* 104 (Sept. 2002), p. 723.

115. Kevin Baker, "We're in the Army Now : The G.O.P.'s Plan to Militarize Our Culture," *Harper's Magazine*(October 2003), p. 40.

116. Jorge Mariscal, " 'Lethal and Compassionate' : The Militarization of US Culture," *CounterPunch*(May 5, 2003). Available online at www.counterpunch.org/ mariscal05052003.html.

117. George Monbiot, "States of War," *The Guardian*(October 14, 2003). Available online at www.commondreams.org/views03/1014–09.htm.

118. Mariscal, " 'Lethal and Compassionate' : The Militarization of US Culture."

119. Baker, "We're in the Army Now," p. 48.

120. Ibid., p. 37. This view has been dealt with in substantial detail by Chal mers Johnson in a number of books as well as by Andrew Bacevich in *The New American Militarism*(New York : Oxford University Press, 2005).

121. Baker, ibid.

122. Piper Fogg, "Independent Alumni Group Offers $100 Bounties to Ferret Out

Classroom Bias," *Chronicle of Higher Education* (January 19, 2006). Available online at www.chronicle.com/daily/2006/01/2006011904n.htm.

123. 이와 같은 비난은 보수주의 단체인 ACTA (American Council of Trustees and Alumni)의 보고서에서 비롯되었다. 이 단체는 린 체니 (Lynne Cheney)와 리버만(Joseph Lieberman)이 조직하였다. ACTA는 또한 웹 페이지에 이른바 "비미국적인 교수들(un-American professors)"의 115개 발언 목록을 게재했다. See Jerry L. Martin and Anne D. Neal, *Defending Civilization : How Our Universities Are Failing America and What Can Be Done About It*. Available online at www.goacta.org/publications/Reports/defciv.pdg 참조.

124. Ruth Rosen, "Politics of Fear," *San Francisco Chronicle* (December 30, 2002). Available online at www.commondreams.org/views02/1230-02.htm.

125. *Time Magazine*, "The American Soldier" (December 29, 2003).

126. Richard H. Kohn, "Using the Military at Home : Yesterday, Today, and To-morrow," *Chicago Journal of International Law* 94 : 1 (Spring 2003), pp. 174-175.

127. Ibid.

128. Pennsylvania State University, "Penn State's Spanier to Chair National Security Board," News Release, September 16, 2005.

129. David Goodman, "Covertly Recruiting Kids," *Baltimore Sun* (September 29, 2003). Available online at www.commondreams.org/views03/1001-11.htm.

130. Elissa Gootman, "Metal Detectors and Pep Rallies : Spirit Helps Tame a Bronx School," *New York Times* (February 4, 2004), p. C14.

131. Gail R. Chaddock, "Safe Schools at a Price," *Christian Science Monitor* (August 24, 1999), p. 15.

132. Tamar Lewin, "Raid at High School Leads to Racial Divide, Not Drugs," *New York Times* (December 9, 2003), p. A16.

133. "Kindergarten Girl Handcuffed, Arrested at Fla. School," *WFTV.com* (March 30, 2007). Available online at http://www.wftv.com/news/11455199/detail.html.

134. Randall Beger, "Expansion of Police Power in the Public Schools and the Vani-shing Rights of Students," *Social Justice* 29 : 1-2 (2002), p. 124.

135. Advancement Project, *Education on Lockdown : The Schoolhouse to Jailhouse Track* (Washington, DC : Advancement Project Publishing, 2005).

136. Sara Rimer, "Unruly Students Facing Arrest, Not Detention," *New York Times* (January 4, 2004), p. 15.

137. Ibid.

138. David Garland, "Men and Jewelry ; Prison as Exile : Unifying Laughter and Darkness," *Chronicle of Higher Education* (July 6, 2001), p. B4.

139. Howard Witt, "School Discipline Tougher on African Americans," *Chicago Tribune* (September 25, 2007). Available online at http://www.chicagotribune.com/news/nationworld/chi–070924discipline,0,22104,story?coll=chi_tab01_layout.

140. Bob Herbert, "Arrested While Grieving," *New York Times* (May 26, 2007), p. A27. See, for example, Elora Mukheree and Marvin Karpatikin, *Criminalizing the Classroom : The Over–Policing of New York City Schools* (Washington, DC : American Civil Liberties Union, 2007) ; Advancement Project, *Education on Lockdown* (Washington, DC : Advancement Project Publishing, 2005).

141. Peter B. Kraska, "The Military–Criminal Justice Blur : An Introduction," in Peter B. Kraska, ed., *Militarizing the American Criminal Justice System* (Boston : Northeastern University Press, 2001), p. 3.

142. See Christian Parenti, *Lockdown America : Police and Prisons in the Age of Crisis* (London : Verso Press, 1999).

143. Kraska, "The Military–Criminal Justice Blur," p. 10.

144. Jonathan Simon, "Sacrificing Private Ryan : The Military Model and the New Penology," in Peter B. Kraska, ed., *Militarizing the American Criminal Justice System* (Boston : Northeastern University Press, 2001), p. 113.

145. Gary Delgado, " 'Mo' Prisons Equals Mo' Money," *ColorLines* (Winter 1999–2000), p. 18 ; CBS News, "Largest Prison Increase Since 2000," (June 27, 2007). Online : http://www.cbsnews.com/stories/2007/06/27/national/main2987952.shtml?source=search_story

146. Sanho Tree, "The War at Home," *Sojourner's Magazine* (May–June 2003), p. 5.

147. 형사재판 제도가 흑인 남성들에게 미치는 파멸적 결과에 관한 분석을 위해서는 Michael Tonry, *Malign Neglect : Race, Crime, and Punishment in America* (New York : Oxford University Press, 1995), and Jerome Miller, *Search and Destroy : African–American Males in the Criminal Justice System* (Cambridge : Cambridge University Press, 1996) 참조.

148. Arianna Huffington, "The War on Drugs is Really a War on Minorities," *AlterNet* (March 31, 2007), available online : www.alternet.org/story/49782/. See also Jason Deparle, "The American Prison Nightmare," *The New York Review of Books* 54 : 6 (April 12, 2007), pp. 33–36.

149. Steven R. Donziger, ed., *The Real War on Crime : The Report of the National Criminal Justice Commission* (New York : Harper Perennial, 1996), p. 101.

150. Lisa Featherstone, "A Common Enemy : Students Fight Private Prisons," *Dissent* (Fall 2000), p. 78.

151. Carl Chery, "U.S. Army Targets Black Hip–Hop Fans," *The Wire/Daily Hip–Hop News* (October 21, 2003). Available online at www.sohh.com/article_print.

php?content_ID=5162.

152. Ibid.

153. Mariscal, " 'Lethal and Compassionate' : The Militarization of US Culture."

154. Nicholas Turse, "Have Yourself a Pentagon Xmas," *The Nation* (January 5, 2004), p. 8, available online at www.tomdispatch.com ; Matt Slagle, "Military Recruits Video-Game Makers," Chicago Tribune (October 8, 2003), p. 4.

155. R. Lee Sullivan, "Firefight on Floppy Disk," *Forbes Magazine* (May 20, 1996), pp. 39-40.

156. Cited in Gloria Goodale, "Video Game Offers Young Recruits a Peek at Military Life," *Christian Science Monitor* (May 31, 2003), p. 18.

157. Wayne Woolley, "From 'An Army of One' to Army of Fun : Online Video Game Helps Build Ranks," *Times-Picayune* (September 7, 2003), p. 26.

158. "Gaming News—October 2003," *The Gamer's Temple* (October 10, 2003). Available online at www.gamerstemple.com/news/1003/100331.asp.

159. Ibid.

160. Nicholas Turse, "The Pentagon Invades Your Xbox," *Dissident Voice* (December 15, 2003). Available online at www.dissidentvoice.org/Articles9/Turse_Pentagon-Video-Games.htm.

161. See, especially, Carl Boggs and Tom Pollard, *The Hollywood War Machine* (Boulder : Paradigm Publishers, 2006).

162. Ibid.

163. Maureen Tkacik, "Military Toys Spark Conflict on Home Front," *Wall Street Journal* (March 31, 2003), p. B1.

164. Amy C. Sims, "Just Child's Play," *Fox News Network* (August 21, 2003). Available online at www.wmsa.net/news/FoxNews/fn-030822_childs_ play.htm.

165. Mike Conklin, "Selling War at Retail," *Chicago Tribune* (May 1, 2003), p. 1.

166. Cathy Horyn, "Macho America Storms Europe's Runways," *New York Times* (July 3, 2003), p. A1.

167. Baker, "We're in the Army Now," p. 38.

168. This quotation from Coulter has been cited extensively. It can be found online at www.coulterwatch.com/fi les/BW_2-003-bin_Coulter.pdf.

169. Susan George, "A Short History of Neoliberalism : Twenty Years of Elite Economics and Emerging Opportunities for Structural Change," *Global Policy Forum*, March 24-26, 1999. Available online at www.globalpolicy.org/globaliz/econ/histneol.htm.

170. 신자유주의 정치에 관해서는 특히 다음과 같은 자료들이 유용하다 : Pierre Bourdieu, *Acts of Resistance : Against the Tyranny of the Market* (New York : The

New Press, 1998) ; Pierre Bourdieu, "The Essence of Neoliberalism," *Le Monde Diplomatique*(December 1998), available online at www.en.monde-diplomatique.fr/1998/12/08bourdieu ; Zygmunt Bauman,Work, *Consumerism and the New Poor*(London : Polity, 1998) ; Noam Chomsky, *Profit over People : Neoliberalism and the Global Order*(New York : Seven Stories Press, 1999) ; Jean Comaroff and John L. Comaroff, *Millennial Capitalism and the Culture of Neoliberalism* (Durham : Duke University Press, 2000) ; Anatole Anton, Milton Fisk, and Nancy Holmstrom, eds., *Not for Sale : In Defense of Public Goods*(Boulder : Westview Press, 2000) ; Alain Touraine, *Beyond Neoliberalism*(London : Polity, 2001) ; Colin Leys, *Market-Driven Politics*(London : Verso, 2001) ; Randy Martin, *Financialization of Daily Life*(Philadelphia : Temple University Press, 2002) ; Ulrich Beck, *Individualization : Institutionalized Individualism and Its Social and Political Consequences*(London : Sage, 2002) ; Doug Henwood, After the New Economy(New York : The New Press, 2003) ; Lisa Duggan, *The Twilight of Equality : Neoliberalism, Cultural Politics, and the Attack on Democracy*(Boston : Beacon Press, 2003) ; Pierre Bourdieu, *Firing Back : Against the Tyranny of the Market* 2, translated by Loic Wacquant(New York : The New Press, 2003) ; David Harvey, *A Brief History of Neoliberalsim*(New York : Duke University Press, 2005) ; Aihwa Ong, *Neoliberalism as Exception*(Durham : Duke University Press, 2006) ; and Neil Smith, *The End Game of Globalization*(New York : Routledge, 2005).

171. 리(Minqi Li)는 신자유주의적 정책과 그 결과를 다음과 같이 요약하고 있다 : 신자유주의 체제는 전형적으로 인플레이션을 낮추고 재정적 균형을 유지하기 위한 통화정책(이것은 종종 공적 지출을 줄이고 이윤율을 높임으로써 달성된다), '유연한' 노동시장(노동시장에 대한 규제를 없애고 사회복지를 축소하는 것을 의미한다), 무역과 재정적 자유화 그리고 민영화 등을 포함한다. 이러한 정책들은 세계의 노동자들에 대한 지배 엘리트(주요 자본주의 국가들의 금융자본을 소유한)의 공격이다. 신자유주의적 자본주의 하에서 사회적 진보와 발전을 위한 노력이 역전되었다. 소득과 부에 있어서의 세계적인 불평등이 전례가 없을 정도의 수준에 도달했다. 전 세계의 많은 노동자들이 궁핍을 경험하고 있으며, 거의 모든 국가가 비참한 상태로 전락했다. Li, "After Neoliberalism," *Monthly Review*(January 2004), p. 21 참조.

172. 예를 들어 유엔의 인간개발보고서(UN Human Development Report)에 따르면 "세계에서 가장 부유한 1%의 사람들이 가난한 사람들 57%보다도 많은 소득을 얻고 있다. 세계의 부유층 20%와 빈곤층 20% 사이의 소득 격차가 1960년의 30 : 1에서 1990년 60 : 1, 1999년 74 : 1로 확대되었고, 2015년에는 100:1에 달할 것으로 추정된다. 1999-2000년 사이에 28억의 사람들이

하루 3달러 미만으로 생활했고, 8억 4천만 명이 영양부족 상태에 있었으며, 24억 명의 공중 위생 서비스가 전혀 개선되지 못했다. 그리고 초등학교에 다녀야 할 전 세계 어린이 6명 가운데 1명이 학교를 다니지 못했다. 전 세계적으로 비농업 노동력의 대략 50%가 실업상태나 불완전 고용상태에 있는 것으로 추정된다." Cited in ibid.

173. George Steinmetz, "The State of Emergency and the Revival of American Imperialism : Toward an Authoritarian Post-Fordism," *Public Culture* 15 : 2 (Spring 2003), p. 337.

174. Barry Bluestone and Bennett Harrison, *The Deindustrialization of America : Plant Closings, Community Abandonment and the Dismantling of Basic Industry* (New York : Basic Books, 1982), p. 6.

175. Stanley Aronowitz, *How Class Works* (New Haven : Yale University Press, 2003), p. 21.

176. Ibid., p. 101.

177. See Bret Benjamin, *Invested Interest : Capital, Culture, and the World Bank* (Minneapolis : University of Minnesota Press, 2007).

178. Stanley Aronowitz, "Introduction," in Paulo Freire, *Pedagogy of Freedom : Ethics, Democracy and Civic Courage* (Lanham, MD : Rowman and Littlefi eld, 1998), p. 7.

179. Bourdieu, *Firing Back*, p. 38.

180. See Henwood, *After the New Economy Kevin Phillips, Wealth and Democracy : A Political History of the American Rich* (New York : Broadway, 2003) ; and Paul Krugman, *The Great Unraveling : Losing Our Way in the New Century* (New York : W. W. Norton, 2003).

181. Aronowitz, *How Class Works*, p. 102.

182. Gar Alperovitz, "Another World Is Possible," *Mother Jones* (January/February 2006), p. 68.

183. William Greider, "The Right's Grand Ambition : Rolling Back the 20th Century," *The Nation* (May 12, 2003), p. 18.

184. Edward S. Herman and Robert W. McChesney, *The Global Media : The New Missionaries of Global Capitalism* (Washington, DC/London : Cassell, 1997), p. 3.

185. I address this issue in Henry A. Giroux, *Public Spaces, Private Lives : Democracy Beyond 9/11* (Lanham : Rowman and Littlefi eld, 2003).

186. James Rule, "Markets, in Their Place," *Dissent* (Winter 1998), p. 31.

187. Bauman, *The Individualized Society*, p. 107.

188. Alan Bryman, *Disney and His Worlds* (New York : Routledge, 1995), p. 154.

189. 물론 신자유주의와 이를 제도적으로 전파하는 세계무역기구(WTO)나 국제통화기금(IMF) 등에 대한 폭넓은 저항이 일어나고 있고, 많은 지식인과 학생 그리고 지구적 차원의 사회운동 조직이 여기에 동참하고 있다. 하지만 이러한 저항은 지배 미디어에서 거의 다루어지지 않고 있으며, 설령 다루어진다 하더라도 적절치 않거나 아니면 마르크스주의에 물든 것으로 취급되는 경우가 허다하다.

190. Soros, "The US Is Now in the Hands of a Group of Extremists." Soros provides a scorching critique of the Bush administration in George Soros, *The Age of Fallibility : Consequences of the War on Terror* (New York : PublicAffairs, 2006).

191. Paul Tolme, "Criminalizing the Homeless," *In These Times* (April 14, 2003), pp. 6–7.

192. Democracy Now, "Uncharitable Care : How Hospitals Are Gouging and Even Arresting the Uninsured," *Common Dreams News Center* (January 8, 2004). Available online at http://www.commondreams.org/headlines04/0108–07.htm.

193. Bourdieu, *Acts of Resistance*, p. 4.

194. Comaroff and Comaroff, *Millennial Capitalism*, p. 305.

195. Ibid., p. 332.

196. Ibid.

197. See Scott Lash, *Critique of Information* (Thousand Oaks, CA : Sage, 2002).

제2장

1. W.E.B. Du Bois, *The Souls of Black Folk*, in *Three Negro Classics* (New York : Avon Books, 1965), p. 221.

2. 이와 같은 은밀한 표현양식들은 흑인들에 대한 인종차별을 잘 보여주고 있다. 하지만 미국이 이민자나 중동(middle east) 국적자들을 대상으로 행한 인종차별적 정책들을 보여주지는 못하고 있다. 미국에서 아랍인과 무슬림들을 위협하고, 추방하고, 감금하기 위해 인종차별적 감시와 괴롭힘, 비헌법적 수단을 공공연히 사용했다는 사실이 바로 미국 역사상 가장 수치스런 시기임을 잘 보여주고 있다. 따라서 제2장의 초점이 흑인과 백인의 관계이기는 하지만 인종차별주의가 단지 이것만을 의미하는 것은 아니다. 진정한 의미의 인종차별주의는 피부색과 인종에 따른 다양한 집단에 폭넓게 적용되어야 한다.

3. Howard Winant, "Race in the Twenty–First Century," *Tikkun* 17 : 1 (2002), p. 33.

4. Cited in David Shipler, "Reflections on Race," *Tikkun* 13 : 1 (1998), p. 59.

5. Dinesh D'Souza, *The End of Racism*(New York : The Free Press, 1995) ; Jim Sleeper, *Liberal Racism : How Fixating on Race Subverts the American Dream*(Lanham, MD : Rowman and Littlefi eld, 2002) ; Stephan and Abigail Thernstrom, *America in Black and White : One Nation, Indivisible*(New York : Simon and Schuster, 1999).

6. Cited in Tim Wise, "See No Evil : Perception and Reality in Black and White," *ZNet Commentary*(August 2, 2001). Available online at www.zmag.org. The Gallup Poll on "Black−White Relations in the United States−2001 Update" is available online at http://www.gallup.com/poll/specialReports/.

7. 그렉 윈터(Greg Winter)가 지적하듯이 평등권센터(Center for Equal Opportunity)와 미국시민권연구소(American Civil Rights Institute) 등 차별시정 조치에 반대하는 두 집단은 소수집단 학생들에게 대학 생활의 편의를 제공하기 위한 하계 장학 프로그램에 대해 새로운 공격을 감행했다. 자세한 내용은 Winter, "Colleges See Broader Attack on Their Aid to Minorities," *New York Times*(March 30, 2003), p. A15 참조.

8. 미국 생활에 만연해 있는 인종차별주의에 관해서는 다음을 참조 : Howard Winant, *The World Is a Ghetto : Race and Democracy Since World War II*(New York : Basic Books, 2001) ; Manning Marable, *The Great Wells of Democracy : The Meaning of Race in American Life*(New York : BasicCivitas Books, 2002) ; David Theo Goldberg, *The Racial State*(Malden, MA : Blackwell Books, 2002) ; Steve Martinot, *The Rule of Racialization : Class, Identity, Governance*(Philadelphia : Temple University Press, 2003).

9. Michael Omi, "Racialization in the Post−Civil Rights Era," in Avery Gordon and Christopher Newfi eld, eds., *Mapping Multiculturalism*(Minneapolis : University of Minnesota Press, 1996), p. 183.

10. Jack Geiger, "The Real World of Race," *The Nation*(December 1, 1997), p. 27.

11. See, for instance, Shelby Steele, "The Age of White Guilt," *Harper's Magazine* (November 2002), pp. 33−42.

12. This position is fully developed in Shelby Steele, *The Content of Our Character* (New York : Harper, 1990).

13. John McWhorter, "Don't Do Me Any Favors," *American Enterprise Magazine* (April/May 2003). Available on line at www.theamericanenterprise.org/taeam 03d.htm.

14. Zygmunt Bauman, *The Individualized Society*(London : Polity Press, 2001), p. 205.

15. Charles Murray, *Losing Ground : American Social Policy, 1950−1980*(New York : Basic Books, 1985).

16. 인종관계에서의 이와 같은 변화를 이해하기 위해서는 다음을 참조 : Eduardo Bonilla-Silva, *White Supremacy and Racism in the Post-Civil Rights Era* (Boulder : Lynne Rienner Publishers, 2001) ; and Amy Elizabeth Ansell, *New Right, New Racism : Race and Reaction in the United States and Britain* (New York : New York University Press, 1997).

17. Douglas Kellner, "Globalization and New Social Movements : Lessons for Critical Theory and Pedagogy," in Nicholas Burbules and Carlos Torres, eds., *Globalization and Education* (New York : Routledge/Falmer, 2000), p. 307.

18. Bauman, *The Individualized Society*, p. 159.

19. Lewis H. Lapham, "Res Publica," *Harper's Magazine* (December 2001), p. 8.

20. Zygmunt Bauman, *Globalization : The Human Consequences* (New York : Columbia University Press, 1998), p. 47.

21. Ansell, *New Right, New Racism*, p. 111.

22. Ibid., pp. 20-21.

23. Charles Gallagher, "Color-Blind Privilege : The Social and Political Functions of Erasing the Color Line in Post Race America," unpublished essay, p. 12.

24. Ibid., p. 11.

25. This issue is taken up brilliantly in David Theo Goldberg, *The Racial State* (Malden, MA : Blackwell Books, 2002), especially on pp. 200-238.

26. Manning Marable, "Beyond Color-Blindness," *The Nation* (December 14, 1998), p. 29.

27. For specific figures in all areas of life, see Bonilla-Silva, *White Supremacy and Racism in the Post-Civil Rights Era*, especially the chapter titled "White Supremacy in the Post-Civil Rights Era," pp. 89-120.

28. Paul Street, "A Whole Lott Missing : Rituals of Purification and Racism Denial," *Z Magazine* (December 22, 2002). Available online at www.zmag.org/content/print_article.cfm?itemID=2784&section.

29. 이러한 쟁점들에 관한 자세한 내용은 Henry A. Giroux, *Public Spaces, Private Lives : Democracy Beyond 9/11* (Lanham, MD : Rowman and Littlefi eld, 2002).

30. Loic Wacquant, "From Slavery to Mass Incarceration : Rethinking the 'Race Question' in the U.S.," in *New Left Review* (January-February 2002), p. 44.

31. Paul Street, "Mass Incarceration and Racist State Priorities at Home and Abroad," *DissidentVoice* (March 11, 2003), pp. 6-7. Available online at http://www.dissidentvoice.org/Articles2/Street_MassIncarceration.htm.

32. Richard J. Herrnstein and Charles Murray, *The Bell Curve : Intelligence and Class Structure in American Life* (New York : The Free Press, 1994), pp. 533-534, 551.

33. Nikhil Aziz, "Moving Right On! Fairness, Family, and Faith," *The Public Eye* 16 :

2 (Summer 2002), p. 5.

34. See "Civil Rights" within the Mission section of the CIR's website, at http://www.cir-usa.org/civil_rights_theme.html.

35. 이와 같은 법률적 사례에 관한 자세한 분석을 위해서는 다음을 참조 : Aziz, "Moving Right On!"

36. Ibid., p. 15.

37. Zsuza Ferge, "What Are the State Functions That Neoliberalism Wants to Eliminate?" in Antole Anaton, Milton Fisk, and Nancy Holmstrom, eds., *Not for Sale : In Defense of Public Goods* (Boulder : Westview Press, 2000), p. 183.

38. David Theo Goldberg, *The Racial State* (Malden, MA : Blackwell, 2002), p. 217. The ideas in the sentence prior to this quote are also taken from Goldberg's text.

39. Jean Comaroff and John L. Comaroff, "Millennial Capitalism : First Thoughts on a Second Coming," *Public Culture* 12 : 2 (2000), pp. 305-306.

40. Aziz, "Moving Right On!" p. 6.

41. Cited in Philip Klinker, "The 'Racial Realism' Hoax," *The Nation* (December 14, 1998), p. 37.

42. Dinesh D'Souza, *The End of Racism : Principles for a Multiracial Society* (New York : The Free Press, 1995), p. 268.

43. Patricia J. Williams, *Seeing a Color-Blind Future : The Paradox of Race* (New York : Noonday Press, 1997), pp. 18, 26.

44. John Meacham, "A Man Out of Time," *Newsweek* (December 23, 2003), p. 27.

45. Ibid.

46. 트랜트 로트의 인종문제에 관한 투표기록은 다음을 참조 : Derrick Z. Jackson, "Brother Lott's Real Record," *Boston Globe* (December 18, 2002). Available online at www.commondreams.org/views02/1218-09.htm.

47. See Robert Kuttner, "A Candid Conversation About Race in America," *Boston Globe* (December 25, 2002). Available online at www.commondreams.org/views02/1225-02.htm.

48. David Brooks, "We Don't Talk This Way," *Newsweek* (December 23, 2002), p. 31.

49. Cited in David Roediger, *Toward the Abolition of Whiteness* (London : Verso Press, 1994), p. 8.

50. Frank Rich, "Bonfire of the Vanities," *New York Times* (December 21, 2002), p. A35.

51. Ibid.

52. I have taken this idea from David Theo Goldberg, *Racial Subjects : Writing on Race in America* (New York : Routledge, 1997), pp. 17-26.

53. Ellis Cose, "Lessons of the Trent Lott Mess," *Newsweek* (December 23, 2002), p. 37.

54. Ibid.

55. David Theo Goldberg, "Racialized Discourse," in *Racist Culture* (Malden, MA : Blackwell, 1993), pp. 54–56.

56. Teun A. Van Dijk, "Denying Racism : Elite Discourse and Racism," in Philomena Essed and David Theo Goldberg, eds., *Race Critical Theories : Texts and Contexts* (Malden, MA : Blackwell, 2002), pp. 323–324.

57. Jean Comaroff and John L. Comaroff, "Millennial Capitalism," p. 322.

58. James Rule, "Markets, in Their Place," *Dissent* (Winter 1998), p. 31.

59. Bauman, *The Individualized Society*, p. 107.

60. Ibid.

61. Leerom Medovoi, "Globalization as Narrative and Its Three Critiques," *Review of Education/Pedagogy/Cultural Studies* 24 : 1–2 (2002), p. 66.

62. D'Souza, *The End of Racism*, p. 545.

63. David Theo Goldberg, *The Racial State* (Malden, MA : Blackwell, 2002), p. 229.

64. Pierre Bourdieu and Günter Grass, "The 'Progressive' Restoration : A Franco-German Dialogue," *New Left Review* 14 (March–April 2002), p. 71.

65. John Brenkman, "Race Publics : Civic Illiberalism, or Race After Reagan," *Transition* 5 : 2 (Summer 1995), p. 8.

66. On this subject, see Robert W. McChesney and John Nichols, *Our Media, Not Theirs* (New York : Seven Stories Press, 2002).

67. David Goldberg and John Solomos, "Introduction to Part III," in David Goldberg and John Solomos, eds., *A Companion to Ethnic and Racial Studies* (Malden, MA : Blackwell, 2002), p. 231.

제3장

1. 이른바 처벌국가로의 이동이나 범죄시하기에 기초한 통치행위 관념에 대해서는 다음을 참조 : Jonathan Simon, *Governing Through Crime* (New York : Oxford University Press, 2007).

2. Bernadine Dohrn, "Look Out, Kid, It's Something You Did," in Valerie Polakow, ed., *The Public's Assault on America's Children* (New York : Teachers College Press, 2000), p. 161.

3. Paul Street, "Race, Prison, and Poverty : The Race to Incarcerate in the Age of Correctional Keynesianism," *Z Magazine* (May 2001), p. 26. For an excellent

analysis of the disenfranchisement of prisoners, see Jeff Manza, *Locked Out : Felon Disenfranchisement and American Democracy*(New York : Oxford University Press, 2006).

4. Lisa Featherstone, "A Common Enemy : Students Fight for Private Prisons," *Dissent*(Fall 2000), p. 78.

5. James Sterngold, "Prisons' Budget to Trump Colleges,'" *San Francisco Chronicle*(May 21, 2007) p. 1.

6. Randall Beger, "Expansion of Police Power in Public Schools and the Vanishing Rights of Students," *Social Justice* 29 : 1/2 (2002), p. 121.

7. For a moving narrative of the devastating effects of the juvenile justice system on teens, see Edward Humes, *No Matter How Loud I Shout : A Year in the Life of Juvenile Court*(New York : Touchstone, 1996).

8. Margaret Talbot, "The Maximum Security Adolescent," *New York Times Magazine*(September 10, 2000), p. 42.

9. Evelyn Nieves, "California Proposal Toughens Penalties for Young Criminals," *New York Times*(March 6, 2000), pp. A1, A15.

10. Sara Rimer and Raymond Bonner, "Whether to Kill Those Who Killed as Youths," *New York Times*(August 22, 2000), p. A16.

11. Ann Patchett, "The Age of Innocence," *New York Times Sunday Magazine*(September 29, 2002), p. 17.

12. I have taken up this critique in great detail in Henry A. Giroux, *The Abandoned Generation*(Boulder : Paradigm Publishers, 2004).

13. Center for American Progress Task Force on Poverty, *From Poverty to Prosperity*(Washington, DC : Center for American Progress, 2007), p. 1.

14. Paul Krugman, "Gilded Once More," *New York Times*(April 27, 2007). Available online at http://www.truthout.org/docs_2006/042707F.shtml.

15. Jenny Anderson and Julie Creswell, "Top Hedge Fund Managers Earn Over $240 million," *New York Times*(April 24, 2007), p. 1 ; Council on International and Public Affairs, "Too Much Executive Pay Scorecard," *Too Much Online Weekly* (May 1, 2007). Available online at www.cipa−apex.org/toomuch/ExecPayScoreboard.html.

16. Paul Krugman, "Bush's Class−War Budget," *New York Times*(February 11, 2005). Available online at www.nytimes.com/2005/02/11/opinion/11krugman.html?ex=1265864400&en=c5baff37424e2a5d&ei=5088&.

17. Elisabeth Young−Bruehl, *Why Arendt Matters*(New Haven : Yale University Press, 2006), pp. 53−54.

18. Jacques Derrida, "The Future of the Profession or the Unconditional University,"

in Laurence Simmons and Heather Worth, eds., *Derrida Down Under*(Auckland, New Zealand : Dunmarra Press, 2001), p. 253.

19. Lawrence Grossberg, *Caught in the Crossfire*(Boulder : Paradigm Publishers, 2005), p. 16.

20. Bob Herbert, "Arrested While Grieving," *New York Times*(May 26, 2007), p. A25.

21. Lawrence Grossberg, "Why Does Neo−Liberalism Hate Kids? The War on Youth and the Culture of Politics," *Review of Education/Pedagogy/Cultural Studies* 23 : 2(2001), p. 133.

22. 1990년대 청소년 범죄의 하락에 관한 분석은 다음을 참조 : S. D. Levitt, "Understanding Why Crime Fell in the 1990s : Four Factors That Explain the Decline and Six That Do Not," *Journal of Economic Perspectives* 18 : 1(Winter 2004), pp. 163−190.

23. Beger, "Expansion of Police Power in Public Schools," p. 127.

24. Peter Cassidy, "Last Brick in the Kindergulag," *AlterNet*(May 12, 2003). Available online at alternet.org/print.hgml?StoryId=13616.

25. Gail R. Chaddock, "Safe Schools at a Price," *Christian Science Monitor*(August 24, 1999), p. 15.

26. "Kindergarten Girl Handcuffed, Arrested at Fla. School," *WFTV.com*(March 30, 2007). Available online at www.wftv.com/news/11455199/detail.html.

27. Andrew Gumbel, "America Has 2,000 Young Offenders Serving Life Terms in Jail," *The Independent*(October 12, 2005). Available online at www.commond reams.org/headlines05/1012−02.htm.

28. I have taken up a detailed critique of No Child Left Behind in Henry A. Giroux, *America on the Edge*(New York : Palgrave, 2006). For a devastating critique of No Child Left Behind, see Jonathan Kozol, *Letters to a Young Teacher*(New York : Crown, 2007).

29. Sara Rimer, "Unruly Students Facing Arrests, Not Detention," *New York Times* (January 4, 2004), p. 1.

30. Ibid., p. 15.

31. Ibid.

32. American Bar Association, "Report on Zero Tolerance Laws" (May 28, 2003), p. 3. Available online at www.abanet.org/crimjust/juvius/zerotolreport.html.

33. Kate Zernike, "Crackdown on Threats in School Fails a Test," *New York Times* (May 17, 2001), p. A21.

34. Tyson Lewis, "The Surveillance Economy of Post−Columbine Schools," *Review of Education/Pedagogy/Cultural Studies* 25 : 4(October−December 2003), p. 336.

35. Brian Moore, "Letting Software Make the Call," *Chicago Reader* 29 : 49 (2000), p. 18.

36. Editorial, "Zero Tolerance Takes Student Discipline to Harsh Extremes," *USA Today* (January 2, 2004), p. A11.

37. Ellen Goodman, " 'Zero Tolerance' Means Zero Chance for Troubled Kids," *Centre Daily Times* (January 4, 2000), p. 8.

38. These examples are taken from a report on zero-tolerance laws by the American Bar Association, May 28, 2003. Available online at www.abanet.org/crimjust/juvius/zerotolreport.html.

39. Beger, "Expansion of Police Power in Public Schools," p. 123.

40. Goodman, " 'Zero Tolerance' Means Zero Chance," p. 8.

41. Steven Drizin, "Arturo's Case," in William Ayers, Bernadine Dohrn, and Rick Ayers, eds., *Zero Tolerance* (New York : The New Press, 2001), p. 32.

42. Editorial, "Zero Tolerance Is the Policy," *Denver Rocky Mountain News* (June 22, 1999), p. A38.

43. Gregory Michie, "One Strike and You're Out : Does Zero Tolerance Work? Or Does Kicking Kids Out of School Just Make Things Worse?" *Chicago Reader* 29 : 49 (2000), p. 24.

44. Jane Gordon, "In Schools, Bad Behavior Is Shown the Door," *New York Times* (November 16, 2003), p. C14.

45. Annette Fuentes, "Discipline and Punish," *The Nation* (December 15, 2003), pp. 17-20. More recent studies suggest the trend is increasing ; see Howard Witt, "School Discipline Tougher on African Americans," *Chicago Tribune* (September 25, 2007). Available online at http://www.chicagotribune.com/news/nation world/chi-070924discipline,0,22104,story?coll=chi_tab01_layout.

46. Editorial, "Zero Tolerance," *USA Today* (January 2, 2004), p. A11.

47. Cited in Gordon, "In Schools," p. 2.

48. Tamar Lewin and Jennifer Medina, "To Cut Failure Rate, Schools Shed Students," *New York Times* (July 31, 2003), p. A1. For more recent studies, see Elora Mukheree and Marvin Karpatikin, *Criminalizing the Classroom : The Over-Policing of New York City Schools* (Washington, DC : American Civil Liberties Union, 2007) and the Advancement Project, *Education on Lockdown* (Washington, DC : Advancement Project Publishing, 2005).

49. 《뉴욕타임스》의 보도에 따르면 최근 계속되고 있는 학교 총기사건에 대응해서 미국 연방수사국(FBI)은 전국의 교사들에게 "치명적인 폭력을 저지를 것 같은 학생들"을 가려낼 수 있는 행위 리스트를 제공했다. 이 리스트에 포함된 것 가운데 하나가 "실제적인 부정의 또는 정의롭지 못하다고 생각

하는 것들에 대해 분개하는 것이다." 국내적으로 군사주의화가 어느 정도 진행되고 있는가 하는 것은 파괴적 가능성이 있는 학생들의 행위를 연방수사국에서 모니터하고 있는 것뿐만 아니라, 교사들이 점점 형사재판 제도의 보조적인 역할을 떠맡고 있는 모습 속에서 분명하게 나타나고 있다. 이에 관해서는 다음을 참조 : "F.B.I. Caution Signs for Violence in Classroom," *New York Times* (September 7, 2000), p. A18.

50. Tamar Lewin, "Study Finds Racial Bias in Public Schools," *New York Times* (March 11, 2000), p. A14.

51. Libero Della Piana, "Crime and Punishment in Schools : Students of Color Are Facing More Suspensions Because of Racially Biased Policies," *San Francisco Chronicle* (February 9, 2000), p. A21.

52. Marilyn Elias, "Disparity in Black and White?" *USA Today* (December 11, 2000), p. D9.

53. Editorial, "Zero Tolerance," *USA Today* (January 2, 2004), p. A11.

54. Lewis, "The Surveillance Economy," p. 337.

55. Loic Wacquant, "From Slavery to Mass Incarceration : Rethinking the 'Race Question' in the U.S.," *New Left Review* (January–February 2002), p. 52.

56. 제라스(Norman Geras)의 이른바 "상호 무관심의 계약"(the contract of mutual indifference), 그리고 사회적인 것을 현대적 형태의 상호 무관심을 위한 조건으로 간주하지 않는 신자유주의 사이의 관계에 관한 도발적 분석은 다음을 참조 : Geras, *The Contract of Mutual Indifference* (London : Verso Press, 1998), p. 30.

57. 새로운 학생 운동에 관해서는 다음을 참조 : Lisa Featherstone, "The New Student Movement," *The Nation* (May 15, 2000), pp. 11–15 ; David Samuels, "Notes from Underground : Among the Radicals of the Pacific Northwest," *Harper's Magazine* (May 2000), pp. 35–47 ; Katazyna Lyson, Monique Murad, and Trevor Stordahl, "Real Reformers, Real Results," *Mother Jones* (October 2000), pp. 20–22 ; Alexander Cockburn, Jeffrey St. Clair, and Allan Sekula, *5 Days that Shook the World* (London : Verso Press, 2000) ; and Mark Edelman Boren, *Student Resistance* (New York : Routledge, 2001). See also Imre Szeman, "Learning from Seattle," Special Issue of the *Review of Education/Pedagogy/Cultural Studies* 24 : 1–2 (January–June 2002) and Henry A. Giroux, *The Abandoned Generation* (New York : Palgrave, 2004).

58. 미디어 그리고 마약과의 전쟁이 지닌 인종차별적 성격에 관해서는 다음을 참조 : Jimmie L. Reeves and Richard Campbell, *Cracked Coverage : Television News, the Anti-Cocaine Crusade, and the Reagan Legacy* (Durham : Duke University Press, 1994).

59. Dohrn, "Look Out, Kid, It's Something You Did," p. 175.

60. Heather Wokusch, "Leaving Our Children Behind," *Common Dreams News Center* (July 8, 2002). Available online at www.commondreams.org/view02/0708-08.htm.

61. Tony Pugh, "US Economy Leaving Record Numbers in Severe Poverty," *McClatchy Newspapers* (February 23, 2007). Available online at www.commondreams.org/headlines07/0223-09.htm.

62. Cesar Chelala, "Rich Man, Poor Man : Hungry Children in America," *Seattle Times* (January 4, 2006). Available online at www.commondreams.org/views06/0104-24.htm.

63. Bob Herbert, "Young, Jobless, Hopeless," *New York Times* (January 6, 2003), p. A35.

64. Childhood Poverty Research Brief 2, "Child Poverty in the States : Levels and Trends from 1979 to 1998," September 13, 2001. Available online at www.nccp.org.

65. Street, "Race, Prison, and Poverty," p. 26.

66. Zygmunt Bauman, *In Search of Politics* (Stanford : Stanford University Press, 1999), p. 2.

67. Bob Herbert, "The Danger Zone," *New York Times* (March 15, 2007), p. A25.

68. 널리 보도된 바와 같이 많은 주들이 대학교보다 교도소를 짓는 데 더 많은 재정을 지출하면서 교도소 산업이 호황을 누리고 있다. 이에 관해서는 Anthony Lewis, "Punishing the Country," *New York Times* (December 2, 1999), p. A1 참조.

69. Abigail Thernstrom, "Schools Are Responsible for the Main Source of Racial Inequality Today," *Los Angeles Times* (November 13, 2003), p. B17.

70. Robin D.G. Kelley, *Yo' Mama's Disfunktional! : Fighting the Culture Wars in Urban America* (Boston : Beacon Press, 1997), p. 44.

71. Dwight Garner, "The Season of the Heirheads," *New York Times* (November 16, 2003), p. 29.

72. John Leland, "Once You've Seen Paris, Everything Is E=mc2," *New York Times* (Sunday Styles) (November 23, 2003), p. 9.

73. Street, "Race, Prison, and Poverty," p. 26.

74. 더욱 부끄러운 것은 흑인들에 대한 이러한 차별이 법률가인 케네디(Randall Kennedy) 등과 같은 변명자들에 의해 하버드 대학교처럼 위엄 있는 기관에서 종종 정당화되고 있다는 사실이다. 케네디는 이러한 법률, 형사정책 그리고 경찰의 관행 등이 범죄를 저지르는 '나쁜' 흑인들로부터 '선량한' 흑인들을 보호하기 위해서 필요하다고 주장한다. Kennedy, *Race, Crime, and the*

Law(New York : Pantheon, 1997) 참조.

75. Interview with Jesse Jackson, "First−Class Jails, Second−Class Schools," *Rethinking Schools*(Spring 2000), p. 16.

76. Bill Moyers, "A Time for Anger, a Call to Action," *Common Dreams*(February 7, 2007). Available online at www.commondreams.org/views07/0322−24.htm.

77. I discuss this phenomenon in Henry A. Giroux, *The University in Chains*(Boulder : Paradigm Publishers, 2007).

78. Ibid.

79. See Penn State News Release, "Penn State's Spanier to Chair National Security Board," September 16, 2005.

80. For a much more detailed account of this type of attack on higher education, see Henry A. Giroux and Susan Searls Giroux, *Take Back Higher Education*(New York : Palgrave, 2006).

81. Greg Toppo, "U.S. Students Say Press Freedoms Go Too Far," *USA Today*(January 30, 2005). Available online at www.usatoday.com/news/education/2005−01−30−students−press_x.htm.

82. Wendy Brown, *Regulating Aversion*(Princeton : Princeton University Press, 2006), p. 88.

83. 마찬가지로 공적 시간은 뉴스 미디어의 단편화된 시간 모델과도 다르다. 여기에는 여러 사건들로 이루어진 시간의 포켓 속에 파국들이 존재하고 있다. 매일 새로운 파국들이 나타나고는 잊혀진다. 그리고 다음날은 새로운 파국들이 이것을 대체한다. 뉴스 이야기들은 오래 가지 않는다. 사건들이 복잡한 원인에서 발생하고 그만큼 복잡한 결과를 수반한다는 것을 보여주지 못한다. 그리고 뉴스의 이야기들이 그토록 빨리 사라져버린다는 것은 사건이 얼마나 파국적이건 관계없이 그것의 사회적 중요성이 미미하다는 것을 보여주고 있다.

84. Zygmunt Bauman, *Liquid Times : Living in an Age of Uncertainty*(London : Polity, 2007), p. 5.

85. Cited in Lawrence W. Levine, *The Opening of the American Mind*(Boston : Beacon Press, 1996), p. 19.

86. Bauman, *Liquid Times*, p. 8.

제4장

1. Zygmunt Bauman, *Work, Consumerism and the New Poor*(Philadelphia : Open University Press, 1998), pp. 97−98.

2. Stanley Aronowitz and Peter Bratsis, "State Power, Global Power," in Stanley Aronowitz and Peter Bratsis, eds., *Paradigm Lost : State Theory Reconsidered* (Minneapolis : University of Minnesota Press, 2002), p. xvii.

3. Pierre Bourdieu, *Language and Symbolic Power* (Cambridge, MA : Harvard University Press, 2001), p. 127.

4. Ibid., p. 128.

5. For some general theoretical principles for addressing the new sites of pedagogy, see Jeffrey R. DiLeo, Walter Jacobs, and Amy Lee, "The Sites of Pedagogy," *Symploke* 10 : 1–2 (2003), pp. 7–12.

6. William Greider, "The Right's Grand Ambition : Rolling Back the 20th Century," *The Nation* (May 12, 2003), p. 11.

7. One interesting analysis on the contingent nature of democracy and public space can be found in Rosalyn Deutsche, *Evictions : Art and Spatial Politics* (Cambridge, MA : MIT Press, 1998).

8. Cited in Robert Dreyfuss, "Grover Norquist : 'Field Marshal' of the Bush Plan," *The Nation* (May 14, 2001), p. 1. Available online at http://www.thenation.com/doc.mhtml?i=20010514&s=dreyfuss.

9. Raymond Williams, *Communications*, rev. ed. (New York : Barnes & Noble, 1966), p. 15.

10. Benjamin R. Barber, "A Failure of Democracy, Not Capitalism," *New York Times* (July 29, 2002), p. A23.

11. Bob Herbert, "The Art of False Impression," *New York Times* (August 11, 2003), p. A17.

12. W.E.B. Du Bois, "*Against Racism : Unpublished Essays, Papers, Addresses, 1887–1961*," edited by Herbert Aptheker (Amherst : University of Massachusetts Press, 1985).

13. Cornelius Castoriadis, cited in Zygmunt Bauman, *The Individualized Society* (London : Polity Press, 2001), p. 127.

14. Michele Barrett, *Imagination in Theory* (New York : New York University Press, 1999), p. 161.

15. Zygmunt Bauman and Keith Tester, *Conversations with Zygmunt Bauman* (Malden, MA : Polity Press, 2001), p. 32.

16. On the importance of problematizing and pluralizing the political, see Jodi Dean, "The Interface of Political Theory and Cultural Studies," in Jodi Dean, ed., *Cultural Studies and Political Theory* (Ithaca : Cornell University Press, 2000), pp. 1–19.

17. Robert W. McChesney and John Nichols, *Our Media, Not Theirs : The Democ-*

ratic Struggle Against Corporate Media (New York : Seven Stories Press, 2002).

18. Zygmunt Bauman, *In Search of Politics* (Stanford : Stanford University Press, 1999).

19. Nick Couldry, "In the Place of a Common Culture, What?" *Review of Education/ Pedagogy/Cultural Studies* 26 : 1 (January 2004), p. 6.

20. Raymond Williams, "Preface to Second Edition," *Communications* (New York : Barnes and Noble, 1967), pp. 15, 16.

21. Raymond Williams, "Preface to Second Edition," *Communications* (New York : Barnes and Noble, 1967), p. 14.

22. See, especially, Raymond Williams, *Marxism and Literature* (New York : Oxford University Press, 1977) ; and Raymond Williams, *The Year 2000* (New York : Pantheon, 1983).

23. Williams, *Marxism and Literature*.

24. See Tony Bennett, *Culture : A Reformer's Science* (Thousand Oaks, CA : Sage, 1998), p. 223.

25. Antonio Gramsci, *Selections from the Prison Notebooks* (New York : International Press, 1971), p. 350.

26. Cornelius Castoriadis, "Democracy as Procedure and Democracy as Regime," *Constellations* 4 : 1 (1997), p. 10.

27. Cornelius Castoriadis, "The Problem of Democracy Today," *Democracy and Nature* 8 (April 1996), p. 19.

28. Cornelius Castoriadis, "The Nature and Value of Equity," *Philosophy, Politics, Autonomy : Essays in Political Philosophy* (New York : Oxford University Press, 1991), pp. 124–142.

29. Cornelius Castoriadis, *The World in Fragments*, edited and translated by David Ames Curtis (Stanford : Stanford University Press, 1997), p. 91.

30. Both quotes are taken from Cornelius Castoriadis, "Culture in a Democratic Society," *The Castoriadis Reader*, edited by David Ames Curtis (Malden, MA : Blackwell, 1997), pp. 343, 341.

31. Cornelius Castoriadis, "The Crisis of the Identifi cation Process," *Thesis Eleven* 49 (May 1997), pp. 87–88.

32. Cornelius Castoriadis, "The Anticipated Revolution," *Political and Social Writings, Vol. 3*, edited and translated by David Ames Curtis (Minneapolis : University of Minnesota Press, 1993), pp. 153–154.

33. John Binde, "Toward an Ethic of the Future," *Public Culture* 12 : 1 (2000), p. 65.

34. Cornelius Castoriadis, "The Greek Polis and the Creation of Democracy," *Phi-*

losophy, Politics, Autonomy : Essays in Political Philosophy(New York : Oxford University Press, 1991), p. 102.

35. Cornelius Castoriadis, "Power, Politics, and Autonomy," *Philosophy, Politics, Autonomy : Essays in Political Philosophy*(New York : Oxford University Press, 1991), pp. 144–145.

36. Castoriadis, "Democracy as Procedure and Democracy as Regime," p. 15. 민주주의 그리고 정치생활에서의 교육의 우선성에 대한 카스토리아디스의 관념은 고대 그리스 민주주의에 대한 연구에서 비롯된 것이라는 사실에 주목할 필요가 있다.

37. Castoriadis, "The Problem of Democracy Today," p. 24.

38. Bauman and Tester, *Conversations with Zygmunt Bauman*, p. 131.

39. Susan Sontag, "Courage and Resistance," *The Nation*(May 5, 2003), pp. 11–14.

40. Zygmunt Bauman, *Society Under Siege*(Malden, MA : Blackwell, 2002), p. 170.

41. Jacques Derrida, "Intellectual Courage : An Interview," translated by Peter Krapp, *Culture Machine* 2 (2000), pp. 1–15.

42. Zygmunt Bauman, *The Individualized Society*(London : Polity Press, 2001), pp. 54–55.

43. 그라프(Gerald Graff)는 프레이리(Paulo Freire) 등의 업적을 그릇되게 전달하거나 비판적인 교육자들의 이론적 성과를 시대에 뒤진 것으로 인용함으로써, 그리고 그들의 업적을 풍자적으로 비꼼으로써, 아니면 극단적이고 우스꽝스런 사례들을 비판적 교육자들(보다 일반적으로는 교육과 정치를 연계시키는 사람들)이 행한 특징적인 일들로 간주하면서 이러한 쟁점에 접근하고 있다. 최근 이와 같은 입장에 대해서는 다음을 참조 : Gerald Graff, "Teaching Politically Without Political Correctness," *Radical Teacher* 58 (Fall 2000), pp. 26–30 ; and Gerald Graff, *Clueless in Academe*(New Haven : Yale University Press, 2003).

44. Lani Guinier, "Democracy Tested," *The Nation*(May 5, 2003), p. 6. 귀니어는 그라프 그리고 그와 생각을 같이하는 사람들과 정반대의 입장에 서 있다. 예를 들어 "A Conversation Between Lani Guinier and Anna Deavere Smith : Rethinking Power, Rethinking Theater," *Theater* 31 : 3 (Winter 2002), pp. 31–45 참조.

45. George Lipsitz, "Academic Politics and Social Change," in Jodi Dean, ed., *Cultural Studies and Political Theory*(Ithaca : Cornell University Press, 2000), pp. 81–82.

46. For a more detailed response to this kind of watered–down pedagogical practice, see Stanley Aronowitz, *The Knowledge Factory*(Boston : Beacon Press, 2000) ;

and Henry A. Giroux, *The Abandoned Generation : Democracy Beyond the Culture of Fear* (New York : Palgrave, 2003).

47. Interview with Julie Ellison, "New Public Scholarship in the Arts and Humanities," *Higher Education Exchange* (2002), p. 20.

48. Amy Gutmann, *Democratic Education* (Princeton : Princeton University Press, 1998), p. 42.

49. Bauman and Tester, *Conversations with Zygmunt Bauman*, p. 63.

제5장

1. 이 표현은 실제로 제임슨(Fredric Jameson)의 다음과 같은 인용문에서 발췌한 것이다 : "오늘날 후기 자본주의의 붕괴보다 지구와 자연의 완전한 파멸을 상상하는 것이 쉬워 보인다." F. Jameson, *The Seeds of Time* (New York : Columbia University Press, 1994), p. xii 참조.

2. Perry Anderson, *A Zone of Engagement* (London : Verso, 1992), p. 335.

3. Zygmunt Bauman, *Work, Consumerism, and the New Poor* (Philadelphia : Open University Press, 1998).

4. Editorial, "Bush's Domestic War," *The Nation* (December 31, 2001), p. 3.

5. Ibid.

6. Molly Ivins, "Bush's Sneak Attack on 'Average' Taxpayers," *Chicago Tribune* (March 27, 2003). Available online at www.commondreams.org/views03/0327-04.htm.

7. Jennifer Lee, "U.S. Proposes Easing Rules on Emissions of Mercury," *New York Times* (December 3, 2003), p. A20.

8. See Jaider Rizvi, "United States : Hunger in a Wealthy Nation," *Tierramerica/Interpress Service* (March 26, 2003). Available online at www.foodfirst.org/media/news/2003/hungerwealthy.html. Also see Jennifer Egan, "To Be Young and Homeless," *New York Times Magazine* (March 24, 2002), p. 35.

9. Robert McChesney, *Rich Media, Poor Democracy : Communication Politics in Dubious Times* (New York : The New Press, 1999).

10. Ulrich Beck, *Risk Society : Towards a New Modernity* (Thousand Oaks, CA : Sage, 1992), p. 137.

11. Cornelius Castoriadis, "Democracy as Procedure and as Regime," *Constellations* 4 : 1 (1997), p. 5.

12. Ibid., p. 10.

13. See the work of Manuel Castells, especially his *The Information Age : Economy,*

Society and Culture, Volume III : End of Millennium (Malden, MA : Basil Blackwell, 1998).

14. Takis Fotopoulos, *Towards an Inclusive Democracy* (London and New York : Cassell, 1997).

15. Anatole Anton, "Public Goods as Commonstock : Notes on the Receding Commons," in Anatole Anton, Milton Fisk, and Nancy Holmstrom, eds., *Not for Sale : In Defense of Public Goods* (Boulder : Westview Press, 2000), pp. 3–4.

16. See, for example, Todd Gitlin, "The Anti–Political Populism of Cultural Studies," in M. Ferguson and P. Golding, eds., *Cultural Studies in Question* (Thousand Oaks, CA : Sage, 1998), pp. 25–38 ; Tony Bennett, "Cultural Studies : A Reluctant Discipline," *Cultural Studies* 12 : 4 (1998), pp. 528–545 ; and Ian Hunter, *Rethinking the School : Subjectivity, Bureaucracy, Criticism* (New York : St. Martin's Press, 1994).

17. John Brenkman, "Race Publics : Civil Illiberalism, or Race After Reagan," *Transition* 5 : 2 (Summer 1995), p. 7.

18. Gary Olson and Lynn Worsham, "Changing the Subject : Judith Butler's Politics of Radical Signifi cation," *JAC* 20 : 4 (2000), p. 741.

19. Cornelius Castoriadis, "Institutions and Autonomy," in Peter Osborne, ed., *A Critical Sense* (New York : Routledge, 1996), p. 8.

20. Noam Chomsky, *Profits Over People : Neoliberalism and Global Order* (New York : Seven Stories Press, 1999), p. 92.

21. Brenkman, "Race Publics," p. 123.

22. Gary Olson and Lynn Worsham, "Rethinking Political Community : Chantal Mouffe's Liberal Socialism," *JAC* 18 : 3 (1999), p. 178.

23. Ibid., p. 11.

24. Pierre Bourdieu, "For a Scholarship with Commitment," *Profession* (2000), p. 43.

25. John Brenkman, "Extreme Criticism," in J. Butler, J. Guillory, and K. Thomas, eds., *What's Left of Theory* (New York : Routledge, 2000), p. 130.

26. Zygmunt Bauman, *Globalization : The Human Consequences* (New York : Columbia University Press, 1998), p. 5.

27. Simon Critchley, "Ethics, Politics, and Radical Democracy–The History of a Disagreement," *Culture Machine*. Available online at www.culturemachine.tees.ac.uk/frm_f1.htm.

28. This section draws from a chapter on utopian hope in Henry A. Giroux, *Public Spaces, Private Lives* (Lanham, MD : Rowman and Littlefi eld, 2002).

29. Zygmunt Bauman "The Journey Never Ends : Zygmunt Bauman Talks with Peter Beilharz," in Peter Beilharz, ed., *The Bauman Reader* (Oxford : Blackwell,

2001), p. 342.

30. Jacques Derrida, "The Future of the Profession or the Unconditional University," in *Derrida Downunder*, edited by Laurence Simmons and Heather Worth (Auckland, New Zealand : Dunmore Press, 2001), p. 7.

31. Giroux, *Public Spaces, Private Lives*.

32. Bloch's great contribution in English on the subject of utopianism can be found in his three−volume work, *The Principle of Hope*, Vols. I, II, and III, translated by Neville Plaice, Stephen Plaice, and Paul Knight (Cambridge, MA : MIT Press, 1986 ; originally published in 1959).

33. Ernst Bloch, "Something's Missing : A Discussion Between Ernst Bloch and Theodor W. Adorno on the Contradictions of Utopian Longing," in Ernst Bloch, *The Utopian Function of Art and Literature : Selected Essays* (Cambridge, MA : MIT Press, 1988), p. 3.

34. Anson Rabinach, "Ernst Bloch's *Heritage of Our Times* and the Theory of Fascism," *New German Critique* 11 (Spring 1977), p. 11.

35. Thomas L. Dunn, "Political Theory for Losers," in Jason A. Frank and John Tambornino, eds., *Vocations of Political Theory* (Minneapolis : University of Minnesota Press, 2000), p. 160.

36. Russell Jacoby, "A Brave Old World," *Harper's Magazine* (December 2000), pp. 72−80 ; Norman Geras, "Minimum Utopia : Ten Theses," *Socialist Register* (2000), pp. 41−42 ; Leo Panitch and Sam Gindin, "Transcending Pessimism : Rekindling Socialist Imagination," in Leo Panitch and Sam Gindin, eds., *Necessary and Unnecessary Utopias* (New York : Monthly Review Press, 1999), pp. 1−29 ; David Harvey, *Spaces of Hope* (University of California Press, 2000) ; Russell Jacoby, *The End of Utopia : Politics and Culture in an Age of Apathy* (New York : Basic Books, 1999).

37. Jacoby, "A Brave Old World," p. 80.

38. Norman Podhoretz, cited in Ellen Willis, "Buy American," *Dissent* (Fall 2000), p. 110.

39. For a critique of the entrepreneurial populism of this diverse group, see Thomas Frank, *One Market Under God : Extreme Capitalism, Market Populism and the End of Economic Democracy* (New York : Doubleday, 2000).

40. Carl Boggs, *The End of Politics : Corporate Power and the Decline of the Public Sphere* (New York : Guilford Press, 2000), p. 7.

41. Alain Badiou, *Ethics : An Essay on the Understanding of Evil* (London : Verso, 2001), p. 96.

42. Samir Amin, "Imperialization and Globalization," *Monthly Review* (June 2001),

p. 12.

43. Antonio Gramsci, *Selections from the Prison Notebooks* (New York : International Press, 1971), p. 350.

44. Edward Said, "Scholarship and Commitment : An Introduction," *Profession* (2000), pp. 8–9.

45. Bill Readings, *The University in Ruins* (Cambridge, MA : Harvard University Press, 1996).

46. Zygmunt Bauman, *In Search of Politics* (Stanford : Stanford University Press, 1999), p. 170.

47. Toni Morrison, "How Can Values Be Taught in the University?" *Michigan Quarterly Review* (Spring 2001), p. 278.

48. Martin Finklestein, "The Morphing of the American Academic Profession," *Liberal Education* 89 : 4 (2003), p. 1.

49. Arundhati Roy, *Power Politics* (Cambridge, MA : South End Press, 2001), p. 3.

50. Edward Said, *Representations of the Intellectual* (New York : Pantheon, 1994), p. 11.

51. Ibid., p. 52–53.

52. R. Radhakrishnan, "Canonicity and Theory : Toward a Poststructuralist Pedagogy," in Donald Morton and Mas'ud Zavarzadeh, eds., *Theory/Pedagogy/Politics* (Urbana : University of Illinois Press, 1991), pp. 112–135.

53. Stanley Aronowitz, Introduction to Paulo Freire's *Pedagogy of Freedom* (Lanham, MD : Rowman and Littlefield, 1998), pp. 10–11.

54. Edward Said, *Reflections on Exile and Other Essays* (Cambridge, MA : Harvard University Press, 2001), p. 503.

55. Ibid., p. 504.

56. Paul Sabin, "Academe Subverts Young Scholars' Civic Orientation," *Chronicle of Higher Education* (February 8, 2002), p. B24.

57. Jacques Derrida, "No One Is Innocent : A Discussion with Jacques Derrida About Philosophy in the Face of Terror," *The Information Technology, War and Peace Project.* Available online at http://www.watsoninstitute.org/infopeace/911.

제6장

1. Franklin D. Roosevelt, "State of the Union Address Franklin D. Roosevelt" (January 4, 1935), pp. 9–17. Available online at www.infoplease.com/t/hist/stat eof-the-union/146.html. 물론 루즈벨트의 뉴딜은 배타적으로 미국 백인과

의 계약이었지만, 그 안에는 그와 같은 총체적인 불의를 교정할 수 있는 가능성을 제공한 민주주의에 대한 약속이 포함되어 있었다는 사실을 기억할 필요가 있다.

2. Hannah Arendt, *Responsibility and Judgment* (New York : Schocken, 2005).

3. For a classic work on FDR and the New Deal, see William E. Leuchtenberg, *Franklin D. Roosevelt and the New Deal*, 1932–1940 (New York : HarperCollins, 1963).

4. Paul Krugman, "Gilded Once More," *New York Times* (May 27, 2007). Available online at www.truthout.org/docs_2006/042707F.shtml.

5. Erik Olin Wright, "Compass Points : Towards a Socialist Alternative," *New Left Review* (September 26, 2006), p. 93.

6. 자본의 전 지구적 이동을 규제하는 데 있어서 국가의 역할이 커지고 있는 것에 관해서는 Michael Hardt and Antonio Negri, *Multitude : War and Democracy in the Age of Empire* (New York : Penguin Press, 2004) 참조.

7. George Steinmetz, "The State of Emergency and the Revival of American Imperialism : Toward an Authoritarian Post–Fordism," *Public Culture* 15 : 2 (Spring 2003), p. 337. 국가의 역할이 투자에서 처벌로 변화된 것에 관한 탁월한 분석은 Jonathan Simon, *Governing Through Crime* (New York : Oxford University Press, 2007) 참조.

8. Steinmetz. Ibid., p. 337.

9. 그로스버그(Lawrence Grossberg)가 지적하고 있듯이 신자유주의는 케인즈의 요구 측면의 재정정책에 반대하며 경제활동에 대한 정부규제에 근본적인 반대 입장을 지닌 사람들을 결속시키는 정치경제적 프로젝트이다. 둘째, 많은 신자유주의자들은 자유방임을 지지하며 자유경제를 통제나 규제의 부재로 규정한다. … 신자유주의자들은 자유시장이 가장 합리적이고 민주적인 선택 시스템이기 때문에 삶의 모든 영역이 시장의 영향력에 개방되어야 한다고 믿는 경향이 있다. 적어도 이는 시장이 더 잘 제공할 수 있는 서비스들을 국가가 제공하지 말아야 한다는 것을 의미한다. 셋째, 신자유주의자들은 경제적 자유가 정치적 자유(민주주의)를 위한 필수조건이라고 믿고 있다. 그들은 종종 민주주의가 경제적 자유 혹은 선택의 자유에 불과한 것처럼 행동한다. 끝으로 신자유주의자들은 급진적 개인주의자들이다. 더 큰 집단들(예를 들어 성, 인종, 계급에 기초한 다양한 집단들)에 대한 호소는 무의미할 뿐만 아니라 사회주의나 전체주의로 나아가는 하나의 단계이다. L. Grossberg, *Caught in the Crossfire : Kids, Politics, and America's Future* (Boulder : Paradigm Publishers, 2005), p. 112 참조.

10. Cited in Robert Dreyfuss, "Grover Norquist : 'Field Marshal' of the Bush Plan," *The Nation* (May 14, 2001), p. 1. Available online at www.thenation.com/doc.

mhtml?i=20010514&s=dreyfuss.

11. Editorial, "President Bush's Fiscal Year 2007 Budget Proposal," *Sojourners* (December 2006). Available online at www.sojo.net/index.cfm?action=action. display_c&item=060308_07budget_analysis.

12. Mark Greenberg, Indivar Duta−Gupta, and Elisa Minoff, *From Poverty to Prosperity* (Washington, DC : Center for American Progress, 2007), p. 1.

13. Ibid.

14. Edmund L. Andrews, "Tax Cuts Offer Most for Very Rich, Study Says," *New York Times* (January 8, 2007). Available online at www.nytimes.com/2007/01/08/washington/08tax.html?ei=5090&en=e1dc82f54ac7eacb&ex=1325912400&adxnnl=1&pagewanted=print&adxnnlx=1181590853−PJ6FtoR+IK2IDt 0S2zSLFg.

15. Russell Mokhiber and Robert Weissman, "Economic Apartheid in America," *Common Dreams News Center* (November 21, 2005). Available online at www.commondreams.org/views05/1121−21.htm.

16. Jenny Anderson and Julie Creswell, "Top Hedge Fund Managers Earn Over $ 240 Million," *New York Times* (April 24, 2007), p. 1.

17. Ellen Simon, "Half of S&P CEOs Topped $8.3 Million," *Associated Press* (June 11, 2007). Available online at http://abcnews.go.com/Business/wireStory?id= 3266191. See also Council on International and Public Affairs, "Too Much Executive Pay Scorecard," *Too Much Online Weekly* (May 1, 2007). Available online at www.cipa−apex.org/toomuch/ExecPayScoreboard.html.

18. Editorial, "Northwest to Award CEO $26.6 Million in Equity After Bankruptcy," *USA Today* (April 5, 2007). Available online at www.usatoday.com/travel/flights/2007−05−07−nwa−ceo−pay_N.htm.

19. Joshua Freed, "Northwest Exits Bankruptcy Protection," *Washington Post* (May 31, 2007). Available online at www.washingtonpost.com/wp−dyn/content/article/2007/05/30/AR2007053002063_pf.html.

20. Mike Davis and Daniel Bertrand Monk, "Introduction," *Evil Paradises* (New York : The New Press, 2007), p. ix.

21. See David Harvey, *A Brief History of Neoliberalism* (New York : Oxford University Press, 2005), especially pp. 160−164.

22. Hardt and Negri, *Multitude*, p. 12.

23. Jacques Rancière, Hatred of Democracy (London : Verso, 2006). 미국 역사에 서 전쟁과 개입이 없었던 황금 시대가 있었다고 말하는 것이 아니다. 내가 주장하는 것은 부시(George W. Bush)의 제왕적 대통령제 하에서 힘과 제국 의 문제들이 미국의 외교정책을 결정하며, 극도로 군사주의화된 사회를 위

한 토대를 구축하는 규제적 원리가 되었다는 점이다. 미국 역사의 복합적 성격과 힘의 문화에 관해서는 Christopher Newfield, "The Culture of Force," *South Atlantic Quarterly* (Winter 2006), pp. 241–263 참조. 미국 사회에서 점 증하고 있는 군사주의화에 관해서는 Henry A. Giroux, *The University in Chains : Confronting the Military–Industrial–Academic Complex* (Boulder : Paradigm Publishers, 2007) ; Chalmers Johnson, *Nemesis : The Last Days of the American Republic* (New York : Metropolitan Books, 2006) ; and Andrew Bacevich, *The New American Militarism : How Americans Are Seduced by War* (New York : Oxford University Press, 2005) 참조. 부시의 제왕적 대통령제에 관한 탁월한 비 판은 Fredrick A. O. Schwarz Jr. and Aziz Z. Hug, *Unchecked and Unbalanced : Presidential Power in a Time of Terror* (New York : The New Press, 2007) 참조.

24. Hardt and Negri, *Multitude*, p. 341.

25. I take up these issues in more detail in Giroux, *The University in Chains*.

26. Grossberg, *Caught in the Crossfire*, p. 117.

27. Ibid.

28. Zygmunt Bauman, *Work, Consumerism and the New Poor* (Philadelphia : Open University Press, 1998).

29. Ibid.

30. Jean Comaroff and John L. Comaroff, "Millennial Capitalism : First Thoughts on a Second Coming," *Public Culture* 12 : 2 (Durham : Duke University Press, 2000), p. 301.

31. Bob Herbert, "The Danger Zone," *New York Times* (March 15, 2007), p. A25.

32. This concept is taken from Achille Mbembe, "On Politics as a Form of Expenditure," in Jean and John Comaroff, eds., *Law and Disorder in the Postcolony* (Chicago : University of Chicago Press, 2006), pp. 299–335.

33. Bob Herbert, "Young, Ill and Uninsured," *New York Times* (May 19, 2007), p. A25.

34. Jean Comaroff, "Beyond Bare Life : AIDS, (Bio)Politics, and the Neoliberal Order," *Public Culture* 19 : 1 (Winter 2007), p. 213.

35. Jason Reed, "Lots of Kids Left Behind If Bush Cuts Funds for Health–Care Plan," *Hamilton Spectator* (February 24, 2007), p. A3. For a detailed analysis of the failure of the health–care system for poor families in the United States, see Ronald J. Angel, *Poor Families in America's Health Care Crisis* (Cambridge : Cambridge University Press, 2006).

36. Bob Herbert, "The Divide in Caring for Our Kids," *New York Times* (June 12, 2007), p. A23.

37. James Cramer, "Cramer vs. Cramer," *New York Magazine* (June 4, 2007) ; em-

phasis added. Available online at http://nymag.com/news/features/32382/.

38. Chip Ward, "America Gone Wrong : A Slashed Safety Net Turns Libraries into Homeless Shelters," *TomDispatch.com* (April 2, 2007). Available online at www.alternet.org/story/50023.

39. Paul Tolme, "Criminalizing the Homeless," *In These Times* (April 14, 2003), p. 6.

40. Ward, "America Gone Wrong."

41. Ibid.

42. Comaroff and Comaroff, "Millennial Capitalism," p. 293.

43. Zygmunt Bauman, *Liquid Times : Living in an Age of Uncertainty* (London : Polity, 2007).

44. Associated Press, "Conservatives Want Reagan to Replace FDR on U.S. Dimes," *USA Today* (December 5, 2003). Available online at www.usatoday.com/news/washington/2003-12-05-reagan-dime_x.htm.

45. Andrew J. Bacevich, *The New American Militarism* (New York : Oxford University Press, 2005), p. 1.

46. 물론 부시 행정부가 신자유주의만큼이나 군사적 케인즈주의(military Keynesianism)에도 상당 부분 빚을 지고 있다는 주장은 어느 정도 정당성이 있다. 예를 들어 존슨(Chalmers Johnson)은 부시의 집권 그리고 부시가 행한 테러와의 전쟁으로 군사적 케인즈주의가 강력하게 회복되었다고 주장한다. C. Johnson, *Nemesis : The Last Days of the American Republic*, p. 275 참조.

47. Zygmunt Bauman, "Freedom From, In and Through the State : T.H. Marshall's Trinity of Rights Revised," *Theoria* 52 : 108 (December 2005), p. 16.

48. Hardt and Negri, *Multitude*, p. 17.

49. Bacevich, *The New American Militarism*, p. 3.

50. Étienne Balibar, *We, the People of Europe : Reflections on Transnational Citizenship* (Princeton : Princeton University Press, 2004), p. 125.

51. See, for example, the discussion of the militarized war against the urban poor in Daryl Meeks, "Police Militarization in Urban Areas : The Obscure War Against the Underclass," *The Black Scholar* 35 : 4 (Winter 2006), pp. 33-41.

52. Ulysses Kalladaryn, *Criminalizing the Classroom : The Over-Policing of New York City Schools* (New York : ACLU, 2007) ; Advancement Project, *Education on Lockdown : The Schoolhouse to Jailhouse Track* (Washington, DC : Advancement Project, March 2005), available online at www.advancementproject.org/reports/FINALEOLrep.pdf ; and Judith Brown, *Derailed! The Schoolhouse to Jailhouse Track* (Washington, DC : Advancement Project, May 2003), available online at www.advancementproject.org/Derailerepcor.pdf.

53. Advancement Project, *Education on Lockdown : The Schoolhouse to Jailhouse Track.*

54. I take up this issue in great detail in Henry A. Giroux, *The Abandoned Generation* (New York : Palgrave, 2004) and *America On the Edge* (New York : Palgrave, 2007). See also Grossberg, Caught in the Crossfire.

55. Bob Herbert, "School to Prison Pipeline," *New York Times* (June 9, 2007), p. A29.

56. For an excellent analysis of youth and the militarization of public schools, see Christopher Robbins, *Expelling Hope : The Assault on Youth and the Militarization of Schooling* (Albany : SUNY Press, in press).

57. Amnesty International, "Israel and the Occupied Territories : The Place of the Fence/Wall in International Law" (February 19, 2004). Available online at http://web.amnesty.org/library/index/engmde150162004.

58. I have borrowed this idea from the criticisms made of the Israeli Defense Force by the writer Yitzhak Laor. See Laor, "You Are Terrorists, We Are Virtuous," *London Review of Books* 28 : 16 (August 17, 2006). Available online at www.lrb.co.uk/v28/n16/print/laor01_.html.

59. Achille Mbembe, "Necropolitics," translated by Libby Meintjes, *Public Culture* 15 : 1 (2003), p. 12.

60. The most important theorist working on the politics of disposability is Zygmunt Bauman. See Bauman, *Wasted Lives* (London : Polity Press, 2004). See also Ruth Wilson Gilmore, *Golden Gulag : Prisons, Surplus, Crisis, and Opposition in Globalizing California* (Berkeley : University of California Press, 2007) ; Henry A. Giroux, *Stormy Weather : Katrina and the Politics of Disposability* (Boulder : Paradigm Publishers, 2006) ; Louis Uchitelle, *The Disposable America : Layoffs and Their Consequences* (New York : Knopf, 2006) ; and Edwin Black, *War Against the Weak* (New York : Thunder Mouth Press, 2003).

61. Editorial, "Gitmos Across America," *New York Times* (June 27, 2007), p. A22.

62. Naomi Klein, *Fences and Windows* (New York : Picador, 2002), p. 21.

63. Bauman, *Wasted Lives*, p. 6.

64. Wendy Brown, *Edgework : Critical Essays on Knowledge and Politics* (Princeton : Princeton University Press, 2005), p. 39.

65. See Michel Foucault, *Society Must Be Defended : Lectures at the College De France 1975–1976*, translated by David Macey (New York : Picador, 2003) and Nikolas Rose, *The Politics of Life Itself : Biomedicine, Power, and Subjectivity in the Twenty–First Century* (Princeton : Princeton University Press, 2007). See also, Thomas Lemke, " 'The Birth of Bio–Politics' : Michael Foucault's Lecture at

the College de France on Neo-Liberal Governmentality," *Economy and Society* 30 : 2 (May 2001), pp. 190-207.

66. These ideas come from Kathy E. Ferguson and Phyllis Turnbull, *O, Say, Can You See? The Semiotics of the Military in Hawai'i* (Minneapolis : University of Minnesota Press, 1999), pp. 197-198.

67. Leerom Medovoi, "Peace and War : Governmentality as a Military Project," *Social Text* 25 : 2 (Summer, 2007), p. 69.

68. Ibid., p. 42.

69. Lynda Cheshire and Geoffrey Lawrence, "Neoliberalism, Individualisation and Community : Regional Restructuring in Australia," *Social Identities* 11 : 5 (September 2005), p. 438.

70. Zygmunt Bauman, *The Individualized Society* (London : Polity Press, 2001), p. 9.

71. Catherine Needham, "Customer-Focused Government," *Soundings* 26 (Spring 2004), p. 80.

72. Ruth Rosen, "Note to Nancy Pelosi : Challenge Market Fundamentalism," *CommonDreams.org* (January 30, 2007). Available online at www.commond reams.org/views07/0130-22.htm.

73. For an insightful analysis of the diverse forms that governmentality assumes under neoliberalism in different countries and contexts, see Aihwa Ong, *Neoliberalism as Exception : Mutations in Citizenship and Sovereignty* (Durham : Duke University Press, 2006). On the issue of governmentality in general, see Michel Foucault, "Governmentality," translated by Rosi Braidotti and revised by Colin Gordon, in Graham Burchell, Colin Gordon, and Peter Miller, eds., *The Foucault Effect : Studies in Governmentality* (Chicago : University of Chicago Press, 1991), pp. 87-104. For a brilliant analysis of Foucault's notion of governmentality, see Thomas Lemke, "Foucault, Governmentality, and Critique," paper presented at Rethinking Marxism Conference, University of Amherst, MA (September 21-24, 2000), available online at http://www.thomaslemkeweb.de/publikationen/ Foucault,%20Governmentality,%20and%20Critique%20IV-2.pdf.

74. Tony Kashani, *Deconstructing the Mystique* (Dubuque, IA : Kendall Hunt, 2005).

75. Bauman, *Wasted Lives*, p. 27.

76. Juan Williams, "Getting Past Katrina," *New York Times* (September 1, 2006). Available online at www.iht.com/articles/2006/09/01/opinion/edjuan.php.

77. Sally Kohn, " 'The Condemned' Reflects Real Life : People Are Disposable," *Common Dreams News Center* (April 11, 2007). Available online at www.common dreams.org/archive/2007/04/11/455/print/

78. Associated Press, "Life, Death, and Ratings," *Globe and Mail* (May 30, 2007), p. A2.

79. Tamar Lewin, "A Television Audition for a Part in and of Life," *New York Times* (June 3, 2007), p. 5.

80. 이러한 전체주의적 결합을 거부하는 오랜 역사적 노력이 있다. 이것은 소크라테스에서 프랑크푸르트 학파(Frankfurt School), 그리고 아렌트(Hannah Arendt)까지 이어지고 있다. 이들 민주주의와 반대(dissent)를 옹호하는 사람들의 주장에 관해서는 Howard Zinn, *A Power Governments Cannot Suppress* (San Francisco : City Lights, 2007) ; Noam Chomsky, *Failed States : The Abuse of Power and the Assault on Democracy* (New York : Metropolitan Books, 2006) ; and Gore Vidal, Imperial America (New York : Nation Books, 2004) 참조.

81. See Bruce Western, *Punishment and Inequality in America* (New York : Russell Sage Foundation, 2007) ; Jeff Manza and Christopher Uggen, *Locked Out : Felon Disenfranchisement and American Democracy* (New York : Oxford University Press, 2007) and Angela Y. Davis, *Abolition Democracy : Beyond Empire, Prisons, and Torture* (New York : Seven Stories Press, 2005).

82. Dirk Johnson, "Look at This Ad, But Don't Get Any Ideas," *New York Times* (May 13, 2007). Available online at www.nytimes.com/2007/05/13/weekin review/13johnson.html.

83. Raina Seitel Gitlin, "The Glamorous Life : Kiddie Birthday Parties," *ABC NEWS* (June 2, 2007). Available online at http://abcnews.go.com/print?id= 323811.

84. Alan Riding, "Alas, Poor Art Market : A Multimillion–Dollar Head Case," *New York Times* (June 13, 2007), pp. B1, B4.

85. William Shaw, "The Iceman Cometh," *New York Times Magazine* (June 3, 2007), p. 58.

86. Mbembe, "Necropolitics," p. 17.

87. Many books and articles have been produced on this issue. One of the most insightful commentators is David Cole. See Cole, *Enemy Aliens* (New York : The Free Press, 2003) and "Undoing Bush–1. The Constitution," *Harper's Magazine* (June 2007), pp. 43–45. See also David Rose, *Guantanamo : The War on Human Rights* (New York : The Free Press, 2006).

88. Medovoi, ibid.

89. Jeremy Rifkin, "Capitalism's Future on Trial," *Guardian* (June 22, 2005). Available online at www.guardian.co.uk/comment/story/0,3604,1511718,00.html.

90. David Kotz, "Neoliberalism and the U.S. Economic Expansion of the '90s,"

Monthly Review 54 : 11 (April 2003), p. 15.

91. Bauman, *The Individualized Society*, p. 79.

92. Monica Davey, "Former Bush Aide Fights Nickname : Gov. Privatize," *New York Times* (June 16, 2007), p. A8.

93. I take this issue up in great detail in Giroux, *Stormy Weather : Katrina and the Politics of Disposability*.

94. Comaroff, "Beyond Bare Life," p. 213.

95. Ferguson and Turnbull, *O, Say, Can You See?*, especially ch. 6, "The Pedagogy of Citizenship," p. 173.

96. Harvey, *A Brief History of Neoliberalism*, pp. 6–7.

97. Ibid., p. 19. For a much more capacious and theoretically developed discussion of class and power, see Stanley Aronowitz, *How Class Works : Power and Social Movements* (New Haven : Yale University Press, 2003). For an important journalistic account of neoliberalism as a kind of disaster politics, see Naomi Klein, *The Shock Doctrine : The Rise of Disaster Capitalism* (New York : Metropolitan Books : 2007).

98. Harvey, *A Brief History of Neoliberalism*, p. 3.

99. Lemke, "Foucault, Governmentality, and Critique."

100. Ellen Willis, "Escape from Freedom : What's the Matter with Tom Frank (and the Lefties Who Love Him)?" *Situations* 1 : 2 (2006), p. 9.

101. Grossberg, *Caught in the Crossfire*, pp. 220–221.

102. Antonio Gramsci, *Selections from the Prison Notebooks*, edited and translated by Quintin Hoare and Geoffrey Nowell (New York : International Press, 1971), p. 350.

103. I have taken up the Left's refusal to take matters of pedagogy and the politics of youth seriously in a number of books. See, most recently, Henry A. Giroux, *The Abandoned Generation : Democracy Beyond the Culture of Fear* (New York : Palgrave, 2003).

104. Brown, *Edgework : Critical Essays on Knowledge and Politics*, p. 38.

105. Ibid., pp. 39–40. Brown appropriates much of her analysis of neoliberalism from Thomas Lemke. See Lemke, "Foucault, Governmentality, and Critique."

106. Michel Foucault takes these issues up in great detail in Michel Foucault, *Society Must Be Defended : Lectures at the College de France, 1975–1976*, translated by David Macey (New York : Picador, 2003).

107. Ibid., pp. 41–45.

108. Ibid., pp. 56–57.

109. Ferguson and Turnbull, *O, Say, Can you See?*, p. 175.

110. Jean Baudrillard, *Simulacra and Simulation*, translated by Sheila Faria Glaser (Ann Arbor : University of Michigan Press, 1994), p. 15.

111. Robin Kelley, *Yo' Mama's Disfunktional!*(Boston : Beacon Press, 1997), pp. 108–109.

112. Ibid., p. 59.

113. Michael Dillon, "Sovereignty and Governmentality : From the Problematics of the 'New World Order' to the Ethical Problematic of the World Order," *Alternatives* 20 (1995), p. 330.

114. Of course, anti-intellectualism in American life has been addressed by numerous authors. See, for example, Richard Hoftstadter, *Anti-Intellectualism in American Life*(New York : Vintage, 1966) ; Russell Jacoby, *The Last Intellectuals*(New York : HarperCollins, 1989) ; and Henry A. Giroux, *Teachers as Intellectuals* (Granby, MA : Bergin and Garvey, 1988).

115. Dillon, "Sovereignty and Governmentality," p. 330.

116. Hardt and Negri, *Multitude*, p. 305.

117. Ibid.

118. Cornelius Castoriadis, "Imagining Society : Cornelius Castoriadis," Interview in *Variant* 15 : 3 (Autumn 1993), p. 41.

119. Antonio Gramsci, *Selections from the Prison Notebooks*, edited and translated by Quintin Hoare and Geoffrey Nowell-Smith(New York : International Press, 1971), p. 350.

120. Ellen Willis, *Don't Think, Smile*(Boston : Beacon Press, 1999), p. xiv.

121. Zygmunt Bauman, "Critical Theory," in Peter Beilharz, ed., *The Bauman Reader* (Malden, MA : Blackwell, 2001), p. 162.

122. Nick Couldry, "Dialogue in an Age of Enclosure : Exploring the Values of Cultural Studies," *Review of Education/Pedagogy/Cultural Studies* 23 : 1 (2001), p. 49.

123. Imre Szeman, "Introduction : Learning to Learn from Seattle," *Review of Education/Pedagogy/Cultural Studies* 24 : 1–2 (2002), pp. 3–4.

124. Zygmunt Bauman, *Society Under Siege*(Malden, MA : Blackwell, 2002), p. 54.

125. Lisa Duggan, *The Twilight of Equality : Neoliberalism, Cultural Politics, and the Attack on Democracy*(Boston : Beacon, Press, 2003), p. xx.

126. A conversation between Lani Guinier and Anna Deavere Smith, "Rethinking Power, Rethinking Theater," *Theater* 31 : 3 (Winter 2002), pp. 34–35.

127. This issue of "public connections" is taken up brilliantly in Nick Couldry, Sonia Livingstone, and Tim Markham, *Media Consumption and Public Engagement* (New York : Palgrave, 2007).

128. Couldry, "Dialogue in an Age of Enclosure," p. 68.

129. Alain Badiou, *Ethics : An Essay on the Understanding of Evil* (London : Verso, 1998), pp. 115-116.

130. Mike Davis and Daniel B. Monk, eds., *Evil Paradises : Dreamworlds of Neo-Liberalism* (New York : The New Press, 2007). For an international analysis of the anti-democratic tendencies of neoliberalism, see Leslie Holmes, *Rotten States? Corruption, Post-Communism, and Neoliberalism* (Durham : Duke University Press, 2006) ; Duggan, *The Twilight of Equality* ; Ong, *Neoliberalism as Exception* ; Neil Smith, *The Endgame of Globalization* (New York : Routledge, 2005) ; and Alain Touraine, *Beyond Neoliberalism* (London : Polity Press, 2001).

131. Lewis H. Lapham, "Res Publica," *Harper's Magazine* (December 2001), p. 8.

132. Stanley Aronowitz, "The Retreat to Postmodern Politics," *Situations* 1 : 1 (April 2005), p. 32.

133. Zygmunt Bauman, "Has the Future a Left?" *Review of Education/Pedagogy/Cultural Studies* (in press).

134. Ibid.

135. Ibid.

136. Stanley Aronowitz, *Left Turn : Forging a New Political Future* (Boulder : Paradigm Publishers, 2006).

137. Edward Said, *The World, the Text, and the Critic* (New York : Vintage, 1983). See also, Edward Said, *Representations of the Intellectual* (New York : Vintage, 1994) and Edward Said, *Humanism and Democratic Criticism* (New York : Columbia University Press, 2004).

138. A variety of writers take up this issue in Henry A. Giroux and Kostas Myrsiades, eds., *Beyond the Corporate University* (Lanham, MD : Rowman and Littlefield, 2001). See also Giroux, *The University in Chains* ; Henry A. Giroux and Susan Giroux, *Take Back Higher Education* (New York : Palgrave, 2006) ; Stanley Aronowitz, *The Knowledge Factory : Dismantling the Corporate University and Creating True Higher Learning* (Boston : Beacon Press, 2001) ; Stephen Pender, "An Interview with David Harvey," *Studies in Social Justice* 1 : 1 (Winter 2007), available online at http://ojs.uwindsor.ca/ojs/leddy/index.php/SSJ/article/view File/182/178 ; Stanley Aronowitz and Henry A. Giroux, *Education Still Under Siege* (New York : Bergin and Garvey, 1993) ; Howard Zinn, *On History* (New York : Seven Stories Press, 2001) ; and Edward Said, *Representations of the Intellectual* (New York : Pantheon, 1994).

139. Pender, "An Interview with David Harvey" ; Aronowitz and Giroux, *Education Still Under Siege.*

140. Judith Butler, *Precarious Life : The Powers of Mourning and Violence* (London : Verso Press, 2004), p. 126.

141. Ibid., p. 104.

142. Many excellent books and articles address the various ways in which neoliberalism is being resisted. A few examples are Howard Zinn, *A Power Governments Cannot Suppress* (San Francisco : City Lights, 2007) ; Comaroff, "Beyond Bare Life ; Stanley Aronowitz, *Left Turn : Forging a New Political Future* ; Harvey, *A Brief History of Neoliberalism*, especially pp. 183–206 ; Grossberg, *Caught in the Crossfire* ; Alfredo Saad-Filho and Deborah Johnston, eds., *Neoliberalism : A Critical Reader* (London : Pluto Press, 2005) ; Neil Smith, *The Endgame of Globalization* (New York : Routledge, 2005) ; Duggan, *The Twilight of Equality* ; Touraine, *Beyond Neoliberalism* ; and Ong, *Neoliberalism as Exception*.

지은이_ **헨리 A. 지루**(Henry A. Giroux)

보스턴 대학교(Boston University), 마이애미 대학교(Miami University in Oxford, Ohio), 펜스테이트(Pennsylvania State University) 등을 거쳐 2005년부터 캐나다 온타리오 (Ontario)에 있는 맥매스터 대학교(McMaster University)의 영어 문화연구학과 글로벌 TV 네트워크 교수(Global Television Network Chair Professor of English and Cultural Studies)로 재직하고 있다. 문화비평가로서 미국의 비판교육(critical pedagogy) 이론에 크게 기여했으며, 공교육, 문화연구, 청소년 문제, 미디어 연구 등 다양한 분야에 걸쳐 많은 글을 발표하고 있다. 최근에는 *The University of Chains*(Paradigm, 2007)를 출간했다. 국내에는 『교육 이론과 저항』(*Theory and Resistance in Education*, 1983), 『교사는 지성인이다』(*Teachers as Intellectuals*, 1988), 『위기에 처한 교육』(*Education Still Under Siege*, 1994), 『불온한 기쁨-대중문화 익히기』(*Disturbing Pleasures : Learning Popular Culture*, 1994), 『디즈니의 순수함과 거짓말』(*The Mouse that Roared : Disney and the End of Innocence*, 1999) 등의 책이 소개되었다.

옮긴이_ **변종헌**

청주고등학교를 졸업하고 서울대학교 사범대학에서 공부했다. 서울대학교 대학원에서 박사학위를 받았으며, 현재 제주대학교 교육대학에 재직하고 있다. 체계론적 방법론을 기반으로 정치체계의 변동과정을 규명하는 연구에 관심이 많다. 『현대사회와 이데올로기』(인간사랑, 2000), 『비전 2020』(민음사, 1999) 등의 책을 펴냈다. 주요 논문으로는 Non-Equilibrium Thermodynamic Approach to the Change in Political Systems, *Systems Research & Be-havioral Science Vol. 16, No. 3*, 1999 ; The Implications of a Chaos Theoretic Approach to the Study of Political Systems, *Journal of Applied Systems Science Vol. 1, No. 2*, 2000 ; A Systems Approach to Entropy Change in Political Systems, *Systems Research & Behavioral Science Vol. 22, No. 3*, 2005 등이 있다

신자유주의의 테러리즘

초판1쇄 / 2009년 7월 20일

지은이 **헨리 A. 지루**
옮긴이 **변종헌**
펴낸이 **여국동**
펴낸곳 **도서출판 인간사랑**
인 쇄 **백왕인쇄**
제 본 **은정제책사**

출판등록 1983. 1. 26. / 제일 3호

정가 15,000원

ISBN 978-89-7418-279-3 93300

※ 잘못된 책은 교환해 드립니다.

(411- 815) 경기도 고양시 일산구 백석동 1178-1
TEL (031)901-8144, 907-2003
FAX (031)905-5815
e-mail/igsr@yahoo.co.kr/ igsr@naver.com

※ 불법복사는 지적재산을 훔치는 범죄행위입니다.